民國歷史與文化研究

五 編

第 5 冊

稻米流通與近代安徽地方社會
（1877～1937）

王春芳 著

花木蘭文化出版社

國家圖書館出版品預行編目資料

稻米流通與近代安徽地方社會（1877～1937）／王春芳 著 ——
初版 —— 新北市：花木蘭文化出版社，2017〔民106〕
目 6+302 面：19×26 公分
（民國歷史與文化研究 五編；第 5 冊）
ISBN 978-986-404-889-2（精裝）
1. 糧食政策 2. 安徽省
628.08   106000600

ISBN-978-986-404-889-2

9 789864 048892

民國歷史與文化研究
五 編 第五冊   ISBN：978-986-404-889-2

稻米流通與近代安徽地方社會（1877～1937）

作 者 王春芳
總 編 輯 杜潔祥
副總編輯 楊嘉樂
編 輯 許郁翎、王筑 美術編輯 陳逸婷
出 版 花木蘭文化出版社
社 長 高小娟
聯絡地址 235 新北市中和區中安街七二號十三樓
         電話：02-2923-1455／傳真：02-2923-1452
網 址 http://www.huamulan.tw 信箱 hml810518@gmail.com
印 刷 普羅文化出版廣告事業
初 版 2017 年 3 月
全書字數 264065 字
定 價 五編 6 冊（精裝）台幣 10,000 元

稻米流通與近代安徽地方社會

（1877 ～ 1937）

王春芳　著

作者簡介

王春芳，安徽肥西人，歷史學博士；安徽大學管理學院教授，博士生導師；安徽大學淮河流域環境與經濟社會發展研究中心研究人員。目前主要從事中國近現代社會經濟史研究。在《中國社會科學》《中國經濟史研究》《探索與爭鳴》《安徽史學》等期刊發表學術論文十餘篇；先後主持國家社科基金專案、教育部人文社科專案、安徽省社科規劃專案各一項，參與國家級、省部級專案多項。

提　　要

　　本文以蕪湖開埠至抗戰爆發這一時段的安徽稻米流通為主要研究內容，研究了稻米流通對近代安徽地方社會的影響。全文包括緒論和五章：

　　緒論部份主要闡述了選題的意義，回顧了自 1980 年代以來近代安徽糧食問題的主要研究成果，總結了研究特點及不足之處。

　　第一章主要討論了近代安徽稻米生產的狀況和近代安徽稻米生產的特點，論述了清代前期至近代安徽作為米源地在國內稻米供需格局中的地位變遷。

　　第二章主要闡述了近代安徽稻米的多向流動。包括在省內的餘缺調劑、外輸皖米在省內的彙聚過程及外輸路線與數量、省外稻米的輸入等內容。

　　第三章是對市場組織的研究。主要針對販運商、稻米加工業和稻米中介組織的研究。分類研究了其經營內容、內部結構、在各地分佈情況、同業組織及其在稻米流通中的作用。

　　第四章以市場體系為研究內容。首先各個市場稻米價格的聯動性驗證了近代安徽稻米市場的整合程度，並論述了稻米市場體系中存在的「容量梯度」，分析了其對市場的作用；然後闡述了蕪湖米市的發展脈絡和安徽稻米市場體系中的各類中轉市場。

　　第五章分別從近代安徽地方社會經濟生活、長江流域市鎮的發展論述了稻米流通對地方社會經濟的影響，並通過糧食危機事件分析了各階層在地方事務中的角色、作用及其地位變遷，通過糧食危機事件研究清末糧食政策困境，最後論述了在洋米傾銷背景下安徽稻米市場的改良措施及其成效。

目次

表　次

緒　論

　　本文是作者在六年前完成的博士畢業論文基礎上結合近幾年的研究成果修改、補充完成的。當初之所以選擇這個選題基於兩個方面的考量：其一是近代安徽稻米貿易在國內的重要性，其二是當時的研究成果除了蕪湖米市和徽州糧食問題外，相關問題研究成果在質和量兩個方面都是比較薄弱的。當然，這個選題在今天仍有深入研究的價值。

一、選題意義

　　水稻在我國有著悠久的種植歷史。湖南道縣玉蟾岩遺址中出土的人工栽培稻是迄今所知全世界最早的人工栽培稻，距今有 1.2 萬年的歷史。〔註1〕自北宋起，隨著品種的引進和改良及水利事業的發展，水稻在糧食作物中的比重日益增大，逐步成為人們食物結構的主要品種。相應地，稻米貿易在糧食交易市場中所佔份額越來越大。特別是自清代以降的糧食貿易中，稻米流通所佔份額更大，而且稻米貿易在全國範圍內形成了較為穩定的供需格局。

　　安徽位居長江中游，吳頭楚尾，地接江浙。境內淮河以南尤其是長江兩岸和巢湖沖積平原是稻米的主要產區。清代前期，安徽是國內重要的稻米輸出省份。近代，特別是蕪湖開埠後，由於多種因素的影響，安徽稻米在國內的輸出量大面廣，成為國內首屈一指的稻米輸出省份。然而從研究成果來看，近年來雖有增加拓展的趨勢，但仍缺少較為全面而深入的研究成果。全面、深入地研究近代安徽稻米流通具有較高的學術價值。大致來說有以下幾個方面：

〔註1〕　明星：《湖南玉蟾岩發現 1.2 萬年前栽培稻》，《新華每日電訊》2005 年 1 月 29 日第 002 版。

第一，有助於深化對中國近代糧食史的研究。

一方面，清代前期，稻米貿易是當時糧食貿易的主要內容。「當時全國所有的糧食交易市場中，數量最多、規模最大的是米市。當時全國所有從事糧食買賣的商人中，人數最多、勢力最大的是米商。當時所有糧食的價格中，最爲人們所注意的是米價」，「清代前期的糧食貿易，主要就是稻米貿易」。〔註2〕由於地理、氣候等條件的限制，我國水稻的主產區是秦嶺——淮河以南的南方地區，尤其是川、湘、鄂、贛、皖、江、浙等長江流域各省份。「清代前期的稻米貿易問題，實際上主要就是南方各省的稻米貿易問題」。〔註3〕江南地區與長江中上游最主要的經濟聯繫便以糧食貿易爲紐帶。鴉片戰爭後，稻米貿易在東南各省依然是糧食貿易的主要內容，年貿易量達數千萬石，〔註4〕其在國內糧食貿易總量中所佔比重也很大。

另一方面，近代安徽稻米在國內的輸出量大面廣，輸出額在湘、贛、皖諸稻米輸出省份中居於首位，甚至出現數倍、十倍於江西、湖南等省的現象；其流通廣度幾乎覆蓋南達閩粵、東抵江浙、西溯鄂蜀、北上京津的大半個中國，還有少量遠銷日本。同時，糧食流通又關涉糧食生產、糧食交易、糧食管理、糧食市場、糧食消費、糧食安全等各個方面。安徽稻米流通的狀況對於國內糧食產銷具有十分重要的影響。因此，研究近代安徽稻米流通問題有助於深化對近代中國糧食史的研究。

第二，有助於深化近代社會經濟史研究。

糧食問題是農業問題的集中體現，農業問題又是所有社會經濟問題的基礎。所以，糧食流通問題涉及社會經濟生活的方方面面：從小處言，與細民百姓的饑飽相關，從大局言，與國家糧食安全密切關聯；它是聯繫城市與鄉村、省內與省外、中心與腹地的重要紐帶，是社會經濟生活的重要內容，關係到民眾生活、公私經濟、市場格局、市鎮興衰、公共建設與社會穩定等諸多方面。安徽作爲近代首要的稻米輸出省份，稻米流通對民眾的社會生活具有較大的影響。研究近代安徽稻米流通，既要以稻米流通爲紐帶研究稻米供需格局及其變遷、稻米流向、市場體系、市場組織等問題，又需將與稻米流

〔註2〕 蔣建平：《清代前期米穀貿易研究》，北京大學出版社，1992年，第10頁。
〔註3〕 蔣建平：《清代前期米穀貿易研究》，北京大學出版社，1992年，第10頁。
〔註4〕 近代國內稻米市場採用的計量單位十分複雜。各地、各業均不相同。爲了避免以訛傳訛，本文在引用相關資料時，凡涉及計量單位者，除非行文必要，均照錄原文。

通密切相關的農業生產、民眾生活、地方社會等內容納入研究範圍。因此，研究近代安徽稻米流通將有助於深化對近代社會經濟史的研究。

第三，有助於深化對安徽近代史的研究。

稻米流通在近代安徽的社會經濟生活中有著舉足輕重的作用，其產量的豐絀和流通的暢滯關係到民食盈虛、民眾收入、消費者負擔、與糧食相關各行業的營業收益、地方經濟發展、地方公共建設、市鎮的發展走向、社會穩定等諸多方面。而糧食業是傳統商業的大宗，稻米貿易是近代安徽商業的主要內容。因此可以說，在一定程度上，研究近代安徽，稻米流通是不能忽略的內容。

本文的研究較為全面地論證了安徽在清至民國時期米源地地位及其變遷，勾勒出近代安徽稻米流通的主要流向，分析了近代安徽稻米市場的主要組織構成和市場結構體系，論述了近代安徽稻米流通對地反社會的影響。這些將有助於對近代安徽歷史的深入研究。

第四，具有一定借鑒意義。

當代安徽依然是農業省份，而且還是農業大省；是全國糧食主產省之一，也是主要糧食調出省。糧食生產和流通是安徽省農業經濟的重要方面。對於受地理條件、氣候等長時段因素影響、制約的糧食生產，其所反映的問題具有特定的規律性和歷史的延續性。知往鑒來，對近代安徽稻米流通的研究，對於當代的糧食生產、糧食流通與糧食安全等問題也具有歷史借鑒意義。

另外，本文選取 1877～1937 年這一時段的原因如下：一是在 1877 年前，安徽在經歷咸同兵燹後，農業生產遭受嚴重破壞，農業生產尚處於恢復重建時期，糧食貿易量也較少；二是 1877 年是蕪湖開埠的起始。其後，作為皖省稻米流通核心的蕪湖米市逐漸形成，隨之，以蕪湖為中心的近代安徽稻米層級市場體系也逐步成型；三是 1937 年抗戰全面爆發，國內稻米市場完全割裂。國民黨政府和汪偽政權都對糧食採取戰時統制政策。近代稻米供需格局至此基本不復存在。

二、近代安徽糧食問題研究綜述

根據研究內容，1980 年代以來的近代安徽糧食問題的研究成果大致可以分為糧食生產、糧食流通、糧食市場組織和糧食管理等幾個方面。鑒於一些研究明清或清代安徽糧食問題的成果與本文界定的「近代」在時段上有重合，因此將這些研究成果也加以介紹。

（一）對安徽糧食生產問題的研究

如江太新、蘇金玉的《論清代徽州地區的畝產》，王宇塵的《清代安徽糧食作物的地理分佈》，李三謀的《清代安徽農業發展的不平衡性》，王社教的《清代安徽農業生產的地區差異》，吳媛媛的《明清徽州的水旱災害與糧食種植》，張宇健、朱正業的《抗戰時期安徽稻米生產與改良》，張宇健的《民國時期安徽水稻改良與推廣》，戴鵲的《從嘉慶〈合肥縣志〉看合肥的水稻種植和糧食貿易》、梁諸英的《民國時期皖南玉米種植及相關問題》等文。

江太新、蘇金玉利用中國社科院經濟所館藏的《屯溪檔案》，研究從康熙至光緒年間徽州地區的糧食畝產問題，認爲清代的徽州地區糧食畝產在下降。〔註5〕王宇塵較爲全面地研究了清代安徽主要糧食作物稻穀、麥、雜糧的生產和分佈情況，探討了糧食作物組合的區域性特徵以及糧食產銷狀況和運輸路線。〔註6〕李三謀在分析清代安徽淮河、長江流域農業發展的不平衡狀態時，比較了兩個流域的農作物產量，其中較多地涉及了水稻產量。〔註7〕王社教在研究清代安徽四個農業區域即皖北平原區、皖西山區、皖中丘陵平原區和皖南山區的農業生產差異時，也對皖中丘陵平原區的稻作生產水平和產量進行了討論。〔註8〕吳媛媛論述了明清時期徽州的水旱災害與環境變遷的關係，對地理環境、種植時令與種植結構及當地長期以來針對水旱災害的種植結構與耕作制度的調適措施進行了總結與剖析。〔註9〕張宇健、朱正業研究了抗戰時期安徽稻米生產與改良，指出，抗戰爆發後，稻米正常生產受到嚴重衝擊，爲了促進戰時稻米生產與改良，安徽成立了糧食增產團，採取了一系列措施，使得戰時安徽稻米生產基本維持了緩慢增長態勢，但由於改良措施推行不力，特別是優良稻種推廣力度嚴重不足，導致戰時安徽稻米增產勢頭乏力。〔註10〕陳愛娟通過對19世紀中後葉蕪湖米市米源地稻米生產能力的考察，認爲其經歷了一個由衰退到蓄勢待發的過程；指出米源地稻米生產能力

〔註5〕 江太新、蘇金玉：《論清代徽州地區的畝產》，《中國經濟史研究》1993年第3期。

〔註6〕 王宇塵：《清代安徽糧食作物的地理分佈》，《中國歷史地理論叢》1992年第2輯。

〔註7〕 李三謀：《清代安徽農業發展的不平衡性》，《安徽師大學報》1996年第3期。

〔註8〕 王社教：《清代安徽農業生產的地區差異》，《中國農史》1999年第4期。

〔註9〕 吳媛媛：《明清徽州的水旱災害與糧食種植》，《古今農業》2007年第2期。

〔註10〕 張宇健、朱正業：《抗戰時期安徽稻米生產與改良》，《安慶師範學院學報》（社會科學版）2012年第1期。

的提升和糧食商品化的發展為蕪湖米市的繁興和發展提供了重要支撐。〔註11〕張宇健的碩士畢業論文將民國時期分成戰前、抗戰期間和戰後三個時段，介紹了安徽水稻改良和推廣的舉措和成效，認為民國時期安徽水稻改良和推廣的整體效果不佳，未能建立起現代化的水稻生產體系。〔註12〕梁諸英認為，民國時期皖南玉米種植有發展的態勢，在當地農業生產中佔有重要地位；玉米種植是皖南農民民食的重要保障，並影響農民日常生活形態。這些狀況的出現，與皖南山地廣布的自然特點、糧食緊缺和租佃制度等因素有關。〔註13〕戴鵲以嘉慶《合肥縣志》為中心，分析了清代中期合肥縣水稻種植情況和糧食貿易情況，認為當時合肥的水稻種植在水利、農業技術等方面有了明顯提高，稻米生產已進入成熟期，糧食貿易在合肥的商品貿易和商品經濟中佔有重要地位。〔註14〕

（二）對安徽糧食流通問題的研究

　　對安徽糧食流通問題的研究包括糧食供求、糧食貿易、糧食價格、與糧食流通相關的糧食事件等諸多方面，研究成果較為豐富。除了大量以蕪湖米市為主題的文章外，還有劉朝輝的《嘉慶八、九年間浙江截米案探析》，王春芳的《論二十世紀前期徽州糧食的輸入》、《清代前期安徽在稻米供需格局中的地位》、《清末至抗戰前安徽在全國稻米供需格局中的地位》、《市場層級與「容量梯度」——以近代安徽米穀市場計量問題為例》、《糧食危機事件與地反社會——以宣統二年南陵遏糴事件為例》和《稻米貿易與安徽長江流域市鎮的發展》，楊松水的《論清代皖中地區與江南米糧貿易的動因與影響》，吳媛媛的《明清徽州糧食問題研究》和《從糧食事件看晚清徽州紳商的社會作用——以〈歙地少請通浙米案牘呈稿〉和〈祁米案牘〉為例》、朱琳的《乾嘉道時期淮河流域糧價研究》，王麗娜的《光緒三十二年江皖水災與糧食危機研究》，張緒的《清代廬州地區的米穀貿易與商業發展》等文章。

　　在安徽糧食供求方面，王春芳撰有清至抗戰前安徽在國內稻米供需格局中

〔註11〕陳愛娟：《19世紀50～80年代蕪湖米市米源地稻米生產能力的歷史考察》，《安徽史學》2012年第3期。

〔註12〕張宇健：《民國時期安徽水稻改良與推廣》，安徽大學2012屆碩士畢業論文。

〔註13〕梁諸英：《民國時期皖南玉米種植及相關問題》，《安慶師範學院學報》（社會科學版）2014年第1期。

〔註14〕戴鵲：《從嘉慶〈合肥縣志〉看合肥的水稻種植和糧食貿易》，《赤峰學院學報》（漢文哲學社會科學版）2014年第2期。

的米源地地位的兩篇論文。作者認為，在清代前期，安徽就是國內的主要稻米供應者之一，但還不是位居首位的稻米輸出省份。〔註15〕到了清末至抗戰前，由於各種內外因素的變化，安徽成為國內最重要的稻米輸出省份。〔註16〕

在糧食流通方面，楊松水認為，江南農業經濟轉型及皖中糧食豐殷，為兩地在清代特別是雍正以後的米糧貿易提供了可能性與必然性。他認為，兩地之間的米糧貿易與交流給皖中地區帶來了巨大影響。〔註17〕張緒認為，米穀貿易是清代廬州地區商業經濟發展的一大特色。在長江流域米穀貿易的影響下，廬州地區不僅形成了以米穀為大宗商品的市場結構，還吸引了不少客籍商人前來參與市場競爭，地區市鎮經濟發展也很迅速，出現了一批因米穀流通而興起的專業化商業市鎮。廬州向浙江地區的米穀輸出成為清代皖江流域與江南地區之間經濟聯繫的一項重要內容。〔註18〕王春芳在《市場層級與「容量梯度」——以近代安徽米穀市場計量問題為例》中勾勒了近代安徽米穀市場以蕪湖、蚌埠等為集散中心，包括農村集市、中心鎮集、地區性集散點和集散中心的層級結構。〔註19〕吳媛媛分析了明清時期徽州地區糧食的自給狀況，介紹了徽州米糧的運輸網絡，並探討了發生災害時徽州應對糧食問題的措施。〔註20〕王春芳認為，20世紀前期，徽州因太平天國運動人口銳減，糧食緊張狀況得以緩解，糧食供求關係和供需格局也發生了重大變化。〔註21〕王春芳另文探討了稻米貿易對近代安徽長江流域市鎮發展的影響。認為在近代安徽的三大市鎮體系中，長江流域市鎮發展快速，稻米貿易起到了支配性作用。〔註22〕

〔註15〕王春芳：《清代前期安徽在稻米供需格局中的地位》，《安徽大學學報》（哲學社會科學版）2007年第3期。

〔註16〕王春芳：《清末至抗戰前安徽在全國稻米供需格局中的地位》，《安徽史學》2009年第3期。

〔註17〕楊松水：《論清代皖中地區與江南米糧貿易的動因與影響》，《中國農史》2006年第1期。

〔註18〕張緒：《清代廬州地區的米穀貿易與商業發展》，《中國社會經濟史研究》2014年第4期。

〔註19〕王春芳：《市場層級與「容量梯度」——以近代安徽米穀市場計量問題為例》，《中國社會科學》2011年第1期。

〔註20〕吳媛媛：《明清徽州糧食問題研究》，《安徽大學學報》（哲學社會科學版）2009年第6期。

〔註21〕王春芳：《論二十世紀前期徽州糧食的輸入》，《農業考古》2008年第6期。

〔註22〕王春芳：《稻米貿易與近代安徽長江流域市鎮的發展》，《安徽大學學報》（哲學社會科學版）2012年第3期。

　　朱琳的《乾嘉道時期淮河流域糧價研究（1736～1850）》以清代官方奏報的糧價數據爲基礎，對包括皖北在內的淮河流域的糧價進行了研究。從糧價視角，探討了其與社會的互動關係，市場的運作機制、經濟的發展程度及與之相關聯的社會制度、文化特質等。〔註23〕

　　對於安徽糧食事件的研究，主要集中於清代中後期徽州和長江流域的糧食事件。如劉朝輝研究了嘉慶八年（1803 年）浙江蘭溪截米案和次年的淳安遏糴案，分析了導致截米案發生的原因，探討了在截米案中商人、士紳、生員和地方政府的主張和行爲。認爲案件發生的兩個原因是徽、浙兩地缺米的現實和運米過程中商人的利益之爭，指出在缺米問題的背後，徽商與浙商的競爭與壟斷才是案件的本質所在。〔註24〕吳媛媛以徽州文書《歙地少請通浙米案呈稿》和《祁米案牘》記載的晚清時期因爲遏糴而發生在歙縣和淳安、祁門和饒州之間的糧食運輸糾紛。以鄰縣遏糴爲切入點，以「歙案」和「祁案」爲主要資料探討了徽州士紳和商人群體在晚清徽州地方事務中的作用以及官紳商之間的關係。〔註25〕王麗娜以光緒三十二年江蘇、安徽水災及其引發的糧食危機爲研究對象。認爲糧食危機不僅是水災破壞引起的，也與當時的糧食市場、糧食政策有著莫大的關係；江皖地區所暗藏的糧食生產與供應的矛盾、備荒能力嚴重下降的事實也在水患中凸顯出來。〔註26〕王春芳則以宣統二年發生在南陵縣的遏糴事件爲中心，研究了在糧食危機事件中的民眾、商人、地方官府、士紳的立場和利益訴求，論述了在清末社會轉型期各階層社會地位的轉變。〔註27〕

　　在安徽糧食市場方面的研究主要聚焦於蕪湖米市。其中，崔思棣的《蕪湖米市是怎樣形成的》，〔註28〕唐昌運的《蕪湖米市的盛衰》，〔註29〕過寶興、

〔註23〕　朱琳：《乾嘉道時期淮河流域糧價研究（1736～1850）》，南開大學 2014 年博士畢業論文。

〔註24〕　劉朝輝：《嘉慶八、九年間浙江截米案探悉》，《内蒙古大學學報》（人文社會科學版）2005 年第 4 期。

〔註25〕　吳媛媛：《從糧食事件看晚清徽州紳商的社會作用——以〈歙地少請通浙米案牘呈稿〉和〈祁米案牘〉爲例》，《安徽史學》2004 年第 6 期。

〔註26〕　王麗娜：《光緒三十二年江皖水災與糧食危機研究》，《中州學刊》2010 年第 5 期。

〔註27〕　王春芳：《糧食危機事件中的地方社會——以宣統二年南陵遏糴事件爲例》，《安徽農業大學學報》（社會科學版）2014 年第 3 期。

〔註28〕　崔思棣：《蕪湖米市是怎樣形成的》，《安徽史學通訊》1982 年第 4 期。

〔註29〕　唐昌運：《蕪湖米市的盛衰》，《歷史知識》1983 年第 2 期。

王浩清的《蕪湖米市》，〔註 30〕蕪湖市文化局的《蕪湖米市簡述》，〔註 31〕馬永欣的《蕪湖米市春秋》，〔註 32〕蕪湖市工商聯的《蕪湖米市的興衰》，〔註 33〕張家康的《蕪湖米市的百年滄桑》，〔註 34〕張家康的《蕪湖米市興衰錄》，〔註 35〕吳高的《中外馳名的蕪湖米市》，〔註 36〕汪謙干的《蕪湖米市的崛起與衰落》〔註 37〕等文章均以介紹蕪湖米市發展、興衰的歷程爲主要內容，描述性內容居多。徐正元等的《蕪湖米市述略》較爲全面，不僅敘述了蕪湖米市形成和發展的概況，還對蕪湖米市的產區和銷區、米價、米市的交易程序以及米糧交易中的商人和行業都進行了介紹。〔註 38〕

　　研究蕪湖米市興衰的歷史作用、影響因素、原因與影響的有鄢洪峰的《從〈蕪湖關華洋貿易情形論略〉看蕪湖米市的初期發展》，〔註 39〕邵華木的《蕪湖米市興衰及其歷史作用》，〔註 40〕汪華的《裁釐加稅與蕪湖米市的走向》，〔註 41〕陳敬宇、郭洪業的《蕪湖米市的興起及其與李鴻章的關係》，〔註 42〕戴國芳的《近代蕪湖米市興衰的原因及其影響》〔註 43〕等文章。

　　謝國權的《近代蕪湖米市與蕪湖城市的發展》〔註 44〕和周忍偉的《商業

〔註 30〕 過寶興、王浩清：《蕪湖米市》，《地理知識》1985 年第 8 期。

〔註 31〕 蕪湖市文化局：《蕪湖米市簡述》，《蕪湖古今》，安徽人民出版社，1983 年。

〔註 32〕 馬永欣：《蕪湖米市春秋》，政協安徽省委文史資料研究委員會《安徽文史集萃之七‧工商史蹟》，安徽人民出版社，1987 年，第 102～123 頁。

〔註 33〕 蕪湖市工商聯：《蕪湖米市的興衰》，《安徽文史資料（第 28 輯）‧江淮工商》，安徽人民出版社，1987 年，第 1～31 頁。

〔註 34〕 張家康：《蕪湖米市的百年滄桑》，《中州今古》2002 年第 4 期。

〔註 35〕 張家康：《蕪湖米市興衰錄》，《民國春秋》1996 年第 5 期。

〔註 36〕 吳高：《中外馳名的蕪湖米市》，《神州》2003 年第 8 期。

〔註 37〕 汪謙干：《蕪湖米市的崛起與衰落》，政協安徽省文史委：《安徽重要歷史事件叢書‧經濟史蹤》，安徽人民出版社，1999 年。

〔註 38〕 徐正元等：《蕪湖米市述略》，中國展望出版社，1988 年。

〔註 39〕 鄢洪峰：《從〈蕪湖關華洋貿易情形論略〉看蕪湖米市的初期發展》，《牡丹江師範學院學報》（哲社版）2008 年第 3 期。

〔註 40〕 邵華木：《蕪湖米市興衰及其歷史作用》，《歷史地理》第 12 輯，1995 年。

〔註 41〕 汪華：《裁釐加稅與蕪湖米市的走向》，《安慶師範學院學報》（社科版）2001 年第 9 期。

〔註 42〕 陳敬宇、郭宏業：《蕪湖米市的興起及其與李鴻章的關係》，《安徽師範大學學報》（人文社會科學版）2006 年第 5 期。

〔註 43〕 戴國芳：《近代蕪湖米市興衰的原因及其影響》，《長江大學學報》（自然版）2006 年第 2 期。

〔註 44〕 謝國權：《近代蕪湖米市與蕪湖城市的發展》，《中國社會經濟史研究》1999 年 3 期。

對近代中國城市的發展作用──蕪湖米市分析》〔註 45〕研究了以稻米貿易爲主的商業對城市發展及城市近代化的影響；方前移的《抗戰前蕪湖與無錫米市》分析了蕪湖和無錫兩地成爲著名米市的條件；〔註 46〕戴迎華的《近代鎮江米市移師蕪湖的歷史考察》從近代鎮江、蕪湖兩大米市形成的地理條件、歷史淵源、市場發育程度、歷史地位及影響等方面對兩個米市進行了較爲全面的歷史考察；〔註 47〕朱海波的《蕪湖米市新探──基於市場學角度的歷史考察》從市場學的角度，考察了蕪湖米市的市場環境和貿易體系，指出蕪湖米市既爲消費市場的糧食安全提供了重要保障，又因米糧貿易所形成的購買力流動而促進了蕪湖及其腹地社會經濟的發展。在蕪湖米市的影響下，近代蕪湖及其腹地形成了「米市經濟圈」。〔註 48〕

　　徐正元還著有《中國近代四大米市考》，該文在介紹蕪湖米市時，內容基本與《蕪湖米市述略》相同。〔註 49〕郭洪業也以中國近代四大米市作爲畢業論文的選題，他著眼於四大米市發展興衰的整體考察，力求在近代中國長江及沿海糧食流通的大背景下考察四大米市的興衰軌跡，發現其規律及其所蘊含的核心歷史價值。〔註 50〕

　　此外，王春芳以洋米傾銷爲背景，分析了近代安徽稻米市場的弊端，闡述了各界改良皖米市場的舉措，並評價了各項改良舉措的成效。〔註 51〕

（三）關於安徽糧食市場組織、糧食管理等方面的研究

　　關於安徽糧食市場組織的研究成果包括對糧商、糧食加工業、糧食經紀業等方面的研究。如朱世良等的《漫話徽州糧商》、李琳琦的《明清徽州糧商述論》、黃彩霞的《明清徽商與江南糧食市場》、王春芳的《清末至抗戰前安徽稻米加工業述論》、《近代安徽米糧經紀業述論》等。

　　朱世良文主要內容是介紹徽州糧商。〔註 52〕李琳琦從徽州糧商在明清時期

〔註 45〕　周忍偉：《商業對近代中國城市的發展作用──蕪湖米市分析》，《舉步維艱──皖江城市近代化研究》第四章，安徽教育出版社，2002 年。
〔註 46〕　方前移：《抗戰前蕪湖與無錫米市》，《巢湖學院學報》2005 年第 2 期。
〔註 47〕　戴迎華：《近代鎮江米市移師蕪湖的歷史考察》，《江海學刊》2006 年第 3 期。
〔註 48〕　朱海波：《蕪湖米市新探──基於市場學角度的歷史考察》，蘇州大學 2009 屆碩士畢業論文。
〔註 49〕　徐正元：《中國近代四大米市考》，黃山書社，1996 年。
〔註 50〕　郭洪業：《中國四大米市興衰之研究》，南京師範大學 2007 年碩士畢業論文。
〔註 51〕　王春芳：《洋米傾銷背景下的皖米市場改良》，《江淮論壇》2016 年第 1 期。
〔註 52〕　朱世良等：《漫話徽州糧商》，《徽商史話》，黃山書社，1992 年。

長江地區糧食貿易中的地位和作用以及他們的經營特色等方面進行了論述。
〔註53〕黃彩霞認爲徽商是江南糧食市場上的主力軍，他們在江南從事的糧食販
賣活動，穩定了江南糧食市場，促進了江南自然資源的合理利用、有利於江南
社會的穩定並促進了糧食市場體系的完成。〔註54〕王春芳認爲，清末安徽稻米
加工業開始了由傳統向近代的轉型，並逐步形成了傳統手工工場與近代企業並
存的局面，稻米加工業的經營業務滲透到稻米貿易的多個領域，其發展態勢與
稻米貿易的興衰相一致。〔註55〕在研究近代安徽米糧經紀業時，王春芳介紹了
近代安徽米糧經紀業的類別、業務、內部構成、取利之途和各地的數量分佈，
指出，米糧經紀業通過血緣、業緣和地緣紐帶建立起商業信息網絡和較爲穩定
的商務關係網絡，成爲稻米市場網絡的「神經中樞」。〔註56〕

　　在糧食管理方面，主要成果有孔祥成的《民國時期政府救災的糧食調控
政策及措施——以 1931 年江淮大水爲例》、陳雷的《抗戰時期安徽國統區的
糧食管理》、劉家富的《略論抗戰時期安徽省的糧食供應》、方前移的《南京
國民政府時期應對民食的群體博弈——以皖省爲例》等文。

　　孔祥成通過對 1931 年江淮大水期間政府的糧食調控政策與措施的考察，
認爲其彰顯出民國時期中央與地方、國家與社會、政府與市場諸多要素之間
的對立統一；地方和中央政府的應急對策，對舒緩災區糧荒和穩定災區秩序
起到了積極作用。〔註57〕陳雷指出，抗戰時期，安徽省採取多項措施，在國
統區實行嚴格的糧食管理，有效保障了國統區人民的基本生活和社會秩序的
穩定，支撐了安徽戰場，爲堅持抗戰並最終取得勝利奠定了一定基礎。〔註58〕
劉家富闡述了抗戰爆發後安徽面臨的糧食供應危機及安徽省政府加強糧食供
應管理的措施；這些措施對戰時安徽糧食供應工作具有進步意義，對持久抗
戰並取得戰爭勝利起到了重要作用。〔註59〕方前移以安徽爲例，以省際過糶

〔註53〕 李琳琦：《明清徽州糧商述論》，《江淮論壇》1993 年第 4 期。
〔註54〕 黃彩霞：《明清徽商與江南糧食市場》，安徽師範大學 2004 年碩士畢業論文。
〔註55〕 王春芳：《清末至抗戰前安徽稻米加工業述論》，《安徽大學學報》（哲社版）
　　　　 2009 年第 4 期。
〔註56〕 王春芳：《近代安徽米糧經紀業述論》，《安徽史學》2015 年第 4 期。
〔註57〕 孔祥成：《民國時期政府救災的糧食調控政策及措施》，《中國社會經濟史研究》
　　　　 2011 年第 2 期。
〔註58〕 陳雷：《抗戰時期安徽國統區的糧食管理》，《安慶師範學院學報》（社會科學
　　　　 版）2012 南第 4 期。
〔註59〕 劉家富：《略論抗戰時期安徽省的糧食供應》，《農業考古》2013 年第 1 期。

出境的零和博弈、境內平糶與遏糶政策的囚徒困境、「寓禁於徵」政策的群體博弈爲主要內容，分析了在面臨民事危機時各級政府間、各地方政府間的博弈。〔註 60〕馬俊亞的《近代淮北糧食短缺與強勢群體的社會控制》一文中的「淮北」也包括皖北地區。該文認爲淮北缺糧的主因，是軍政官員的變體——強勢群體對社會資源的全面壟斷；他們通過操控糧食的生產和流通，實現對社會的全面控制。〔註 61〕

　　此外，王春芳的《市場層級與「容量梯度」——以近代安徽米穀市場計量問題爲例》一文中，還討論了近代安徽米穀市場量器單位量值與市場層級之間的梯度性關係，即市場層級越高，量器的單位量值越小；「容量梯度」是對糧食價格的間接調節，目的是爲了維護商人的利益。

　　從已有的研究成果來看，對近代安徽糧食流通（主要是稻米流通）的研究具有以下特點：

　　第一，近年來，相關研究成果已改變了原來的研究特點（即討論聚焦於蕪湖米市和徽州糧食問題及徽州糧商這幾個點），在研究區域範圍的選擇上一方面不再局限於蕪湖和徽州，合肥縣、廬州地區、皖南、淮北等地區均被納入研究範圍；另一方面則由點及面，在更大範圍內研究安徽的糧食（主要是稻米）問題，比如對於蕪湖米源地、安徽米穀市場結構、安徽與江南米穀貿易等方面問題的研究等。

　　第二，相對而言，前期的相關成果偏重於描述性的介紹（以蕪湖米市較爲突出），近期的研究成果已轉向學術性的討論，而且研究愈發深入。比如對安徽糧食管理、糧食市場組織、糧食市場量器的研究等。

　　當然，已有的研究還存在著不足之處，尚有不少薄弱之處等待深入研究，有不少學術盲點需要填補：如對近代安徽多向的糧食（稻米）流通缺乏全局性的關注、對稻米流通與近代安徽的社會、經濟等方面的互動研究尚嫌不足。

〔註 60〕　方前移：《南京國民政府時期應對民食的群體博弈——以皖省爲例》，《安慶師範學院學報》（社會科學版）2013 年第 2 期。

〔註 61〕　馬俊亞：《近代淮北糧食短缺與強勢群體的社會控制》，《清華大學學報》（哲學社會科學版）2016 年第 2 期。

第一章　安徽在近代稻米供需格局中的地位

　　安徽境內以大別山山脈和黃山山脈為分水嶺，分成淮河、長江和新安江三大水系。全境地勢西南高東北低，地貌呈平原、丘陵、山地相間的格局：最北為淮北平原區，江淮之間為江淮丘陵區和皖西山區，長江兩岸是沿江平原區，最南部為皖南山區。在這片江淮大地上，河流縱橫交錯，10 公里以上長度的河流就有 600 多條；湖泊星羅棋佈，其中的巢湖更是我國著名的五大淡水湖之一。

　　安徽處於我國疆域的南北過渡地帶，氣候上也是暖溫帶和亞熱帶的過渡地帶。境內雨量豐富，熱量充足，灌溉便利，為農業生產提供了十分優越的自然條件。早在新石器時代，這裡的原始先民就開始了以種植為主、輔以漁獵的農業生活。

　　安徽境內水稻種植歷史非常悠久，可以追溯到新石器時代早期。例如：在距今 7000 年前的雙墩遺址中，便發現有稻殼印痕的經輕度燒烤的草拌泥塊和紅燒土，經對稻殼印痕的觀測和分析，除部份無法判斷類型外，其餘分屬秈稻、粳稻類型。此外，在今潛山、肥東、含山、五河、懷遠、蒙城和霍邱等地，均發現了史前稻作遺存。〔註1〕

〔註 1〕　參見裴安平、熊建華：《長江流域的稻作文化》，湖北教育出版社，2004 年，
　　　　　第 36～46 頁；張居中、尹若春等：《淮河中游地區稻作農業考古調查報告》，
　　　　　《農業考古》2004 年 3 期。

春秋時期，淮河流域發展加速，特別是西漢中期以後，江淮之間經濟開發加快，江南地區逐步得到開發，耕地面積日益拓展，耕作技術不斷進步，糧食產量逐漸提高。經過從秦漢到宋元時期的發展，安徽境內稻作生產格局漸次定型，稻作主要分佈在淮河以南的廣大區域內。明清時期特別是清代以降，安徽稻作區以長江沿岸和環巢湖地區爲主要產區，該區域亦成爲清代前期至近代安徽稻米輸出的主要區域。

第一節　近代安徽水稻生產概況

糧食產量包括總產量和單位面積產量，是衡量農業生產力水平和狀況的重要指標之一。在近代安徽稻作區，水稻產量無疑是衡量該區域農業生產力水平和狀況的主要指標。它與近代安徽稻米消耗量共同成爲考察近代安徽米源地地位的重要因素。

安徽步入近代後，農業生產一仍其舊。但是咸同間安徽境內持續十餘年的戰爭對農業的破壞極爲嚴重，原有農業基礎遭受很大破壞，耕地大面積拋荒，勞動力銳減。同時，戰爭也改變了近代安徽農業生產的發展走勢，客觀上緩解了清代前期緊張的人地關係，改變了糧食供需狀況，對於近代安徽省內稻米供需格局的變遷及安徽在全國稻米供需格局中地位的確立均有著重要影響。

一、咸同兵燹的破壞及戰後重建

咸豐三年（1853年）至同治二年（1863年）間，安徽境內南有太平軍、北有捻軍，間有小股農民軍及一些團練武裝與清軍混戰，戰火幾乎遍燃全境，「皖省完善地方十不獲一，村莊鎮市焚掠全空」。〔註2〕據不完全統計，十餘年間，安徽59個州縣中的54個被各方軍隊攻佔的確切記載共有340次；平均每個州縣被攻佔6.2次。〔註3〕各地在戰爭期間罹禍極爲慘烈，「惟安徽用兵十餘年，通省淪陷，殺戮之重，焚掠之慘，殆難言喻，實爲非常之奇禍，不

〔註2〕　（清）福濟等：《奏報皖省被擾情形並請飭催接應軍餉摺》，中國第一歷史檔案館：《清政府鎮壓太平天國檔案史料》，社會科學文獻出版社，1993年，第476頁。

〔註3〕　林其模：《舊制度的危機——太平天國戰爭對安徽田賦徵收的影響》，《安徽史學》2002年第3期。

同偶遇之偏災。」〔註4〕連位於深山地帶，歷來少有戰亂的徽州地區也慘遭兵
燹焚掠。

（一）戰爭對農業的破壞

作爲咸同兵燹的重災區，安徽農業生產遭受的破壞非常嚴重。「迨亂事敉
平，生者廖廖，昔日良田美園，當時則變爲荒原曠場，無復有人過問矣。」〔註
5〕大面積田地抛荒，「查安徽……地方雖有已復之名，而田畝多係不耕之土。」
〔註6〕皖西「六安產米之區，近日百姓流亡，田荒不耕，關係極大。」〔註7〕
在皖中和江南稻米主產區，「兵燹之後，各省之中以皖南北荒田爲最多，其地
方亦以皖南爲最盛，如寧國、廣德一府一州，不下數百萬畝。」〔註8〕原有的
農業生產基礎遭受極大破壞，「安省自被兵後，凡舊制之塘堰溝渠，湖汊圩堤
久多廢而不治。」〔註9〕

戰爭期間，人民或喪身鋒鏑，輾轉溝壑；或流離失所，亡命他鄉，其間
復加以瘟疫流行，水、旱、蝗災不斷，人口損失極巨。「其尤甚者，或終日不
過行人，百里不見人煙。」〔註10〕皖北「人民非死即徙，十去七八。」〔註11〕
皖南廣德、建平一帶遭殺戮最爲慘劇，「或一村數百戶，僅存十餘家，或一族
數千人，僅存十數口。」〔註12〕一向爲聚糧之區的「皖北三河、運漕一帶，
有百里無人煙者」。〔註13〕戰爭造成的人口損失，致使旌德等地「休養四十年
毫無起色，一人三四子者絕不多見，而孑遺靡絕比比皆是」。〔註14〕同時，戰
爭期間瘟疫流行，加劇了人口的損失。如同治元年（1862年），廣德「大疫，
五月至八月積屍滿野，傷亡殆盡。」〔註15〕

〔註4〕 （清）曾國藩：《豁免皖省錢漕摺》，《曾文正公全集·奏稿》卷二十一。

〔註5〕 金陵大學農業經濟系：《豫鄂皖贛四省之租佃制度》，金陵大學農業經濟系，
1936年，第7頁。

〔註6〕 （清）曾國藩：《豁免皖省錢漕摺》，《曾文正公全集·奏稿》卷二十一。

〔註7〕 （清）曾國藩：《復官中堂》，《曾文正公全集·書劄》卷十八。

〔註8〕 （清）金安清：《皖南墾荒議》，《皇朝經濟文編》卷四十。

〔註9〕 （清）福潤：《陳報安徽清賦情形原請留款用人懇仍照辦疏》，《皇朝道咸同光
奏議》卷二十七下。

〔註10〕 （清）曾國藩：《豁免皖省錢漕摺》，《曾文正公全集·奏稿》卷二十一。

〔註11〕 （清）唐訓芳：《興辦屯墾告示》，《唐中丞遺集·條教》。

〔註12〕 （同治）《長興縣志》卷三十一上《雜識》。

〔註13〕 （清）馮桂芬：《墾荒議》，《顯志堂稿》卷十。

〔註14〕 （清）江希曾：《旌川雜誌》卷下，安徽省圖書館藏抄本。

〔註15〕 （光緒）《廣德州志》卷五十一《藝文志·碑記》。

　　人口損失的具體數字，各家說法不一。謝國興根據戶口數損失的比例推算，約為 1500 萬左右；〔註16〕王育民估計為 2154.1 萬；〔註17〕張愛民推算為 2000 萬人左右；〔註18〕林其模將太平天國戰爭期間安徽因各種原因死亡的人口定在 2200 萬至 2800 萬人之間。〔註19〕儘管各數差距頗大，但從戰後安徽各期人口的統計數字可以看出當時的人口損失極巨。例如，咸豐二年（1852年）安徽人口為 37650000，〔註20〕1935 年安徽人口為 22552987。〔註21〕數十年之後，安徽人口仍少於太平天國運動前。

（二）戰後重建

　　戰後，清政府以招徠墾荒為首要政務。於是，在人口損失重災區遷入了大量客民，如寧國，「自清咸豐兵燹后土民存者不足百分之一，客民居多數」，「及兵災後則湖北人滿阡陌矣。」〔註22〕宣城居民「十九都是客籍，土著居民甚少，蓋當洪楊之亂，全縣人民，不死於兵，便死於疫，其能倖存者，以金寶圩為較多，但自民元以來水陽、廣東僑民，大多卜居於此，皖北悍民，亦占相當勢力，至於東、西、南三方，則更喧賓奪主，農民大多來自湖北、湖南、河南以及本省之桐、無、巢等縣，占全人口百分之七十五。」〔註23〕貴池縣「因是項原因而移入之農民，約占全縣百分之七十。其中以桐城、廬江二籍者為多，約占全移民百分之八十。其餘如懷寧、湖北各縣者，亦均有之。」〔註24〕滁州「大亂之後，土著十不存三四，大率光州、安慶之人挈室而來。」〔註25〕廣德「州人被兵燹後，土著不及十分之一。田地荒蕪，招徠

〔註16〕　謝國興：《中國現代化的區域研究——安徽省 1860～1937》，「中央研究院」近代史研究所，1991 年，第 474 頁。

〔註17〕　王育民：《中國人口史》，江蘇人民出版社，1995 年，第 539 頁。

〔註18〕　張愛民：《近代安徽的人口變遷》，《安徽師範大學學報》1996 年第 3 期。

〔註19〕　林其模：《舊制度的危機——太平天國戰爭對安徽田賦徵收的影響》，《安徽史學》2002 年第 3 期。

〔註20〕　嚴中平：《中國近代經濟史統計資料選輯》，中國社會科學出版社，2012 年，第 251 頁。

〔註21〕　安徽省民政廳：《安徽民政工作紀要》，安徽省民政廳，1936 年，第 111 頁。

〔註22〕　（民國）《寧國縣志》卷四《政治志下・風俗》。

〔註23〕　錢孟鄰：《安徽宣城經濟調查》，《中行月刊》1936 年第 13 卷第 1 期。

〔註24〕　金陵大學農業經濟系：《豫鄂皖贛四省之租佃制度》，金陵大學農業經濟系，1936 年，第 7 頁。

〔註25〕　（光緒）《滁州志》卷二之一《食貨志一・風俗》。

客民開墾入籍，湖北人居其四，河南人居其三，江北人居其一，浙江人居其一，他省及土著共得其一。」〔註26〕

經過長期的戰後重建，至光緒後期，各地荒地逐步墾闢。「皖北間有土磽獲薄而廢置者，皖南間有地曠人稀未全墾種者，然皆什不逾一也。」〔註27〕

伴隨著荒地的開墾，農業生產逐步恢復，國家賦稅收入因之漸有起色。廣德、建德等地在光緒中期時，「（兵燹）迄今二十餘年，納稅徵租，良田盡闢。」〔註28〕廣德在光緒中期「年來田賦漸有起色」。〔註29〕滁州「（客民）開墾荒土，賦額漸復。」〔註30〕

人口減少，口糧消耗量相應降低。在農業生產恢復並有所發展後，安徽一些地區由清代前期的缺糧區變成餘糧區或自給區。如休寧、旌德、績溪等縣。與之相應，安徽省內缺糧區的糧源地也相應發生變動，如徽州地區在清代前期完全依靠浙贛兩省稻米的接濟，清末至抗戰前，旌德成為其主要米源地之一（詳見後文）。

二、水稻耕作制度的變化

近代安徽稻作生產狀況與清代前期相比，在耕作制度方面的變化是：清代前期一度廣泛種植的雙季稻在近代僅有零星種植。

自康熙朝開始推廣雙季稻後，安徽在康熙至道光前這段時期，雙季稻的種植比較普遍。成書於康熙二十三年（1684年）的《含山縣志》記載：「含壤地褊小，雖無入蠶之絲，間有再收之稻。」〔註31〕此「再收之稻」尚未明確是雙季稻還是再生稻。康熙五十三年（1714年），康熙決定將自己培養的雙季稻品種「御稻」在南方推廣，蘇州織造李煦和江寧織造曹頫承領稻種在江、浙、皖等地發放「御稻」種子，安徽蕪湖、含山等地均領種試種。〔註32〕此後，真正的雙季稻在安徽開始種植並在皖中、皖南等地推廣。乾隆時安慶、池

〔註26〕　（光緒）《廣德州志》卷末《補正》。
〔註27〕　（清）福潤：《清丈安徽通省田畝摺》，馮煦：《皖政輯要》卷二十五《田賦四》。
〔註28〕　《益聞錄》第八三五號，光緒十五年一月十日。
〔註29〕　（光緒）《廣德州志》卷五十一《奏疏》。
〔註30〕　（光緒）《滁州志》卷二之一《食貨志一‧風俗》。
〔註31〕　（康熙）《含山縣志》卷十《物產》。
〔註32〕　《康熙朝漢文朱批奏摺彙編》康熙五十六年七月二十日曹頫奏摺。

州、廬州，田有「專種早晚二稻」者；〔註33〕嘉慶八年（1803 年），時任江蘇巡撫的桐城人汪志伊上疏，言「安徽民田有一歲兩收者」。〔註34〕舒城有黑、白兩種晚稻，「田家割去早禾始插秧」，「秋杪始獲」。〔註35〕懷寧在「清道光以前，總鋪、十里鋪、黃荻阪等處宜早晚二季，每刈早稻種晚稻，正大暑節，土膏發育之時，農人爭天時，一刻千金，率晨刈晝犁而夜種之。」〔註36〕清代前期安徽雙季稻的種植面積當有相當規模，因而道光年間有人指出：「以余所知，浙東、閩南、廣東、廣西及江西、安徽，歲種再熟田居其大半」。〔註37〕

　　雙季稻得以普遍推行，一個重要的條件是氣候轉暖。從康熙末年至道光前期，氣候由明末清初的小冰期逐漸轉暖，氣溫適宜於雙季稻的種植。其後氣候再度趨冷。從道光二十年（1840 年）至光緒十六年（1890 年）為冷期，〔註38〕氣溫逐步降低，雙季稻所需光熱條件難以滿足，種植面積逐步萎縮；至近代，安徽僅局部地區有零星種植。

　　氣候轉冷，霜期提前。水稻種植方面受到的影響一方面表現為為了避開早霜，農家紛紛改種早熟稻種。蕪湖農諺「處暑田中籮擔子，白露田內一場空」，說明稻穀收割期多在處暑前後，「然據農家言，近十餘年來，蓋提前數日矣。如是又謂宜早不宜遲」。〔註39〕潛山也是因為「近年遲稻歉收，農家爭種早穀」。〔註40〕另一方面，氣候轉冷，晚稻收成減少，入不抵出，因而自道光後，雙季稻的種植越來越少。「近年地質大異，每種晚稻，所入猶不足償耕耨之費，是以皆易早晚二季為中遲一季」。〔註41〕近代安徽種植雙季稻的地方極少，僅有潛山、歙縣等數處。潛山「二稻再登」的雙季稻種植主要分佈在黃泥港一帶。〔註42〕歙縣民國時期在畈田有雙季稻的種植。〔註43〕解放後，

〔註33〕 （清）裴宗錫：《奏為恭報地方情形事》，《撫皖奏稿》，全國圖書館文獻縮微複製中心，2005 年。

〔註34〕 《清史稿》卷三五七《汪志伊傳》。

〔註35〕 （嘉慶）《舒城縣志》卷十二《風俗・物產》。

〔註36〕 （民國）《懷寧縣志》卷六《物產》。

〔註37〕 （清）李彥章：《江南勸種再熟稻說》，《江南催課稻編》。

〔註38〕 於希賢：《近四千年來中國地理環境幾次突發變異及其後果的初步研究》，《中國歷史地理論叢》1995 年第 2 輯。

〔註39〕 （民國）《蕪湖縣志》卷九《地理志・方言》。

〔註40〕 （民國）《潛山縣志》卷四《食貨志・物產》。

〔註41〕 （民國）《懷寧縣志》卷六《物產》。

〔註42〕 （民國）《潛山縣志》卷四《食貨志・物產》；潛山縣農牧漁業局：《潛山縣農業志》（內部資料），1991 年，藏安徽省地方志編纂委員會圖書室。

雙季稻的種植一度幾乎不為人所知。解放初安徽有「雙季稻不能過長江」、「江北是雙季稻的禁區」等論斷。1954 年，安徽省委書記曾希聖經過深入調查和研究，提出對安徽農業進行「三改」（三項改革辦法）的口號。主要內容之一就是進行水稻種植的「單改雙」（單季改為雙季）。中共安慶地委「求知於古籍，問計於群眾」，方才得出安慶地區可以種植雙季稻的結論。〔註44〕由此可知雙季稻在近代安徽幾乎絕跡。

三、水稻產量

要瞭解近代特別是光緒後期至抗戰前安徽稻米生產力的水平及其發展趨勢，需要以清代前期的稻米生產力水平作參照進行對比。

（一）清代前期水稻畝產量

綜合李三謀〔註45〕、方行、〔註46〕趙岡〔註47〕等人文章中的資料及筆者搜集的清代前期安徽各地水稻畝產量的數據資料，清代前期安徽各地稻穀畝產量如下表。

表 1－1－1：康熙至嘉慶年間安徽各縣稻畝產量表

地區	年 代	稻畝產（石）	資料來源	備 註
霍邱	乾隆四十六年	0.77	1	畝產量均以租額的 2 倍計算而得，有*者均如此
	乾隆四十六年	3.8	2	
	乾隆二十七年	0.6	1	*1 斗種子田折為 1 畝
	嘉慶十四年	0.8	3	*
滁縣	嘉慶二年	1.15	2	
巢縣	道光時	2～3	4	
含山	康熙末年	4	5	雙季稻
太湖	嘉慶七年	2.3	3	*

〔註43〕 歙縣農牧漁業局：《歙縣農業志》（初稿），1986 年，藏安徽省地方志編纂委員會圖書室。

〔註44〕 歐遠方、江鯤池：《安徽水稻耕作制度的一次重大改革》，《耕作制度的重大改革》（《江淮文史》雙季稻試種和推廣專刊），1995 年，第 6～7 頁。

〔註45〕 李三謀：《清代安徽農業發展的不平衡性》，《安徽師範大學學報》1996 年第 24 卷第 3 期。

〔註46〕 方行等：《中國經濟通史・清代經濟卷》（上），經濟日報出版社，1999 年。

〔註47〕 趙岡等：《清代糧食畝產量研究》，中國農業出版社，1995 年。

地區	年　代	稻畝產（石）	資料來源	備　　　註
望江	乾隆四十五年	2	2	*
宿松	乾隆五十六年	5	1	*
	乾隆五十六年	3.13	2	*
蕪湖	康熙末年	3.87	5	雙季稻
	嘉慶年間	1.2	6	
南陵	嘉慶年間	3	1	*
宣城	嘉慶年間	3.76		*
涇縣	嘉慶年間	2.44		*
寧國	嘉慶年間	2.68	7	*
旌德	嘉慶年間	2.86		*
太平	嘉慶年間	2.62		*
建德	嘉慶六年	2.1	8	*
	嘉慶十六年	3.65	2	*
徽州	康熙至道光年間	2.5	9	*
	嘉慶時	6	10	*1 石米折稻 1.5 石
	嘉慶時	2.4	10	*
休寧	康熙至乾隆	2.11	11	*
歙縣	乾隆至道光	3.19	11	*
黟縣	乾隆至道光	3.13	11	*
婺源	嘉慶二年	1.15	2	*

資料來源：1.中國第一歷史檔案館、中國社科院歷史所：《清代地租剝削形態》，中華書局，1982 年，第 677、152、200、420、189、223 頁。2.清刑科題本檔案，藏中國第一歷史檔案館。3.李文治：《中國近代農業史資料》第一輯，生活‧讀書‧新知三聯書店，1957 年，第 77 頁。4.（道光）《巢縣志》附錄。5.方行等：《中國經濟通史‧清代經濟卷》（上），經濟日報出版社，1999 年，第 254 頁。6.（嘉慶）《蕪湖縣志》卷八《學校志》。7.（嘉慶）《寧國府志》卷十七《食貨志‧田賦下》。8.中國社科院經濟所藏刑部檔案鈔件，轉引自李三謀文。9.江太新、蘇金玉：《論清代徽州地區的畝產》，《中國經濟史研究》1993 年 3 期。10.中國社科院歷史所清史室：《清史論叢》第二輯，中華書局，1980 年，第 90 頁。11.休寧、歙縣和黟縣租冊，轉引自趙岡等文。

　　方行等學者指出，清代安徽水稻「畝產高的也有 4～6 石，但多數 2～3 石、1～2 石，皖北旱作區和山區丘陵地區產量還更低，拉平概算，約在 2.3 ～2.4 石」。〔註 48〕趙岡等認爲安徽全省糧食畝產量爲 2.80 石。〔註 49〕其所舉資料中的作物品種包括稻、秫和麥，以稻爲主，秫、麥資料各一則。去掉秫、麥，單以其所舉稻米的產量計算，畝產爲 3.12 石；若再去除近代的數據，則清代前期安徽稻米的單位產量爲每畝 2.84 石；高於方行等人的估計。但觀察趙書所舉資料，發現大多爲皖中、皖南地區的資料，且唯一的皖北地區資料，產量又偏高（鳳臺，畝產 4.5 石），因而趙書所估計的數字反映的基本上是皖中、皖南地區的稻米生產情況。以上表資料爲基礎，按照趙書中的計算方法，可得出清代安徽全省稻米單位面積產量平均約爲每畝 2.52 石。

　　實際上，要確切瞭解、計算全省水稻平均畝產量是非常困難的。因爲畝產量的計算，涉及畝積的大小，計積法的差異，衡量器單位量值的不同等。單從計算單位來說，要得到一個很有說服力的精確數據就非常困難。因此，本文放棄了計算全省水稻平均畝產量的做法。試圖將清代前期的數據與近代同一地區相關數據進行比較以反映其發展趨勢，因爲同一地區的畝積、容量具有一定的歷史延續性，變化不會太大。

（二）有關近代安徽稻米種植面積與產量統計（估計）的一些資料

　　就目前所知，對安徽稻米種植面積和產量的統計始於 1914 年。所見各統計（估計）數據，不僅歷年數據大小懸殊，即使同一年頭的相關數據間也有很大的差異，包括種植面積、單產和總產。

表 1－1－2：1914～1937 年安徽稻米種植面積和產量表

時間	種植面積（千畝）			總產量（千擔）			畝　產（市斤）	資料來源
	秈粳稻	糯稻	合計	秈粳稻	糯稻	合計		
1914	12072	1170	13242	12072	1170	13242	100	1
1914	11130	1080	12210	13521	1312	14833	122	2
1915	16278	1673	17951	58705	4186	62891	350	3

〔註 48〕　方行等：《中國經濟通史・清代經濟卷》（上），經濟日報出版社，1999 年，第 256 頁。

〔註 49〕　趙岡等：《清代糧食畝產量研究》，中國農業出版社，1995 年，第 37 頁。

時間	種植面積（千畝）			總產量（千擔）			畝　產（市斤）	資料來源
	秈粳稻	糯稻	合計	秈粳稻	糯稻	合計		
1915	15008	1542	16550	52415	4187	56602	342	2
1916	16573	1710	18283	27843	2874	27424	150	4
1916	15315	1580	16895	27861	2874	30735	182	2
1917	—	—	18760	—	—	31517	168	5
1918	15415	1381	16796	29961	3428	33389	199	2
1918	16719	2040	18760	26750	3060	29810	159	6
1919	—	—	—	—	—	23330	—	7
1919	—	—	18761	—	—	31290	167	5
1920	—	—	18761	—	—	33391	178	5
1921	—	—	18677	—	—	24883	133	5
1924	—	—	22443	—	—	48000	—	8
1924～1929	19113	2297	21410	70236	7558	77794	363	2
1931	14759	—	14759	42358	—	42358	287	2
1931	21890	568	22458	53700	1260	54960	245	9
1931	20147	523	20670	64098	1504	65602	317	10
1931	20730	2526	23221	58843	5785	65175	281	11
1932	13715	—	13715	45671	—	45671	333	2
1932	20384	578	20962	56060	1610	57670	275	9
1932	—	—	—	58090	5320	63410	—	12
1932	18786	533	19319	66915	1922	68837	356	10
1933	14908	2526	17434	48898	5785	54683	314	2
1933	—	—	—	—	—	44062	—	12
1933	20387	—	20387	77039	—	77039	378	10
1933	22121	—	22121	64540	—	64540	292	9
1934	14534	2231	16765	22673	3190	25863	154	2
1934	13455	1449	14904	23439	2067	25506	171	10
1935	15695	1947	17642	32244	2953	35197	200	2

時間	種植面積（千畝）			總產量（千擔）			畝　產（市斤）	資料來源
	秈粳稻	糯稻	合計	秈粳稻	糯稻	合計		
1935	15695	1947	17642	41229	4279	45508	258	12
1935	－	－	－	－	－	44062	－	9
1936	15070	1585	16655	55006	4416	59422	357	2
1936	－	－	－	－	－	32622	－	13
1937	15407	1488	16895	55072	5089	60161	356	2
平常年	20730	2491	23221	58840	6330	65170	281	14
	19105	2296	21401	70237	7558	77795	364	10
	－	－	－	37805	－	－	－	14
	22443	－	22443	46480	－	46480	207	15
	－	－	20546	－	－	58309	284	16
	－	－	22443	－	－	－	420	17

資料來源：1.《中國年鑒》（民六年），轉引自謝國興：《中國現代化的區域研究‧安徽省 1860～1937》，「中央研究院」近代史研究所，1991 年，第 680 頁。2. 許道夫：《中國近代農業生產及貿易統計資料》，上海人民出版社，1983 年，第 29 頁。3.《民國四年度安徽農商統計表》，《安徽實業雜誌》1915 年（續刊）第 14 期。4.《安徽實業雜誌》1916 第 16、17 期，轉引自王鶴鳴、施立業：《安徽近代經濟軌跡》，安徽人民出版社，1991 年，第 74 頁。5.全國經濟委員會農業處：《米穀統計》，全國經濟委員會農業處，1934 年。6.《第一回中國年鑒》，轉引自謝國興前揭書第 680 頁。7.《安徽實業雜誌》1919 年第 1 卷第 8 號，轉引自王鶴鳴等前揭書第 74 頁。8.《英文中國經濟周刊》1924 年第 152 期。9.王懿芳：《中國近數年來米穀小麥棉之生產統計》，《實業統計》1935 年第 3 卷第 2 期。10.《申報年鑒》（民國二十四年），申報年鑒社，1935 年，第 K5 頁。11.邢必信等：《第二次中國勞動年鑒》，社會調查所，1932 年，第 140～145 頁。12.《申報年鑒》（民國二十三年），申報年鑒社，1934 年，第 K4 頁。13.《申報年鑒》（民國二十五年），申報年鑒社，1936 年，第 K3～18 頁。14.《安徽省各縣糧食產量統計表》，《安徽省二十八年度統計年鑒》，第 319～321 頁。15.國民政府主計處統計局：《統計月報》1932 年 9、10 月合刊。16.吳承洛：《今世中國實業通志》（下），商務印書館，1929 年，第 19 頁。17.《安徽民政季刊》調查專號，1931 年第 1 卷第 1 期。

　　上表中，1914 年的產量僅為 1915 年產量的 21.1％；1914 年的畝產僅 100 斤，而 1915 年的畝產又高達 350 斤。這兩年安徽並未發生重大的水旱災害導致種植面積減少和產量銳減，這樣的霄壤之別實在匪夷所思。而有的年份如 1932 年，一年的種植面積和產量的數據多達五種，且數據高下懸殊，既不能令人信服，又讓人無法取捨。

　　各縣的統計資料同樣如此。以 1918 年和 1932 年的兩項統計資料為例。

表 1－1－3：1918 年安徽各縣水稻種植面積和產量表

縣別	面積（畝）	總量（石）	畝產	縣別	面積（畝）	總量（石）	畝產
懷寧	279833	559666	2.00	太湖	363410	363410	1.00
桐城	333270	833175	2.50	宿松	44000	70400	1.60
潛山	222618	556545	2.50	望江	213449	384208	1.80
合肥	2344500	2461725	1.05	巢縣	768125	1536250	2.00
舒城	361755	361755	1.00	六安	1089993	1580489.84	1.45
廬江	950939	760751.2	0.80	英山	68983	172457.5	2.50
無為	1050983	3152949	3.00	霍山	302401	725702.4	2.40
霍邱	36200	28960	0.80	含山	132460	198690	2.50
和縣	311167	622334	2.00	祁門	166030	166030	1.00
歙縣	175892	351784	2.00	黟縣	114923	114474.31	0.97
休寧	251600	629000	2.50	績溪	98420	172235	1.75
婺源	186466	149172.8	0.80	寧國	100436.5	80349.2	0.80
宣城	853470	1194858	1.40	涇縣	141320	282640	2.00
南陵	334055	1002615	3.00	太平	27500	55000	2.00
旌德	159487	191384.4	1.20	石埭	33755	54008	1.60
貴池	104416	239535.8	2.30	秋浦	61381	92071.5	1.50
青陽	8139	179060.2	2.20	東流	255131	311642.51	1.22
銅陵	154840	309680	2.00	繁昌	154500	540750	3.50
當塗	500000	700000	1.40	廣德	487822	487822	1.00
蕪湖	280427	665747.25	1.75	郎溪	214520	321780	1.50
鳳陽	235200	188160	0.80	宿縣	123	115.005	0.94
懷遠	42241	38016.9	0.90	定遠	48000	48000	1.00
壽縣	924750	924750	1.00	鳳臺	146880	146880	1.00

縣別	面積（畝）	總量（石）	畝產	縣別	面積（畝）	總量（石）	畝產
穎上	22525	18020	0.8	泗縣	7600	5320	0.70
滁縣	273000	341250	1.25	盱眙	183248.481	119111.51	0.65
全椒	63300	52539	0.83	天長	229087	229087	1.00
來安	70320	105480	1.50	五河	5119	3661.88	0.52

資料來源：安徽省政府：《安徽省六十縣經濟調查簡表・重要農產類・米》，安徽省政府，1922 年。

表 1－1－4：1932 年安徽各縣常年秈稻種植面積和產量表

縣　別	面　積（千畝）	總　產（千斤）	畝　產	
			斤／畝	折合石／畝
婺源	610	218825	391.6	2.78
休寧	292	96132	329.2	2.35
歙縣	314	94227	300.1	2.14
績溪	70	20377	291.1	2.14
寧國	45	10555	234.6	1.74
廣德	328	117936	359.6	2.57
郎溪	351	112111	319.4	2.28
宣城	984	309892	314.9	2.25
涇縣	155	40093	258.7	1.85
旌德	94	32757	348.5	2.49
太平	424	155871	367.6	2.63
黟縣	66	29255	443.3	3.17
祁門	202	21192	104.9	0.75
秋浦	62	12586	203.0	1.45
東流	224	61142	273.0	1.95
石埭	22	4947	224.9	1.61
貴池	183	52158	284.9	2.04
青陽	120	35929	299.4	2.14
銅陵	112	27969	249.7	1.78
南陵	680	227921	335.2	2.39
繁昌	232	115044	495.8	3.28

縣 別	面 積 （千畝）	總 產 （千斤）	畝 產	
			斤／畝	折合石／畝
蕪湖	219	105438	481.5	3.44
當塗	503	168993	336.0	2.40
和縣	352	132257	375.7	2.68
含山	496	186413	375.8	2.68
巢縣	547	131242	239.9	1.71
無爲	726	223631	308.0	2.20
廬江	885	183980	207.8	1.48
桐城	510	111690	219.0	1.56
懷寧	257	84011	326.9	2.34
望江	267	79466	297.6	2.13
宿松	69	19677	285.2	2.04
太湖	321	125110	389.8	2.79
英山	154	53413	346.8	2.48
霍山	144	51522	357.8	2.56
潛山	155	48437	312.5	2.23
舒城	463	137621	297.2	2.12
六安	1284	436726	340.1	2.43
合肥	1879	403903	215.0	1.54
全椒	280	88774	317.1	2.27
滁縣	445	145119	326.1	2.33
來安	107	26965	252.0	1.80
天長	148	44326	299.6	2.14
盱眙	1142	151834	133.0	0.95
定遠	509	121105	106.0	0.76
壽縣	1322	330469	250.0	1.79
霍邱	830	237394	286.0	2.04
鳳臺	68	33118	487.0	3.48
懷遠	61	22372	366.8	2.62
鳳陽	314	65276	207.8	1.48
五河	53	7086	133.7	0.96

縣　別	面　積 （千畝）	總　產 （千斤）	畝　　產	
			斤／畝	折合石／畝
泗縣	245	29893	122.0	0.87
阜陽	15	2362	157.5	1.13
潁上	375	100797	268	1.92
合計	20730	5884339	283.9	2.03

資料來源：國民政府主計處統計局：《統計月報》（農業專號），1932 年。畝產以 140
　　　　斤折合 1 石。

　　表 1－1－3 是根據 1919 年安徽省建設廳對 1918 年產米各縣的調查所製。
當年安徽全省稻穀種植面積爲 16063261.981 畝，總產量 24881498.705 石，畝
均 1.55 石。以 140 斤每石折合爲 217 斤，再以 65%的出米率折算，畝產稻約
爲 334 斤。恰爲前表中 1919 年畝均 167 斤的 2 倍。如以 50%的出米率折算則
爲 2.6 倍。這一調查在當時就受到瞭解安徽農林狀況的專家的質疑，認爲該調
查所顯示的產量過低。〔註 50〕

　　對照各縣的熟田總數與稻米生產狀況，各縣填報的稻田面積普遍偏
低，有一些則極不合理。如霍山縣的種植面積爲 302401 畝，與其熟田面積
總數分毫不差。也就是說，全縣所有熟田均種植水稻。霍山是皖西山區縣
份，所有的田地均種植水稻是不符合歷史事實的。宿松農業以稻作爲主，
該縣熟田有 439332 畝，而 1919 年填報的稻田面積僅占全縣熟田總數的 10
％。實際上不止此數。根據成書於 1921 年的《宿松縣志》的記載，該縣有
熟田約四千餘頃，除去老荒三百餘頃及新荒若干，以四千頃作數，「內以四
之一種其它雜糧類，以四之三種稻」，〔註 51〕則稻田面積有 3000 頃。東流
縣的耕地總數爲 95496 畝，稻田面積竟然比此數還大。從上述情況來看，
這份數據是不可信的。

　　表 1－1－4 的數據僅從稻田面積來看，就很不準確。太平、東流、南陵
和桐城等縣的耕地面積總數分別是 162282、95496、567393、425150 畝，各
縣在上表中的稻田面積竟然超過了其耕地總面積；宿松的稻田面積只占到該
縣耕地總面積 441887 畝的 15.6％；〔註 52〕合肥作爲全省耕地面積最大的縣份

〔註 50〕　龔光朗、曹覺生：《安徽農林現狀》，《安徽建設月刊》1931 年第 3 卷第 7 號。
〔註 51〕　（民國）《宿松縣志》卷十七《實業志・農業》。
〔註 52〕　《安徽民政季刊》視察專號，1933 年第 1 卷第 1 期。

之一，其稻田面積明顯偏低。根據《中國經濟志‧安徽壽縣、霍邱、六安、合肥、舒城、霍山六縣合編》，合肥的水田面積爲 3030036 畝，遠遠高於表中的數字；即使將新墾土地和糯稻的種植面積等因素考慮進去，也不會有這樣大的差距。

　　這份統計數據和安徽省政府秘書處、安徽省建設廳的相關統計數據（表 1－1－5）一樣，在當時即受到專事糧食問題研究的專家的質疑和詬病：各家統計或估計的數據頗多前後矛盾，或失之過多，或失之過少，「其餘各縣米產之數字，亦莫不有出入之處」。例如潁上一縣的米產量，國民政府主計處統計局的估計數與安徽省政府秘書處報告中的數字相差竟達 336 倍之多。無怪乎時人呼之爲「怪事」。〔註53〕因此，這些統計或估計的數據均不能作爲考察近代安徽稻米產量的依據。

表 1－1－5：1933 年安徽省政府秘書處、安徽省建設廳安徽稻米產量統計表

縣別	秘書處	建設廳	縣別	秘書處	建設廳
太湖	567320	723410	含山	792000	809000
懷寧	8000000	559666	和縣	1225000	622334
桐城	1800000	950000	泗縣	12500	5320
潛山	500000	556545	盱眙	334350	119111
宿松	480000	70400	五河	35670	7661
望江	40000	384208	靈璧	4000	——
蕪湖	760000	1000000	宿縣	3000	1150000
當塗	1225000	700000	蒙城	——	500
繁昌	700000	540750	阜陽	——	70000
南陵	1288000	1002615	潁上	1500	18020
銅陵	199788	309680	貴池	600000	239535
無爲	1500000	3152949	青陽	250000	249060
廬江	1542900	760751	太平	200000	70000
巢縣	1536250	1536250	石埭	96000	54080
六安	1500000	1580489	東流	400000	311642

〔註53〕 林熙春、孫曉村：《蕪湖米市調查》，社會經濟調查所，1935 年，第 53、54 頁。

縣別	秘書處	建設廳	縣別	秘書處	建設廳
合肥	6000000	2461725	至德	210000	92071
舒城	1000000	381755	宣城	1911300	1194858
霍山	246000	725762	郎溪	700000	321780
立煌	320000	——	廣德	779100	487842
壽縣	1500000	1246800	寧國	535000	80349
霍邱	300000	26960	涇縣	280000	282640
鳳臺	232187	146880	旌德	220000	271384
懷遠	41121	38016	休寧	360000	629000
鳳陽	460000	200000	婺源	300000	249172
定遠	650000	500000	祁門	100000	166030
滁縣	580000	600000	歙縣	200000	351784
天長	622400	229087	黟縣	220000	56000
來安	300000	105480	績溪	102000	172235
全椒	400000	500000	總計	44162386	29051586

資料來源：林熙春、孫曉村：《蕪湖米市調查》，社會經濟調查所，1935 年，第 51 頁。

（三）近代安徽各地水稻單位面積產量

相對於上述統計（估計）資料而言，租冊、賬簿、地方志及一些實地調查所得的數據，具有更高的可信度。根據這些資料，我們可以大致瞭解近代安徽水稻產量的基本情況。

根據中國科學院經濟研究所所藏安徽休寧縣一份農家賬簿，咸豐四年（1854 年）至同治二年間，其田場畝產最高達 5.63 石，最低 3.41 石，歷年平均畝產 4.88 石。〔註 54〕黟縣的租冊顯示，其田場稻穀畝產咸豐十一年（1861 年）為 2.96 石，同治三年（1864 年）為 3.6 石，光緒二十四年（1898 年）為 3.34 石。〔註 55〕

稻田因地勢、水利和投入的不同，產量差異很大。如無為圩田平均畝產 4 石，高者可達六七石，而山田畝產只有 2 石。〔註 56〕相差兩至三倍。天長秈粳稻上等田每畝產 3 石，中等田只有 1 石 3 斗；糯稻上等田畝產 2 石，中等

〔註 54〕李文治：《中國近代農業史資料》第一輯，生活‧讀書‧新知三聯書店，1957 年，第 673 頁。
〔註 55〕趙岡等：《清代糧食畝產量研究》，中國農業出版社，1995 年，第 35～36 頁。
〔註 56〕（民國）《無為縣小志》第四《物產》。

田畝產僅 1 石。〔註57〕當塗「圩田收數則可倍於山田」，稻田畝產在三、四、五石不等，「以人力勤惰，土地肥磽而異」。〔註58〕潛山的平原田，上等每畝產稻 4 石，次者 3 石，下者 2 石。〔註59〕宿松肥田畝產有 4 石或 5 石；〔註60〕巢縣「一畝之生產量平均崗田穀三擔，圩田四擔」。〔註61〕綜合民國時期（抗戰前）安徽各地稻米生產資料，製成下表：

表 1-1-6：民國時期（1937 年前）安徽各縣水稻畝產量表

縣別	水稻畝產	年份	資料來源
合肥	4 擔	1935	1
	2.4 石	1935	2
廬江	豐年 4 擔	1933	3
	平均畝產 4 擔		
無爲	豐年每畝 5 擔		
	圩田平均畝產 4 石，高者達 6～7 石，山田 2 石	1931	4
當塗	無論山圩，每畝三四五石不等，平均 3.5 石	1936	5
	（圩田）豐年可收稻五石	1934	6
天長	秈粳稻上等田 3 石，中等田 1.3 石；糯稻上等 2 石，中等 1 石	1934	7
蕪湖	4 擔	1925	8
	（獨山圩）每畝約收 500 斤	1934	6
	（李家村）平均每畝 400 斤		
	豐年 5 擔	1933	3
六安	4 擔		
	2.39 石	1935	2
舒城	2.4 石		
	4 擔	1933	3

〔註57〕 郁官城：《天長風土志》，1934 年，天長縣地方志編纂魏委員會辦公室翻印，第 16 頁。

〔註58〕 （民國）《當塗縣志》卷二《民政志・實業・農業概況》。

〔註59〕 實業部中國經濟年鑑編纂委員會：《中國經濟年鑑》（1934 年），商務印書館，1935 年。

〔註60〕 （民國）《宿松縣志》卷十七《實業一・農業》。

〔註61〕 吳正：《皖中稻米產銷之調查》，交通大學研究所，1936 年，第 53 頁。

縣別	水稻畝產	年份	資料來源
巢縣	崗田 3 擔，圩田 4 擔	1933	3
桐城	5 擔		
宣城	5 擔		
	山田 4 石弱，壩田 6 石，圩田 5 石	1936	9
南陵	4.8 擔	1935	1
	4 擔	1933	3
	4～5 石	1931	10
	自三百斤以至七百斤不等，而以五百斤爲常	1927	11
銅陵	豐年每畝圩田可產五擔，山田三擔	1933	2
宿松	平均 3 石	1921	12
太湖	秈稻畝產 4 石，糯稻畝產 3 石	1933	13
壽縣	豐年可產 2.5 石	1935	2
霍邱	0.9 石		
霍山	1.05 石		
潛山	上等每畝產 4 石，次者 3 石，下者 2 石	1920	6
青陽	平均每畝可獲二石二斗	1932	14
寧國	3 石	1935	15
涇縣	3 石	1935	16
歙縣	3.23 石	1935	17
休寧	4.22 石	1935	18

資料來源：1.朱孔甫：《安徽米業調查》，《社會經濟月報》1937 年第 4 卷第 3、5 期；按 1 石米 2 擔稻折合。2.建設委員會經濟調查所統計課：《中國經濟志・安徽省壽縣、霍邱、六安、合肥、舒城、霍山六縣合編》，建設委員會經濟調查所，1937 年，第 91～99 頁。3.吳正：《皖中稻米產銷之調查》，交通大學研究所，1936 年，第 8～68 頁。該書中擔、石通用，爲當地舊制。4.（民國）《無爲縣小志》第四《物產》。5.（民國）《當塗縣志》卷二《民政志・實業・農業概況》。6.臏儝：《各地農民狀況調查（徽文節錄）・當塗》，《東方雜誌》1927 年 24 卷 16 號。7.郁官城：《天長縣風土志》，1934 年，天長縣地方志編纂魏委員會辦公室翻印，第 16 頁。8.卜凱著，徐澄譯：《蕪湖一百零二農家之社會的及經濟的調查》，金陵大學農業系，1928 年，第 10 頁。9.錢孟鄰：《安徽宣城經濟調查》，《中行月刊》1936 年第 13 卷第 1期。10.《安徽民政季刊》調查專號，1931 年第 1 卷第 1 期。11.劉家銘：《南

陵農民狀況調查》，《東方雜誌》1927 年第 24 卷第 16 號。12.（民國）《宿松縣志》卷十七《實業志一・農業》。13.安徽省政府建設廳：《太湖農作物出產一覽表》，《一年來之安徽建設》，安徽省政府建設廳，1933 年，第三編第 19～23 頁。14.李潔非：《青陽風土志》（節選），《青陽史話・民國時期史料》第五輯，1991 年，第 93～110 頁。15.建設委員會經濟調查所統計課：《中國經濟志・安徽省寧國縣》，建設委員會經濟調查所，1936 年，第 12 頁。16.建設委員會經濟調查所統計課：《中國經濟志・安徽省涇縣》，建設委員會經濟調查所，1936 年，第 16 頁。17.建設委員會經濟調查所統計課：《中國經濟志・安徽省歙縣》，建設委員會經濟調查所，1935 年，第 43 頁。18.建設委員會經濟調查所統計課：《中國經濟志・安徽省休寧縣》，建設委員會經濟調查所，1935 年，第 17 頁。

上表中，只有蕪湖、南陵、宿松三地有 1920 年代的稻產資料，其餘均為 30 年代的數據，比較集中地反映了 1930 年代安徽稻作生產力狀況。表中各地僅天長縣的產量偏低，平均每畝不到 2 石，其餘各地每畝多在 3 石以上。

霍邱、巢縣、宿松、蕪湖、南陵、宣城、太湖、涇縣、寧國、休寧、歙縣等地在表 1－1－1 和表 1－1－6 中均有畝產數據。兩相比較，霍邱在清代前期的畝產量除了一個最高額 3.8 石外，其餘 3 個畝產數據均不超過 1 石，和 1935 年的 0.9 石相近。巢縣在道光時畝產二三擔，在 1933 年有所增長。當時全縣有圩田 29.5 萬畝，崗田 43.2 萬畝，豐年產稻 247 萬擔，〔註62〕平均畝產 3.4 擔。宿松在清代前期的畝產較高，有高至 5 石者，1920 年代初，宿松肥沃之田畝產也可達到 4 至 5 石，平均約在 3 石；〔註63〕和清代前期的產量相當。蕪湖在清代前期雙季稻兩季畝產 3.87 石，而道光時的畝產則僅 1 石餘；20 世紀二三十年代的畝產普遍在 3 至 5 擔，略高於清代前期雙季稻產量，比道光時的產量則顯著提高。南陵在 1930 年代前半期的產量普遍高於清代前期。太湖和宣城 1930 年代的畝產量較清代前期有顯著提高。涇縣、寧國和歙縣三縣 1930 年代的產量略高於清代前期。休寧縣在 1930 年代的水稻產量比清代前期要高得多，與近代之初的產量則相近。

另外，滁州在光緒年間「大率種一斗，得田一畝。每種一斗，稻可收一石」，〔註64〕畝產僅 1 石；建德在清末有四塊學田，其面積和租額分別為 140

〔註62〕 吳正：《皖中稻米產銷之調查》，交通大學研究所，1936 年，第 53 頁。
〔註63〕 （民國）《宿松縣志》卷十七《實業志一・農業》。
〔註64〕 （光緒）《滁州志》卷二《食貨志・土產》。

餘畝（按 145 畝計算）、49 畝 7 分 5 釐、8 分、2 畝 8 分；其租額分別為 300 擔、54 擔 8 斗、1 擔 6 斗、5 擔 6 斗。平均畝租額分別為 2.06、1.1、2、2 擔。〔註65〕按前述租額與畝產比例計算，則其畝產量分別為 4.12、2.2、4、4 擔。總體上，相對於嘉慶時期的畝產量也有所提高。

　　由此我們認為：與清代前期相比，20 世紀二三十年代各地水稻生產水平的狀況是：皖中地區有較為顯著的增長，皖西部份地區的產量未見提升，皖南山區因地而異，大都略有提升，休寧的產量則有大幅增長。

　　和全國一樣，安徽各地的畝積、度量衡、冊畝折算比值等各不相同。那麼，近代安徽水稻產量究竟達到什麼樣的水平呢？所幸我們獲得了皖中、皖西地區六縣當地舊制石和市石的換算比率；在吳正的調查中，以二百磅石為稻米計量單位，折算後得出 1 二百磅石＝1 市石＝150 市斤。這些數據有助於我們瞭解當地畝產量。

　　壽縣、霍邱、六安、合肥、舒城、霍山等六縣舊制石比市石的倍數分別為 1.84、3.00、2.00、1.80、1.80、2.04 倍。〔註66〕根據該書的調查，1936 年各縣的稻田面積、產量及與市石的折算情況如下：

表 1－1－7：壽縣、霍邱等六縣水稻產量表

縣別	稻田面積	總產量		畝　　產		
		秈粳稻	糯稻	當地舊制石	折合市石	折合市斤
壽縣	1662420	5352920	161180	1.75	3.22	450.8
霍邱	2286768	5877540	32940	0.90	2.70	378
六安	1263123	6030300	27300	2.39	4.77	667.8
合肥	3030036	13089780	675900	2.40	4.32	604.8
舒城	694877	3001860	478440	2.40	4.32	604.8
霍山	312678	669770	20400	1.05	2.14	299.6

資料來源：建設委員會經濟調查所統計課：《中國經濟志・安徽省壽縣、霍邱、六安、合肥、舒城、霍山六縣合編》，建設委員會經濟調查所，1937 年，第 86、91～100、113 頁；水稻每市石折合 140 市斤。

〔註65〕　（宣統）《建德縣志》卷之七《學校》。
〔註66〕　建設委員會經濟調查所統計課：《中國經濟志・安徽省壽縣、霍邱、六安、合肥、舒城、霍山六縣合編》，建設委員會經濟調查所，1937 年，第 91～100 頁。

是年六縣的收成分別是：霍邱六成，壽縣、霍山七成，其餘三縣八成；乃平常年景。上述各單位面積產量當可視作當地的平常收成。

再以無為、合肥、廬江、舒城和六安的調查數據來看。1933 年在這幾個縣的 5 個村莊調查所得的稻米產量如下表：

表 1－1－8：無為、合肥等縣 5 個村莊水稻畝產量表

調查地點	戶　數	戶均畝數	畝產量	
			米（200 磅石）	折合市斤
無為淩家井	18	6.4	1.8	270
合肥三河	6	10.4	2.9	435
廬江馬廠崗	11	16.8	1.4	210
舒城桃溪	6	30.0	2.2	330
六安趙家莊	5	34.0	0.6	90

資料來源：吳正：《皖中稻米產銷之調查》，交通大學研究所，1936 年，第 72 頁。調查採用的稻米折率為 50%。

上表中，六安因連年不靖，農民不能安業，熟田荒蕪，產量特少。其餘各地的產量均不低於 210 斤。雖不能作為各地的平均產量，至少在一定程度上反映了當地稻米生產的水平。

第二節　近代安徽水稻生產的特點

在耕作技術、生產結構、歷年產量的穩定性和商品化程度等方面，近代安徽水稻生產呈現出耕作技術的傳統性、產量的不穩定性、農業結構中水稻生產的單一性、較高的商品性等特點。

一、耕作技術的傳統性

我國水稻種植經過幾千年的發展，形成了一整套耕作技術體系。近代，隨著國門洞開，西方近代農業科技思想與技術開始在我國傳播，並在清末開始傳入安徽。然而新思想、新技術在安徽的傳播和推廣，由於種種因素掣肘，步履維艱。安徽水稻栽培在耕作栽培技術方面，仍然保持著傳統特色。

（一）近代水稻耕作技術在安徽的引進

自清末新政至 1930 年代，安徽陸續設立了省、縣級農政機構；各地先後開辦了以中等學校爲主的農業學校，有的學校則設立了農學專業，從事農業教育和研究；以各級農會爲主的農業團體也相繼成立。這些農業管理、教育、研究機構是近代農業知識和技術在安徽引進、推廣的主導力量。它們先後舉辦了一些農業調查和技術推廣活動。在水稻種植技術方面的相關舉措主要有：開展農事調查、宣傳水稻栽培知識、推廣優良稻種、引進新式農具等。

開展農事調查。1930 年代，各縣建設局多在當地開展農事調查。如安徽稻作改良場在 1935 年曾進行過農事調查，包括白穗調查、稻作栽培與品種調查等。〔註67〕

宣傳農事知識。在農業肥料性能、稻種選育、病蟲防治等方面，各縣有的印製淺說，張貼於各村鎮；有的派員分赴四鄉循遍演講。〔註 68〕例如 1934 年，安徽稻作改良場與蕪湖省立民眾教育館合作舉行了春耕運動，宣傳農事常識，「對於秧田期之指導及防治蟲害之指導，編印淺說，以利宣傳。」〔註 69〕

推廣優良稻種。北洋政府農商部曾「徵集各地稻種，檢定優劣，通行各省，擇要試種」。〔註70〕安徽部份縣的建設局也有設立農業種籽交換所的設想，具體成效怎樣，未見記載。1923 年，國立中央大學農學院育成秈稻良種「帽子頭」。「每畝平均較農家種多產百分之十乃至百分之二十五以上」。〔註71〕其後在江蘇、安徽、江西、湖南等地推廣。其中在蘇、皖、湘三省推廣二十餘萬畝，「是爲大規模良種推廣之嚆矢」。〔註 72〕安徽試驗點主要在蕪湖和宣城兩縣。1935 年 12 月，全國稻麥改進會成立。次年在蕪湖、繁昌、合肥、無爲、巢縣、含山、桐城、當塗、和縣與宣城及沿江南鐵路

〔註67〕　《安徽省立稻作改良場最近事業進行計劃》，《經濟建設半月刊》1936 年第 5 期。
〔註68〕　《一年來皖省各縣地方建設概況》，分載《安徽建設月刊》1930 年第 18、19、20、21 號。
〔註69〕　安徽省建設廳：《安徽農林建設概況》，安徽省建設廳，1936 年，第 133 頁。
〔註70〕　阮湘等：《中國年鑑》第一回，1924 年；轉引自章有義：《中國近代農業史資料》第二輯，生活・讀書・新知三聯書店，1957 年，第 173～174 頁。
〔註71〕　《關於復興農村之消息》，《社會經濟月報》，1935 年第 2 卷第 8 號。
〔註72〕　柯象寅：《近年來我國稻作改進》，《安徽農業》1947 年第 7 期。

一帶，「擇適當中心地點，特約優秀農家，舉行農田示範」。〔註73〕同年，江南鐵路公司在宣城設立農業改良場，與實業部中央農業實驗所和宣城縣政府合組推廣委員會，進行稻作良種的推廣工作。共有 450 戶農家領取稻種，登記栽種田畝面積 6000 畝。〔註74〕在宣城佟公壩推廣種植「帽子頭」3000 畝。這一年，合肥縣合作辦事處從全國稻麥改進所承借「帽子頭」品種 6 石，在該縣四鄉試種。「並約定秋收後各社除照原數信還及由全國稻麥改進所提高價值收買外，並得盡先與社員間相互交換，以資推廣，其成績特別優良者，並將酬予獎勵。」〔註75〕

引進新式農具。安徽引進的新式農具主要有抽水機、打穀機等。例如民國初年安徽有些地方曾使用汽油或石油馬達的抽水機。〔註76〕1934 年，建設委員會在安徽成立模範灌溉鳳懷區實驗場，購置馬達戽水機進行電力灌溉。〔註77〕1936 年，蕪湖陶辛圩從中華新農具推廣所購買打穀機在該地示範推廣。〔註78〕

各種改良措施對於改善耕作技術，推廣稻作良種，提高稻米產量及向農民傳播科學知識等無疑是有益的，如省立稻作改良場在 1937 年「所辦良種推廣，特約農田，各種生產建設，咸得農村中之信仰。」〔註79〕改良對包括稻作生產在內的農業生產頗有裨益，但其成效不能高估。

以農會的作用來看。農會始創，即以「廣樹藝，興畜牧、究新法，濬利源」為宗旨；〔註80〕安徽各地農會也以改良農業為目的。然從各地農會的實際功效來看，不少農會實際上偏離了其宗旨。宿松農會「依然會自會，農自農，凡農事之若何整頓，農業之若何振興，則未遑計及也。」〔註81〕南陵縣

〔註73〕 《全國稻麥改進所就成立一年來推進農業改良實況致實業部呈》，中國第二歷史檔案館：《中華名檔案資料彙編・財政經濟（七）》，江蘇古籍出版社，1994年，第 405 頁。

〔註74〕 《江南公司改進稻種》，《申報》1936 年 3 月 30 日第 7 版。

〔註75〕 《改良稻麥品種》，《農友》1936 年第 4 卷第 5 期。

〔註76〕 （日）田中忠夫著，汪馥泉譯：《中國農業經濟研究》，大正書局，1934 年，第 54 頁。

〔註77〕 謝國興：《中國現代化的區域研究──安徽省 1860～1937》，「中央研究院」近代史研究所，1991 年，第 336 頁。

〔註78〕 陶然：《陶辛圩的鄉村改良工作》，《中國農村》1937 年 3 卷 3 期。

〔註79〕 《桐城努力生產建設》，《農友》1937 年 5 卷 4 期。

〔註80〕 《務農會略章》，《農學報》一卷，光緒二十三年四月上。

〔註81〕 （民國）《宿松縣志》卷十七《實業志・農業》。

的農會「對於農業的設施實等於零。」農會成員多為地方紳商或官僚,「其實不過一紳士會,唯一事務,爭會長而已。」﹝註82﹞

再以陶辛圩的鄉村改良工作為例看稻作品種和新農具的推廣效果。1936年,在陶辛圩推廣的打穀機「不但結果不佳,反失農民信仰。」與舊式的打稻桶相比,打穀機需要較大的場地和更多的人手,農民一無空場,二無錢雇工,也因種田太少而無需雇工打稻以節約「無用的」時間。「因而儘管打穀機的宣傳者說得如何天花亂墜,農民們看著它如同沒有牙的老太婆看見好吃的食物一樣,可望而不可及!」同年進行的良種推廣,「結果收穫固然不壞,但對農民的印象是很壞的。」﹝註83﹞因為農民無錢種植良種,改良生產所得有相當部份被地主瓜分、強佔;他們既沒有改良生產的經濟條件,又缺乏改良生產的積極性。

根據實業部的調查,安徽省 1934 年以前使用的新式農具,總數不到 10 件。﹝註84﹞1929～1933 年間,只 1930 年有零星的農業機器及器具自蕪湖海關輸入,其總值僅為 507.91 元。﹝註85﹞數量之少,實不足論。各地擬購之新式農具之計劃,也因經費支絀,每成空想。合肥縣建設局曾擬購柴油引擎抽水機、耕田機、碾米機等,每臺各需洋 1300、1600、100 元左右。而該縣一年的總建設經費為 6806 元餘,其中局經常費年需 4800 元,事業費所剩無幾,根本無力購買。﹝註86﹞

在安徽農業改良前期,稻作改良因各種原因普遍不能切實奏效;1930 年代開展的高產品種的引進和推廣雖取得了一定成果,但因不久即爆發日本全面侵華戰爭而被迫中斷。由於開展時間晚,推廣區域僅限於宣城、蕪湖等少數縣份,因而對安徽全省水稻品種改良和產量提高的作用也極為有限。近代水稻種植技術的引進對於安徽水稻生產來說,其象徵性的意義遠遠大於實質性意義。因而整體上安徽水稻生產技術依然保持傳統特色。

﹝註82﹞ 劉家銘:《南陵農民狀況調查》,《東方雜誌》1927 年第 24 卷第 16 號。

﹝註83﹞ 陶然:《陶辛圩的鄉村改良工作》,《中國農村》1937 年第 3 卷第 3 期。

﹝註84﹞ 謝國興:《中國現代化的區域研究——安徽省 1860～1937》,「中央研究院」近代史研究所,1991 年,第 337 頁。

﹝註85﹞ 國民政府主計處統計局:《中華民國統計提要》(廿四年輯),正中書局,1935年,第 529 頁。

﹝註86﹞ 《一年來皖省各縣地方建設概況》,《安徽建設月刊》1930 年第 18 號。

（二）耕作技術的傳統性

在耕作技術方面，安徽由於「對於新的耕作方法，既無人指導，又缺乏知識」，所以仍舊「保守著固有的腐敗的方法而耕地」。〔註 87〕農民在栽培水稻時或以經驗為法，「耕耨之事全憑二三老農互相談論以為法」；或沿襲舊法，「只憑一己之經驗，父老之口傳」，〔註 88〕農事安排「恒依據諺語以行之」。〔註 89〕比如宿松縣，「人民之業農者，只守古法。」〔註 90〕在水稻生產的各個方面均以傳統技術為指導。

以稻田施肥和耕作工具為例。

稻田所用肥料多是綠肥、堆肥、廄肥、漚肥、草木灰、人畜糞尿、餅肥等有機肥和湖溝泥；此外，英山、郎溪、望江、徽州所屬各縣等地稻田因土質關係多冷浸田，土溫較低，常施用石灰、石膏等以暖田。

表 1－2－1：安徽各地稻田施肥種類和數量表

縣名	施肥種類及每畝數量	縣名	施肥種類及數量
懷寧	人畜糞尿及河泥 3 石	桐城	菜餅、棉餅、紅花草、牲畜糞 1 石
潛山	糞草 3 石	太湖	菜餅 10 斤、尿 5 石、綠肥 10 石
望江	綠肥、人糞、石灰、燒肥、草木灰 4 石	宿松	菜餅 60～70 斤，石灰 50 斤，湖草 20 石
合肥	人畜糞尿、堆肥及草木灰 2 石	無為	草木灰、綠肥、人畜糞、油餅、紅花草 5 石
廬江	油餅、人畜糞尿及綠肥 1 石	舒城	糞餅 3 石
巢縣	人畜糞 5 石	六安	餅 5 斤、糞 2 石
英山	草灰 2 石，礬、石膏 50 斤	霍山	綠肥、石膏 4 石
和縣	灰糞、綠肥、塘底泥、腐植質 10 石	含山	山田用人畜糞、圩田用盆撈溝泥 5 石
歙縣	石灰、豬毛、牛蹄糞 2 石	休寧	豬毛 4 斛、牛角屑 4 斛、石灰 10 斛
婺源	糞灰、淤泥、豆餅 2 石	祁門	石灰、石膏、人糞尿、草木灰 3 石
黟縣	石灰、堆肥 1 石	績溪	石灰、菜餅、人畜糞尿 1 石 20 斤

〔註 87〕 毛公度：《懷寧縣農產調查及其供求之概況》，《安徽建設月刊》1929 第 9 號。
〔註 88〕 （民國）《懷寧縣志》卷六《物產》。
〔註 89〕 （民國）《蕪湖縣志》卷九《方言》。
〔註 90〕 （民國）《宿松縣志》卷十七《實業志·農業》。

縣名	施肥種類及每畝數量	縣名	施肥種類及數量
宣城	視田之肥瘠酌量施用綠肥 1 石至 4～5 石不等	南陵	畜糞 1 石、油粕 30 斤、草木灰 60 斤
旌德	石灰、油粕 50 斤	太平	石膏 3 斤、石灰 4 斤、糞 1 石
涇縣	石膏 3 斤、油餅 40 斤、柴灰 2 石、草灰 2 石	貴池	綠肥、茱餅、石灰、石膏，間有用草木灰或豬毛者 5 石
青陽	綠肥、人畜糞尿 5 石	寧國	糞草 3 石、油餅 50 斤
銅陵	綠肥及人畜糞、污泥 400 斤	石埭	草 1 石、石膏 2 斤、石灰 50 斤
秋鋪	油粕、人畜糞尿、綠肥 11 石	東流	油餅 4～5 斤、湖草 30～40 斤
當塗	水糞、灰糞 3 石	蕪湖	油餅 5 斤、糞水 10 石
繁昌	糞、草、泥、灰 3 石	廣德	糞 4 石，餅百斛
天長	人畜糞 4 石	鳳陽	人畜糞 1 石
懷遠	人糞、牲畜糞 1 石	壽縣	瘠田施用土糞 30 車，麻餅 50 斤，膏田次之
宿縣	堆肥、人糞及牲畜糞 400 斤	定遠	人糞、牲畜糞 2 石
鳳臺	人畜糞或豆餅 2 石	潁上	堆肥、廄肥、豆粕、胡麻粕 200 斤
霍邱	人糞、溝泥 4 石	滁縣	腐草、豆餅、淤泥、灰糞 2 石
全椒	人畜糞 30 斤	來安	堆肥、人畜尿、牲畜糞 200 斤
泗縣	牲畜糞、人糞 2 擔	盱眙	人畜糞 4 石
郎溪	草 1 石、石膏 2 斤、石灰 5 斤	五河	人糞、牲畜糞、堆肥、綠肥、豆粕、油粕 3～4 擔

資料來源：安徽省政府：《安徽省六十縣經濟調查簡表・重要農產類・米》，安徽省政府，1922 年。

　　近代安徽稻作生產工具一直沿用傳統的鐵木手工工具，幾乎沒有什麼變化。如全椒整地用犁、耙和耖，排灌用手搖或腳踏的龍骨水車，稻田中耕用刮刀和耘耙，收割用鐮刀，脫粒用石滾和連楷，加工稻米用內子、碾子和石兌，運輸用扁擔等。〔註 91〕合肥的農作工具也是「沒有一點科學化，全然守舊」：耕田用牛拉犁，耘田用「烏頭」（木製，狀如烏頭，橫頭有鐵鉤數個），收割用鏈刀，「種種器具，論起來都是事倍功半」；製米的器具，「則為礱、風

〔註91〕全椒縣糧食局：《全椒糧食史料（1911 年～1981 年）》（初稿），1984 年，藏安徽省地方志編纂委員會圖書室。

車、臼、篩等等笨物」，「並沒有半點改良」。〔註92〕可以說，近代安徽稻作生產工具中，除了機器碾米機外，幾乎全為舊式。

　　需要指出的是，儘管近代安徽水稻生產技術具有傳統性的特點，特別是傳統的生產工具比較簡陋，確實不利於生產效率的提高；但並非傳統即意味著全面的停滯和落後。在我國傳統水稻生產技術中，有很多合乎水稻生產規律的方法和技術。如稻田的整理、肥料的施用等。而且，對於作為衣食之根本的土地，農民向來是寶之愛之的。只要在條件允許的情況下，他們對土地總是十分投入，在耕作時精心而細緻。如涇縣農民整理秧田便十分精心、細緻而合理。「第一步在去歲，秋收後將該田稻草完全在該田焚廢，再犁翻土壤，暴曬和寒凍，經八個月，到次年清明前數日，滿田燒包子，其法把牛糞耨草曬乾，中灌以碎細牛糞，打成草包子，放到掘洞的田中，三方堆土，一面露出，用火引燒後，全蓋田土，三四天以後等草糞全燒成灰，再灌水約二寸，耙散每個煙堆，以後先後用犁、耙、拔操、腳操，將土粒耙平，再分成六七寸寬之條塍，此時水分多已為泥土所吸收，條塍之上，播散雞毛或豬毛，用掃把苗子打入土表，又用木棒光平，每日須光數次，光到條塍之上，將乾而未開裂時，始灌溉清水盈寸，方散播稻種。」〔註93〕焚燒稻草是為防止病蟲害，燒包子是為了增加田土中鉀肥含量並能疏鬆土壤。其方法在當時的技術條件下是相當合理的。直到今日，筆者家鄉農民做秧田的程序仍與此有頗多類似的做法。

二、產量的不穩定性

　　王鶴鳴、施立業曾繪製過安徽省 1914～1949 年水稻產量曲線圖，〔註94〕該曲線圖呈非常明顯的波浪型，鮮明地反映了民國時期安徽水稻產量的不穩定性。由於曲線圖所據數據的可信度難以確定，為謹慎起見，本文放棄了採用歷年水稻產量這組數據對近代安徽水稻產量不穩定性作定量分析，而是採用定性的方法，從各類記載中分析近代安徽水稻產量的不穩定性。

　　由於安徽水稻主產區主要位於沿江、環湖的丘陵地帶，稻田非圩田即崗田，兩者對於水利的依賴性很高，水利失修導致在沒有發生水旱災害時仍會出現圩

〔註92〕　田庚垣：《合肥農民調查》，《東方雜誌》1927 年第 24 卷第 16 號。

〔註93〕　汪楷民：《安徽涇縣農村社會概況》，《安大農學會報》1937 年第 1 卷第 2 期。

〔註94〕　王鶴鳴、施立業：《安徽近代經濟軌跡》，安徽人民出版社，1991 年，第 77 頁。

田的內澇和崗田缺少灌溉而乾涸，致使水稻減產；同時因水利設施跟不上，水稻生產對自然災害的抵禦能力顯著弱化，其產量隨氣候狀況的變化而波動的特點十分明顯。而近代自然災害頻發，更加劇了安徽歷年水稻產量的不穩定性。

（一）水利失修，旱澇頻發，水稻產量隨天氣狀況而波動

水稻生產，端賴水利。然而，安徽「溯自遜清光緒中葉以來，水政之弛，每況愈下。官怠於朝，民荒於野，始而鮮未雨綢繆之人，終及成麻木不仁之態。……民國肇興，承積重難返之局，忽忽廿載，無以轉變此風。」〔註95〕在這樣的背景下，復加以經費支絀，各項計劃往往成為具文，致使水利失修，旱澇薦臻。

圩田全賴堤壩防澇抗洪，崗田依靠塘堰灌溉禦旱。河流沿岸田畝，其灌溉和防澇能力取決於河道蓄水功能的強弱。近代安徽各地不僅少有水利新設施，即使原有水利設施，也頗多廢圮。皖南經兵禍後，「河道處處淤淺，甚者竟成平陸」。〔註96〕無為州「嘉道以來，田廬洲廠崩坍變遷，更不一而足。」自道光至光緒年間，其廢坍之圩有名可考者就達 43 處，其中確知崩坍於 1840年後的有 27 處。〔註97〕

堤壩不固，圩田常憂水患；塘堰廢壞，崗田時虞旱災。懷寧東南濱臨長江，西北多為山地，每逢江潮水漲或山洪暴發，「圩田每被淹沒」。〔註98〕合肥水利「廢馳日久，所有河塘，類皆淤漫」。〔註99〕合肥、巢縣「非崗田苦旱即圩田患水」。〔註100〕青陽「各處塘堰，類皆淤漫，雨多則溢，少即立涸」。〔註101〕當塗東北山地的灌溉全賴溝塘水壩，但「各處溝塘類皆淤淺，雨多則溢，雨少則涸，旱潦為災，時有所現。」〔註102〕潛山的平原田，「多係利用河流灌溉，否則鑿池蓄水，以車蔭之，惟河流多係山溪，十日不雨，則即患涸，……

〔註95〕　安徽省政府秘書處：《一年來之安徽建設》，安徽省政府秘書處，1933 年，第一編第 45 頁。

〔註96〕　（清）沈葆楨：《皖南墾荒未便　期從事摺》，《沈文肅公政書》卷七。

〔註97〕　（光緒）《續修廬州府志》卷十三《水利志》。

〔註98〕　安徽省政府：《安徽省六十縣經濟調查簡表·農地狀況類》，安徽省政府，1922年。

〔註99〕　《一年來皖省各縣地方建設概況》，《安徽建設月刊》1930 年第 18 號。

〔註100〕　吳正：《皖中稻米產銷之調查》，交通大學研究所，1936 年，第 5 頁。

〔註101〕　《一年來皖省各縣地方建設概況（續）》，《安徽建設月刊》1930 年第 19、20號合刊。

〔註102〕　《一年來皖省各縣地方建設概況（續完）》，《安徽建設月刊》1930 年第 21 號。

旱乾水溢，皆聽天命。」〔註103〕廬江因圩堤缺乏保障，地價反而遠不及崗田；而崗田「塘堰多已失修，平素蓄水無方」，〔註104〕三周不雨，便面臨著乾旱威脅。〔註105〕和縣「山塘淺狹者十居七八，天久不雨，乾涸隨之」，飲用水亦形緊張。〔註106〕望江「各圩之堤，堤身均甚低薄，況土質性鬆，……，實不足以固堤防而抵水力」。〔註107〕

至於河道淤淺，疏於疏濬，蓄水和灌溉功能弱化更是所在皆然的普遍現象。無為縣城環城河，因河道年久淤塞，「天雨稍久時，不能容納、排泄多餘水量，以致附近農田，常因久雨水患頓成澤國。」〔註108〕青陽縣河自縣城至大通段因久未疏濬，「每至淤水陸漲，山洪暴發，不能容納，漫溢成災」。〔註109〕當塗縣境三條河流，「均以久未疏濬，河身淤塞，每至湖水陸漲，或山洪暴發，不能容納，漫溢成災。」〔註110〕懷寧縣「各村河道淤淺」。〔註111〕

同時，隨著人口數量的回升，各地又漸次出現墾山闢田、濫伐森林的現象，導致水土流失，加劇了水旱災害。寧國農民開闢荒山種植玉蜀黍，「山墾土鬆，沙泥雨沖直下，河身被塞，山洪暴漲，排泄不及，氾濫成災。」自1920年後屢遭水患，「推原其故，實由此也」。〔註112〕太湖「無知愚民，每在高處開掘地畝，從事農業生產」，雨水不能含蓄，沙石阻塞河道，因而年年水災。〔註113〕青陽「年來河流上游開山伐樹，不能禁止，以致沙土鬆動，一經大雨，衝入河心，淤塞為患。」〔註114〕水利設施跟不上，各地常常非旱即澇，致使三農交困，「惟

〔註103〕 王鶴鳴、施立業：《安徽近代經濟軌跡》，安徽人民出版社，1991年，第158頁。

〔註104〕 《安徽民政季刊》調查專號，1933年第1卷第1期。

〔註105〕 吳正：《皖中稻米產銷之調查》，交通大學研究所，1936年，第6頁。

〔註106〕 《一年來皖省各縣地方建設概況》，《安徽建設月刊》1930年第18號。

〔註107〕 《安徽民政季刊》調查專號，1933年第1卷第1期。

〔註108〕 《一年來皖省各縣地方建設概況（續）》，《安徽建設月刊》1930年第19、20號合刊。

〔註109〕 《一年來皖省各縣地方建設概況（續）》，《安徽建設月刊》1930年第19、20號合刊。

〔註110〕 《一年來皖省各縣地方建設概況（續完）》，《安徽建設月刊》1930年第21號。

〔註111〕 《安徽民政季刊》調查專號，1933年第1卷第1期。

〔註112〕 （民國）《寧國縣志》卷七《物產志‧穀類》。

〔註113〕 《一年來皖省各縣地方建設概況》，《安徽建設月刊》1930年第18號。

〔註114〕 《一年來皖省各縣地方建設概況（續）》，《安徽建設月刊》1930年第19、20號合刊。

岡阜多則蛟患迭作，蕩析之憂，山農苦矣；江湖偪則漲溢堪虞，陽侯之虐，澤農苦矣；平原漠衍又磽磽不足禦旱魃，平地之農亦無不苦矣。」〔註115〕

因爲生產條件惡化，潦不能排，旱不能灌，農業生產抵禦自然災害的能力隨之降低，風雨稍有失調便會降低水稻畝產，使得歷年產量隨天氣的波動非常顯著。巢縣和合肥水稻「從無百分之九十之收成」；廬江「七年來（1928～1934 年——筆者注）僅十七及十九兩年收穫得達九成也」；南陵圩田水稻，「每不待十分成熟即行刈獲，蓋恐秋水氾濫，汨沒田疇，固不若及早收穫之爲得也。」〔註116〕懷寧的稻田有 15％遭受水災，10％遭受旱災。〔註117〕

（二）天災不斷，各年水稻產量因災況而波動

近代中國處於災荒頻發期，災荒之頻繁、災區之廣大及災情之嚴重是十分罕見的。安徽亦然。自道光二十六年（1846 年）至宣統二年（1910 年），安徽頻頻遭受水、旱、風、蟲等自然災害。

表1－2－2：1846～1910 年安徽自然災害情況表

年　代	災區州縣數	災　別	年　代	災區州縣數	災　別
1847	43	水旱	1848	38	水
1849	36	水旱	1850	43	水旱
1851	34	水旱	1852	26	水旱
1854	17	水旱	1855	25	水旱
1856	23	水旱蟲	1857	35	水旱蟲
1864	68	水	1869	46	水旱風蟲
1875	59	水旱風	1877	60	水旱風蟲
1878	53	水旱風蟲	1879	59	水旱風蟲
1881	66	水旱	1882	50	水旱風蟲
1883	35	水	1885	89	水旱風蟲
1886	69	水旱蟲	1887	18	水旱蟲

〔註115〕　（民國）《宿松縣志》卷十五《賦稅志二・田賦一》。

〔註116〕　吳正：《皖中稻米產銷之調查》，交通大學研究所，1936 年，第 6、5 頁。

〔註117〕　毛公度：《懷寧縣農產調查及其供求之概況》，《安徽建設月刊》1929 年第 9號。

年　代	災區州縣數	災　別	年　代	災區州縣數	災　別
1888	34	水旱	1889	39	水
1890	42	水旱風蟲	1892	29	水旱風
1893	30	水旱風蟲	1894	43	水旱風蟲
1895	38	水旱風蟲	1896	36	水旱風蟲
1897	37	水旱風蟲	1898	35	水
1899	36	水風	1901	44	水旱風蟲
1902	33	水旱風蟲	1903	36	水旱風
1904	27	水旱風	1906	40	水旱風蟲
1907	32	水旱風蟲	1908	31	水旱風
1910	56	水旱風			

資料來源：據中科院經濟研究所藏清代災荒表編製，轉引自李文治：《中國近代中國農業史資料》第一輯，生活・讀書・新知三聯書店，1957 年，第 720～722 頁。

　　安徽全省共 60 個州縣，上表中僅 7 個年頭的受災州縣少於半數，大多數年份的受災區域均超過半數。

　　在 1937 年之前，安徽和全國一樣，仍然處於災荒頻發期。根據夏明方的統計，1912～1937 年安徽各地水旱等災情如下表。

表 1－2－3：1912～1937 年安徽受災情況表

年　代	災區縣數	災　別	年　代	災區州縣數	災　別
1912	17	水	1913	6	水
1914	45	蟲	1915	21	水蟲
1916	18	水	1917	1	震
1918	1	震	1919	10	水
1921	49	水旱	1922	18	水
1923	16	水風	1924	2	水雹
1925	5	旱	1926	14	水旱風
1927	19	水旱	1928	41	水旱蟲風雹
1929	41	旱蟲	1930	27	水旱蟲
1931	54	水雹	1932	21	水旱
1933	57	水旱蟲雹	1934	49	旱

年 代	災區縣數	災 別	年 代	災區州縣數	災 別
1935	37	水旱	1936	8	旱
1937	20	水旱			

資料來源：夏明方：《民國時期自然災害與鄉村社會》，中華書局，2000 年，第 371～
379 頁。

在安徽頻發的各類自然災害中，水、旱、風、蟲等災害對稻作產量的影
響明顯。其中尤以 1931 年特大水災和 1934 年特大旱災對稻作生產的破壞最
為慘烈。1931 年，主要稻作區受災田畝達 560 多萬畝；〔註118〕稻作區所在的
安徽南部的受災指數高達 72，在長江流域受災各省中最高。〔註119〕1934 年主
要稻作區受災面積有 1300 多萬畝。〔註120〕特大的水旱災害使得農業生產遭受
毀滅性的破壞，糧食產量銳減，有的地方幾乎籽粒無收。

各年受災嚴重程度不同，範圍廣狹有異，稻米產量也因之波動。當時還
有人對當塗歷年農業產量的波動作出總結，認為當地「平均每十六年間稻麥
失敗一次，減收五次，豐收十次。」〔註121〕1928～1933 年，蕪湖、合肥、盧
江等地水稻豐歉情形及歉收原因如下表。

表 1－2－4：1928～1933 年蕪湖等縣豐歉情形及歉收原因表

	1927 年	1928 年	1929 年	1930 年	1931 年	1932 年	1933 年
蕪湖		85%	80%	85%	50%	100%	70%
舒城		95%	70%旱災	90%	60%水災	90%	85%蟲災
合肥		75%	55%旱災	75%	70%水災	65%旱災	70%
盧江		90%	70%水災	90%	70%水災	70%旱災	60%旱災
無為		90%	62%旱災	76%	21%水災	83%	80%
巢縣		90%	60%旱災	80%旱災	40%水災	80%旱災	70%旱災

〔註118〕 安徽省政府秘書處：《安徽省概況統計》，安徽省政府秘書處，1933 年，第 125
頁。
〔註119〕 金陵大學農學院農業經濟系：《中華民國二十年水災區域之經濟調查》，金陵
大學農學院，1932 年，第 8～9 頁。
〔註120〕 安徽省政府統計委員會：《安徽省二十三年度各縣旱災情況統計表》，《安徽省
統計年鑑》（民國二十三年度），安徽省政府統計委員會，1934 年，第 113 頁。
〔註121〕 《各地農民狀況調查（徵文節錄）・當塗》，《東方雜誌》1927 年第 24 卷第 16
號。

	1927 年	1928 年	1929 年	1930 年	1931 年	1932 年	1933 年
桐城	50%旱災	80%	80%	80%	25%水災	90%	80%
南陵		96%	70%	90%	85%	90%	

資料來源：吳正：《皖中稻米產銷之調查》，交通大學研究所，1936 年，第 8～68 頁。

此外，戰亂、社會動盪等社會因素也會導致農失其時，稻米產量也因之而有起伏。

三、水稻生產的單一性

明代中葉以來，我國農業生產開始了區域分工。在長江三角洲農業轉向經濟作物種植時，安徽稻作區的農業結構便呈現單一糧食種植的傾向。如天長「只藝稻禾一種」；〔註122〕巢湖沿岸沃壤千里，「其民以是工於農而務五穀」。〔註123〕

入清以後，安徽稻作區的農業生產結構因種植面積的擴展和高產雜糧的廣泛種植，糧食生產與輸出能力提高，單一性的特徵越發突出。懷寧「地之所產，人倚為命，止一穀而已」；〔註124〕無為州，其「土產僅米、魚、蘆荻而已」，「州境民家雖工蠶桑，不為專業」；〔註125〕「州民罕逐末，工商最少，而工尤絀」，〔註126〕百姓多以農為業。

進入近代後，一些農民放棄糧食種植，改種經濟價值更高的煙葉、桑樹、棉花等經濟作物。如宿松的煙草種植，始於咸豐，盛於光宣，年產量有三萬多擔；〔註127〕全椒「近二十年，往往闢良疇接湖桑，城市亦多植之，蠶桑之利漸廣。」〔註128〕全省棉花產量「以寧國、定遠、渦陽、和州等處為最，歲收或三千餘石，或四十餘萬斤不等；英山、全椒、懷寧、望江、東流、貴池次之，太湖、太和、建德、繁昌又次之。」〔註129〕

〔註122〕（嘉靖）《皇明天長志》卷六《人事志・文章論議》。
〔註123〕（明）楊循吉：《盧陽客記・物產》。
〔註124〕（康熙）《懷寧縣志》卷三十一。
〔註125〕（乾隆）《無為州志》卷七《風俗》。
〔註126〕（嘉慶）《無為州志》卷二《輿地志・風俗》。
〔註127〕程叔度、秦景阜：《煙酒稅史》，轉引自李文治：《中國近代農業史資料》第一輯，生活・讀書・新知三聯書店，1957 年，第 442 頁。
〔註128〕（民國）《全椒縣志》卷九《職官志・名宦》。
〔註129〕（清）農工商部：《中國棉業現情考略》，《棉業圖說》卷三，宣統二年。

但是，經濟作物的生產僅在特定時期局部地區或某個品種上有一定的優勢，在安徽全省特別是稻作區，經濟作物在當地農業經濟中並不占主導地位，在全國同類經濟作物總量中所佔份額也微不足道。如蠶桑養植，1926 年時全省產繭量僅 3 萬擔。是年全國鮮繭產量為 333 萬擔，廣東和浙江的產量均為 100 萬擔，四川 60 萬擔，江蘇 35 萬擔。〔註130〕與這些省份相比，安徽蠶桑事業十分落後。雖然在 1925、1926 年之前一度有所發展，1926 年之後，由於蠶繭售價過低、交通運輸不便等原因，原蠶桑重要產區如貴池、青陽、涇縣、宣城、銅陵、當塗等地「皆逐漸退步，到現在（1929 年——筆者注）簡直可以說日暮奄奄，慢慢地沉入大海了。」〔註131〕

總體而言，經濟作物的增種尚不能改變近代安徽農業生產結構，安徽農業生產仍然顯現其單一性糧食生產的特點。盧江在光緒中期，「商以行貨，賈以居貨，亦日用所必需。而盧江民悉土著，故為商賈者少。厥產惟谷，厥貨惟礬。皆外來之人興販。凡食用之物多山陝、徽寧之人開設鋪號，本地貧者力穡，富者食租而已。」〔註132〕民國時無為「縣無異產，以地多平原，水道如網，夏日炎熱，雨量豐沛，故農業盛而尤以米為最。」〔註133〕宿松「重要農產，以稻為大宗。」〔註134〕全椒「民生其間，率以業農為本務。……而桑麻鮮植，林業未興」；〔註135〕「其出產僅恃米為大宗，而麥豆次之，藥材又次之。其餘若菜蔬，若水果，若羽毛、鱗介之物，足供一邑取求而已。」〔註136〕該縣「稻麥二項出產大宗，豐年稻每歲約收八十萬石，麥約二十萬石，豆、芝麻等類次之。」〔註137〕和縣水稻年產值占全縣農業總產值的 71%。〔註138〕懷寧的水稻生產也是全縣農業生產的大宗，稻產占全縣農業產量的七成，全縣耕地中稻田占八成。〔註139〕郎溪「主要出產為稻米」。〔註140〕

〔註130〕《中華年鑑》（1926），轉引自章有義：《中國近代農業史資料》第二輯，生活・讀書・新知三聯書店，1957 年，第 222 頁。
〔註131〕李安：《安徽之蠶桑事業》，《安徽建設月刊》1929 年第 6 號。
〔註132〕（光緒）《盧江縣志》卷二《輿地・風俗》。
〔註133〕（民國）《無為縣小志》第四《物產》。
〔註134〕（民國）《宿松縣志》卷十七《實業志・農業》。
〔註135〕（民國）《全椒縣志》卷五《實業志・商業・農林》。
〔註136〕（民國）《全椒縣志》卷四《風土志》。
〔註137〕《全椒縣經濟狀況調查》，《安徽建設月刊》1931 年第 3 卷第 2 號。
〔註138〕《和縣經濟調查表》（抄本），藏安慶市圖書館。
〔註139〕毛公度：《懷寧縣農產調查及其供求之概況》，《安徽建設月刊》1929 第 9 期。
〔註140〕《郎溪農商調查》，《安徽民政月刊》1930 年第 22 號。

　　稻米生產是近代安徽稻作主產區的主要農業生產行爲，是當地經濟收入的主要來源。以皖中的合肥、舒城和皖南的當塗爲例，合肥和舒城的稻田占全縣耕地總量均超過九成。〔註 141〕當塗「其農產大宗，首推稻米。」〔註 142〕在當地的農產產值、輸出品總值中，稻穀一項均占極爲重要的地位。

表 1－2－5：合肥、舒城、當塗稻米產值、輸出值表

地名	農產價值（元）		稻米所佔比重	輸出品價值（元）		稻米所佔比重	資料來源
	總值	稻米值		總值	稻米值		
合肥	57393090	44128240	76.89%	24363000	13383300	54.93%	1
舒城	18566610	9112350	49.08%	6517000	2760000	42.35%	
當塗	15429216	9525000	61.73%	5828100	4060000	69.66%	2

資料來源：1.建設委員會經濟調查所統計課：《中國經濟志・安徽省壽縣、霍邱、六安、合肥、舒城、霍山六縣合編》建設委員會經濟調查所，1937 年，第 94～98、179～181 頁。2.建設委員會經濟調查所統計課：《中國經濟志・安徽省當塗縣》，建設委員會經濟調查所，1935 年，第 9～11、28 頁。

四、較高的商品性

　　隨著戰後農業生產的恢復、蕪湖米市地位的穩定、稻米市場層級體系的形成及稻米銷區的大幅拓展，安徽稻米貿易逐步興盛，稻米的商業化程度越來越高。抗戰前時人便說，「今日（安徽）穀的生產，無疑的是商品生產。」〔註 143〕這一斷言在稻米主產區各縣，可以從稻米的商品率普遍較高得到印證。如蕪湖附近農戶收穫的粳秈稻有 51％出售，糯稻則全部出售；在農家全部收入中，稻米所得占 64.27％。〔註 144〕在無爲，根據 1934 年的調查，一戶有田 10 畝的農家，其年收入 214 元中，作物收入爲 164 元，其中出售稻

〔註 141〕建設委員會經濟調查所統計課：《中國經濟志・安徽省壽縣、霍邱、六安、合肥、舒城、霍山六縣合編》，建設委員會經濟調查所，1937 年，第 86 頁。

〔註 142〕建設委員會經濟調查所統計課：《中國經濟志・安徽省當塗縣》，建設委員會經濟調查所，1935 年，第 9 頁。

〔註 143〕錢孟鄰：《安徽宣城經濟調查》，《中行月刊》1936 年第 13 卷第 1 期。

〔註 144〕馮和法：《中國農村經濟資料》，黎明書局，1933 年，第 699～700 頁。

米的收入為 100 元，占總收入的 45.7％；〔註145〕就全縣而言，稻米「所產二分之一供民食，餘皆輸往蕪湖銷售。」〔註146〕商品率為 50％。根據夏忠群的估計，南陵縣在平常年景可產米 93 萬石左右，除了口糧消費外，年可餘米 44 萬石，〔註147〕全縣的稻米商品率為 47.31％。根據表 1－2－4 的稻米產值和商品值計算，當塗的稻米商品率達到 42.62％。宣城「每年產米不過二百萬石，但出口數量，雖平常年景，恐亦不下一百三十萬石左右，甚至有過之無不及也。」〔註148〕據此，則該縣稻米的商品率為 65％。根據吳承明等人的研究，1936 年全國稻的商品率為 30％，〔註149〕而同一時期安徽水稻主產區稻米的商品率遠遠高於此數。

近代安徽水稻主產區稻米商品率的走高是該區域農業生產結構特點、農民的普遍貧困及近代安徽的生產關係狀況等各種因素綜合促成的。

安徽沿江和環巢湖地區農業生產結構單一性的稻米生產這一特點決定了稻米商品率的走高。稻米是安徽水稻主產區農民經濟生活的支柱和最重要的經濟來源，各種開銷均須依賴賣稻所得來支付。農家償還債務、「完納賦稅捐款，及日常用度，在在均須以米易錢。」〔註150〕農民生產的產品半數以上需在市場上出售以換取其它必需品。據卜凱等的調查，安徽和縣、合肥、太湖、桐城、蕪湖等稻作區農戶在收穫後即行出售其農產品的比例最高達 85％，平均為 59.83％。〔註151〕

「中國的農民是世上有名的貧窮，他們往往等不到農產收穫就需將農產豫押或預售。就算能夠勉強掙扎而不豫押預售，若要留存數月以待善價，那還是絕對難能的罕事。」〔註152〕近代安徽農民也毫不例外地普遍貧困，

〔註145〕實業部中國經濟年鑒編纂委員會：《中國經濟年鑒》，商務印書館，1935 年，第六章‧農業，第 F381 頁。

〔註146〕（民國）《無為縣小志》第四《物產》。

〔註147〕夏忠群：《安徽省食糧運銷調查報告》（油印本），1935 年，第二節‧4 南陵。

〔註148〕錢孟鄰：《安徽宣城經濟調查》，《中行月刊》1936 年第 13 卷第 1 期。

〔註149〕吳承明、許滌新：《中國資本主義發展史》（第三卷），人民出版社，2005 年，第 790 頁。

〔註150〕《安徽民政季刊》調查專號，1933 年第 1 卷第 1 期。

〔註151〕卜凱：《中國土地利用及統計資料》，金陵大學等，1937 年，第 343 頁。

〔註152〕駱耕漠：《中國農產運銷底新趨勢》，陳翰笙等：《解放前的中國農村》第一輯，中國展望出版社，1985 年，第 472～479 頁。

20 世紀二三十年代全省農戶平均負債率在 66.5％～80％。〔註153〕農家迫於經濟壓力，不僅要大量出售其既獲之產品，有的還要預售其尚未收穫的糧食產品。

近代安徽稻作區普遍有「買青賣青」的現象，所謂「賣青」，即「農民因需錢孔急，每將其農產預賣。」從購買者角度來講又稱爲「買青」，指糧商、碾米廠和礱坊等以低價預購未成熟的稻米。這種糧食預賣預買活動是一種特殊的借貸形式，「不僅富農地主以此爲剝削貧農之方法，糧行商販亦多仿傚，其流行之廣，不次於現金借貸。」〔註154〕銅陵的米行或地痞向農民「放稻新」，貴池有「稻新」，舒城糧商向農民「買青」，〔註155〕蕪湖農民「賣青」，〔註156〕潛山糧行「放稻青」，〔註157〕潛山農民賣「妖風稻」，「不問秋季實價如何，估價買賣，將來低昂，各聽之而已」；〔註158〕望江有「放青苗」；〔註159〕盱眙農民在借貸困難時向地主「押青苗」，「上等青苗每石種抵二十元，中等青苗每石種抵十五元。」〔註160〕太湖的富戶在稻苗搖風時「駝稻莊（又稱拉稻杪）」，低價預買稻青。〔註161〕這些都是農民低價預賣稻米。績溪的農民借貸「言定穀麥見新，本利一併歸還。本則以穀見新時市價折算，利則每元每月價穀一斤或半斤」，謂之「扡穀銀、麥銀」。石埭農民借貸，「口頭言明新穀登場本利歸清，屆時視穀價之高低，定利息之多寡」。〔註162〕宣

〔註153〕嚴中平：《中國近代經濟史統計資料選輯》，科學出版社，1955 年，第 342 頁。

〔註154〕張光業：《安徽墾殖問題》，蕭錚：《民國二十年代中國大陸土地問題資料》，成文出版社，第 24499 頁。

〔註155〕吳正：《皖中稻米產銷之調查》，交通大學研究所，1936 年，第 74 頁。

〔註156〕法政學社：《中國民事習慣大全》，廣益書局，1923 年，第一編第一類第 16 頁。

〔註157〕潛山縣糧油食品局：《潛山縣糧食志》（內部資料），1988 年，藏安徽省地方志編纂委員會圖書室。

〔註158〕王恩榮：《安徽的一部──潛山農民狀況》，《東方雜誌》1927 年第 24 卷第 16 號。

〔註159〕望江縣糧油食品局修志辦：《望江縣糧食志》（內部資料），1987 年，藏安徽省地方志編纂委員會圖書室。

〔註160〕鄒萬岏等：《安徽盱眙縣東鄉的農村概況》，中國農村經濟委員會：《農村通訊》，中華書局，1935 年。

〔註161〕何耕復：《解放前太湖縣的糧食消費與借貸》，《太湖文史資料》第二輯，1987 年，第 107～109 頁。

〔註162〕實業部中國年鑒編纂委員會：《中國經濟年鑒》，商務印書館，1935 年，第 E183 頁。

城農民以每石一元七八角的價格賤賣當時作價每石五元的稻青。〔註163〕滁縣的農民在稻要成熟時低價賣「稻青子」（又稱「賣站稻」）。〔註164〕「買青賣青」迫使農民必須出售更多的稻米才能滿足其生存的基本需要，又加劇了農民在糧食市場上的「賤賣貴買」。使得購買口糧的支出成為農家沉重的經濟負擔，就連在安徽經濟狀況較好的當塗，1930年代農家年支出總額的百分之七八十須用以購買食料。〔註165〕

　　高利息的糧食借貸是農民解決生存問題的另一個途徑。安徽「農夫於青黃不接之際，借稻米以度難關，由來已久，各地皆然」〔註166〕。

表1－2－6：近代安徽各地稻米借貸情況表

地名	名目	利　　　息	債主	資料來源
廬江	稻新	每月二升／元	米行	
銅陵	稻新	三十斤／擔稻	店家	1
	指米抵債	稻五斤／元	米行、地痞	
三河	棧稻	借六元還五元（注一）	米行、礱坊	
舒城	棧稻	借二還三（注二）	米行	
無為		百分之三十		
盱眙		借一還三或借1擔穀還10～15元		2
太湖	借陳還新	借十加一、二、三、五不等		3
	借雜還主	借雜糧還等量主糧		
宣城	生米錢	陰曆五月借一石，秋收還六七石	礱坊、富農、劣紳	4
	稻青	借米一石，還稻三石八斗		
滁州	老驢滾	春借稻一石，秋收時還兩石，到期不還，翌年加倍還四石		5
	四撞十	春借稻四石，秋收時連本還十石，到期不還要翻倍		
六安	買棧稻	借洋一元，新穀登場須還稻七斗		6
		借米七升半，索回四斗五升		

〔註163〕錢孟鄰：《安徽宣城經濟調查》，《中行月刊》，1936年第13卷第1期。

〔註164〕華東軍政委員會土地改革委員會：《滁縣關山鄉農村經濟調查》，《安徽省農村調查》（內部資料），1952年，第99頁。

〔註165〕（民國）《當塗縣志》卷二《民政志‧實業‧農家收支》。

〔註166〕吳正：《皖中稻米產銷之調查》，交通大學研究所，1936年，第74頁。

資料來源：1.吳正：《皖中稻米產銷之調查》，交通大學研究所，1936 年，第 74～75
頁。2.鄒萬岉等：《安徽盱眙縣東鄉的農村概況》，中國農村經濟研究會：《農
村通訊》，中華書局，1935 年，第 95 頁。3.何耕復：《解放前太湖縣的糧
食消費與借貸》，《太湖文史資料》第二輯，1987 年，第 107～109 頁。4.
錢孟鄰：《安徽宣城經濟調查》，《中行月刊》1936 年第 13 卷第 1 期。5.華
東軍政委員會土地改革委員會：《滁縣關山鄉農村經濟調查》，《安徽省農
村調查》（內部資料），1950 年，第 99 頁。6.陳賡雅：《贛皖湘鄂視察記》，
申報月刊社，1935 年，第 130 頁。

注一：原文如此，當爲借五元還六元。

注二：所調查農戶能舉此債者，其中 80% 尚因係經濟情形較佳，故能借入。

　　由於前述原因，許多農民收穫的糧食因大量用於償還因「買青賣青」產
生的債務，以致剩餘之糧不敷食用，往往到了青黃不接時便不得不反過來向
地主、糧商借貸，等到收糧時一併加上利息償還。從而使得糧食進一步向富
戶、糧商聚集，流向市場。普遍的糧食借貸使更多的稻米在市場上流通，促
進了稻米的市場化，提高了稻米商品率。從這點來說，安徽較高的稻米商品
率是畸形的。

　　爲了能出售更多的稻米，農家還糶精留粗，以雜糧糊口度日，甚至通過
縮食（減少每日餐數或減少每餐用米量）以減少稻米消耗。如懷寧農民「八
口之家，除洗粉出售外，（山芋）可代數月口糧。」〔註167〕比較富裕的家庭日
食兩頓米飯，經濟狀況稍遜的則一頓米飯一頓米粥，或「用一切雜糧──如
玉蜀黍、山芋、蠶豆、大小麥等代飯，懷玉蜀黍粉及山芋占多數。」〔註168〕
全椒農家則以包蘆代飯或以山笋作爲「禦冬之具。」〔註169〕太湖全縣八個區
中每年吃米 3 個月、7 個月、8 個月的各有兩個區，其餘兩個區一爲 4 個月、
一爲 10 個月。其餘月份均以麥和雜糧果腹。〔註170〕

　　咸同戰亂後，一方面因田地拋荒，地價低賤，富戶大肆收買，「自經兵燹，
十室九空，田歸富者。」〔註171〕另一方面淮系軍功地主在安徽佔有大片土地。

〔註167〕（民國）《懷寧縣志》卷六《物產》。
〔註168〕毛公度：《懷寧縣農產調查及其供求之狀況》，《安徽建設月刊》1929 年第 9
　　　　號。
〔註169〕（民國）《全椒縣志》卷四《風土志》。
〔註170〕安徽省政府秘書處：《太湖縣農村生活狀況表》，《一年來之安徽建設》，安徽
　　　　省政府秘書處，1933 年，第三編第 19～23 頁。
〔註171〕（光緒）《廬江縣志》卷二《風俗》。

這使得大批農民失去土地，成爲佃農、雇農。同時，各地族產、學產、公產內也有很多土地，靠出租或雇工生產得利。如潛山，公產、寺產、族產、會產和學產共佔全縣田地的半數，另外一半爲私產。私產之外的田地多數佃給農民或雇傭農民耕種，私產也有相當部份是地主所有。因而全縣農民中佃農占比達 50%、雇農占 20%。〔註172〕這些決定了地主在近代安徽稻米市場中所佔的主導地位，他們出租田地收取的地租和雇農勞作收穫的農產絕大多數作爲商品出現在市場上，提高了近代安徽稻米商品率。20 世紀初的海關報告中就曾推斷安徽包括稻米在內的農產品具有地主屬性，「輸出的農產品幾乎全部都掌握在地主之手。」〔註173〕

中國傳統商人在投資商業獲利後往往將置辦田產作爲其商業利潤的歸宿。近代安徽工商業落後，商人獲利後投資近代工商業者寥寥，大批資金投資於土地，土地所出多爲商品性農產。如和縣白渡橋鎮，民國時期該鎮「八大家」——「三葛、三王、一吳、一常」中除了常姓行醫外，其餘商家幾乎都是循著「小本買賣——發跡——購田」的發展路徑，置辦田產後雇工生產或出租土地收取租稻，再將所得租稻販運至外地或開設礱坊從事稻穀加工、販運等業務。〔註174〕

近代墾植公司從事的商業性水稻生產也提高了安徽水稻生產的商品率。清末興辦實業，各地紛紛成立官辦、紳辦、商辦或官紳（商）合辦的墾植公司。如光緒三十二年（1906 年），「皖紳趙觀察繼椿，近於東流縣設一安阜公司，在縣屬八都湖一帶，購地墾荒，已稟准墾牧樹藝總局立案。無爲州高紳慕德集資八千金，在福凝洲購荒地萬餘畝，逐漸開墾。」〔註175〕這些墾植公司以近代企業形式開展商品性農業生產。

糧食貿易旺盛、糧價提高時，農民特別是一些自給有餘的農民也開始從事商品性水稻生產。在蕪湖，一些半佃農租地生產，「不是要得穀而生活」，

〔註172〕 王恩榮：《安徽的一部——潛山農民狀況》，《東方雜誌》1927 年第 24 卷第 16 期。

〔註173〕 《海關十年報告》（1902～1911）卷一《華北及揚子江各埠》，第 382～383 頁；轉引自章有義：《中國近代農業史資料》第二輯，生活・讀書・新知三聯書店，1957 年，第 5 頁。

〔註174〕 灌叟：《白渡橋的「八大家」和「三泰」》，《和縣文史資料》第三輯，1987 年，第 60～69 頁。

〔註175〕 《實業》，《東方雜誌》1906 年第 3 卷第 12 期。

而是「要作買賣」。〔註176〕皖中無為、廬江、合肥、舒城、巢縣、六安等地農民在米市暢旺時，舉債頂田（借錢購買佃權），如舒城一自耕農有田 14 擔約56 畝，舉債 3800 多元購買永佃權。〔註177〕他們也不是為了維持生存，而是將收穫所得出售於市場。

這些都是促升近代安徽稻米商品率的因素。

第三節　安徽是近代首要稻米輸出省

自明代中葉起，我國糧食貿易（主要是稻米貿易）逐步形成了區域性乃至全國性的大市場。清代前期，安徽已是國內重要的稻米輸出省份；咸同兵燹之後，隨著農業生產的恢復和各種因素的變化，皖省逐步成為全國最重要的米源地。

一、清代前期安徽是重要的稻米輸出省

清代前期，廣東、福建、浙江和江蘇因經濟作物的大面積種植擠佔了糧田，糧食自給不足，依靠他省接濟，成為最主要的缺糧區。廣東所需米糧主要來自廣西，在咸豐前廣東「惟仗粵西米穀接濟」，〔註178〕也從四川、湖南、江西和臺灣等地輸入糧食。與廣東相比，「福建不敷尤甚。每歲民食，半藉臺灣，或佐之以江浙。」〔註179〕18 世紀中晚期福建每年從臺灣輸入約 100 萬石。〔註180〕江浙兩省所產之米「原不足以供江浙之食，雖豐年必仰給於湖廣」，〔註181〕四川、湖廣和江西等地均是江浙的糧食供應者。

清代前期，幾個重要的稻米輸出省份在全國稻米供需格局中的地位時有變動。湖廣、江西和四川等省中，雍正朝以前以湖廣為主；雍正以後，四川大量輸出米糧，成為主要米源地之一，稻米輸出量可能一度與湖廣不相伯仲。

〔註176〕 李參參：《中國經濟──其發展其現狀及其危機》，滬濱書局，1929 年，第 74～75 頁。

〔註177〕 吳正：《皖中稻米產銷之調查》，交通大學研究所，1936 年，第 74 頁。

〔註178〕 （清）冒澄：《上成方伯論被水鄉村亟籌賑恤書》，《拙叟臠言》。

〔註179〕 （清）藍鼎元：《論南洋事宜書》，《皇朝經世文編》卷八十三。

〔註180〕 （美）王業鍵：《十八世紀福建的糧食供需與糧價分析》，《中國社會經濟史研究》1987 年第 1 期。

〔註181〕 （清）蔡世遠：《與浙江黃撫軍請開米禁書》，《皇朝經世文編》卷四十四。

「國初各省，惟湖廣常有餘米，江西次之。及四川生聚開闢，於是川米貫於東南，視楚米尤多。」〔註182〕

湖廣是清代前期極為重要的米源地，「為天下第一出米之區」，〔註183〕「向為東南諸省所仰賴」。〔註184〕當時「湖廣熟，天下足」的諺語流傳極廣，反映了湖廣在清代糧食供給格局中的主導地位。

湘鄂兩省中，真正有大量餘米外運的是湖南省。

湖南氣候濕潤，土質肥沃，江流縱橫，灌溉便利，水稻生產的自然條件十分優越。早在宋代，就有米穀外運，「民計每歲種食之外，餘米盡以貿易。大商則聚小家之所有，小舟亦附大艦而同營，展轉賑糶，以規厚利。」〔註185〕但湖南成為主要糧食輸出地，應在明代弘治以後。〔註186〕明末清初湖南農業因戰亂和災荒遭受極大破壞，人口銳減，土地荒蕪。康熙年間，農業逐漸恢復並發展，始於明代的洞庭湖地區的開發規模進一步擴大，稻田面積大幅增加，盈餘之米大量外運。「上如粵東、粵西，下如湖北、江西、江南、浙江，倘有荒歉，皆取資於湖南。」〔註187〕

與湖南通境大部適宜稻作不同，湖北因地理條件的限制，有所謂「六山一水三分田」的說法，全省只有漢陽、黃州兩地產米較多，「宜昌、施南、鄖陽多處萬山中，荊州尚須由武漢撥濟兵米，德安、襄陽、安陸其地多種豆麥，稻田亦少，武昌所屬半在山中」。〔註188〕在種植結構方面，湖南「止知栽種水稻，未知栽種旱糧」。〔註189〕而湖北稻麥並重，「種麥者十之五六」。〔註190〕根據統計，明清之際湖南稻田占耕地的92.8%，湖北僅占55.9％。〔註191〕在康熙年間，湖北「人口未繁，俗尚儉樸，穀每有餘」，到了乾隆年間，戶口漸增，「本地餘米無幾」，已不能稱為「產米之鄉」了。〔註

〔註182〕　（清）王慶雲：《紀鄰穀協濟》，《石渠餘記》卷四。

〔註183〕　雍正《朱批諭旨》雍正四年十二月四日福敏奏摺。

〔註184〕　雍正《朱批諭旨》雍正八年四月二十日鄂爾泰奏摺。

〔註185〕　（宋）葉適：《上寧宗皇帝劄子》，《水心文集》卷一。

〔註186〕　張國雄：《「湖廣熟，天下足」的內外條件分析》，《中國農史》1994年第3期。

〔註187〕　（清）楊錫紱：《陳明米貴之由疏》，《皇朝經世文編》卷三十九。

〔註188〕　（清）朱倫瀚：《截留漕糧以充積貯劄子》，《皇朝經世文編》卷三十九。

〔註189〕　《雍正朝漢文朱批奏摺彙編》，雍正五年七月二日布蘭泰奏摺。

〔註190〕　《宮中檔乾隆朝奏摺》乾隆十九年閏四月十二日張若震奏摺。

〔註191〕　龔勝生：《明清之際湘鄂贛地區耕地結構及其梯度分佈研究》，《中國農史》1994年第2期。

〔註192〕　《高宗實錄》卷三一一，署理湖北巡撫彭樹葵奏。

192〕再加上湖北民俗「多資米飯，以麥供食者少」，〔註 193〕所以即使豐稔之年，也「悉賴湖南商販接濟。」〔註 194〕漢口之成爲最大的米穀集散市場，乃其九省通衢的商業地理位置使然。由於路途遙遠，江浙米販多在漢口採購轉運而至的湖南米，「江浙買米商販多在漢口購買，而直抵湖南者無幾，是湖北轉運江浙之米，即係湖南運下漢口之米」。〔註 195〕雍正以後，川米也大量集結於漢口，再轉運至江浙。「向來雖有『湖廣熟，天下足』之謠，其實湖北之米皆藉湖南、四川。」〔註 196〕

到了清末，「湖北一省所產穀米，不敷一省之食。」〔註 197〕宣統二年，日本密探山口昇在華中、華南進行秘密調查，他認爲「湖北產米一年不足六千萬擔時，其半數年年仰仗從湖南輸入。」〔註 198〕

四川在經歷了明末民變、張獻忠入川、抗清戰爭及清初平定三藩等動亂之後，社會經濟遭受極大破壞，殘破不堪。「丁戶稀若晨星」，〔註 199〕溫江一縣在順治十六年（1659 年）僅有 32 戶，計男 31 丁，女 23 口。〔註 200〕這一時期，四川土地拋荒極爲嚴重。康熙二十四年（1685 年）全省耕地僅 17261畝。〔註 201〕經過清初的休養生息和大規模的移民墾殖，人口迅速增多，土地大量墾闢。至乾隆年間，四川土地開墾與全國水平已無太大差別。

清初四川人稀土曠，人均耕地較多，糧食有餘。「向來聚米最多者，皆由四川土饒人少，產米有餘。」〔註 202〕清初，農業生產採取粗放經營，「耕種之法即老農亦不知講習，春間播種於地，聽其自秀自實，謂之天種天收。」〔註203〕但隨著人口增多，穀價漸漲，土地經營由粗放轉爲集約。高縣「向因穀賤

〔註 193〕 《宮中檔乾隆朝奏摺》，乾隆十九年三月二十七日張若震奏摺。

〔註 194〕 （清）趙申喬：《復湖北請開米禁咨》，《自治官書》卷八。

〔註 195〕 （清）趙申喬：《摺奏湖南運米買賣人姓名數目稿》，《自治官書》卷六。

〔註 196〕 《雍正朝漢文朱批奏摺彙編》，雍正四年十一月王克莊奏摺。

〔註 197〕 （清）左宗棠：《辦理收復撫恤事宜摺》，《左宗棠全集·奏稿》卷二，嶽麓書社，1987 年，第 318 頁。

〔註 198〕 （日）山口昇著，趙金鈺譯：《中國的形勢及秘密結社》，《近代史資料》總第 75 號，中國社會科學出版社，1989 年，第 220～272 頁。

〔註 199〕 （雍正）《四川通志》卷五《戶口》。

〔註 200〕 （民國）《溫江縣志》卷三《民政·戶口》。

〔註 201〕 梁方仲：《中國歷代戶口、田地、田賦統計》，上海人民出版社，1980 年，第 380 頁。

〔註 202〕 雍正《硃批諭旨》，雍正五年十二月初三日李衛奏摺。

〔註 203〕 （乾隆）《鹽亭縣志》卷一《風俗》。

傷農，不甚力於南畝；邇來生齒日繁，穀值日增，人知寶愛稼穡。」〔註204〕墊江縣農民「初止播插，不勤耕耨，石穀百錢，不甚愛惜。今生齒日繁，民皆知勤農重穀。」〔註205〕再加以雜糧的廣泛種植和水利的興修，四川糧食產量大增，「各省米穀，惟四川所出最多，湖廣、江西次之。」〔註206〕自雍正朝開始，四川有大批餘糧輸出省外，成爲主要米源地。川米不僅供應江蘇、浙江、福建，還輸往雲南、貴州、廣東等省。嘉道之後，川米外運日漸減少甚至一度斷絕。

　　江西農業生產的條件同樣優越，水稻產量供大於求。明清時期，皖南徽州、池州等地，地少人多，常年需要江西米糧接濟。「夫徽、池之間，人多地少，大半取於江西、湖廣之稻以足食者也。」〔註207〕江西在川米崛起之前，是僅次於湖廣的稻米輸出區。雍正年間因連年豐收，穀價特賤，「戶盡豐盈，市鮮收買」，致使「民間之需銀使用者，反苦於無從糶賣」，〔註208〕可見米產極豐。不僅江南賴以挹注，鄰近的福建、安徽缺糧區也從江西購買米糧；湖廣偶遇荒歉，也需江西接濟。乾隆八年（1743年），江西因外省採辦贛米過多導致米價高昂，「接壤之江南、湖廣、福建、廣東等省聚集採買，盤運過多」。〔註209〕

　　清代前期有關糧食貿易的官方記載中，很少提及安徽，似乎安徽的米源地地位並不重要。研究清代糧食貿易問題的學者對安徽在清前期糧食貿易中的地位眾說紛紜，莫衷一是。他們對各省由長江輸出的商品糧估計量分別爲：鄧亦兵估計乾隆時期川糧外運在300萬石以上，湖南在雍正時期外運量爲800萬石，湖北爲50萬石，江西450萬石，安徽南部糧食外運量約100萬石。〔註210〕郭松義估計四川100～150萬石，兩湖1200～1500萬石，江西400～600萬石，安徽50～100萬石。〔註211〕吳承明在《論清代前期我國國內市場》估計湖南和四

〔註204〕　（乾隆）《高縣志》卷一《輿地志・風俗》。

〔註205〕　（乾隆）《墊江縣志》卷一《風俗》。

〔註206〕　雍正《朱批諭旨》雍正五年十二月初三日李衛奏摺。

〔註207〕　（明）吳應箕：《江南平物價議》，《樓山堂集》卷十二。

〔註208〕　雍正《朱批諭旨》，雍正五年十月十七日謝旻奏摺。

〔註209〕　中國人民大學清史研究所、檔案係中國政治制度史教研室：《康雍乾時期城鄉人民反抗鬥爭資料》，中華書局，1979年，第574頁。

〔註210〕　鄧亦兵：《清代前期內陸糧食運輸量及變化趨勢——關於清代糧食運輸研究之二》，《中國經濟史研究》1994年第3期。

〔註211〕　郭松義：《清代糧食市場和商品糧數量的估測》，《中國史研究》1994年第4期。

川合計由長江輸出 1000 萬石左右，安徽與江西合計輸出 500 萬石左右，浙江和臺灣自海道輸入福建不少於 200 萬石，廣東自廣西、湖南、江西輸入約 200 萬石。〔註212〕全漢昇和克勞斯則確信安徽是清代前期位居首位的稻米輸出者。他們對 18 世紀各省糧食輸出量的估計是：四川 100～200 萬石，湖廣 500～750 萬石，江西 500～750 萬石，安徽 500～1000 萬石。他們認為，安徽在 20 世紀前期是主要的稻米輸出者。而在 1700～1900 年間，安徽作為稻米輸出者的地位並沒有根本改變，所以安徽在 18 世紀也應是一個主要的稻米輸出者。之所以出現皖米貿易在官方文獻記載中的「沉默」（documentary silence）是因為：第一，大部份輸入江蘇的皖米與長江上游諸省稻米從相同的轉運口岸進入江蘇，幾乎從未作為一個單獨的問題引起官方注意；第二，皖米貿易可能全由私商經營，所以在皖米輸往江蘇和華南這一問題上政府沒有籌劃官方行動；第三，皖米貿易明顯、常規而可靠，不需官方討論。〔註213〕

上述各家估計，除全漢昇和克勞斯外，都表明安徽在清代前期米穀貿易中不佔有十分突出的地位。蔣建平認為安徽在清代前期不是主要的商品米穀供給地（即主要米源地）。他認為，主要商品米穀供給地應具備三個條件：第一，至少在絕大部份時期內，經常性地向外省輸出米穀；第二，單位時間內輸出的米穀數額較大；第三，從外省輸入米穀的現象是偶而發生的或短期內存在的。安徽作為米穀供應地帶有較多因糧食中轉站地位所造成的假象。其原因在於：一是安徽地少人多，不可能有多少剩餘米穀外運；二是安徽人有經商傳統，投入農業的資金、人力都較少。〔註214〕郭松義也認為安徽和廣西一樣，「屬於糧食供應大體持平或稍有富裕的省份。」〔註215〕

主張清代前期安徽不是主要稻米供應地的學者，有的認為安徽地少人多不可能有多少餘米外運；有的語焉不詳，無由得知其對皖米外運量估計的具

〔註212〕吳承明：《中國的現代化：市場與社會》，生活・讀書・新知三聯書店，2001年，第 155～156 頁。

〔註213〕Han-sheng Chuan and Richard A. Kraus. Mid-Ch'ing Rice Markets and Trade: An Essay in Price History. Cambridge, Massachusetts, Harvard University Press, 1975, p71、67～68.

〔註214〕蔣建平：《清代前期米穀貿易研究》，北京大學出版社，1992 年，第 42、46～47 頁。

〔註215〕郭松義：《清前期南方稻作區的糧食歉產》，《中國經濟史研究》1994 年第 1期。

體根據。全漢昇和克勞斯認爲安徽是第一稻米輸出者的判斷，是根據 20 世紀初的情況所做的推斷，缺少必要的證據支持。根據現有資料，我們認爲安徽在清代前期既不像全漢昇和克勞斯確信的那樣，是位居首位的稻米輸出者，也不像蔣建平斷言的那樣，沒有多少餘米外運，不是主要的米源地；儘管清代前期安徽人口眾多，徽州地區仰食於浙、贛，但安徽經常性地有大量稻米輸出，是當時主要的稻米輸出省份之一。

第一，土地的不斷開墾、雙季稻的推廣和高產雜糧的廣泛種植使糧食生產空間拓展、產量增加，緩解了人口增長對糧食需求的壓力，皖米有大量輸出的可能性。

繼清初大規模墾辟之後，乾隆時爲解決人多地少的矛盾，清政府對蘇、皖、贛等省開墾零星田塊給以優惠政策，以資鼓勵。乾隆六年（1741 年），准許「安徽所屬，凡民間開墾山頭地角，畸零不成邱段之水田不及一畝，旱田不成二畝者，概免其升科」。〔註216〕由此掀起了新一輪墾殖熱潮，糧食種植面積逐步增加。

如前所述，自康熙朝起，安徽開始種植雙季稻。在含山、蕪湖、安慶、懷寧、池州、廬州等地均有較大面積的種植。據研究，一年兩熟較之一年一熟能將土地利用率提高一倍。〔註217〕道光年間，安徽等地「歲種再熟田居其大半」。〔註218〕即使以其半數計算，也相當於安徽稻田面積增加了 25%，由此所增加的稻米產量是相當驚人的。

安徽一些原本只種稻穀的地方在雍乾時期開始利用崗阜種植雜糧果腹，從而使更多的稻米流向市場。廬江「縣民舊習，止知平疇種稻，高阜皆爲棄壤。」雍正七年（1729 年），陳慶門知廬江。「因市牛具，仿北方種植法，躬督墾闢，遂享其利。」〔註219〕在不宜稻麥的地方，則推廣種植其它糧食作物。乾隆初年，陳大受爲安徽巡撫，「以高阜斜陂不宜稻麥」，推廣福建旱稻「畬粟」。〔註220〕自乾隆朝起，玉米、番薯、山藥等高產雜糧在安徽逐步推廣。如霍山，玉米在乾隆四十年（1775 年）前，「民家惟茇圃偶種一二以娛孩稚，今

〔註216〕 《清朝文獻通考》卷四《田賦》。
〔註217〕 閔宗殿：《清代的人口問題及其農業對策》，《清史研究通訊》1990 年第 1 期。
〔註218〕 （清）李彥章：《江南勸種再熟稻說》，《江南催課稻編》。
〔註219〕 《清史稿》卷四七七《陳慶門傳》。
〔註220〕 《清史稿》卷三〇七《陳大受傳》。

則延山漫谷，西南二百里皆恃此爲終歲之糧矣。」〔註221〕「蘆粟一種，宜於山地，不擇肥瘠，六安州民種植甚廣，舂煮爲糧，無異米穀，土人稱爲六穀。」〔註222〕這些雜糧主要種植於不宜稻穀生長的丘陵崗地和山區。玉米、紅薯以皖南山區、皖西山區和安慶周圍地區較爲集中，山藥在滁州、六安州、徽州及其它一些丘陵地區較爲普遍。〔註223〕高產雜糧引種和推廣後，農家可以留粗糶精，從而使更多的稻米流向市場。

第三，安徽以江浙爲主要銷售區域，經常性地輸出大量稻米。

早在明代，皖中稻米已向外運銷。桐城、懷寧、潛山等地的餘糧即通過樅陽鎮出長江，外銷江浙。「六皖皆產穀，而桐之輻輳更廣，所出更饒。計繇樅陽口達於江者，桐居十之九，懷居十之六，潛居十之三。」〔註224〕安慶、廬州等地是江南的糧食供應者，「（江南）半仰食於江、楚、廬、安之粟」。〔註225〕

清代前期安徽巢湖周邊和長江沿岸地區稻米外運規模較明代顯著擴大。乾隆年間，崇明商人自上江之和、含、運漕等地購米，乾隆二十年（1755年）前年運二十餘萬石，「近（乾隆四十年——筆者注）則遞年加增，已買至三十餘萬石。」〔註226〕江蘇「客販米船皆由湖廣、江西、安徽而來。」〔註227〕蘇州滸墅關「全賴上游四川、湖廣及安慶等處米船，絡繹來蘇，方能稅旺。」〔註228〕道光、嘉慶時期，蘇州仍是「無論豐歉，江、廣、安徽之客米來售者，歲不下數百萬石。」〔註229〕南京戶口殷繁，四鄉所產，不能果數月之腹，「於是販魯港、和州、廬江、三河、運漕諸米以糶於鋪戶。」〔註230〕浙江所需米糧依賴「小商由江南販運於浙，巨商由上江、湖廣、江

〔註221〕（乾隆）《霍山縣志》卷七《物產志》。
〔註222〕《高宗實錄》卷二八五，乾隆十二年二月。
〔註223〕王宇塵：《清代安徽糧食作物的地理分佈》，《中國歷史地理論叢》1992年第2期。
〔註224〕（明）方都韓：《樅川榷稻議》，《古今圖書集成》卷二十八《草木典‧稻部》。
〔註225〕（明）吳應箕：《兵事策第十‧江防》，《樓山堂集》卷十。
〔註226〕（清）高晉：《奏請海疆禾棉兼種疏》，《皇清奏議》卷六十一。
〔註227〕《宮中檔朱批奏摺》道光三年八月十八日韓文起奏，轉引自廖聲豐：《清代常關與區域經濟》，2006屆上海師範大學博士畢業論文。
〔註228〕《宮中檔朱批奏摺》嘉慶四年二月十三日全德奏，轉引自廖聲豐：《清代常關與區域經濟》，2006屆上海師範大學博士畢業論文。
〔註229〕（清）包世臣：《安吳四種》卷二十六《齊民四術‧農二》。
〔註230〕（同治）《上元江寧兩縣志》卷一《形勢》。

西販運於蘇州。」〔註231〕浙江杭嘉湖等地所需米糧，向由海寧長安米市供應。長安米源，川楚而外，「皆由江南廬、寧、池、太、蘇、常、廣、六、無、和等府州所聚。」〔註232〕

　　特殊情況下，皖米還輸往其它地區。嘉慶初，四川、湖北等地爆發白蓮教起義，糧食供應受到影響。安徽稻米還以「兵米」名目輸往湖廣。嘉慶七年（1802年），湖廣總督請求在安徽糴買兵米10萬石。安徽巡撫王汝璧援引嘉慶二年（1797年）成例，先後撥運。〔註233〕

　　由於米糧貿易興盛，在產米區交通便利之處形成了幾處著名的米糧集散地。乾隆時期「安省地方，如運漕、棕陽、三河等大鎮，爲米糧聚集之所」。〔註234〕道光時三地依然「係米穀積聚」之地。〔註235〕咸豐年間「上游聚糧之地，首在廬州府屬之三河、運漕兩處。」〔註236〕另外，太平府的官圩、寧國府的灣沚、〔註237〕蕪湖、魯港等，均爲著名米市。蕪湖在雍正時期是江廣米船停靠的口岸之一，「查江（西）、（湖）廣米船，開江東下，其口岸有三：棕陽、蕪湖、蘇州是也。」〔註238〕但其作爲「米市」的地位並不突出。嘉道間，蕪湖「大概供本地食米，間有客船裝運鄰省，市面實不若灣沚及魯港也。」〔註239〕魯港鎮則「多礱坊，爲糧米聚販之區，商旅駢聚」。〔註240〕

　　至於輸出數量，向無確切統計。宋雪帆在咸豐初年曾說，三河、運漕兩處，「每處每年出糧不下數百萬石。」〔註241〕其內雖有河南光山、固始轉運而來的稻米，但爲數不多。此「數百萬石」肯定不止100萬石。每處以200萬石計（1931年前三河米市每年集散數量不下200萬石，〔註242〕

〔註231〕　《雍正朝漢文朱批奏摺彙編》雍正元年十月二十四日陳允恭奏。
〔註232〕　（清）汪麟：《歙田少請通淅米案呈稿》（光緒刻本）抄錄之嘉慶九年淳安縣截阻米船舊案；（道光）《徽州府志》卷四《食貨志・國朝浙江省截米案》。
〔註233〕　《清史稿》卷三〇八《王恕傳》附《王汝璧傳》。
〔註234〕　（清）裴宗錫：《撫皖奏稿》，乾隆三十五年十二月十三日奏，全國圖書館文獻縮微複製中心，2005年。
〔註235〕　（清）胡克家：《爲安徽省被旱籌備糶濟疏》，道光《鄱陽縣志》卷三十一。
〔註236〕　（清）宋雪帆：《請飭嚴斷濱江接濟疏》，《水流雲在館奏議》卷上。
〔註237〕　（清）宋雪帆：《請飭嚴斷濱江接濟疏》，《水流雲在館奏議》卷上。
〔註238〕　（清）宴斯盛：《上制府論布商貿易米書》，《皇朝經世文編》卷四十七。
〔註239〕　（民國）《蕪湖縣志》卷三十五《地理志》。
〔註240〕　（嘉慶）《蕪湖縣志》卷五《地理志・市鎮》。
〔註241〕　（清）宋雪帆：《請飭嚴斷濱江接濟疏》，《水流雲在館奏議》卷上。
〔註242〕　夏忠群：《安徽省食糧運銷調查報告》，油印本，1935年，第二節・10三河。

可爲此估計數之旁證），兩處也有 400 萬石，其它各處共出糧 200 萬石當不爲多；則至少共有 600 萬石。即使省內缺糧區消化 100 萬石，至少也還有 500 萬石餘米出省。

第四，徽州地區雖常年輸入糧食，並不影響安徽成爲主要的稻米輸出省。

徽州山多田少，土狹人稠。「無水可灌，抑苦無田可耕。磽确之土，僅資三月之食。」〔註243〕由於地理條件限制，徽州對外交通的要道只有兩條：一自新安江入浙，一自昌江入贛。因此缺糧不能自省內獲得補充，向來仰食於江西、浙江兩省。所購之米「取道有二：一從饒州鄱、浮，一從浙省杭、嚴。」〔註244〕但徽州地處一隅，一府所需米糧僅以「溪流一線，小舟如葉」〔註245〕運入，數量畢竟有限。

而安徽稻米的主要產地集中於皖中丘陵平原地帶，包括太平、安慶、盧州、寧國及和州、六安、滁州、廣德州各府（州）的全部或部份。這一地帶也是安徽餘糧輸出區。由於地理交通條件的限制，該區域與徽州地區的糧食交易量十分有限。因而徽州經常性的自外輸入糧食，並不意味著安徽全省糧食短缺，也不影響安徽主要稻產區餘糧外運數量的多少和穩定性。

第五，安徽因人口增長而消耗的稻米量被高估，稻米外運量被低估。

有的學者在討論人口對清代前期安徽稻米供給的影響時，以全省人口增長總量和全省人口密度作爲衡量指標。實際上，在安徽 8 府 5 直隸州中，淮河以北地區民食以麥爲主，淮河以南之盱眙、鳳陽、定遠、壽縣、霍邱等縣米麥兼食，皖南之徽州缺糧取自外省。因此，眞正影響清前期安徽稻米外運量的是安慶、寧國、池州、太平、盧州 5 府和滁州、和州、廣德、六安 4 直隸州的人口密度和人口增長數量，即只有在這些區域內的人口，其數量增減才會影響安徽稻米外運量的多少。以嘉慶二十五年（1820 年）爲例，是年各府（州）的人口數量、土地面積和人口密度如下表：

〔註243〕 （道光）《徽州府志》卷四《水利》。
〔註244〕 （康熙）《徽州府志》卷八《蠲賑》。
〔註245〕 （康熙）《徽州府志》卷八《蠲賑》。

表 1－3－1：嘉慶二十五年安徽各府州人口、耕地表

州府	人口數	耕地面積（畝）	面積（平方公里）	人均耕地	人口密度
安慶府	1760094	2151721	13500	1.22	130.38
徽州府	2474839	2055973	9600	0.83	257.80
寧國府	3433321	2779747	10500	0.81	326.98
池州府	2754622	713493	8700	0.26	316.62
太平府	1479440	1460807	3600	0.99	410.96
廬州府	3547579	6647807	6300	1.87	563.11
鳳陽府	4355566	9053749	1200	2.08	345.68
潁州府	3967593	3946046	12600	0.99	314.89
滁州	599511	583244	3900	0.97	153.72
和州	428215	484001	2400	1.13	178.42
廣德州	551118	1031406	3300	1.87	167.01
六安州	1433357	1663573	6000	1.16	238.89
泗州	1568867	631165	9600	0.40	163.43
全省	32057444	33202732	91200	1.03	351.51

資料來源：梁方仲：《中國歷代戶口、田地、田賦統計》，上海人民出版社，1980 年，第 273～274 頁；《嘉慶重修一統志》，卷一○八～一三四。

上述 5 府 4 州的面積為 58200 平方公里，耕地面積為 17515799 畝，人口總數為 15987257，人均耕地為 1.10 畝，人口密度為 274.70；也就是說，該 5 府 4 州是以全省 52.75％的耕地養活全省 49.87％的人口；而不是以全省 58.95％（含徽州）的耕地生產的糧食（主要是稻米）養活全省全部人口。

從人口數量、人口密度和人均耕地畝數考察，清代前期上述 5 府 4 州稻產區的糧食壓力小於全省平均量。因此，以全省總人口及其增長數量作為考察稻米外運量的衡量指標，無疑高估了稻米消耗量，低算了稻米外運量。而以全省人口密度作為衡量指標，與他省進行稻米輸出能力的比較，必然得出安徽因人口過多，不可能輸出很多糧食的結論。

二、近代安徽是首要稻米輸出省的表現

　　近代，廣西作爲太平天國運動的起源地，「自咸豐年間，西省迭遭兵燹，田畝半就荒蕪。」〔註 246〕加上各地設釐抽稅，「米商本重利輕，裹足不前。」〔註 247〕自此廣西糧食輸出銳減，至清末已是自給不足，「兩粵並仰食於暹羅、安南之米矣。」〔註 248〕在抗戰前六年，廣西由各餉捐局卡輸出的只有 1935、1936 年高於百萬市擔，其餘幾年均只有數十萬市擔；南寧本是廣西一個重要稻米市場，以前「年有米穀三四十萬擔輸出，迄今不特完全絕跡，且有時尚賴下流各埠之供給。」〔註 249〕因而近代廣西不再是廣東的主要米源地。四川民食「不遇凶年，差能自給」，〔註 250〕1929 年之後，「湘、蕪米每有倒灌之勢。」〔註 251〕湖北的水稻生產也難以自給，「湖北一省所產穀米，不敷一省之食」〔註 252〕常從湖南運入接濟，也從江西和安徽輸入稻米。臺灣甲午戰後被割讓日本，福建不再能獲得臺米的協濟。

　　湖南和江西仍然是米源地，但因種種原因，其實際輸出量大爲減少，糧倉地位較清前期大爲遜色。安徽則一躍成爲最主要的稻米輸出地。在 1900 年前後，安徽已成爲「帝國主要的米產地」（the principal rice-field of the Empire）。〔註 253〕「我國產米最多而有餘之省份，以皖省爲最，湘贛次之。」〔註 254〕皖贛湘鄂四省中「尤以安徽的剩餘出口居第一位。」〔註 255〕皖米以江浙和廣東爲主要銷區，北及平津、西至川鄂，偶而出口至日本。無論從銷售數量還是銷售區域來看，安徽在近代都是最主要的米源地。

〔註 246〕　（清）冒澄：《上成方伯論被水鄉村巫籌賑恤書》，《拙叟賸言》。
〔註 247〕　（清）何如璋：《復粵督張振軒制軍書》，《茶陽三家文鈔》卷三《何文下》。
〔註 248〕　（清）張振勳：《招商射利貸耕公司議》，《張弼士侍郎奏陳振興商務條議》。
〔註 249〕　廣西省政府總務處統計室：《廣西糧食調查》，廣西省政府總務處統計室，1938年，第 72 頁。
〔註 250〕　張肖梅：《四川經濟參考資料》，中國國民經濟研究所，1939 年。
〔註 251〕　吳傳鈞：《中國糧食地理》，商務印書館，1942 年，第 70 頁。
〔註 252〕　（清）左宗棠：《辦理收復撫恤事宜摺》，《左宗棠全集·奏稿》卷二，嶽麓書社，1987 年，第 318 頁。
〔註 253〕　H. B. Morse, The Trade and Administration of the Chinese Empire. Quote from Han-sheng Chuan and Richard A. Kraus. Mid-Ch'ing Rice Markets and Trade: An Essay in Price History. Cambridge, Massachusetts, Harvard University Press, 1975. p67.
〔註 254〕　錢然：《中國糧食問題之檢討》，《錢業月報》1935 年第 15 卷第 3 號。
〔註 255〕　王維新：《中國稻米供求的現狀》，《漢口商業月刊》1935 年第 2 卷第 6 期。

安徽不僅與湖南、江西一樣成爲主要的稻米供應者，而且「爲全國稻產的中心」，其出口數量「實非他省所能望其項背」。〔註256〕當時有人指出，「各省之感已產不足者，類皆仰給皖米」。〔註257〕近代安徽成爲最重要的米源地，可從以下幾個方面考察。

（一）稻米輸出量

根據「海關中外貿易總冊」的統計，1912 年至 1931 年，湖南由長沙和岳州、安徽由蕪湖、江西由九江出口的稻米數量如下表：

表 1－3－2：湖南、安徽、江西各埠歷年輪運稻米輸出量表（單位：擔）

年份	湖　　南			安徽	江西
	長沙	岳州	合計	蕪湖	九江
1912 年	1023556	557568	1581124	4562195	27130
1913 年	314712	849968	1164680	2473835	———
1914 年	600220	64197	664417	2271581	———
1915 年	107391	32792	140183	2657113	59890
1916 年	186481	73608	260089	3350766	366497
1917 年	491921	31925	523846	1664575	630516
1918 年	———	———	———	3190827	463862
1919 年	111880	———	111880	8888166	1423461
1920 年	2279413	63491	2342904	4715099	2101898
1921 年	685744	46770	732514	2248117	162929
1922 年	615643	75591	691234	829710	263916
1923 年	1065851		1065851	1138076	1247231
1924 年	2311387	3210	2314597	2985869	2447831
1925 年	600254		600254	6178205	680154
1926 年	28964		28964	1557592	67154
1927 年	705021	150	705171	878039	394816
1928 年	1672769	11483	1684252	2483655	1396899
1929 年	156051		156051	2401026	1099290

〔註256〕王維新：《中國稻米供求的現狀》，《漢口商業月刊》1935 年第 2 卷第 6 期。
〔註257〕謝菊曾：《我國食米產銷及洋米輸入概觀》，《錢業月報》1928 年第 8 卷第 4 號。

年份	湖　南			安徽	江西
	長沙	岳州	合計	蕪湖	九江
1930 年	158165	1917	160082	1698461	344846
1931 年	48129	——	48129	2426247	297979
合　計	13163552	1812670	14976222	58599154	13476299
年均輸出	658178	90634	748811	2929958	673815

資料來源：全國經濟委員會農業處：《米穀統計》，全國經濟委員會農業處，1934 年。

　　由上表可知，各埠輪運報關輸出的米糧，皖米歷年均遠較湘米和贛米爲多。根據有關資料統計，20 世紀初蕪湖輸出的稻米約占全國各商埠稻米貿易額的 1／2～1／3。〔註 258〕

　　各省輸出稻米還有不須報關由各埠用帆船載運輸出的及直接由產地輸運出境的稻米。湖南米多經長江運往上海，「即粵省所需，亦由長江出口，經上海轉運。運輸多由水運，陸路運出者，不過 30％；水運中米多爲輪運，而穀以民船（帆船）轉運。運出的穀米中，以米爲大宗。」〔註 259〕則長沙、岳州二埠輪運出口的當爲輸出湘米總數中的大宗。清末湖南巡撫楊文鼎調查統計，湖南在豐稔之歲，年可輸出餘米 500 萬石。〔註 260〕湖南近代年均輸出食米約 400 萬石。〔註 261〕贛米運往上海多用輪運，「如漢口市價高漲而輸往漢口時，則多用民船，民船報告海關者極少。」專營進出口的米商估計，江西常年稻米輸出量約在 150 萬擔以上。〔註 262〕蕪湖輸出的米糧中，輪運出口的不到全部出口稻米的一半，由民船裝運的「常占去三分之二也」。根據各產區在蕪湖米商的估計，蕪湖常年由各地輸入的米糧共有 790 萬石左右。〔註 263〕豐盛之年，「皖南各縣米糧會集蕪埠運輸出口者，達九百萬石以外。」〔註 264〕另外，宣統三年（1911 年）後蚌埠成爲皖北重要的

〔註 258〕翁飛等：《安徽近代史》，安徽人民出版社，1990 年，第 238 頁。

〔註 259〕劉志超：《湖南之海關貿易》，湖南經濟調查所，1934 年，第 44～45 頁。

〔註 260〕《京津泰晤士報》，1925 年 5 月 21 日；轉引自章有義：《中國近代農業史資料》第二輯，生活・讀書・新知三聯書店，1957 年，第 632 頁。

〔註 261〕許滌新、吳承明：《中國資本主義的萌芽》，人民出版社，1985 年，第 274～275 頁。

〔註 262〕陳如乾：《江西之米》，國民經濟研究所，1935 年，第 22 頁。

〔註 263〕林熙春、孫曉村：《蕪湖米市調查》，社會經濟調查所，1935 年，第 57、53～54 頁。

〔註 264〕《安徽米產過剩》，《工商半月刊》1932 年第 4 卷第 17 號。

糧食集散市場。江北之壽縣、霍邱、六安等縣稻米經由淮河水系集於蚌埠，船載或火車裝運出省的，每年平均約150萬擔；[註265] 廣德、寧國、全椒、天長等毗連江浙的縣份直接輸出的稻米每年尚有若干。三省中，就全省每年輸出稻米的總量而言，安徽也名列前茅。

（二）稻米直銷區

湖南稻米輸出的區域，包括由郴縣銷往兩廣，由醴陵銷往江西或湖北，由湘西銷往湖北之沙市、宜昌等處，但大部份「由長沙、蘆林潭、城陵磯三處出口，運往滬漢諸埠。」[註266] 江西米除向鄰省粵、閩、浙、皖等地直接輸入外，以滬漢爲主要銷納地。

皖米在蕪湖米市形成後，銷售範圍大爲拓展。廣東米商起先坐鎮鎮江設號採辦米糧。在操作米市移蕪時，駐蕪湖道員廣東南海人張蔭桓利用同鄉關係，許以優惠條件，勸說廣州、潮州等廣東米商率先移駐蕪湖。廣潮幫遂成爲蕪湖勢力最大的米糧經紀商。外銷皖米中的大多數也以廣東爲銷售地，「常年蕪米出口，廣幫常占十分之四，潮幫占十分之三。」[註267] 繼廣潮幫之後，煙臺、寧波等地米商踵至。自此，各地米商紛紛來蕪採辦米糧。駐紮蕪湖的米商很多，「主要之買主，均爲汕、廣、滬、甬、煙、漢、津等地米商委派之代理人」；[註268]「而軍米則魯、豫、蘇、浙、鄂、閩等省無不在蕪採辦。」[註269] 皖米主要的銷售地，「在蕪湖輸出者，以廣州、汕頭、天津爲大宗，在內地各小市場直接向外省運售者，以無錫、鎮江、南京爲大宗。」[註270] 1936年長沙、九江和蕪湖三大米市稻米銷往各埠所佔的比重如下表，[註271] 從中我們可以瞭解三大米市輻射能力的大小及銷區的廣狹。

〔註265〕馮淮南：《米坊街與鹽糧業》，蚌埠政協 http://www.bbzx.gov.cn/detail/news.asp?id=514（2009－11－20）。

〔註266〕李振：《湖南省土地利用與糧食問題》，蕭錚：《民國二十年代中國大陸土地問題資料》，成文出版社，第2827頁。

〔註267〕林熙春、孫曉村：《蕪湖米市調查》，社會經濟調查所，1935年，第16頁。

〔註268〕謝菊曾：《我國食米產銷及洋米輸入概觀》，《錢業月報》1928年第8卷第4號。

〔註269〕《蕪湖商業之新調查》，《實業周刊》1922年第1期。

〔註270〕夏忠群：《安徽省食糧運銷調查報告》（油印本），1935年，第二節‧1蕪湖。

〔註271〕徐正元：《中國近代四大米市考》，黃山書社，1996年，第40頁。

表 1－3－3：長沙、九江、蕪湖稻米銷區表

輸往商埠	長　沙	九　江	蕪　湖
天津			18.87%
龍口			1.96%
煙臺			3.28%
威海衛			2.73%
膠州		0.18%	0.88%
宜昌	0.14%	0.04%	0.33%
沙市	0.01%		0.03%
岳州	0.01%		
漢口	15.44%	13.71%	3.57%
蕪湖		0.02%	
南京	0.01%	0.01%	2.02%
鎮江	0.02%	0.01%	0.01%
上海	74.34%	85.49%	2.78%
寧波	0.07%		0.18%
廈門			0.06%
汕頭	3.73%	0.43%	51.68%
廣州	6.23%	0.11%	11.62%

資料來源：韓啓桐：《中國埠際貿易統計 1936～1940》，中國科學院，1951 年。

（三）輸出量的相對穩定性

江西本是出產稻米最豐富的地區之一，近代因人口增長、災荒、戰爭等因素的影響，輸出的糧食已少於清代前期。20 世紀二三十年代，由於天災人禍不斷，「稻米收穫銳減，不獨出口減少，反而仰給外米之輸入。」〔註272〕1928～1933 年間，僅 1929 年沒有輸入外米。

〔註272〕陳如乾：《江西之米》，國民經濟研究所，1935 年，第 9 頁。

表 1－3－4：江西食米輸入數量表

年　　別	輸入量（單位：擔）		
	本　國	外　國	合　計
1928 年	／	14	14
1929 年	／	／	／
1930 年	3097	161518	164615
1931 年	／	840	840
1932 年	203	／	203
1933 年	3793	／	3793
總　　計	7093	162372	169465

資料來源：陳如乾：《江西之米》，國民經濟研究所，1935 年，第 23 頁。

　　湖南在 1920 年大旱之後，「又益以十一、十二、十三三年為兵，或竟流而為匪，坐此田疇荒廢，產額又因之減下」；辰州以上地方百餘里無人耕種。〔註273〕水稻產量頗受影響。

　　「遏糴」是影響糧食供應穩定的另一個引人矚目的因素。由於種種原因，各地常有遏糴之舉，人為限制糧食出境。1912～1931 年的 20 年間，湖南、江西、安徽多次遏糴，其「犖犖大者」：長沙有 15 個年頭禁米出口，有的為時數月，有的連續經年；1921～1931 年間，年年有稻米出口的禁令；岳州有 5 個年頭禁米出口；九江有 10 個年頭禁米出口，其中自 1914 年開始的禁令直至 1916 年 1 月方解禁；1929、1930 江西連續兩年全省禁止糧食出境；蕪湖有 8 個年頭有此禁令，其中時間較長的如自 1926 年 10 月至 1927 年 10 月、1930 年全年。〔註274〕

　　相較而言，在地方局勢和糧食能否順利輸出等方面，安徽稻米輸出所受的負面影響要小於湘贛二省，糧食供應相對較為穩定。

三、原因分析

　　從前文可知，近代水稻產量的增長等因素都是近代安徽成為首要稻米輸出省份的原因。然而，在探究近代安徽成為主要米源地的原因時，還必須瞭解一些相對因素的變化：

〔註273〕《京津泰晤士報》1925 年 5 月 21 日，轉引自章有義：《中國近代農業史資料》
　　　　第二輯，生活・讀書・新知三聯書店，1957 年，第 632 頁。
〔註274〕杜修昌：《中國米穀供需概況》，《中國實業》1935 年第 1 卷第 3 期。

（一）人口銳減，口糧消耗量驟降

近代安徽人口直至抗戰前依然沒有恢復到太平天國戰爭前的水平。這使口糧消耗量大爲減少，也是近代安徽稻米輸出能力增強最重要的因素。咸豐二年（1852 年）安徽人口爲 3765 萬，〔註 275〕1933 年爲 2216 萬，〔註 276〕根據 1933 年的調查，安徽常年食料中，米占 43％；〔註 277〕是年，安徽全省人均消費糧食 3.04 石。〔註 278〕則 1933 年比咸豐二年少消耗了 2223 萬石稻米。若以前述 5 府 4 州稻米主產區的人口作爲考察對象，根據嘉慶二十五年該 5 府 4 州人口與全省人口的比例，咸豐二年其人口約爲 1877 萬，1933 年原 5 府 4 州各屬除去英山劃歸湖北外，有約 1154 萬人口，這一區域內民食以稻米爲主，稻米在食料中所佔比重高於全省平均值，則該區域至少少消耗 945 萬石稻米。

（二）蕪湖米市的積聚作用

近代安徽稻米輸出量的增多與蕪湖米市的形成也有關係。在蕪湖米市形成之前，安徽稻米的輸出各有去路，省內沒有統一的集中地。如鎮江，其每年輸入的外地米糧約 200 萬石中，有 61.04％來自安徽。〔註 279〕蕪湖開埠後，在李鴻章和張蔭桓的影響下，鎮江七浩口米市於光緒八年（1882 年）移至蕪湖。光緒二十四年（1898 年）蕪湖設立米捐局，凡米船出境只准寄碇蕪湖，繳納米捐。從此，安徽輪運輸出的米糧必須在蕪湖集散。光緒二十八年（1902 年）蕪湖附設江蘇米捐局，預徵米船在江蘇境內的米捐，避免了皖米爲避繳納雙重米稅而直趨江蘇的狀況，使蕪湖米市地位得以鞏固。由此，蕪湖在釐金制度時期成爲安徽稻米出境的唯一港口。

蕪湖米糧雖大部份來自本省，但在米市暢旺之時，也吸納了一部份長江上游的米糧，使輸出數量更形增加。如江西之米，「其時安徽省之蕪湖米市茂旺，一般商人均用民船運往」。〔註 280〕「江西米產因蕪湖行情好，均

〔註 275〕嚴中平：《中國近代經濟史統計資料選輯》，科學出版社，1955 年，第 367 頁。

〔註 276〕《安徽省各縣七年來人口統計表（民 17～民 23 年）》，安徽省統計年鑒委員會《安徽省統計年鑒》，1934 年，第 49 頁。

〔註 277〕朱斯煌：《民國經濟史》，銀行學會，1948 年，第 359～360 頁。

〔註 278〕《安徽民政季刊》調查專號，1933 年第 1 卷第 1 期。

〔註 279〕孫曉村、羊冀成：《鎮江米市調查》，《社會經濟月報》1936 年第 3 卷第 10 期。

〔註 280〕陳如乾：《江西之米》，國民經濟研究所，1935 年，第 22 頁。

能吸引而來」。〔註 281〕江蘇高淳縣「一部份之米糧，因水源關係，間有輸入蕪湖」。〔註 282〕

　　廣東在清代前期，「即豐收而乞糴於西省者不下一二百萬石。」〔註 283〕此外則從湘、贛、閩得到補給。而廣東自江西輸入的米糧，因無水路相通，必須在江西邊界肩挑搬運一段路程，其輸入量不可能很大。自湖南運入的糧食，除接壤地區小規模的直接貿易外，主要商路是從湘潭溯湘江而上直至廣西興安，經陡河進入灕江，再順灕江而下在梧州進入西江，然後沿西江運到廣州、佛山。〔註 284〕路途迂迴迢遙。福建所能提供的米糧也很有限。因此又有「東米不足，西米濟之，西米不足，洋米濟之」〔註 285〕之說，鼓勵洋米進口。但廣東在清代前期基本上不需從長江下游地區購買糧食。「兩廣、山陝等省徑路遠隔，向不採買江右米石。」〔註 286〕

　　近代廣西對廣東的糧食輸入銳減；湖南陸路運出的米糧有限，「即粵省所需，亦由長江出口，經上海轉運。」〔註 287〕所以廣東所缺糧食若非購自東南亞，必須轉向長江下游運濟。如光緒三年（1877 年）粵東水患，廣東「撥帑款十餘萬兩，委員雇用輪船前往上海、鎮江採買米石，運回平沽。兼招商給照前往江南買辦米石回粵，以裕民食。」〔註 288〕福建在臺灣斷絕糧食供給之後，主要自上海輸入國米、自香港輸入洋米以補充不足。〔註 289〕由此形成了國內新的稻米供需格局：即江、浙、閩、粵所缺米糧要從國內獲得補充，其絕大多數需由湘、贛、皖三省經長江輸給。

（三）皖米相對於湘米、贛米的市場優勢

　　在這一供需格局下，對於稻米供應者來說，安徽較之湘、贛二省具有一定的優勢。

〔註 281〕朱孔甫：《安徽米業調查》，《社會經濟月報》1937 年第 4 卷第 3 期。

〔註 282〕林熙春、孫曉村：《蕪湖米市調查》，社會經濟調查所，1935 年，第 50 頁。

〔註 283〕雍正《朱批諭旨》雍正八年四月二十日鄂爾泰奏摺。

〔註 284〕陳春生：《市場機制與社會變遷——18 世紀廣東米價分析》，中山大學出版社，1992 年，第 36～37 頁。

〔註 285〕（清）張維屏：《粵食》，《廣東文徵》。

〔註 286〕《宮中檔乾隆朝奏摺》，乾隆十七年十二月初二日喀爾善、覺羅雅爾哈善奏。

〔註 287〕劉志超：《湖南之海關貿易》，湖南經濟調查所，1934 年，第 44～45 頁。

〔註 288〕《光緒三年十月十三日京報全錄》，《申報》1877 年 12 月 1 日第 4 版。

〔註 289〕巫寶三、張之毅：《福建省食糧之運銷》，社會經濟調查所，1938 年，第 10 頁。

　　首先，如前所述，安徽成爲廣東的主要米源地之一。在粵漢鐵路通車之前，廣東輸入的外省米中，皖米位居第一。

　　其次，與湘贛米相比，皖米有價格上的相對優勢。由於交通不便、捐稅苛重，糧食販賣成本過高，缺乏市場競爭力是國米的通病。但安徽地理位置更接近缺糧區，皖米所需運費相對少於湘、贛之米。表現在稻米價格上，即其成本相對較低，從而具有更強的市場競爭力。1932 年 10 月長沙、九江、蕪湖三地的米價爲 6.825 元、6.180 元和 6.120 元，運至上海的費用分別爲 4.070 元、2.948 元和 2.658 元，〔註290〕販賣費與當地米價之比分別是 59.63%、47.70% 和 43.43%。米商當然不願捨近求遠，捨廉買貴。另外，三省均對米穀出境課以重稅，皖米相對較輕。三省稻米運銷上海，「每擔米所負捐稅及運輸費，在湖南爲護照費一元，水腳一元二角，麻袋四角，出口關稅三角二分，升合二角，湖南行庸二角，水險駁費報關費二角，上海火險行庸二角，計洋三元三角二分。在江西護照費爲一元，水腳每百斤四錢，每包約八角五分，麻袋四角，出口關稅三角三分，升合三角，上海行庸火險雜費二角，江西行庸二角，水險駁費報關費二角，計洋三元七角。在安徽蕪湖護照費爲四角，水腳每百斤三錢，每包約六角五分，麻袋四角，出口稅三角，升合五角，匯水每千兩五兩，雜費用三角，水險駁費報關費每石二角，每包共計洋三元。」〔註291〕即使加上繁重的捐稅，皖米依然具有價格優勢。

　　價格優勢的存在及銷售範圍的拓展，意味著皖米在遇到競爭時，可以失此而顧彼，有更多的轉圜空間。1925 年廣東政局糾紛，加上仰光米的競爭使得皖米在廣東銷路閉塞。但對於皖米銷售市場而言，「北方及長江上游之需要，非止足償汕頭、廣州之所失，並曾抬高價格」。〔註292〕1932 年長江流域稻作普遍豐收。湖南積米待售，米每石 6 元，穀約 1 元 5 角，「因捐稅與運費特重，寄至上海須十一元成本，故米商止辦」，〔註293〕導致「在長江積滯的米

〔註290〕巫寶三：《中國糧食對外貿易——其地位趨勢及變遷之原因》，參謀本部國防設計委員會，1934 年。
〔註291〕遽然：《洋米徵稅之研究》，《錢業月報》1934 年 14 卷 2 號。
〔註292〕《中華海關民國十四年華洋貿易總冊》上卷，中國第二歷史檔案館、中國海關總署辦公廳：《中國舊海關史料（1859～1948）》，京華出版社，2001 年，第 63 頁。
〔註293〕《長沙通信》，《晨報》1932 年 10 月 24 日，轉引自章有義：《中國農業史資料》第三輯，生活・讀書・新知三聯書店，1957 年，第 142 頁。

至一百四十萬石之多，運出者僅十萬石」。〔註294〕是年根據國民政府湖南食米查驗登記總處統計，共出口穀米 838758.3 石。〔註295〕餘米返銷省內，使湘米價格更低。產地運米出境銷售，毫無利潤可言，「據說在湖南武崗、東安一帶，因為豐年穀賤，運米到省，水腳捐稅的支出甚高，賣價尚不夠抵補，因此就大批的把陳米焚棄。」〔註296〕甚至「因為穀價太壞，鄉下人以米餵豬。」〔註297〕江西豐收之後，由於「長江下游，因洋米傾銷，固無下行之希望，而漢口有湘米灌注，且受洋米、洋麥影響，贛米亦無插足可能。省內各地，除南昌、九江，可以銷納少數米穀外，均苦於出路窮絕」。〔註298〕省內各地穀價，竟至 2 元上下。1932 年經九江輸出的米穀僅 128526 擔。〔註299〕而該年蕪湖雖因釐局裁撤後米源散漫，依然有 1302722 擔的輪運米糧輸出量；〔註300〕其帆運輸出量，根據吳正的保守估計，有 885630 擔，〔註301〕則全年共有 2190352 擔的輸出。

〔註294〕孫曉村：《中國農產商品化的性質及其前途》，《中山文化教育館季刊》1934 年創刊號。
〔註295〕張人價：《湖南之穀米》，湖南省經濟調查所，1936 年，第 35 頁。
〔註296〕徐雪寒：《抗敵戰爭和糧食準備》，《中國農村》1936 年第 2 卷第 12 期。
〔註297〕盛煥明：《粵省洋穀米免稅問題》，《銀行周報》1937 年第 21 卷第 16 期。
〔註298〕馬乘風：《最近中國農村經濟諸實相之暴露》，《中國經濟》1933 年第 1 卷第 1 期。
〔註299〕陳如乾：《江西之米》，國民經濟研究所，1935 年，第 22 頁。
〔註300〕林熙春、孫曉村：《蕪湖米市調查》，社會經濟調查所，1935 年，第 62 頁。
〔註301〕吳正：《蕪湖米及內地米出口數量表》，《皖中稻米產銷之調查》，交通大學研究所，1936 年，附表。

第二章　多向的稻米流通

　　在討論近代安徽稻米流通的方向之前，首先必須交代一下清代至民國時期安徽的行政建置及其變動。清代安徽行政區劃幾經升府降州並縣，至同治年間，共有 8 府 5 直隸州 4 屬州 51 縣。其中，安慶府轄 6 縣，分別為懷寧、桐城、潛山、太湖、宿松和望江縣；盧州府轄 5 個州縣，即合肥、盧江、巢縣、舒城等縣和無為州；池州府轄 6 縣，為貴池、青陽、銅陵、石埭、建德和東流縣；寧國府轄宣城、南陵、寧國、旌德、太平和涇縣 6 縣；太平府轄 3 縣即當塗、蕪湖和繁昌；徽州府轄 6 縣，為歙縣、休寧、婺源、祁門、黟縣和績溪；潁州府包括阜陽、潁上、霍邱、亳州、渦陽、太和及蒙城 7 個州縣；鳳陽府轄鳳陽、懷遠、定遠、靈璧、鳳臺、壽州、宿州共 7 個州縣；滁州含全椒、來安 2 縣；和州有含山 1 個轄縣；六安州包括英山、霍山 2 縣；泗州有盱眙、天長和五河 3 縣；廣德州轄建平縣。

　　民初廢除府治，直隸州和屬州均改為縣，安徽共有 60 個縣。抗戰前，安徽行政區劃略有變動。1914 年將建平、建德二縣更名為郎溪和秋浦。1932 年秋浦復改稱至德；又割來安、鳳陽、滁縣、盱眙等縣部份屬地置嘉山縣；英山縣改歸湖北。翌年析霍山、霍邱、六安之地及河南商城、固始之地設立煌縣。1934 年將阜陽西部一帶劃出設為臨泉縣。同年將婺源移屬江西。1936 年在舒城、霍山、潛山和太湖邊境設立岳西縣。這樣，安徽屬縣共有 62 個。〔註1〕鑒於嘉山、立煌、岳西等縣設立時間較遲，其相關資料有限，英山非稻作

〔註 1〕　李天敏：《安徽歷代政區治地通釋》，安徽省文化廳文物志編輯室，1986 年，第 162～174 頁。

主產縣，本文在相關論述中將略去這些縣份，婺源作為原徽州府屬，在論述徽州糧食問題時將有所涉及。

由於地理條件、產量和人口等方面存在的差異，各縣糧食供求也有很大差異。其中歙縣、黟縣、祁門、婺源等縣歷來是缺糧區，皖西之宿松、望江、霍山等地糧食也常患不足；而無為、合肥、宣城、當塗等環巢湖和沿江各縣則有大量餘糧可供輸出；績溪、貴池、青陽等縣糧食生產基本自給。由於不平衡的糧食生產能力和消耗量，在省內缺糧縣和餘糧縣之間，借助於水陸交通路線，形成了稻米供需格局。

作為近代首要的稻米輸出者，皖米銷區極廣：以江浙閩粵為主要銷場，其銷售廣度南達港粵、北至平津及關外、西則溯江而上運至漢口甚至遠銷四川；雖然我國自清初即規定禁止向國外輸出糧食，但漏卮幾未斷絕。皖米經常被私運至日本等地，在 1912、1919 年，政府也曾允許日本商人來皖採購稻米。

安徽也從境外輸入稻米。包括臨時性的輸入和經常性輸入兩種。前者主要由於省內發生重大災荒時，省內所產不能滿足民食之需，從省外甚至國外購買米糧以解燃眉之急；後者則因地理、交通等因素的制約，缺糧地區就便、就近自省外餘糧區獲得補給，如徽州缺糧區從浙贛兩省購入稻米。

第一節　稻米在省內的流通

1937 年之前，安徽省建設廳、民政廳及一些研究者曾進行過安徽糧食餘缺情況的調查。目前所見的相關資料有如下幾種：

一是《安徽省六十縣經濟調查簡表》中各地稻米產銷狀況的調查。在 54 個產米縣份中，宿松、舒城、英山、霍山、休寧、歙縣、婺源、祁門、黟縣、績溪、寧國、涇縣、太平、銅陵、秋浦、鳳陽、懷遠、宿縣、定遠、鳳臺、穎上、霍邱、泗縣、盱眙、五河等地的稻米只在本縣境內銷售，基本上屬於無餘米外銷的縣份。〔註 2〕

一是 1933 年安徽省民政廳對安徽各地歷年各類糧食（包括米、大麥、小麥、黃豆、菜豆、豌豆、豇豆、高粱、芝麻、蕎麥、山芋）輸入輸出額所作

〔註 2〕 安徽省政府：《安徽省六十縣經濟調查簡表‧重要農產類‧米》，安徽省政府，1922 年。

的統計。根據這份資料，稻作區缺米縣爲宿松、望江、繁昌、銅陵、霍山、盱眙、至德、涇縣、婺源、祁門、歙縣和黟縣共 12 個；稻米自給縣爲懷寧、石埭、績溪等 3 個；太湖、桐城、潛山、蕪湖、當塗、南陵、無爲、廬江、巢縣、六安、合肥、舒城、壽縣、霍邱、滁縣、天長、來安、全椒、含山、和縣、貴池、青陽、太平、宣城、郎溪、廣德、寧國等 27 縣爲產米有餘的縣份。〔註3〕

一是夏忠群在 1935 年的調查。他將安徽各縣分成糧產有餘之部、不足之部和自給之部。稻作區的有餘之部包括舒城、合肥、廬江、無爲、巢縣、宣城、南陵、蕪湖、當塗、和縣、含山、桐城、青陽、繁昌、潛山、懷寧、郎溪、廣德、六安、銅陵、貴池、壽縣、霍邱、天長、滁縣、來安、全椒等 27 個縣，自給之部包括東流、望江、太湖、旌德、休寧、寧國和績溪 7 個縣。其中前 5 縣稍有餘米供給鄰縣而無餘米輸出外省。宿松、涇縣、歙縣、太平、黟縣、祁門、至德、霍山、石埭等縣屬不足之部。〔註4〕

一是 1936 年安徽省建設廳對安徽主要食糧及其在平常年份的餘缺狀況所作的調查。全省 61 縣中，懷寧、南陵、巢縣、盱眙、霍山、鳳臺、靈璧、蒙城、青陽、宣城、寧國、祁門、當塗等 13 縣相關資料闕如，其餘 48 縣中，居於稻作區的桐城、廬江、太平、石埭、東流、休寧等地稻米可自給；歙縣、黟縣、宿松、銅陵、立煌、滁縣、至德、涇縣和績溪稻產不足本地消費；旌德、廣德、貴池、和縣、含山、全椒、來安、天長、滁縣、霍邱、壽縣、舒城、合肥、六安、無爲、繁昌、蕪湖、望江、潛山、桐城、太湖的米產自給有餘。〔註5〕

一是 1937 年對 48 縣民食的調查。這份資料顯示：稻作區內民食不敷、需鄰縣接濟者有太湖、懷寧、宿松、岳西、至德、太平、東流、舒城等縣；天長、涇縣、休寧、銅陵、貴池、石埭、霍山等縣糧食可自給自足；桐城、潛山、望江、蕪湖、當塗、繁昌、南陵、霍邱、滁縣、來安、全椒、含山、和縣、宣城、郎溪、寧國、廣德、旌德、祁門、歙縣、黟縣、績溪、無爲、廬江、巢縣、六安、青陽、合肥、壽縣爲糧食盈餘者。〔註6〕

〔註3〕 《安徽民政季刊》調查專號，1933 年第 1 卷第 1 期。
〔註4〕 夏忠群：《安徽省食糧運銷調查報告》（油印本），1935 年，第一節。
〔註5〕 安徽省建設廳：《最近安徽之農村救濟與調查》，安徽省建設廳，1936 年，第 33～36 頁。
〔註6〕 安徽省地方行政幹部訓練團：《中國農村經濟問題研究》，安徽省地方行政幹部訓練團，1941 年，第 18～23 頁。

上述資料中，有的反映的是常年情況，有的則反映當年的情況。在「餘」、「缺」和「自給」的判斷標準上也有差異（如夏忠群對自給縣的判斷標準），因而得出的結論既有共同之處，也有各不相同的地方。其中，宿松和至德是公認的缺糧縣；安徽省建設廳和夏忠群的調查中，桐城、潛山、蕪湖、當塗、南陵、無爲、廬江、巢縣、六安、合肥、舒城、壽縣、霍邱、滁縣、天長、來安、全椒、含山、和縣、貴池、青陽、宣城、郎溪、廣德等縣均爲餘米縣，後兩個沒有覆蓋全省的局部調查中，則有旌德、廣德、和縣、含山、全椒、來安、滁縣、霍邱、壽縣、合肥、六安、無爲、繁昌、蕪湖、望江、潛山、桐城等餘米縣。兩相比較，除瞭望江外，基本一致。而對舒城、廬江稻米餘缺狀況的判斷出入很大。

一、各地稻米餘缺狀況

結合上述材料並根據我們掌握的其它資料，現將安徽稻作區各縣稻米餘、缺、自給狀況分述如下。

（一）缺米縣

近代安徽稻作區稻米生產不足自給的縣份主要分佈在皖南和皖西山區。包括歙縣、黟縣、祁門、婺源、至德、涇縣、寧國、太平、宿松、望江、太湖、霍山等縣。

歙縣、黟縣、祁門、婺源均屬清之徽州府。在太平天國運動前，徽州府屬六縣無不以缺糧聞。經過了太平天國運動，在農業生產恢復後，休寧由缺糧縣變爲餘糧縣，績溪糧食生產實現自給，其餘四縣仍然自給不足。

歙縣多山少水，「鮮有廣漠平地，類多礦瘠風化岩土」，〔註7〕適宜水稻生長的地方十分有限，「惟西鄉地勢平衍，水源稍長，出產較多，北次之，東南又次之，合計全邑三月糧耳。」〔註8〕歙縣與徽州府其它各縣一樣，是老缺糧區。

祁門「萬山環繞，地少膏腴，歲僅三月之糧」。〔註9〕豐年也只能維持半年。

〔註7〕 建設委員會經濟調查所統計課：《中國經濟志・安徽省歙縣》，建設委員會經濟調查所，1935年，第43頁。

〔註8〕 （民國）《歙縣志》卷三《食貨志・物產》。

〔註9〕 （清）黃光第：《祁米案牘》，光緒刻本，藏安徽大學圖書館。

　　黟縣「山田力薄半無泥」，〔註10〕土地貧瘠。清代前期，人口眾多，糧食緊張，「農人終歲勤劬，畝收不給。」〔註11〕仰賴江西接濟，「此地年豐休便喜，須持水旱問江西。」〔註12〕咸同兵燹之後，因人口減少，人均佔有田地有所增加，但產糧依然不能自給。

　　至德多山，水稻產地分佈在山區的平阪、壟田，以昭潭一帶較為集中。全縣糧食產量平均只能支持八九個月左右。〔註13〕每年自境外輸入糧食自 3 萬石至 7 萬石不等，視年產豐歉而異。

　　涇縣「境從廣百餘里，而山居其半，水又去其一，可耕之田僅三分之一焉，以是雖火耕水耨，而一歲之食半皆仰給於外。」〔註14〕近代該縣荒地甚多，耕地面積較之清代前期更形萎縮。據安徽省民政廳的統計，耕地僅占全縣面積的十分之一，〔註15〕所產糧食，「僅敷民食半年之需。」〔註16〕荒歉之歲更是「每虞不敷」。〔註17〕

　　寧國農地面積不到全縣總面積的 1／10，根據該縣建設科 1935 年填報的數據，稻田面積僅占全部農地總數的 50％弱。〔註18〕「每年出稻，不敷民食之需，若遇豐年，供求勉可相抵。」〔註19〕平常年景，「全年所產糧食，僅供民食半年所需。」〔註20〕民國時寧民開山墾荒種植玉蜀黍，收穫甚豐，「足濟稻米之不足。」〔註21〕可見該縣稻產仍然不足。

〔註10〕　（清）孫學治：《和施明府源黟山竹枝詞》，歐陽發、洪鋼：《安徽竹枝詞》，黃山書社，1993 年，第 74 頁。

〔註11〕　（嘉慶）《黟縣志》卷三《地理志・風俗》。

〔註12〕　（清）孫學治：《和施明府源黟山竹枝詞》，歐陽發、洪鋼：《安徽竹枝詞》，黃山書社，1993 年，第 74 頁。

〔註13〕　《安徽民政季刊》調查專號，1933 年第 1 卷第 1 期。

〔註14〕　（嘉慶）《涇縣志》卷五《食貨》。

〔註15〕　建設委員會經濟調查所統計課：《中國經濟志・安徽省涇縣》，建設委員會經濟調查所，1936 年，第 14 頁。

〔註16〕　建設委員會經濟調查所統計課：《中國經濟志・安徽省涇縣》，建設委員會經濟調查所，1936 年，第 14 頁。

〔註17〕　安徽省政府：《安徽省六十縣經濟調查簡表・重要農產類・米》，安徽省政府，1922 年。

〔註18〕　建設委員會經濟調查所統計課：《中國經濟志・安徽省寧國縣》，建設委員會經濟調查所，1936 年，第 10 頁。

〔註19〕　鐵道部財務司調查科：《京粵線安徽段經濟調查總報告書》，鐵道部財務司調查科，1930 年，第 268 頁。

〔註20〕　建設委員會經濟調查所統計課：《中國經濟志・安徽省涇縣》，建設委員會經濟調查所，1936 年，第 10 頁。

〔註21〕　（民國）《寧國縣志》卷七《物產志・植物・穀類》。

太平在清代前期「其平疇寬衍，號稱沃壤者，十不得五，餘悉磽瘠，……土薄石肥，或一坵不得穀數觔。」〔註22〕近代人口減少，人工少而工價昂，山田墾闢得少。該縣水稻種植面積以東鄉、望仙鄉為大。全縣產稻不能自給，「多在青弋江、灣沚等處運米入境」。〔註23〕

宿松糧產以稻為大宗，占糧食總產量的八成左右。該縣雖號稱魚米地，但「每年所產米糧，不足敷全縣之食」，〔註24〕需仰給鄰縣輸入約2萬石左右。〔註25〕「至米穀販賣，邑境所產之米不敷全縣人口之食，只有就境內甲埠販於乙埠，其由本境販往外境者絕少，而外境販入本境則甚多云。」〔註26〕

望江「大多數年月糧食難以自給」，〔註27〕尤其是稻米，年輸入10萬擔左右。〔註28〕

太湖因西、北兩鄉處山區，耕地很少，全縣糧食生產自給不足；「收入歉薄，即在豐年，只能供半載之糧。」〔註29〕

霍山地處皖西山區，歷來產糧不能自給。「平疇陌阡之所登，恒不及三之一，故穀不足供民食，附城必資鄰糴。」〔註30〕

（二）餘米縣

長江沿岸和環巢湖各縣是安徽稻米的主產區，也是餘米縣份比較集中的區域。包括桐城、懷寧、銅陵、蕪湖、當塗、繁昌、南陵、宣城、旌德、無為、廬江、巢縣、合肥、舒城、含山、和縣等均為有餘米輸出的縣份。另外，皖東的滁縣、天長、來安、全椒和皖西北的壽縣、霍邱、六安及皖南的廣德、郎溪、休寧等縣稻產也有餘裕。

壽縣水田面積約占該縣耕地總面積的70%，稻米主要產於該縣東南部。

〔註22〕 （乾隆）《太平縣志》卷三《風俗》。

〔註23〕 安徽省政府：《安徽省六十縣經濟調查簡表・重要農產類・米》，安徽省政府，1922年。

〔註24〕 （民國）《宿松縣志》卷十七《民政志・商業》。

〔註25〕 陳賡雅：《贛皖湘鄂視察記》，申報月刊社，1935年，第112頁。

〔註26〕 （民國）《宿松縣志》卷十七《實業志・商業》。

〔註27〕 望江縣糧油食品局修志辦：《望江縣糧食志》（內部資料），1987年，藏安徽省地方志編纂委員會圖書室。

〔註28〕 《安徽民政季刊》調查專號，1933年第1卷第1期。

〔註29〕 安徽省政府建設廳：《一年來之安徽建設》，安徽省政府建設廳，1933年，第三編第22頁。

〔註30〕 （光緒）《霍山縣志》卷二《地理志・物產》。

全縣半數人以米爲主食。根據 1933 年的調查，平常年成該縣約有 16 萬石稻米的輸出能力。

霍邱南鄉多崗田，北鄉多圩田。水田面積約占全縣總耕地面積的 81.39%。豐年每畝產稻 2 石，合市制 6 石。〔註31〕霍邱出產的長秈米，顆粒細長，色白有光，飯性堅韌可口，是蚌埠米市中的上品。〔註32〕年產米有 40 萬石，「自供有餘」。〔註33〕

六安稻米在正常年景約有 50 萬石的外銷量。〔註34〕

無爲位居長江沖積平原，土地肥沃。境內灌溉便利，圩田遍佈。「其圩田之多，甲於全皖。即巢湖五屬，舒、廬、無、巢、合亦無與擬者。」〔註35〕農業生產以稻米爲盛。年外銷大米號稱有百萬石之多。〔註36〕

廬江也是長江以北重要的產米區。稻田遍佈全縣各鄉，尤以西北鄉最盛。植稻之田以崗田爲主，約占總耕地面積的 70%。圩田雖有較高的生產力，但因水利失修，常遭洪災，其地價反不如崗田高。〔註37〕根據吳正《皖中稻米產銷之調查》，全縣總出口平均可達 40 萬石。而朱孔甫則估計廬江與無爲、合肥之米各約占蕪湖米市總量的 15%。〔註38〕但從耕地面積和生產能力方面考察，廬江稻米輸出能力不可能與無爲、合肥二縣相埒，而有百萬石的輸出量。

巢縣濱巢湖之東，爲魚米之鄉。在豐年可產米約 120 多萬石，餘糧頗多。即便在尋常年景，從縣城和柘皋兩地輸出的米也有近 10 萬石。〔註39〕

合肥在阜陽分置臨泉縣後，面積之廣爲皖省之冠。該縣農作物以稻爲主產，水田占耕地總面積的 90% 以上。〔註40〕出產多，輸出亦多。蕪湖米市素

〔註31〕 建設委員會經濟調查所統計課：《中國經濟志・安徽省壽縣、霍邱、六安、合肥、舒城、霍山六縣合編》，建設委員會經濟調查所，1937 年，第 86、92 頁。

〔註32〕 夏忠群：《安徽省食糧運銷調查報告》（油印本），1935 年，第三節・一蚌埠。

〔註33〕 吳德麟：《霍邱縣地方概況》，《安徽省地方概況報告》，國民經濟研究所，1936 年。

〔註34〕 建設委員會經濟調查所統計課：《中國經濟志・安徽省壽縣、霍邱、六安、合肥、舒城、霍山六縣合編》，建設委員會經濟調查所，1937 年，第 178 頁。

〔註35〕 （民國）《無爲縣小志》第四《物產》。

〔註36〕 吳正：《皖中稻米產銷之調查》，交通大學研究所，1936 年，第 48 頁。

〔註37〕 吳正：《皖中稻米產銷之調查》，交通大學研究所，1936 年，第 44 頁。

〔註38〕 朱孔甫：《安徽米業調查》，《社會經濟月報》1937 年第 4 卷第 5 期。

〔註39〕 吳正：《皖中稻米產銷之調查》，交通大學研究所，1936 年，第 52 頁。

〔註40〕 建設委員會經濟調查所統計課：《中國經濟志・安徽省壽縣、霍邱、六安、合肥、舒城、霍山六縣合編》，建設委員會經濟調查所，1937 年，第 86 頁。

有「南宣北合」之說，而輸出數量合肥較宣城猶多。因為合肥不僅稻田面積廣大，縣城及三河還吸附了周邊定遠、壽縣、六安、舒城、廬江、滁州、鳳陽等地的米糧。

舒城西南多山地，水田主要分佈在東北，面積占全縣耕地總面積的 90% 以上。〔註41〕米產頗盛，每年約有 20 萬石左右的餘裕。〔註42〕

含山圩田密佈，土壤肥沃，適宜於水稻生產。稻米是含山輸出的大宗貨物之一，「輸出以米、麥、麻為大宗。」〔註43〕

和縣與江蘇接壤，濱臨長江，素稱魚米之鄉。農業生產以稻為主，每年出產頗豐，約有 500 萬擔之譜。外銷量占總產量的 20% 左右，有百萬擔輸出縣境。〔註44〕

懷寧在豐收年份米產量有 130 萬石。「除供自給外，尚可輸出米約十五萬石。」〔註45〕

桐城水稻種植主要分佈在西北鄉沿河兩岸和東南鄉之湖濱地區。民食充足，有部份餘米外運。

銅陵非皖省主要產米縣份，然自給有餘，年輸出稻米不多，約少於 10 萬石。〔註46〕

蕪湖地處平原，濱江帶河，境內河流縱橫，灌溉便利。農產以稻米為大宗。「以蕪湖人口與食糧產量比較，以其所產，供其所需，無論豐年平年，民食均有餘裕。」〔註47〕

當塗全縣圩田遍佈，江心洲地也有墾植，是皖南各縣中耕地面積最多的縣份。其農產以稻米為最大宗。產糧既豐，外銷亦多，常年外銷稻米占總產

〔註41〕建設委員會經濟調查所統計課：《中國經濟志·安徽省壽縣、霍邱、六安、合肥、舒城、霍山六縣合編》，建設委員會經濟調查所，1937 年，第 86 頁。

〔註42〕夏忠群：《安徽省食糧運銷調查報告》（油印本），1935 年，第二節·9 舒城。

〔註43〕龔光朗、曹覺生：《安徽各縣工商概況——安徽工商業之概況及其發展之途徑（續）》，《安徽建設月刊》1931 年第 3 卷第 3 號。

〔註44〕鐵道部財務司調查科：《京粵線安徽段經濟調查總報告書》，鐵道部財務司調查科，1930 年，第 222 頁。

〔註45〕吳德麟：《安慶縣（原文如此——筆者注）地方概況》，《安徽省地方概況報告》，國民經濟研究所，1936 年。

〔註46〕吳正：《皖中稻米產銷之調查》，交通大學研究所，1936 年，第 68 頁。

〔註47〕建設委員會經濟調查所統計課：《中國經濟志·安徽省蕪湖縣》，建設委員會經濟調查所，1935 年，第 7、9 頁。

量的 60% 左右。〔註 48〕根據 1936 年《當塗縣志稿》的匡算，全縣每年可輸出稻穀約 140 萬石。〔註 49〕

　　繁昌境內既有山地，也有丘陵，平原主要分佈在東北部，約占全縣面積的 45%。物產以米爲大宗，「稻米出產供過於求」。〔註 50〕

　　南陵縣的土地結構是「三山一水三分田，三分道路和莊園」。〔註 51〕東南多平原，西南多崗地。六鄉中，上東、上北二鄉多圩田，畝數約占全縣一半，產稻最豐。〔註 52〕正常年景，外銷秈稻 40 萬擔、糯稻 3 萬擔左右。〔註 53〕而吳正根據當地米商的估計，每年全縣有約 60 萬石的輸出量。〔註 54〕遠高於 43 萬擔。南陵稻米品質在蕪湖米市屬上乘。其中，「反早」爲圩田所產，爲防水災淹沒，常不待十分成熟即行收割，米色較差，米粒也不夠飽滿。「陰油」是崗田所出，農民爲增加產量，待稻穀成熟後再延遲數日收割，因此米色油潤，米粒飽滿；在蕪湖米市稱爲「南陵特晚」，米質尤佳。〔註 55〕

　　宣城在江南各縣中面積最大。東南鄉地處山區，其餘均處於平原地帶。境內有青弋江和水陽江流經，灌溉便利，土地肥沃。農產以水稻爲大宗，每年所出餘裕頗多。〔註 56〕

　　旌德地處山區，清代前期因人口眾多，產糧不能自給，「往往取給於鄰邑。」〔註 57〕其販運之途，「由一縷山河，用行編小筏，溯流而上，挽運甚艱。」〔註 58〕青黃不接時，由設在蕪湖的「旌德義倉」將米商收購的低價米糧運入本縣

〔註 48〕　鐵道部財務司調查科：《京粵線安徽段經濟調查總報告書》，鐵道部財務司調查科，1930 年，第 43 頁。

〔註 49〕　當塗縣糧油食品局：《當塗縣糧食志》（内部發行），1989 年，藏安徽省地方志編纂委員會圖書室。

〔註 50〕　安徽省政府：《安徽省六十縣經濟調查簡表·重要農產類·米》，安徽省政府，1922 年。

〔註 51〕　劉祝君：《南陵縣糧食志》，黃山書社，1993 年，第 9 頁。

〔註 52〕　夏忠群：《安徽省食糧運銷調查報告》（油印本），1935 年，第二節·4 南陵。

〔註 53〕　鐵道部財務司調查科：《京粵線安徽段經濟調查總報告書》，鐵道部財務司調查科，1930 年，第 277 頁。

〔註 54〕　吳正：《皖中稻米產銷之調查》，交通大學研究所，1936 年，第 64 頁。

〔註 55〕　夏忠群：《安徽省食糧運銷調查報告》（油印本），1935 年，第二節·4 南陵。

〔註 56〕　鐵道部財務司調查科：《京粵線安徽段經濟調查總報告書》，鐵道部財務司調查科，1930 年，第 246 頁。

〔註 57〕　（嘉慶）《旌德縣志》卷五《食貨·物產》。

〔註 58〕　（清）裴宗錫：《撫皖奏稿》，乾隆三十七年十月十五日奏稿，全國圖書館文獻縮微複製中心，2005 年。

銷售。〔註59〕太平天國戰後，人口銳減，地廣人稀，由缺糧縣轉而成爲餘糧縣。「糧食出產除消耗外，尙有多餘運銷徽屬一帶」。〔註60〕

滁縣地處「肥沃之平原，故產米、麻、落花生、藥材等物甚多。」〔註61〕尋常年景均有餘米外運。

天長一直以稻穀爲主要農產，明代即產糧自給有餘，「每年穀麥糶於外郡。」〔註62〕1921 年後，水旱災害頻仍，產量銳減，米糧的輸出數量大爲減少。〔註63〕1930 年代稻米的輸出能力有所恢復，1933 年統計的輸出數量有 15 萬餘石。〔註64〕

來安西北多山，東南濱滁河多水田，所產稻米頗有餘裕。道光《來安縣志》卷三《食貨志上・風俗》載：「間有貿遷，惟穀米豆麥之類。」說明有餘糧外運。在近代，尋常年景，約有 10 萬石的輸出量。〔註65〕

全椒耕地中水田占大多數，「除山阜外，田畝居十之七八。」〔註66〕農業生產以稻米爲主，在豐年可收 80 萬石，其出口貨物也以糧食爲大宗。「以中稔年計之，少約十餘萬石。」〔註67〕

郎溪四鄉皆屬產米之區，常年產稻約 120 萬擔，「半爲本縣民食」，〔註68〕其餘外銷。

廣德地廣人稀，物產「以米爲大宗」，稻產富餘；常年產米約有半數供輸出，數量在 60 萬石左右。〔註69〕

休寧縣半爲山地，土地磽確，農產不多。該縣在太平天國戰後，人口大

〔註59〕 姚卓華：《旌德大米》，《旌德文史資料》第二輯，1993 年，第 96～104 頁。

〔註60〕 《安徽民政季刊》調查專號，1933 年第 1 卷第 1 期。

〔註61〕 龔光朗、曹覺生：《安徽各縣工商概況——安徽工商業之概況及其發展之途徑（續）》，《安徽建設月刊》1931 年第 3 卷第 3 號。

〔註62〕 （嘉靖）《皇明天長志》卷三《人事志・風俗》。

〔註63〕 《安徽民政季刊》調查專號，1933 年第 1 卷第 1 期。

〔註64〕 安徽省政府秘書處：《安徽省縣糧食輸入輸出額統計表》，《安徽省概況統計》，安徽省政府秘書處，1933 年。

〔註65〕 安徽省政府秘書處：《安徽省縣糧食輸入輸出額統計表》，《安徽省概況統計》，安徽省政府秘書處，1933 年。

〔註66〕 （民國）《全椒縣志》卷五《食貨志・實業》。

〔註67〕 （民國）《全椒縣志》卷五《食貨志・榷蘥》。

〔註68〕 鐵道部財務司調查科：《京粵線安徽段經濟調查總報告書》，鐵道部財務司調查科，1930 年，第 260 頁。

〔註69〕 （民國）《廣德縣志稿》卷十一《物產》。

量減少。所產之米足供本縣之需。據調查,該縣「普通年份所產,足供全縣人口一年有半之食糧。」〔註70〕也是有稻米外運的餘糧縣。

(三) 稻米自給縣

稻米生產可以自給的縣份有績溪、潛山、貴池、東流、青陽等縣。

績溪稻作區域主要分佈在西北方和登水、盧水、揚之水沿岸。在太平天國運動前,地狹人稠,有「每歲所產不敷三月之糧」的說法。太平天國運動後,人口銳減,「以西北鄉轉運東南,略可相抵」。〔註71〕本縣所產除少量輸入歙縣外,沒有餘米可大量外銷,屬米糧自給縣份。

潛山北部多山,山區約占全縣面積的一半。〔註72〕稻米生產集中於南部平原。全縣人口約22萬,年產米59萬石左右,「糧食僅供本邑食用。」〔註73〕

貴池「各鄉所產之米,每屆豐稔之年,尚可稍餘,但遇非常災變,亦有缺乏之虞。」〔註74〕該縣雖為產米區域,但餘米數量有限,基本屬於自給縣份。

東流農產亦以水稻為主,在清代前期,產量不足自給。「縣之民,力耕以供賦,其餘者,不足以給終歲之食,蓋地狹而薄,計口授田,人不能日二餔也。」〔註75〕近代,「東邑所產之米僅足供一縣之需給」,〔註76〕屬糧食自給自足的縣份,在豐稔之年還可有少量餘米外銷,其數約有5萬石。〔註77〕

青陽乃山僻之區。直至民國初年,其「四境多屬荒山草塌,各項農作物所種無幾。」其後有一些荒地得到開墾,稻作面積擴大。「所產之米,供地方食用而有餘。」〔註78〕但餘米不多,也屬於稻米自給縣份。

〔註70〕 鐵道部財務司調查科:《京粵線安徽段經濟調查總報告書》,鐵道部財務司調查科,1930年,第314~315頁。

〔註71〕 胡步洲:《績溪鄉土地理》(油印本),1926年,第32頁。

〔註72〕 王恩榮:《安徽的一部——潛山農民狀況》,《東方雜誌》1927年第24卷第16期。

〔註73〕 《潛山農業狀況調查表》,《安徽民政月刊》1930年第21期。

〔註74〕 安徽省政府:《安徽省六十縣經濟調查簡表·重要農產類·米》,安徽省政府,1922年。

〔註75〕 (嘉慶)《東流縣志》卷十一《倉儲志》。

〔註76〕 安徽省政府:《安徽省六十縣經濟調查簡表·重要農產類·米》,安徽省政府,1922年。

〔註77〕 《安徽民政季刊》調查專號,1933年第1卷第1期。

〔註78〕 安徽省政府:《安徽省六十縣經濟調查簡表·重要農產類·米》,安徽省政府,1922年。

石埭一方面有少量餘米運往青陽、大通銷售，一方面其缺糧區又需從貴池、青陽和太平獲得補給，綜合來看，該縣也屬於自給縣份。

二、省內稻米餘缺調劑

省內稻米的餘缺調劑，根據運銷範圍可分為縣內各地的互通有無和跨縣域的餘缺調劑兩種情況。

第一種情況是縣內各地的互通有無。

太湖東南部多水田，產米較多；民間有「吃東、燒西、穿南、用北」之諺。〔註 79〕縣內產米區常年流往徐橋、黃泥港和縣城的食糧超過千萬市斤。其中流入徐橋的占半數，黃泥港的輸入量介於徐橋和城區之間。〔註 80〕歙縣西鄉產米，西鄉米經漁梁鎮運銷人口稠密的南鄉。〔註 81〕潛山縣城、王河、余井等地均有較多稻米集散，用於供應周邊地區消費。集中於縣城的稻米主要供城內居民及附近山區百姓消費；王河是竹席主產地，席農常年須賣席購米度日；余井是柴炭集散市場，該地糧食主要供應附近山區。

第二種情況是跨縣域的餘缺調劑。各缺米縣在省內獲得的稻米接濟的大致情況是：

望江所需米糧北方由懷寧輸入，西邊沿泊湖一帶的漁民和棉農在太湖縣的徐橋鎮以物易糧。〔註 82〕宿松的缺糧主要來自鄰縣。楓香驛一帶的山農則以山貨換取太湖米糧；而太湖自境外輸入的米糧主要來自沿潛江一帶。〔註 83〕太平縣的主要米源地是宣城與旌德。豐年民食有餘時，太平的餘米則「為休歙各邑分銷而去。」〔註 84〕寧國食米的不足部份，主要向宣城、旌德輸入接濟。遇到豐收年成，寧國餘米多運往宣城、蕪湖等處出售。〔註 85〕在績溪縣

〔註 79〕 太湖縣糧油食品局：《太湖縣糧食志》（內部資料），1986 年，藏安徽省地方志編纂委員會圖書室。

〔註 80〕 太湖縣糧油食品局：《太湖縣糧食志》（內部資料），1986 年，藏安徽省地方志編纂委員會圖書室。

〔註 81〕 鐵道部財務司調查科：《京粵線安徽段經濟調查總報告書》，鐵道部財務司調查科，1930 年，第 304 頁。

〔註 82〕 太湖縣糧油食品局：《太湖縣糧食志》（內部資料），1986 年，藏安徽省地方志編纂委員會圖書室。

〔註 83〕 陳賡雅：《贛皖湘鄂視察記》，申報月刊社，1935 年，第 114 頁。

〔註 84〕 安徽省政府：《安徽省六十縣經濟調查簡表・重要農產類・米》，安徽省政府，1922 年。

〔註 85〕 《安徽民政季刊》調查專號，1933 年第 1 卷第 1 期。

揚溪鎮集中的米糧，有一部份來自寧國，除在當地銷售外，還轉銷他縣。〔註86〕績溪之北村鎮也有部份米來自寧國。〔註87〕

　　歙縣在近代可以就近自旌德得到接濟，寧國、休寧、績溪等縣也能提供少量補給。根據 20 世紀 30 年代的調查，旌德由績溪臨溪轉運而來及輸入上豐等地的米糧年約 7 萬石，休寧直接輸入約 1 萬石，經屯溪轉運的約 1 萬石。〔註88〕歙縣南鄉自績溪輸入少量米糧，特別是茶市期間，歙南農民以村為幫，在績溪北村購糧。〔註89〕寧國有少量米從績溪揚溪鎮轉售本地。境內糧食交易中心主要有縣城、漁梁、街口、深渡等地。

　　祁門「萬山環繞，地少膏腴，歲僅三月之糧」。〔註90〕豐年也只能維持半年。該地與江西饒州一溪相通，每年自江西購入大批米糧。1920 年江西阻米運徽，祁門只能向宣城、休寧等地求援，甚至遠赴上海買糧。〔註91〕20 世紀30 年代，祁門從休寧購入的米年有 4 萬石之多。〔註92〕

　　近代江西糧食實際輸出能力大為減弱，而省內休寧等地有餘米外運，故黟縣轉而向休寧、太平等縣購買米糧。太平本身難以自給，輸入黟縣的糧食有限；休寧每年可向黟縣提供 5 萬石米。荒歉之年，則遠赴貴池購米。〔註93〕

　　霍山境內除下符橋、與兒街等地有部份餘糧可資調劑外，其餘缺糧大都仰賴壽縣、六安米的輸入，「多半是從正陽關或六安運來。」〔註94〕年輸入共約 1.2 萬石。〔註95〕

　　自乾隆二十五年（1760 年）後，安慶既是懷寧縣治和安慶府治，又是安徽省會。民國時期，安慶仍是縣、省兩級治所。這裡各級官衙林立，官員、

〔註86〕　胡步洲：《績溪鄉土地理》（油印本），1926 年，第 34 頁。

〔註87〕　績溪縣志編纂委員會：《績溪縣志》，黃山書社，1998 年，第 415 頁。

〔註88〕　夏忠群：《安徽省食糧運銷調查報告》（油印本），1935 年，第二節・6 徽州一帶。

〔註89〕　績溪縣志編纂委員會：《績溪縣志》，黃山書社，1998 年，第 415 頁。

〔註90〕　（清）黃光第：《祁米案牘》，光緒刻本，藏安徽大學圖書館。

〔註91〕　《祁門民生狀況調查》，《安徽民政月刊》1920 年第 16 期。

〔註92〕　夏忠群：《安徽省食糧運銷調查報告》（油印本），1935 年第二節・6 徽州一帶。

〔註93〕　夏忠群：《安徽省食糧運銷調查報告》（油印本），1935 年第二節・6 徽州一帶。

〔註94〕　胡去非：《安徽省一瞥》，商務印書館，1931 年。

〔註95〕　建設委員會經濟調查所統計課：《中國經濟志・安徽省壽縣、霍邱、六安、合肥、舒城、霍山六縣合編》，建設委員會經濟調查所，1937 年，第 191 頁。

吏役、軍警、商販雲集，「安慶爲省治，各省之人宦於斯，幕於斯，泊鼓於斯者不知凡幾。」〔註96〕民國初年，全市有人口約 7 萬，〔註97〕1933 年達 12 萬餘，〔註98〕是安徽人口僅次於蕪湖的城市。大量人口需要巨額糧食供應，因而安慶形成了在安徽較爲特殊的消費型的稻米市場。

安慶的稻米來源主要依賴懷寧及鄰近的桐城、潛山、望江、秋浦（至德）、東流等地的輸入。潛山、望江、秋浦（至德）、東流等縣自身產糧不多，輸入的數量非常有限，安慶所在懷寧縣是安慶最重要的米源地。懷寧境內的高河埠是皖西南著名的米市。該鎮西連潛山，東北與桐城接壤，爲安合、安潛兩公路之交點。桐城西南鄉、潛山東鄉之米，均集中於此，是「安慶食糧之仰給區域」。每年運往安慶的糧食約占其輸出總量的65％。〔註99〕

三、外輸稻米在省內的彙聚

向省外輸出的皖米，一部份由產地直接帆運或陸運出境，其餘多先在省內集散，再行轉輸省外。基於交通運輸條件，霍邱、壽縣和部份六安的稻米多向北運輸，其先集散於正陽關，1912 年始改往蚌埠。津浦鐵路開通後，部份和縣、來安、全椒的米運往滁縣，與滁縣米一道由津浦鐵路外銷。在釐金時代，皖省輪運米糧均須先行彙聚於蕪湖，於是長江沿岸和環巢湖地區的大部份米糧均集散於蕪湖。

（一）運往蚌埠

霍邱是蚌埠主要米源地之一。境內淮河支流灃河、濟河沿岸的河口集、張集、霍邱縣城、三流集等集鎮，均爲以蚌埠爲中心的小市場。〔註100〕

壽縣水田面積約占該縣耕地總面積的 70％，稻米主要產於該縣東南部。全縣半數人以米爲主食。根據 1933 年的調查，平常年成該縣約有 16 萬石稻米的輸出能力。壽縣正陽關位居淮河與淠河的交匯處，是清代鳳陽

〔註96〕 程小蘇：《安慶舊影》（抄本），1950 年，第 148 頁；藏安徽省圖書館。

〔註97〕 （日）東亞同文會：《支那省別全志·安徽省》，（日）東亞同文會，大正八年，第 47 頁。

〔註98〕 《各大城市人口職業及其密度表》，《申報年鑑》（民國二十四年），申報年鑑社，1935 年，第 B94 頁。

〔註99〕 夏忠群：《安徽省食糧運銷調查報告》（油印本），1935 年，第二節·12 高河埠。

〔註100〕 夏忠群：《安徽省食糧運銷調查報告》（油印本），1935 年，第三節·一蚌埠。

常關最重要的一處稅口。〔註 101〕在津浦鐵路修成之前，鄰近各縣如阜陽、穎上、太和、鳳臺、霍邱、六安及河南光山、固始等縣的糧食咸集於此，再經淮河運銷江浙或北方。瓦埠鎮濱臨淮河支流淝河，也是規模較大的糧食市場，「米麥豆穀貿遷者皆集於正陽、瓦埠諸鎮。」〔註 102〕蚌埠崛起之後，正陽的糧食市場地位爲其所奪，原本運經正陽的糧食大半直接運往蚌埠，聚集正陽關的米也約有八成半運往蚌埠，〔註 103〕20 世紀 30 年代，據調查，每年由正陽關輸往蚌埠的米約有 86 噸。〔註 104〕瓦埠和三覺寺等市鎮也和正陽關一樣，成爲蚌埠米糧的中轉市場。

六安稻米在正常年景約有 50 萬石的外銷量。其銷路頗廣：北路銷往霍邱、壽縣、阜陽、穎上、懷遠、亳縣和蚌埠一帶，西銷立煌，南銷霍山、舒城，東輸合肥。其中沿淠河兩岸之米集中於正陽關經淮河轉銷蚌埠。六安是蚌埠主要米源地。六安、霍邱等地的米在蚌埠被稱爲「南河來的」。〔註 105〕濟河沿岸的松岡、淠河沿岸的迎河集、隱賢集和馬頭集及霍邱三流集運往蚌埠的米約占蚌埠秈米市場的六成。〔註 106〕淮南鐵路建成後，在炯煬河站與三河之間有小火輪聯運，三河米也可以通過鐵路銷售京滬。〔註 107〕

在蚌埠集散的稻米數量，夏忠群認爲有 36 萬石，其中本地消費 12 萬石，外銷 24 萬石。〔註 108〕1924 年江浙戰爭爆發，津浦路多供軍用，蚌埠站物品積壓，「僅糧米一項，爲數約爲七萬噸。」〔註 109〕則當時在蚌埠集散的稻米有近 100 萬石，數量相當巨大。根據粗略估計，每年經蚌埠外銷的米約 150 萬擔。〔註 110〕

〔註 101〕（光緒）《鳳陽府志》卷十二《食貨志》。
〔註 102〕（光緒）《壽州志》卷三《輿地志・風俗》。
〔註 103〕夏忠群：《安徽省食糧運銷調查報告》（油印本），1935 年，第三節・二正陽關。
〔註 104〕交通部郵政總局：《中國通郵地方物產志》，商務印書館，1937 年，第（皖）12 頁。
〔註 105〕馮淮南：《米坊街與鹽糧業》，蚌埠政協 http://www.bbzx.gov.cn/detail/news.asp?id=514（2009－11－20）。
〔註 106〕夏忠群：《安徽省食糧運銷調查報告》（油印本），1935 年，第三節・一蚌埠。
〔註 107〕張善煒：《淮南鐵路沿線生產交通情形及其業務發展之計劃》，《鐵路雜誌》1935 年第 2 卷第 8 期。
〔註 108〕夏忠群：《安徽省食糧運銷調查報告》（油印本），1935 年，第一節。
〔註 109〕《各埠商情：蚌埠》，《總商會月報》1925 年第 5 卷第 3 號。
〔註 110〕馮淮南：《米坊街與鹽糧業》，蚌埠政協 http://www.bbzx.gov.cn/detail/news.asp?id=514（2009－11－20）。

（二）運往滁州

津浦鐵路修成後，在滁州設有車站，全椒、來安、和縣等地的稻米均運來，與滁縣稻米一同經由津浦路運往北方平津等地。根據夏忠群的調查，每年在滁州集散的米有 17 萬石，除本地消費 4 萬石，另有約 13 萬石外銷。〔註 111〕

（三）運往蕪湖

綜合《皖中稻米產銷之調查》、《安徽省食糧運銷調查報告》和《蕪湖米市調查》的相關材料，安徽稻米運往蕪湖的路線如下：

長江以北稻米運往蕪湖的大致路線是：壽縣南部和六安南部稻米經陸路運往合肥，與合肥北部稻米經淝河入巢湖到運漕出裕溪口到達蕪湖。六安界河以東稻米在雙河集中，經後河運往舒城桃溪。舒城南部來源的稻米由中梅河經小河口下七里河到縣城再到桃溪，東南部稻米經界河到達桃溪。三河彙集合肥南部、廬江北鄉和桃溪來的稻米後，經運漕出裕溪口集中於蕪湖。巢縣柘皋彙集合肥東南鄉、全椒南鄉、含山邊界及部份定遠、壽縣之米和巢縣北部稻米後，由柘皋水入巢湖或經夏家閣至縣城，與在縣城的稻米一樣，經運漕出裕溪口到達蕪湖。無為縣城集中該縣西北部稻米，經運漕、裕溪口到蕪湖，襄安彙集本縣西南部稻米和桐城之孔城鎮、廬江東鄉、巢縣西鄉等地米糧後，經鳳凰頸搬運過壩，再至蕪湖。桐城金神墩、孔城、練潭、懷寧之高河埠米及廬江、舒城、潛山部份米糧均集中於樅陽後運達蕪湖。和縣的稻米在縣內各市鎮集中後，逆流由長江運往蕪湖。

長江以南各地稻米運往蕪湖的大致路線是：大通彙集銅陵、青陽及貴池稻米，徑運蕪湖。南陵縣城米糧由南陵河經石砲入魯明江至魯港後運達蕪湖；黃墓渡米船直駛蕪湖；繁昌與蕪湖鄰近，外銷稻米多由魯港或荻港運往蕪湖。宣城稻米多經縣城出口，過雙橋、油榨溝、新河、水陽、雁翅陡門、黃池至落蓬灣運往蕪湖。青弋鎮米船則經宣城西河、紅楊柳、灣沚等處，在落蓬灣駛往蕪湖。廣德、郎溪部份稻米及當塗稻米由水陽江入長江，逆駛至蕪湖。宣城稻米在清水河淺時，也從當塗運往蕪湖。

需要指出的是，儘管有些縣份總體上屬於缺米縣或稻米自給縣，惟因當地稻米產區地理位置、交通條件和商業習慣等因素的影響，其所產之米並非均在其所屬縣內銷售，因而也會有部份稻米輸出。

〔註 111〕 夏忠群：《安徽省食糧運銷調查報告》（油印本），1935 年，第一節。

　　各地輸入的數量，向無確切統計。而且歷年各地豐歉不一，其輸出數量也會有所變動。根據現有資料，各家對各地輸入蕪湖稻米的數量估計數如下：

表2－1－1：日本東亞同文會之估計數　　　　　　　（單位：萬石）

地名	輸入量	地名	輸入量	地名	輸入量
南陵縣	10	和州	45	太平縣	45
襄安鎮	10	寧國縣	10	孔城	25
灣沚鎮	20	無爲州	10	青陽	30
柘皋	10	西河	10	安慶	10
南鄉	4	運漕	20	三河	100
廬州	45	廬江	100	合計	484

資料來源：（日）東亞同文會：《支那省別全志‧安徽省》，（日）東亞同文會，大正八年，第399～400頁。

表2－1－2：蕪湖米商之估計數　　　　　　　　　　（單位：萬石）

地　　　名	輸入量	地名	輸入量	地名	輸入量
桃溪、三河（含六安和合肥部份）	100 以上	合肥	80 以上	巢縣	60
無爲（含廬江一部份）	80 以上	含山	40	和縣	30
懷寧（含潛山、太湖）	70	望江	20	宣城	80
南陵（含涇縣、繁昌一部份）	70	郎溪	20	當塗	30
青陽（含銅陵一部份）	30	貴池	30	蕪湖	20
合計	790				

資料來源：林熙春、孫曉村：《蕪湖米市調查》，社會經濟調查所，1935 年，第54～55 頁。

表2－1－3：夏忠群之估計數

主要產區	主要小市場	路線	輸出概數	
			舊關擔	折合市石
舒城、合肥、巢縣、六安	三河、桃溪、合肥、柘皋	裕溪河	1800000	1395000
南陵、宣城、蕪湖、繁昌	南陵、宣城、灣沚、峨橋	清弋江	15000000	1163000

主要產區	主要小市場	路線	輸出概數	
			舊關擔	折合市石
無為、廬江	襄安、無為	陰陽河	1000000	775000
當塗、和縣、含山	當塗、採石、和縣、含山	當河	300000	233000
青陽、銅陵	大通	青陽河	200000	155000
懷寧、潛山	皖水	石牌	10000	78000
合　　計			5700000	4419000

資料來源：夏忠群：《安徽省食糧運銷調查報告》（油印本），1935 年，第二節・1 蕪湖。

第二節　對外稻米流通

　　清代前期，安徽稻米輸出以江浙為主，很少流向其它地區。近代，安徽稻米輸出範圍大為擴展。江浙以外，南達閩粵，北及關外，西溯長江至川鄂；偶而出口日本。

一、皖米對江浙的流通

　　江浙因與皖省接壤，明清以來一直是皖米的主要銷售地。在蕪湖米市形成之前，江蘇鎮江為皖米集散中心。因此在蕪湖開埠之初，廬州府米商仍習慣於將稻米運往鎮江，時人記載，「產米豐富區域之商人，至今運其產物仍不往蕪湖而往鎮江」。〔註 112〕蕪湖米市地位穩固後，皖米雖不再以鎮江為集散地，但仍有大批稻米帆運或輪運至江浙，安徽仍是江浙兩地主要的稻米供應者。宣統三年，江蘇撫部致電皖撫也稱，「江浙兩省向賴貴省接濟」。〔註 113〕

（一）皖米運銷江浙概況

　　包括上海在內的江蘇是皖米傳統銷區，除一些特殊年份之外，多數年頭均有大量皖米運往江蘇各地。

〔註 112〕 《清光緒六年蕪湖關貿易情形論略》（抄本），藏安慶市圖書館。
〔註 113〕 《飭議禁運米糧出口問題・蕪湖》，《申報》1911 年 2 月 10 日第 11 版。

上海當時「不但爲米穀之主要消費市場，亦一米穀之主要集散市場」；年輸入稻米總量在 600 萬石左右。輸入的外省米多爲秈米，俗稱「客秈」，其「來源以安徽爲主。」〔註 114〕鎮江每年輸入的外地米糧 200 餘萬石中，皖米佔有 61.4%。〔註 115〕

南通「農地約有十分之七種棉花，因之稻田較少，縣民所食之米，須由安徽省或江蘇之東臺、如皋、常熟、無錫等各地輸入」。〔註 116〕

無錫米市是東南數省中除蕪湖、上海之外最大的米糧集散市場，「其常年集散數量，不下四五百萬石。」〔註 117〕作爲皖米輸往江浙的定著之所，無錫每年均有大批皖米輸入，「平均約占無錫米穀交易之半數。」據估計，皖省歷年平均輸往無錫的稻穀有 205 萬擔，米 70 萬石。〔註 118〕

南京也是皖米傳統銷區。特別是國民政府在此定都之後，人口劇增，每年糧食消耗高達 117 萬餘萬石。因安徽密邇首都，輸送便利，所以「供給南京糧食之地，首爲安徽。」〔註 119〕南京所耗食糧，約有七八成由水道運來，其大部份來源於皖中和皖南。〔註 120〕因而在蕪湖聚集大批南京米商，他們在蕪湖曾組成南京米業公所。〔註 121〕江蘇泰縣雖爲「江蘇產米之區，亦須由蕪接濟。」〔註 122〕

皖米輸往江蘇的數量極巨，約占皖米年輸出總量的 50% 左右。僅上海、通州、南京等處，皖米的運銷量就占到「全省米糧出口全數三分之一強。」〔註 123〕夏忠群估計，江蘇作爲皖米最主要的去路，年均輸往該地稻米約占皖米外輸總量的五成以上。〔註 124〕

〔註 114〕姚慶三、昂覺民：《上海米市調查》，社會經濟調查所，1935 年，第 15、38 頁。

〔註 115〕朱西周：《米》，中國銀行經濟研究室，1937 年，第 115 頁。

〔註 116〕張仁任：《南通縣農業概況》，《農商公報》1920 年第 66 期。

〔註 117〕張一凡：《米業須知》，中華書局，1948 年，第 57 頁。

〔註 118〕羊冀成等：《無錫米市調查》，社會經濟調查所，1935 年，第 2 頁。

〔註 119〕實業部中央農業實驗所、南京技術合作委員會給養組：《南京市之食糧與燃料》，實業部中央農業實驗所、南京技術合作委員會給養組，1932 年，第 5 頁。

〔註 120〕林熙春、孫曉村：《長江下游五大米市米穀供需之研究》，《中山文化教育館季刊》1935 年第 2 卷第 2 期。

〔註 121〕安徽省政府：《安徽省六十縣經濟調查簡表・商業補助機關》，安徽省政府，1922 年。

〔註 122〕《蕪湖商業之新調查》，《實業周刊》1922 年第 1 期。

〔註 123〕《蕪湖米市概況》，《工商半月刊》1934 年第 6 卷第 3 號。

〔註 124〕夏忠群：《安徽省食糧運銷調查報告》（油印本），1935 年，第一節。

浙江杭、寧、紹、溫、臺、處各屬，均爲食米自給不足之區，全年差額約 800 萬至 1000 萬石。「此種缺數，除由湖南供給一小部份外，餘均仰求於蘇皖兩省。」〔註125〕浙江各地米市中以硤石、杭州湖墅和寧波三地規模最大。硤石是咸同戰後取代長安的浙西最大米市，在 1930 年代，該米市年成交米數約在七八十萬石。其稻米來源，「以皖米爲大宗」。輸入的皖米中，「以皖北之三河、運漕、無爲等處爲多，皖南之宣城、灣沚、水陽等處次之。」其先，硤石碼頭「對皖幫來船，殊多苛擾，近年已見改良，故皖米到數，年有增進。」〔註126〕1933、1934 兩年，硤石輸入的皖米分別占硤石稻米總輸入量的 28.66％和 38.01％。〔註127〕考慮到當時輸入量的增長情況，我們將歷年皖米對硤石的輸入量估計爲約占硤石總輸入量的 25％左右。則皖米平均年有 20 萬石左右輸入硤石。

杭州市區人口有 52 萬餘，全年需民食 90 餘萬石。杭州本地所產糧食十分有限，大部份需從外地輸入。該市米市在湖墅。湖墅米市不僅供應杭州民食，還轉運紹興、蕭山、富陽一帶。「湖墅到米之來源，不外蘇皖二省及嘉湖二屬。」該地輸入的稻米，「常年約在一百三十萬石之譜」，其中有 15％爲「安徽之廣德、巢湖等處來者。」〔註128〕

紹興是浙江一個重要的稻米消費市場，年均輸入大米約 180 萬石。該市米源，大部份來自省內產米區及硤石、湖墅兩大米市，另有約 65 萬石來自上海、南京、鎮江和無錫。〔註129〕前二者來自安徽的稻米數量已如上述，後四者均非餘米之區，也是皖米的主要銷區，因而這 65 萬石中當有不少來自安徽。如果將皖米所佔份額假定爲 1／4，則有 16 萬石的年輸入量。

寧波是浙江另一個大米市，寧屬各縣及紹興之餘姚缺米均需從該處購辦，因此每年都有巨額的稻米成交量。據估計，每年約有 200 萬石的外省米糧輸入，其中「以安徽居最多數，約占百分之五十。」〔註130〕寧波在蕪湖的採運商是蕪湖米市四大採運商幫之一。其與煙臺幫所採買米糧共占蕪湖總輸出量的 3／10。〔註131〕

〔註125〕孫曉村等：《浙江糧食調查》，社會經濟調查所，1935 年，第 11～12 頁。
〔註126〕孫曉村等：《浙江糧食調查》，社會經濟調查所，1935 年，第 15 頁。
〔註127〕孫曉村等：《浙江糧食調查》，社會經濟調查所，1935 年，第 24 頁。
〔註128〕孫曉村等：《浙江糧食調查》，社會經濟調查所，1935 年，第 27、45 頁。
〔註129〕孫曉村等：《浙江糧食調查》，社會經濟調查所，1935 年，第 93 頁。
〔註130〕孫曉村等：《浙江糧食調查》，社會經濟調查所，1935 年，第 112、113 頁。
〔註131〕林熙春、孫曉村：《蕪湖米市調查》，社會經濟調查所，1935 年，第 16 頁。

綜合浙江各地輸入皖米的數量，浙江每年約輸入皖米 150 萬石上下。

（二）皖米輸出路線

皖米輸入江浙的路線，一由邊境縣份直接運往，一由部份非邊境縣份徑直趨往，一由產米縣份運往蕪湖或蚌埠（津浦鐵路建成前為正陽關）集中，再行轉運。

天長、來安、滁縣、全椒、和縣、當塗、宣城等縣與江蘇接壤，其餘米多運往江蘇各地。

天長稻米「年豐則多運銷於高郵、無錫一帶」，〔註 132〕有的由民船載運入大運河至鎮江。〔註 133〕該縣餘米主要以帆船由白塔河或銅龍河向外運銷。銷區以無錫為主，兼及揚州、高郵、鎮江、南京和上海。〔註 134〕

滁縣稻米也一直以江蘇為銷區。時人記載，「吾滁之米，向僅銷於南京、鎮江、常州、無錫等處」。〔註 135〕

來安「所產之物，稻穀、雜粉，旱道運至六合、南京銷售，每歲約十萬石。」〔註 136〕

全椒米以銷往江蘇為主，多經襄河以帆船運輸。其行銷地點主要為南京、浦口、鎮江、無錫和泰州。〔註 137〕部份米運往常州、蘇州、六合等地。〔註 138〕

和縣「穀米大部銷至南京」。〔註 139〕

當塗直銷省外的米也以南京為主要銷區。1929 年全縣米稻營業額為 780 萬元，運銷南京的約占 40％。〔註 140〕1931 年裁釐之後，當塗米運銷江蘇的規

〔註 132〕郁官城：《天長風土志》，1934 年，天長縣地方志編纂魏委員會辦公室翻印，第 16 頁。

〔註 133〕龔光朗、曹覺生：《安徽各縣工商概況》，《安徽建設月刊》1930 年第 3 卷第 3 號。

〔註 134〕天長縣糧油食品局：《天長縣糧食志》（內部資料），1987 年，藏安徽省地方志編纂委員會圖書室。

〔註 135〕杭海：《滁縣鄉土志》，滁州市地方志辦公室翻印，1984 年，第 20 頁。

〔註 136〕《來安縣鄉土志》之《物產・商務》，光緒三十三年。

〔註 137〕《全椒物產調查記》，《安徽建設月刊》1930 年第 3 卷第 2 號。

〔註 138〕全椒縣糧食局：《全椒糧食史料（1911 年～1981 年）》（初稿），1984 年，藏安徽省地方志編纂委員會圖書室。

〔註 139〕鐵道部財務司調查科：《京粵線安徽段經濟調查總報告書》，鐵道部財務司調查科，1930 年，第 223 頁。

〔註 140〕鐵道部財務司調查科：《京粵線安徽段經濟調查總報告書》，鐵道部財務司調查科，1930 年，第 215 頁。

模更大，主要運往通州、無錫、南京、揚州、季家市等地。〔註141〕在當塗外銷稻米總量中，無錫占 50%、上海占 20%、鎮江占 10%、南京占 10%。「運往上海者以米為主，運往無錫、蕪湖者以稻為主，運往鎮江、南京者，則稻、米具有輸出。」〔註142〕

宣城西北水陽鎮與江蘇接壤，所產之米一向運銷江蘇。裁釐之後，宣城稻米運銷目的地除蕪湖外，分散運往江浙各地。包括上海、通州、杭州、硤石、無錫、南京、東壩、鎮江。〔註143〕

郎溪、廣德與浙江毗連，其餘米多運銷浙江。郎溪年產稻米之半數多直接運銷浙省。〔註144〕

廣德之米以浙江為主要銷售地，「出口至四安，杭越仰給焉。」〔註145〕運往浙江的米主要在杭州、湖州和紹興銷售。另有部份米糧運銷上海。〔註146〕

根據 1919 年的調查，有餘米運往省外的縣份中，其米糧銷售目的地如下表：

表 2－2－1：安徽各地米糧銷售目的地表

縣 份	銷售目的地	縣 份	銷售目的地
懷寧	縣城、蕪湖	望江	縣城、東流、懷寧
桐城	縣城、樅陽、蕪湖	合肥	縣城、蕪湖
廬江	縣城、蕪湖、鎮江	舒城	縣城、蕪湖、上海
望江	縣城、東流、懷寧	巢縣	縣城、蕪湖
六安	縣城、合肥、正陽、蚌埠	宣城	蕪湖、鎮江、無錫、南京
含山	縣城、無錫、蕪湖	和縣	南京、無錫

〔註141〕夏忠群：《安徽省食糧運銷調查報告》（油印本），1935 年，第二節・5 當塗城區。

〔註142〕夏忠群：《安徽省食糧運銷調查報告》（油印本），1935 年，第二節・5 當塗城區。

〔註143〕朱孔甫：《安徽米業調查》，《社會經濟月報》1937 年第 4 卷第 3 期。

〔註144〕鐵道部財務司調查科：《京粵線安徽段經濟調查總報告書》，鐵道部財務司調查科，1930 年，第 261 頁。

〔註145〕（民國）《廣德縣志稿》卷十一《物產》。

〔註146〕交通部郵政總局：《中國通郵地方物產志》，商務印書館，1937 年，第（皖）14 頁。

縣 份	銷售目的地	縣 份	銷售目的地
無為	縣城、襄安、蕪湖、上海、浙江	來安	縣城、滁縣、浦口
鳳陽	縣城、各鄉集鎮、上海、大通、南京、浙江、鎮江、天津	石埭	縣城、七都、橫船渡、青陽、大通
壽縣	縣城、定遠、合肥、六安、鳳臺、懷遠	東流	縣城、張溪鎮、下隅鎮、檀家村、安慶
南陵	縣城、三里店、峨嶺鎮、戴家會、何家灣、金家閣、奎潭鎮、蕪湖	蕪湖	縣城、廣東、潮州、汕頭、煙臺、寧波、天津、上海、南京、鎮江、無錫
貴池	縣城、大通、蕪湖	繁昌	縣城、蕪湖
青陽	縣城、大通、蕪湖	廣德	縣城、浙泗
當塗	縣城、蕪湖、南京、無錫	郎溪	縣城、蕪湖、浙江
滁縣	縣城、天津、北京、濟南、上海	全椒	縣城、鎮江、烏衣、滁縣、無錫
天長	縣城、南京、高郵、無錫		

資料來源：安徽省政府：《安徽省六十縣經濟調查簡表・重要農產類・米》，安徽省政府，1922 年。

　　儘管上表所列銷售場所頗不全面，許多重要的糧食集散地沒有列出，但從中依然可以看出，非邊境縣份米糧除集中於蕪湖和蚌埠外，也徑行運銷省外，以江浙為主要銷售區。如南京，自皖中各縣輸往的米糧，「以合肥、三河、舒城、無為、廬江、巢縣、含山、運漕等處為集中點，然後經裕溪河，由裕溪口轉入大江直接運送本京」；皖南之當塗、蕪湖、南陵、宣城、郎溪、涇縣等地的米糧，若不經蕪湖轉運，則經水陽江、清水河直接運入。〔註 147〕又如上海，該市自安徽輸入的米糧，主要來自蕪湖、無為、南陵、寧國、青陽、懷寧、太平、合肥、廬江、巢縣等縣。〔註 148〕

　　在規模較大的米市或米質獨特的小米市，一些外省客商親往或委託代理人收購米糧，也有當地資本較為雄厚的礱坊、碾米廠或米行自行收購米糧，

〔註 147〕林熙春、孫曉村：《長江下游五大米市米穀供需之研究》，《中山文化教育館季刊》1935 年第 2 卷第 2 期。
〔註 148〕姚慶三、昂覺民：《上海米市調查》，社會經濟調查所，1935 年，第 1 頁。

直接運銷外省。如三河、合肥、運漕、襄安、高河埠等地。三河鎮大米的銷路主要有蕪湖、南京、鎮江、常州、無錫、蘇州、揚州、上海、杭州、南通等沿江和各個通水路的城鎮。〔註149〕駐紮合肥的無錫米商坐地收購大米，他們資本雄厚，常與蕪湖米商及當地幾個大糧行操縱市價。〔註150〕運漕常年有蘇南一帶的米行老闆在當地收米。襄安米市在興盛時，米商雲集，通州、揚州、鎮江、無錫、常州、上海等地的客商均在此地收購糧食，經鳳凰頸翻壩入江後直達蕪湖或江蘇等地。〔註151〕高河埠所產高河大米米質獨特，爲各地客商所青睞。在1920年代後期米市鼎盛，每屆新穀登場之際，南北客商咸集。與南京、鎮江、蕪湖和九江米市均有往來。〔註152〕含山縣的林頭鎮屬於小米市，但所產潴湖梢大米是優質名產，多直接運銷江浙地區。〔註153〕南陵新貨登場之時，鎮江、上海米商即至當地投行收買，運往南京、通州、鎮江、無錫、杭州、硤石各埠銷售。〔註154〕

　　裁釐之後，蕪湖米源散漫，各地米糧視行情而定去向。由產區直接銷往省外的數量更形增加。根據夏忠群的調查，青弋江流域的米糧，完全集中於蕪湖。沿巢湖諸縣米糧，集中於蕪湖的約近半數，不經蕪湖，直接溯江而下者當在半數以上。而當和兩岸米糧，只有在蕪湖米價俏騰時，才會有部份逆江而上運銷蕪湖，其絕大多數均徑向江蘇運銷。〔註155〕「米商多直接運至南京、鎮江、通州口岸，泰興、儀徵、江陰等沿江處所及上海、常州、無錫、蘇州等沿滬寧路一帶，硤石、嘉興、杭州等沿南運河一帶銷售。」〔註156〕

　　各地徑運出省稻米的數量究竟有多少，向無確數。吳正曾根據調查得出各地在1928～1933年輸出稻米的數量，如下表：

〔註149〕顏德愷口述、北斗整理：《解放前三河行店概況》，《古鎮三河·肥西文史資料之一》，1985年，第101～105頁。

〔註150〕合肥市糧油食品局史志辦：《合肥市志·貿易卷·糧食篇》（初稿），1988年；藏安徽省地方志編纂委員會圖書室。

〔註151〕徐光泉、徐報生：《襄安米市歷史調查概述》，《無爲古今》第七期，1984年。

〔註152〕懷寧縣糧油食品局：《懷寧縣糧食志》（內部發行），1987年；藏安徽省地方志編纂委員會圖書室。

〔註153〕含山縣地方志編纂委員會：《含山縣志》，黃山書社，1995年，第38頁。

〔註154〕朱孔甫：《安徽米業調查》，《社會經濟月報》1937年第4卷第5期。

〔註155〕夏忠群：《安徽省食糧運銷調查報告》（油印本），1935年，第二節·1蕪湖。

〔註156〕冀光朗、曹覺生：《安徽農林現狀》，《安徽建設月刊》1930年第3卷第7號。

表 2-2-2：各地徑運出省稻米數（1928～1933 年）　（單位：石）

	1928 年	1929 年	1930 年	1931 年	1932 年	1933 年	平均
共計	3911251	3897586	4078596	2652195	2841979	1919954	3476321
三河鎮	1198623	1390881	1155934	1058997	422773	24435	1045442
雙河鎮	195000	240000	210000	180000	30000	——	171000
舒城	348499	246000	266499	——	81999		235749
合肥	78199	16999	71400	59499			56524
盧江	——	310650	240000	24000	118399	88599	173262
無為	558000	360000	594000	——	594000	468000	526500
巢縣	166930	103056	78763	116499	120808	148920	117211
桐城	560000	560000	560000	——	560000		560000
宣城	550000	550000	550000	——	550000		550000
南陵	256000	48000	280000	96000	256000	80000	187200
大通鎮	——	72000	72000	7200	108000	——	64800

資料來源：吳正：《皖中稻米產銷之調查》，交通大學研究所，1936 年，附表。其中，
　　　　桐城與宣城的數據係通常年份數量；1933 年的數據非全年數據，未納入平
　　　　均量計算；內地運出共計及三河鎮、雙河鎮、巢縣、南陵的運出平均量，
　　　　以 5 均之，舒城、合肥、盧江、無為、桐城、宣城、大通鎮等地以 4 均之。

　　由蕪湖轉運江浙的皖米主要由寧波、上海、南京等地駐蕪湖米商承擔採
辦，其中以寧波米商最具代表性。

　　光緒末年，寧波米商移駐蕪湖，成為蕪湖米糧採運業的主要商幫之一。
該幫米號不僅代寧波米商在蕪湖採辦米糧，上海、南京、鎮江、杭州等地米
商至蕪購米，也多由其代理。

　　安徽輸入江浙的米糧以帆運為主，故而自蕪湖輸入的米糧為數並不多。
寧波米商所採辦之米，「每年最多不能超過四五十萬石。」〔註 157〕1914 年，
自蕪湖輪運至江浙的僅 766745 擔，而由民船經蕪湖常關運往江浙的則有 264
萬擔之多。〔註 158〕

〔註 157〕《蕪湖米市概況》，《工商半月刊》1934 年第 6 卷第 3 號。
〔註 158〕《中華民國三年蕪湖口華洋貿易情形論略》（抄本），藏安慶市圖書館。

　　經蕪湖輪運輸往上海的稻米數量龐大，因爲上海在皖米對外貿易中處於特殊的地位。該地一方面需從蕪湖購米供應本地消費，「上海的外省稻米供應，……，大部份來自安徽的主要米市中心蕪湖。」〔註159〕另一方面，因其在國內經濟和交通的中心位置而扮演著皖米外銷中轉站的角色。「雖有若干年中運往上海之米較其它之任何埠爲多，但上海僅爲分配之中心，由該埠又轉運至他埠也。」〔註160〕

　　正陽關位於皖北河流匯合之處，俗語有「七十二道山河歸正陽」的說法。民國之前，正陽關是皖北及河南部份糧食的集散地。糧食在此集散後再經淮河運銷江浙、北方。津浦鐵路建成再加上正陽常關裁撤，其糧食集散地地位逐漸爲蚌埠所代替，原來運銷正陽的糧食多直接運往蚌埠。正陽關「僅爲蚌埠之中級市場承上接下而已。」〔註161〕

　　蚌埠原爲一偏僻小鎮，津浦鐵路通車後，在該處與淮河呈十字交叉，「東西有淮河貫串沿岸各縣，南北藉津浦路以達各省」，〔註162〕成爲皖北糧食集散中心。「凡長江流域所產糧米以及潁河、山河一帶所產黃豆、大米等，均舟運到蚌，裝包車運出口，南赴上海、無錫，北赴濟南、天津等處。」〔註163〕

二、皖米對閩粵的流通

　　清代前期的稻米供需格局改變後，皖米擴大供應市場，閩粵被納入皖米銷售市場的範圍。此後至抗戰前的數十年，閩粵兩地特別是廣東一直是皖米的主要銷售地，1930年代，「廣東與潮汕、廈門等處，人民使用蕪湖米糧，已有數十年之歷史。」〔註164〕廣東、福建在蕪湖購買稻米，由廣、潮兩幫米號代爲採運。廣州方面所需皖米，大多由廣幫客商輸送，汕頭方面則由潮幫客商輸送。

〔註159〕（美）羅茲・墨菲著，上海社會科學院歷史研究所譯：《上海——現代中國的鑰匙》，上海人民出版社，1986年，第179頁。
〔註160〕《清光緒三十三年蕪湖關貿易情形論略》（抄本），藏安慶市圖書館。
〔註161〕夏忠群：《安徽省食糧運銷調查報告》（油印本），1935年，第三節・二正陽關。
〔註162〕夏忠群：《安徽省食糧運銷調查報告》（油印本），1935年，第三節・一蚌埠。
〔註163〕《各埠商情：蚌埠》，《總商會月報》1925年第5卷第3號。
〔註164〕《蕪湖米市概況》，《工商半月刊》1934年第6卷第3號。

（一）皖米對廣東的流通

自蕪湖米市形成，廣東米商移駐蕪湖之後，安徽便成為廣東民食最大的國內接濟者。在 1936 年前，輸入廣東的各省米糧中，皖米居於首位。如 1912 年，皖米占廣東輸入稻米總量的 58.08%。〔註 165〕自 1912 年至 1933 年，廣東年均輸入國米 200 餘萬擔，「內以皖米居半。」〔註 166〕

廣東對皖米的大量需求，使得銷粵皖米在蕪湖米市外銷總量中所佔份額很大。如光緒十五年（1889 年），蕪湖輸出稻米總量為 211.71 萬擔，運往廣東的就有 137.25 萬擔，占總量的 65%。光緒十八年（1892 年）外輸總量為 3159763 擔，其中的 7／8 以廣州為目的地。〔註 167〕光緒三十一年輸出 8438093 擔，銷往廣東的共有 6553849 擔，占 77.67%。光緒二十六年（1900 年）至光緒三十一年，運往廣州、汕頭兩地的米糧年均占蕪湖外運米糧總量的 85.56%，宣統二年至三年年均為 64.75%，1936 年為 63.30%。〔註 168〕

對於蕪湖這樣經濟盛衰全視米市為轉移的城市，皖米對廣東的貿易直接影響到蕪湖經濟的興衰，「觀蕪湖之繁榮與否，即知廣東汕頭方面之需要如何。」〔註 169〕例如光緒九年（1883 年），廣東全年收成特別好，蕪湖便出現「大米貿易量大大減少」的問題。〔註 170〕

皖米在廣東以廣州和汕頭兩地為主要銷售地。廣、潮幫米號，在蕪湖執米糧採運業之牛耳，「廣潮幫不啻為米業之中心柱石也。」〔註 171〕兩幫經銷的皖米，「豐年廣幫進貨年達五百萬石，潮幫二百萬石」；中稔之歲，「廣幫亦在百萬石，潮幫四十萬石之譜」。〔註 172〕1931 年後，各號每年銷售約 300 萬石，潮幫占其半數。

影響皖米銷粵數量的因素有三：一是廣東糧產的豐歉狀況，二是東南亞、

〔註 165〕 周承考：《中國糧食問題鳥瞰》，汗血月刊社：《糧食問題研究》，汗血書店，1936 年。
〔註 166〕 廣東糧食調節委員會：《廣東糧食問題》，廣東糧食調節委員會，1935 年，第 4 頁。
〔註 167〕 王鶴鳴：《蕪湖海關》，黃山書社，1994 年，第 96 頁。
〔註 168〕 徐正元：《中國近代四大米市考》，黃山書社，1996 年，第 41 頁。
〔註 169〕 《蕪湖米之調查》，《總商會月報》1922 年第 2 卷第 8 號。
〔註 170〕 汪明譯：《海關十年報告（1880～1891 年）》，王鶴鳴《蕪湖海關》，黃山書社，1994 年，第 121 頁。
〔註 171〕 林熙春、孫曉村：《蕪湖米市調查》，社會經濟調查所，1935 年，第 16 頁。
〔註 172〕 朱孔甫：《安徽米業調查》，《社會經濟月報》1937 年第 4 卷第 3 期。

日本等地稻米生產的豐歉狀況，三是國內其它產地稻米的競爭。廣東銷納皖米的數量，「常隨收穫情形、市場高低及印度、安南地方之農作爲轉移而不一定。」〔註173〕光緒二十四年，廣東米荒，粵商在蕪湖放盤爭購，使蕪湖當地米價陡漲，米糧告罄，廬州、巢縣等地因而有遏糴之舉。「商販運米出境，不待附郭，即被搶劫一空」。〔註174〕

對皖米銷粵影響最大的是洋米在廣東的傾銷。廣東在失去廣西的糧食供給後，「於是安南、暹羅、小呂宋之米接踵而至，每歲約數百萬石。」〔註175〕在光緒十三年（1887 年）前，輸入廣東的洋米數量遠遠低於國米。此後，除少數年頭外，洋米輸入數量均較國米爲多。特別是進入民國後，僅 1912、1919兩年國米輸入數量多於洋米。皖米在廣東的市場被大幅擠佔。尤其是廣州，是洋米進入廣東的主要口岸和消費地。因此，自廣東大量輸入洋米後，廣州作爲蕪米的最大消費地的地位逐漸被汕頭取代。光緒二十六年至光緒三十一年間，廣州仍然是輸入皖米最大的商埠，年均占蕪米輸出總量的 48.82%，汕頭占 36.74%，而在宣統二年至三年間，廣州年均輸入的蕪米所佔比重已降至20.74%，汕頭則上升爲 44.01%；到了 1936 年，廣州更降低至 11.62%，汕頭上升至 51.68%。〔註176〕特別是 1936 年，廣東發生糧食恐慌後，大批洋米免稅輸粵，導致廣幫在蕪湖停止辦米，皖米銷粵生意一落千丈，停頓達數月之久，導致蕪湖米糧交易遭受重創。

粵漢鐵路的建成通車，對皖米銷粵的影響非常顯著。通車前，湖南米銷往廣東僅靠水路運輸，往返路遠，河道窄淺，既耗時間又不能大規模載運。因此，湘米在廣東糧食市場所佔比重遠遜於皖米。通車後，湘米躍居銷粵國米的首位。1936 年，湘米約占廣東輸入國米的 50%，皖米退居其次，僅占 20%。〔註177〕

（二）皖米對福建的流通

福建在清代一直是缺糧省份。民國時期，福建 63 個縣中，糧食短缺的共有 29 個，缺糧總額達 362 萬擔。〔註178〕除了省內調節外，尚須輸入大量外省稻米。1934 至 1936 年，經由海關輸入福建的米穀在福建全省主要輸入商品中

〔註173〕《蕪湖米之調查》，《總商會月報》1922 年第 2 卷第 8 號。
〔註174〕《皖南米》，《申報》1898 年 3 月 28 日第 2 版。
〔註175〕何如璋：《復粵督張振軒制軍書》，《茶陽三家文抄》卷三。
〔註176〕徐正元：《中國近代四大米市考》，黃山書社，1996 年，第 41 頁。
〔註177〕顧翊群：《廣州之米業》，廣東省銀行經濟研究室，1938 年，第 26 頁。
〔註178〕陳明璋：《福建糧食問題》，福建省研究院編譯出版室，1943 年，第 6 頁。

分別居第一、第三和第六位。總價值分別高達 1163.7、591.7 和 203.4 萬元。〔註
179〕外省稻米入閩的主要口岸是福州、涵江、泉州、廈門。〔註 180〕光緒二十
八年前，福州與廈門多從蕪湖採辦稻米，「曾爲本埠（蕪湖）重要之市場」，
此後改辦洋米，「多半從安南運米矣。」〔註 181〕這樣，福建從安徽購入的稻米
數量逐步減少，在皖米外輸量中所佔比重不大。比如廈門自蕪湖採購大米，
有時由潮州幫米號代爲採辦，有時則直接在蕪湖採辦。其購運量多則十幾萬
擔，少僅數千擔。〔註 182〕

　　福建自蕪湖購買的稻米，因路途較遠，一般用輪船運輸。多先運集於上
海，再由海輪轉運。

三、皖米對國內其它地區的流通

　　皖米不僅輸往長江下游各埠和東南沿海各缺米省份，還北上魯、冀，西
輸贛、鄂、川等省，皖西邊境縣份還就近輸往河南等省。

（一）皖米對北方各地的流通

　　皖米對北方的流通範圍包括遼、冀、魯、豫等省。主要行銷地在山東、
河北等地，多爲煙臺、濟南、威海、青島、龍口、天津、大連、牛莊（營口）
這樣的沿海口岸。山陝等地在災歉之年，也直接自安徽採運米糧。如宣統二
年，陝西災荒，河東道曾派員在蕪湖、當塗等地購辦米石。〔註 183〕

　　天津是北方糧食業的中心之一。各地糧食運入天津後再向周邊省份轉
輸，主要「銷售於河北（平津等地爲最多）、陝西及山西等省。」〔註 184〕皖米
輸入天津主要有三種途徑：一是由米商在蕪湖和其它小米市採辦，經水路運
往；一是由蚌埠、滁州等地經鐵路運往；一是由各地輸往江蘇後轉銷天津。
在尋常年景，皖米由蕪湖輸往天津的數量在天津稻米總輸入量中約居第二
位，次於江蘇無錫。但由前文已知，無錫米市中的半數來自安徽。若以此爲
據，則皖米實居各地輸入天津稻米量位序的首位。

〔註 179〕朱代傑、季天祐：《福建經濟概況》，福建省政府建設廳，1947 年，第 316 頁。
〔註 180〕巫寶三、張之毅：《福建省糧食之運銷》，商務印書館，1938 年，第 4 頁。
〔註 181〕《清光緒二十八年蕪湖關華洋貿易情形論略》（抄本），藏安慶市圖書館。
〔註 182〕《蕪湖米市概況》，《工商半月刊》1934 年第 6 卷第 3 號。
〔註 183〕《飭禁鄉鎮私阻米糧出境》，《申報》1910 年 4 月 27 日第 11 版。
〔註 184〕金城銀行總經理處天津調查分部：《天津糧食業概況》，金城銀行總經理處天
　　　　津調查分部，1937 年，第 43 頁。

表 2－2－3：1931～1935 年天津國米輸入情況表　　　　（單位：石）

地　區	1931 年	1932 年	1933 年	1934 年	1935 年
江西	7156	42051	13220	1243	1700
安徽（蕪湖）	5102	3831	29464	47072	47096
江蘇（無錫）	496	11746	481498	329946	33881
兩廣	10596	8729	2587	1800	14655
兩湖	———	1332	2803		
遼寧	———	3383	———		
河北（小站）	36557	11202	14071		658
合　計	59907	82274	543643	380061	97990

資料來源：金城銀行總經理處天津調查分部：《天津糧食業概況》，金城銀行總經理處
　　　　　天津調查分部，1937 年，第 52 頁。

　　皖北外運的米，在津浦鐵路建成前，集中於正陽關後經淮河轉由運河北
上。津浦鐵路通車後，原來集中於正陽關的稻米轉向蚌埠聚集，由鐵路輸往
津浦沿線各地。津浦鐵路在滁縣設有車站，滁縣稻米「由南而北，以迄天津，
銷路漸寬。」〔註185〕並吸引六合、來安、江浦、全椒、和縣、定遠等處之米
運來滁縣銷售。如 1924 年，天津一些商號曾在滁州購米 600 多噸。〔註186〕

　　輸入河南的稻米主要是與之鄰近的六安、霍邱等地所產。六安西境部份
米糧與霍邱米糧經霍邱三流集轉往河南光山、固始一帶銷售。〔註187〕其餘供
應北方各地的皖米，部份由皖北運出，部份自蕪湖輸往。

　　北方各地在蕪湖採購米糧，多由蕪湖煙臺幫米號承辦。往往販運一次，「裝
載一大鐵船去後，可以分輸於青島、煙臺、龍口、天津、營口、大連諸埠。」
〔註188〕該幫勢力所及的北方各埠，年銷納皖米約 70 萬石。其中，煙臺一地僅
銷售 20 餘萬石，天津和大連銷納較多。皖北米糧大部份改集蚌埠後，煙臺幫
在蕪湖的生意受到的影響本已「殊非淺鮮也」，〔註189〕而煙臺米市在光緒末年

〔註185〕杭海：《滁縣鄉土志》，滁州市地方志辦公室，1984 年，第 21 頁。
〔註186〕天津市檔案館：《天津商會檔案彙編（1928～1937）》，天津人民出版社，1996
　　　　年，第 4300 頁。
〔註187〕安徽省政府：《安徽省六十縣產業調查繁表·關稅釐稅》，安徽省政府，1922
　　　　年。
〔註188〕《蕪湖米市概況》，《工商半月刊》1934 年第 6 卷第 3 號。
〔註189〕《蕪湖商業之新調查（續）》，《實業周刊》1922 年第 3 期。

即已受東北糧食收成的影響。當時的資料記載，煙臺米市「能維持至若干時之久，則依照滿洲之情形而定。」〔註190〕日本控制東北後，在東三省開拓水田種植稻穀，每年產米達數百萬石。皖米的北方市場遭遇東北大米的擠壓。大連方面不再從蕪湖購買大米，天津和煙臺等處也有東北大米的輸入。煙臺幫的米糧採運生意遭受南北夾擊，日漸清淡。之所以能勉力維持，在於該幫不僅爲北方各埠採辦米糧，還代辦各地軍糧在蕪湖的採購。

（二）皖米對長江上游各省的流通

安徽上游的川、湘、贛諸省都是產米豐盛之區，其糧食輸出能力雖有所變化，但一般情況下，不須自安徽採購米糧。皖米對這些省份的流通，主要是在幾種情形下出現的：

一是在皖、鄂接壤地區的小範圍流通。如皖西六安的少量大米由金寨輸往湖北羅田縣。〔註191〕

一是皖米運銷長江中游的重要米市漢口、九江等處。「到漢口集中的大米有安徽、江西、湖北、湖南四省。」〔註192〕特別是在兩湖歉收或湖南禁米出口時，漢口米商便順流而下到安徽長江沿岸各地採買。1923 年，因湖南禁止運米出口，「漢幫米商，無從買進。故改向此間（蕪湖——筆者注）買進。」〔註193〕1925 年，自大通〔註194〕運銷漢口之米，「計達百萬石之多」。〔註195〕1928 年的調查顯示，在輸入漢口的 280 萬擔米糧中，除了湖南、襄河和武勝關之米外，皖贛及其它地方的米約占 20%。〔註196〕漢口米商不僅在蕪湖購米，還深入到內地的小市鎮。如 1926 年到當塗採購軍米 1.8 萬包，〔註197〕1932 年曾到襄安鎮採購。〔註198〕九江米市因距安徽不遠，在其糧食交易興盛時，

〔註190〕《清光緒三十一年蕪湖關華洋貿易情形論略》（抄本），藏安慶市圖書館。

〔註191〕安徽省政府：《安徽省六十縣產業調查繁表‧關稅釐稅》，安徽省政府，1922年。

〔註192〕（日）根岸佶：《清國商業綜覽》，1907 年；轉引自曾兆祥：《湖北近代經濟貿易史料選輯》第二輯，湖北省志貿易志編輯室，1984 年，第 136 頁。

〔註193〕《商情‧米市》，《錢業月報》1923 年第 3 卷第 1 號。

〔註194〕當時大通設有皖岸榷運局，米市因而旺盛，1931 年皖岸榷運局遷至蕪湖，大通米市衰落，米船僅由此處經過，不再在此交易。

〔註195〕夏忠群：《安徽省食糧運銷調查報告》（油印本），1935 年，第二節‧2 大通。

〔註196〕朱西周：《米》，中國銀行研究室，1937 年，第 155 頁。

〔註197〕《蕪湖快信》，《申報》1926 年 3 月 28 日第 9 版。

〔註198〕徐光泉、徐報生：《襄安米市歷史調查概述》，《無爲古今》第七期，1984 年。

也會吸引部份皖米。前述懷寧高河埠米市，與九江米市就有貿易往來。彙集於蕪湖的米糧，有時也運往九江。如光緒二十七年（1901 年）九江自蕪湖運去米 36468 擔，1913 年運去 149944 擔。光緒三十年（1904 年），湖北宜昌因「彼處認蕪米之滋養質甚好」，〔註199〕首次自蕪湖購買大米，嘗試性地購進了 28 擔。

　　一是在上述各省遇到荒歉時向安徽運糧賑災。光緒三十二年六月，湖南遭受水災，向蕪湖採購 221944 擔賑米。這是自蕪湖開埠以後，湖南第一次從蕪湖買米。〔註200〕湖北則多次向蕪湖購糧賑災。如光緒二十一年（1895 年），「湖北歲饑，大量之米由蕪以江輪載往漢口。」〔註201〕四川自 1929 年後每遇嗇年，糧食即不能自給。1929 年有多數駁船在江水淺涸時，「往來蕪湖及上海各處，裝運食米至鄂豫蜀三省。」〔註202〕1937 年因洋米輸粵蕪湖米市清淡，5 月份，幸有川幫在蕪湖繼續採購賑米而使市面漸有起色。〔註203〕當年，蕪湖有 2 萬袋大米輸入四川。〔註204〕

　　相對於其它地區而言，長江上游各省購運皖米爲數較少，但偶而也有大量皖米運往彼處。1925 年廣東政局動盪和仰光米的競爭使蕪米在廣東銷路閉塞。而是年長江上游和北方就採運了大批蕪米，「非止足償汕頭、廣州之所失，並曾抬高價格」。〔註205〕

四、皖米對日本的輸出

　　糧食出口，向干例禁。乾隆六十年（1795 年）規定：「奸徒將米穀豆麥雜糧偷運外洋，接濟奸匪者，擬絞立決。如止圖漁利，並無接濟奸匪情弊者，米過一百石，發近邊充軍。一百石以下，杖一百，徒三年。不及十石者，枷

〔註199〕《清光緒三十年蕪湖關貿易情形論略》（抄本），藏安慶市圖書館。
〔註200〕《清光緒三十二年蕪湖關貿易情形論略》（抄本），藏安慶市圖書館。
〔註201〕《清光緒二十一年蕪湖關貿易情形論略》（抄本），藏安慶市圖書館。
〔註202〕《中華民國十八年華洋貿易總冊》上卷《報告書及統計輯要》，中國第二歷史檔案館、中國海關總署辦公廳《中國舊海關史料（1859～1948）》，京華出版社，2001 年，第 47 頁。
〔註203〕《蕪湖通訊》，《時事新報》1937 年 5 月 12 日。
〔註204〕吳傳鈞：《中國糧食地理》，商務印書館，1948 年，第 70 頁。
〔註205〕《中華海關民國十四年華洋貿易報告書》上卷《報告書及統計輯要》，中國第二歷史檔案館、中國海關總署辦公廳《中國舊海關史料（1859～1948）》，京華出版社，2001 年，第 63 頁。

號一月，杖一百。」〔註206〕鴉片戰爭後，中外修約，依然規定米麥等糧食嚴禁出口。如咸豐八年（1858 年）中英訂立《通商章程》，規定「凡米穀等糧，不拘內外土產，不分何處進口者，皆不准運出外國。」〔註207〕只允許在境內通商口岸之間轉運。光緒二十八年中英續訂商約，「米穀等糧，仍不准運出外國。」〔註208〕自光緒七年（1881 年）至 1917 年，五穀雜糧和麵粉等相繼弛禁，惟有米穀一項，除特許出口外，依然嚴禁運出國外。

近代日本糧食常不能自給，須從國外輸入。日本控制臺灣和朝鮮後，從這兩處地方大量掠奪糧食，供給本土。但仍不能全部滿足其糧食需求，還須向安南、暹羅、香港和中國等處購運米糧。中日在同治十年（1871 年）所訂立的通商章程規定互禁糧食出口，「兩國所產米麥糧食，除照章轉運別口外，各不准販運出洋。」〔註209〕光緒二十八年中外談判重訂商約時，日本總領事小田切與英使馬凱一樣，要求中國穀物弛禁，不果。

中國對米穀的嚴禁出口政策使日本不能通過正常渠道自中國獲得糧食補給。為此，日本一方面以厚利吸引中國米商私運出口，「惟奸商貪圖重利，每多甘冒不韙，私自偷運」，因而「若日本遭逢歉歲，則華米勢必大宗偷運出口。」〔註210〕一方面，在特殊情況時，由政府出面與中國交涉，以「濟鄰」、「援戰」等名目，獲得中國政府特許，在華采運米糧。皖米主要就是在這兩種情形下銷往日本的。

皖米由米商私運出口至日本者，未能確知其詳情，但可以肯定的是 20 世紀 30 年代之前，「日本購買為數甚巨」。〔註211〕光緒二十五年（1899 年），安徽米價極高。鳳陽斗米千錢，「米價之昂，半由凶歲，半由外運。」其中就有不少稻米被米商甚至是官員私自運往日本。張之洞曾參劾一關道，「私自運米

〔註206〕　馮柳堂：《中國歷代民食史》。商務印書館，1998 年，第 234～235 頁。

〔註207〕　《中英通商章程善後條約‧海關稅則》第五款第三節，李濟琛、陳加林《國恥錄：舊中國與列強不平等條約編釋》，四川人民出版社，1997 年，第 186 頁。

〔註208〕　《中英續議通商行船條約》第十四款，《國際條約大全》（民國十四年增訂本），商務印書館，1925 年，第 27 頁。

〔註209〕　《中日通商章程》第二十二款，王鐵崖：《中外舊約章彙編》第一冊，生活‧讀書‧新知三聯書店，1957 年，第 323 頁。

〔註210〕　謝菊曾：《我國食米產銷及洋米輸入概觀》，《錢業月報》1928 年第 8 卷第 4 號。

〔註211〕　龔光朗、曹覺生：《安徽農林現狀》，《安徽建設月刊》1930 年第 3 卷第 7 號。

售於日本。」〔註212〕1919、1920 兩年日本及西伯利亞等處歉收嚴重，「皖米運銷一空。」〔註213〕1919 年北洋政府允准日本在皖購米 100 萬石，但在各界反對下，購米計劃沒有完全實現。根據時人調查，當年運至日本的米糧，價值 460 萬。〔註214〕可以推想當年必有大量華米被偷運日本。1920 年 3 月，日本商人勾結蕪湖米商，在蕪湖採辦米糧，偷運至日本。1929 年 8 月，日商在樅陽購米外運，導致當地新穀登場之時米價卻一日數漲，並引發禁運鬥爭。〔註215〕1930 年代前期，東南亞洋米價格低廉，華米減產且價格較高，加以政府、民眾的反對，私運出口漸漸減少。

皖米在光緒三十三年（1907 年）、1912 年和 1919 年曾特許出口日本。

光緒三十三年十月，日本以水災缺糧為由向中國告糴。外務部奏准「由江、皖、鄂、湘等省酌購運米六十萬石，以濟鄰災。」〔註216〕其中自蕪湖購運 20 萬石。面對各界反對之聲，軍機大臣致電安徽巡撫馮煦：「計各省勻攤，每省不過十數萬石，尚不致有妨民食。著查照原奏，妥速辦理。」蕪米准運日本，使當年年底蕪湖米價高漲。〔註217〕

1912 年 11 月，安徽都督柏文蔚與日本三井洋行和商人矢部德三郎以日本救荒為名簽訂賣米合同，約定在一年內以 16 萬元分別賣給三井洋行 40 萬石、矢部德三郎 34 萬石。此舉受到各界反對，而一些米商則「紛紛囤積米石，希圖奸利。」〔註218〕但次年日商失約，米價陡落，百餘萬石存米無人問津。米商擔心商本虧折，上書中央政府，請求「命令柏督速事維持，以顧商本，而保市面」。〔註219〕工商部就此事致電柏文蔚，要求從速設法處理。但不久爆發「二次革命」，柏文蔚去職，此事便不見下文。

1918 年，日本發生嚴重的糧食恐慌，並導致內閣辭職。新內閣將解決糧食問題作為首要政務。其對策便包括從中國購買大米。日本「對於中國，在購買大米的交涉過程中利用中日秘密軍事協定，並與援助參戰軍（後改稱邊

〔註212〕 馮廷韶：《馮廷韶家書》之 16，《安徽史學通訊》1958 年第 5 期。
〔註213〕 錢然：《中國糧食問題之檢討》，《錢業月報》1935 年第 15 卷第 3 號。
〔註214〕 應奎：《近六十年中之中國米價》，《錢業月報》1922 年第 2 卷第 3 號。
〔註215〕 鄔義開：《安徽大事記資料》，安徽省地方志編纂委員會，1984 年，第 258 頁。
〔註216〕 《德宗實錄》卷五七九。
〔註217〕 《清光緒三十三年蕪湖關貿易情形論略》（抄本），藏安慶市圖書館。
〔註218〕 《米董維持民食》，《申報》1913 年 4 月 30 日第 7 版。
〔註219〕 《國務總理為蕪湖米商電告日商購米失約給工商總長的函》，趙寧瀛：《中華民國商業檔案資料彙編》（第一卷），中國商業出版社，1991 年，第 973 頁。

防軍）以及山東問題聯繫起來。」〔註220〕中國「政府中人，一因大借日債關
係，希冀見好於日人，一因眩於給發護照之小利，故公然運米出洋，不但不
加限制，反推波助瀾。」〔註221〕在「救災睦鄰」的名目下，中國政府允許日
本在江蘇、安徽兩省採運大米。其中，在安徽採購的數量為 100 萬石。

國米對日弛禁引起全國各界反對，安徽工商各界也激烈反對皖米出口日
本，並成立「以否認運米出洋為宗旨」的蕪湖民食維持會，〔註222〕組織多次
抗議活動。在省長、省議會、各界民眾的反對下，皖米銷日沒有全部實現。

1936 年，日本積極備戰，在中國大批收買糧食。為了便利收買，日商獲
准鐵路運費減價。由此推斷，日商在中國內地收買糧食，不是私運出洋。其
在蕪湖收買糧食，是由青島幫的行家代為出面的。〔註223〕

第三節　省外稻米的流入

在沒有行政干預的情況下，商品在供需關係、價格高低、交通條件等因
素的影響下，在特定的範圍內流通，並不受行政區劃的限制。糧食流通也不
例外。近代安徽雖號稱「我國產米最富之區」，〔註224〕每年有大量米穀輸出，
但每年仍有相當數量省外的稻米流入。

省外稻米流入安徽主要有兩種情況：一是臨時性的輸入，是部份地區
在短期內因災荒導致糧食歉收而購買省外稻米以豐劑歉；一是經常性的輸
入，是特定區域糧食生產不敷食用而出現的以餘濟缺。此外，鄰省某些地
區處於安徽米穀集散地特別是蕪湖、蚌埠兩地的市場輻射範圍內，將所產
稻米運入安徽銷售。如江蘇高淳，其部份米糧「因水源關係，間有輸入蕪
湖」。〔註225〕河南東部的潢川、光山、固始、商城等縣有少量籼米輸入蚌
埠。〔註226〕

〔註220〕 轉引自（日）野澤豐著，林曉光編譯：《日本的米騷動與中國的五四運動》，《黨
　　　　史研究與教學》2002 年第 3 期。
〔註221〕 穆藕初：《米貴之原因及補救法》，《東方雜誌》1920 年第 17 卷第 15 號。
〔註222〕 《紀蕪湖民食維持會之成立》，《安徽實業雜誌》1919 年第 27 期。
〔註223〕 《糧食貯屯和糧食收買》，《中國農村》1936 年第 2 卷第 8 期。
〔註224〕 《中國海關民國十九年華洋貿易總冊》上卷《報告書及統計輯要》，中國第二
　　　　歷史檔案館、中國海關總署辦公廳：《中國舊海關史料（1859～1948）》，京華
　　　　出版社，2001 年，第 35 頁。
〔註225〕 林熙春、孫曉村：《蕪湖米市調查》，社會經濟調查所，1935 年，第 50 頁。
〔註226〕 夏忠群：《安徽省食糧運銷調查報告》（油印本），1935 年，第三節・一蚌埠。

一、臨時性的稻米輸入

如前所述，近代安徽經常發生水旱風蟲等災害。「安徽地區自然災害的一個特點，常常是諸災雜陳，水旱並作。」〔註227〕災害引發荒情。每當災害發生，農業生產總遭受不同程度的破壞，糧食減產歉收，甚至顆粒不收，導致糧食供給不足。當地常規的糧食供求關係被打破後，必須從他處獲得糧食接濟。作為產米大省，從全省產米總量來看，安徽在遇到非重大災荒時完全有能力在省內調劑餘缺，不須向外省購買。而那些與鄰省接近的地區多就便向外省購米運濟。「皖省轄境本與鄂、贛、蘇、浙等省犬牙交錯，所有宿松、望江各縣一遇本地出產不豐，則向鄂、贛兩省鄰近諸邑自行購入，而滁、來、全各縣接近蘇省江浦產米之區，又有津浦路線交通尤為便捷，所需如有不敷，隨時可以購入。」〔註228〕建德糧食不足向江西購運，〔註229〕廣德等地遇到災歉向江浙購米。1934 年，廣德大旱，該縣平糴處從上海購回大米低價售與饑民。〔註230〕徽州地區尋常年頭糧食也須自浙贛運濟，荒歉時期更甚。

也有例外。如光緒八年，夏秋之交洪水大作，「受其患者，幾及大半省。」〔註231〕次年春季，為了解決災民食糧問題，安徽當局捨蕪湖而從鎮江購進賑米 3 萬餘擔，「因鎮江米價較蕪湖為賤也」。〔註232〕

1930 年前後，安徽屢遭重大水旱災害，民間蓋藏久空。加以迭次軍興，均在皖南、皖北採辦軍米，各地民食更形缺乏。安徽地方當局雖採取嚴禁運米出口等措施，但「雖經禁止外運，仍屬供不應求」。〔註233〕省內調劑已不能滿足賑災需求，需自省外購買賑糧。而這一時期，安徽各鄰省也同樣遭受災害侵襲，「京省蘇滬向恃為振濟策源地者，自是亦以災故，同感力屈，而咸以

〔註227〕 李文海、周源：《災荒與飢饉（1840～1919）》，高等教育出版社，1991 年，第 10 頁。

〔註228〕 龔光朗、曹覺生：《安徽農林現狀》，《安徽建設月刊》1930 年第 3 卷第 7 號。

〔註229〕 （清）黃光第：《祁米案牘》，光緒刻本，藏安徽大學圖書館。

〔註230〕 高尚平：《1934 年廣德賑災紀事》，《廣德文史資料》第二輯，1988 年，第 95～100 頁。

〔註231〕 《清光緒八年蕪湖海關貿易情形論略》（抄本），藏安慶市圖書館。

〔註232〕 《清光緒九年蕪湖口岸貿易情形論略》（抄本），藏安慶市圖書館。

〔註233〕 《中國海關民國十九年華洋貿易報告總冊》上卷《報告書及統計輯要》，中國第二歷史檔案館、中國海關總署辦公廳：《中國舊海關史料（1859～1948）》，京華出版社，2001 年，第 35 頁。

自救相勖。」〔註234〕在這種情況下，安徽「不得已只可由外洋購運米糧進口，辦理平糶，以濟眉急」。〔註235〕

安徽有洋米輸入的記載見於 1922 年。是年有 6220 擔經蕪湖報關進口。1924 年進口量極微，僅有 2 擔。1926 年進口了 860 擔。1930 至 1932 年每年都有進口，分別爲 180509、1344 和 1008 擔；〔註236〕1934 年旱災導致宣城縣城及東鄉食糧缺乏，依賴外米接濟，「幸江南鐵路通宣，由蕪運來洋米甚易，庶免發生意外荒險。」〔註237〕可知 1934 年也有洋米流入蕪湖。1935 年又進口了 39592 公擔。〔註238〕

洋米入皖不限於蕪湖一處。1929 年當塗發生特大旱災，次年糧價高漲。30 萬石國米和來自安南的洋米湧入當塗糧市。〔註239〕1930 年，安慶商人籌款數萬元，前往上海購買安南米運回出售。〔註240〕1930 年皖南各縣出現米荒，繁昌、當塗、宣城等地均派員從上海採買洋米平糶。〔註241〕1934 年上海籌募各省旱災義賑會購進一批洋米，按災情輕重分配給各省。當年安徽旱災奇重，水稻損失約 4 千多萬石。〔註242〕安徽災區籌賑會將分配給安徽的洋米分批分給各縣，各縣根據省撥計劃直接赴滬領辦平民米護照，憑照購買洋米運回本地平糶。如廣德縣先後三批獲得共 3500 擔洋米的賑濟。〔註243〕

〔註234〕《南陵縣救旱委員會徵信錄》，轉引自王鶴鳴、施立業：《安徽近代經濟軌跡》，安徽人民出版社，1991 年，第 594 頁。

〔註235〕《中國海關民國十九年華洋貿易報告總冊》上卷《報告書及統計輯要》，中國第二歷史檔案館、中國海關總署辦公廳：《中國舊海關史料（1859～1948）》，京華出版社，2001 年，第 35 頁。

〔註236〕馮柳堂：《旱災與民食問題》，《東方雜誌》1934 年第 31 卷第 18 號。

〔註237〕朱孔甫：《安徽米業調查》，《社會經濟月報》1937 年第 4 卷第 3 期。

〔註238〕《民國二十四年海關中外貿易統計年刊》卷一《貿易報告》，中國第二歷史檔案館、中國海關總署辦公廳：《中國舊海關史料（1859～1948）》，京華出版社，2001 年，第 52 頁。

〔註239〕章國瑞：《抗戰前當塗城關市場價格動態》，《當塗縣文史資料》第二輯，1987 年，第 89～91 頁。

〔註240〕汪榮譜：《1930 年春安慶米潮始末》，《安慶文史資料》第十六輯，1987 年，第 137～139 頁。

〔註241〕《蕪湖快信》，《申報》1930 年 5 月 18 日第 10 版。

〔註242〕《皖省旱災概況》，《申報》1934 年 9 月 18 日第 12 版。

〔註243〕高尚平：《1934 年廣德賑災紀事》，《廣德文史資料》第二輯，1988 年，第 95～100 頁。

災荒使得僻處山隅的徽州地區糧食更形緊缺。1929 年，婺源因上年歉收和江西遏糶，「民食尤虞不給，益形恐慌」。旅滬同鄉在上海購買西貢米 1200 石，運回婺源平糶。〔註244〕1930 年，祁門因江西禁運稻米出省，縣民大為恐慌。「赴滬購辦大宗西米，運祁接濟」，民心始稍安。〔註245〕1934 年，歙縣賴以接濟的旌德和浙江蘭溪等縣同時告歉，「無可通融，全賴洋米洋面接濟」。〔註246〕

二、經常性的稻米輸入

如前所述，婺源、祁門、歙縣、黟縣、至德、涇縣、寧國、太平、宿松、望江、太湖、霍山等縣產糧不敷自給。其中宿松、太湖和原徽州府屬四縣除自省內獲得補給外，還需外省米穀的接濟。宿松和太湖自省外獲得的補給來自江西和湖北。徽州地區是安徽境內最大的缺糧區，浙江、江西兩省稻米經常性的流入，絕大多數以徽州所屬缺糧縣為歸宿。這裡主要討論徽州缺糧縣份由省外輸入稻米的相關情況。

徽州地區是「天下所周知」的「仰活於外」的缺糧區，〔註247〕糧食缺乏的記載在地方志和徽州文獻中不絕於書，論者常以「奇缺」二字述其糧食緊張之狀。歷史上曾多次因其糧源地公禁私阻致使糧食流通截斷，釀成影響頗大的糧食危機事件。如明代崇禎年間鄱陽、浮梁等地的禁米劫商事件，〔註248〕清嘉慶八年的浙江蘭溪阻運事件、嘉慶九年的浙江淳安攔截米船事件等。這些事件更強化了人們對徽州地區糧食緊缺、仰賴外省接濟的判斷。

徽州糧食短缺的歷史要上溯到宋代。〔註249〕當時，徽州以山區出產換取江西的糧食，「民以茗漆紙木行江西，仰其米自給。」〔註250〕明代以降，徽州缺糧已成常態。明代徽州「人多地少，大半取於江西、湖廣之稻以足食者也。」〔註251〕「耕獲三不贍一，即豐年亦仰食江楚，十居六七，勿論歲饑也。」〔註

〔註244〕 《婺源縣民生狀況表》，《安徽民政月刊》1931 年第 24 期。

〔註245〕 《祁門民生狀況調查》，《安徽民政月刊》1930 年第 16 期。

〔註246〕 《安徽省各縣二十四年份食糧調查表》，安徽省建設廳：《最近安徽之農村救濟及調查》，安徽省建設廳，1936 年，第 24～33 頁。

〔註247〕 （清）汪麟：《歙田少請通浙米案呈稿》光緒末年刻本，藏安徽省圖書館。

〔註248〕 （康熙）《休寧縣志》卷七《藝文志‧汪偉奏疏》。

〔註249〕 唐代就有徽州地區缺糧的記載，但當時為災荒所引發，非常態。

〔註250〕 （宋）《新安志》第一卷《州郡》。

〔註251〕 （明）吳應箕：《江南平物價議》，《樓山堂集》。

〔註252〕 （康熙）《休寧縣志》卷七《藝文志‧汪偉奏疏》。

252〕到了清初，徽州「豐年甚少，大都計一歲所入，不能支十之一。」〔註 253〕嘉慶時，「徽產之糧，豐年只敷三月」。〔註 254〕徽州府屬六縣都是著名的缺糧區。歙縣「產米數不敷民食，而藉外省米糧接濟。」〔註 255〕祁門「農者十之三⋯⋯即豐年穀不能三之一。」〔註 256〕休寧「邑山多田少，粒米是急。」〔註 257〕婺源「以其杉桐之入，易魚稻於饒。」〔註 258〕黟縣「雖遇豐年，猶虞欠收，乞糴鄰封，成爲慣例。」〔註 259〕績溪處萬山之中，六縣中獨受多山之累，農業生產條件更爲惡劣，糧食缺乏更無論矣。

明清時期的徽州地區山多田少、土地磽确，糧食生產條件惡劣；日益增多的人口使糧食消費增多，加重了糧食供給的不足。「邑人口孳乳故，徽地所產之食料，不足供徽地所居之人口。」〔註 260〕與其相鄰的建德、石埭、太平、旌德、寧國諸縣均有缺糧之虞；南陵、宣城等餘糧區雖相去不甚遙遠，又苦於山嶺阻隔，交通不便，不能自彼處獲得大量補給。而徽州東有新安江通浙江，西有昌江通江西，所以多仰賴江西和浙江兩省糧食的接濟。因此，「此地年豐休便喜，須持水旱問江西。」〔註 261〕甚至有「一日米船不至，民有饑色，三日不至有餓殍，五日不至有晝奪」〔註 262〕的記載。

儘管自明清以迄抗戰前徽州長期處於缺糧狀態，但筆者以爲，徽州糧食短缺問題並沒有各種資料所顯示的那樣嚴重。其原因有如下數端：

首先，各類資料反映的徽州地區缺糧，無論從耕地面積、產量還是糧食輸入均主要指稻米一項。民國《歙縣志》記載：「秈、秔、糯三種皆稱水稻，非水無以滋生，吾邑多山少水，惟西鄉地勢平衍，水源稍長，出產較多，北次之，東南又次之，合計全邑三月糧耳」〔註 263〕正說明了這點。如果將大小

〔註 253〕　（清）顧炎武：《天下郡國利病書》第九冊《鳳寧徽》。
〔註 254〕　（道光）《徽州府志》卷四之二《營建志・水利》。
〔註 255〕　（道光）《徽州府志》卷四之二《營建志・水利》。
〔註 256〕　（同治）《祁門縣志》卷五《輿地志・風俗》。
〔註 257〕　（康熙）《徽州府志》卷八《蠲賑》。
〔註 258〕　（光緒）《婺源縣志》卷三《風俗》。
〔註 259〕　胡存慶：《黟縣鄉土地理》之《物產》，1925 年。
〔註 260〕　吳日法：《徽商便覽・緣起》，1919 年；轉引自張海鵬、王廷元《明清徽商資料選編》，黃山書社，1985 年，第 6 頁。
〔註 261〕　（清）孫學治：《和施明府源黟山竹枝詞》，歐陽發、洪鋼：《安徽竹枝詞》，黃山書社，1993 年，第 74 頁。
〔註 262〕　（康熙）《休寧縣志》卷七《藝文志・汪偉奏疏》。
〔註 263〕　（民國）《歙縣志》卷三《食貨志・物產》。

麥、蕎麥、玉米、高粱、番薯等各類糧食考慮進去，則徽州地區糧食短缺的數量肯定會大為降低。

徽州人靠山吃山，「居人之日用飲食取給於田者不敵取給於山。」〔註264〕所謂「取給於山」，既指以山區木材、茶葉等特產和紙墨筆硯等手工藝品換取外地的糧食，也指因地制宜種植玉米、高粱等作物，以雜糧補充正糧的不足。「兩般騰貴米與錢，大業從來說墾田。人眾真難為造物，包蘆已植到山巔」。〔註265〕這首竹枝詞所反映的正是徽人墾山闢地種植雜糧的情況。與雜糧的廣泛種植相應，徽州人的食物構成中雜糧所佔的比例也高於其它稻作區。如歙縣，「山多田少，產米常供不應求。……惟南鄉與北鄉之黃山，家家多種包蘆以自食。非小康之家，幾不易得米麵為常食。商鋪有定律，月四餐、六餐而已。」〔註266〕在糧食緊缺時，徽州人「甚至采薇葛而食。」〔註267〕1935年對安徽省48縣的糧食狀況調查顯示，休寧、歙縣、黟縣和績溪四縣的食物結構中，雜糧居於重要地位。四縣的主要食糧位次依次分別如表2－3－1所示：

表2－3－1：休寧、歙縣、黟縣、績溪主要食糧及其位次表

縣　份	主要食糧位次			
	第一位	第二位	第三位	第四位
休寧	米	玉米	蕎麥	小麥
歙縣	玉米	麥		
黟縣	小麥			
績溪	米	麥	包穀	高粱

資料來源：安徽省建設廳：《安徽各縣主要食糧歷年收成及盈虧一覽表》，《最近安徽之農村救濟及調查》，安徽省建設廳，1936年，第33～36頁。

其次，明清時期隨著人口的增長，徽州「地狹薄不足以食，以故多賈」，〔註268〕徽州人有外出經商的傳統。徽州經商在外者人數極眾，「大抵徽俗，人

〔註264〕祁門《環溪王履和堂養山會簿》，嘉慶十九年刻本，藏安徽省圖書館。

〔註265〕（清）俞正燮：《徽州竹枝詞》，歐陽發、洪鋼《安徽竹枝詞》，黃山書社，1993年，第59頁。

〔註266〕（清）劉汝驥：《歙縣風俗之習慣·飲食》，《陶甓公牘》卷十二《法制科》。

〔註267〕（嘉靖）《徽州府志》卷二《風俗》。

〔註268〕（明）歸有光：《例授昭勇將軍成山指揮使李君墓誌銘》，《震川先生集》卷一八。

十三在邑，十七在天下。」〔註269〕大量在籍人口就食他郡，緩解了徽州地區糧食供給的壓力。

再次，徽人以儉嗇著稱，在飲食方面尤為突出。徽州百姓不僅多食雜糧，貧苦人家還減少餐數，盡量縮減糧食消耗。這也在一定程度上減少了外米的輸入量。休寧「市人一日三餐，而苦者減其一」。〔註270〕歙縣「貧者日再食，富者日三食，食惟饘粥，客至不為黍。」〔註271〕

太平天國運動之後，徽州地區的糧食供給有了一些改變，雖然產糧依然供不應求；但與清代前期相比，供求矛盾已明顯緩和。

總體而言，近代徽州依然是缺糧較多的地區。光緒年間，「徽地豐稔之歲，土產米糧僅敷三月。」〔註272〕祁門「萬山環繞，地少膏腴，歲僅三月之糧，家鮮兼旬之蓄，偶遇歉薄，荒象頓形。」〔註273〕歙縣「食糧一項，所產不足自給，尚仰給於鄰封。」〔註274〕黟縣「民食以稻麥為大宗，出產數目僅足三月之糧。」〔註275〕婺源「地隘人稠，產糧不敷消費，須仰給他方。」〔註276〕

太平天國運動後，徽州地區人口銳減，糧食需求總量大幅減少。太平天國運動在徽州地區持續長達12年之久，戰火蔓延徽州各地，戰事相當激烈，許多地方在交戰雙方數次易手。「大抵浙江未陷之先，賊欲由徽以圖竄浙之路，故徽之受害烈。浙江既陷後，賊欲擾徽以輕攻浙之師，故徽之戰事尤烈。」〔註277〕太平天國運動使徽州地區人口損失慘重。如歙縣，「咸豐間兵事，歙人受禍，實為奇酷……全縣人口十損七八。」〔註278〕戰爭雖然給徽州社會帶來了重創，但在客觀上減輕了糧食供給壓力。單從口糧消耗來看，根據《皖政輯要》、《安徽省六十縣產業調查繁表》和《安徽省統計年鑒》提供的光緒三十年、1919年和1933年的人口數據，與嘉慶二十四年（1819年）徽州人口相較，其差數及口糧消耗減少量分別如下表。

〔註269〕 （明）王世貞：《贈程君五十敘》，《弇州山人四部稿》卷六一。
〔註270〕 （清）劉汝驥：《休寧風俗之習慣・飲食》，《陶甋公牘》卷十二《法制科》。
〔註271〕 （康熙）《徽州府志》卷二《風俗》。
〔註272〕 （清）汪麟：《歙田少請通浙米案呈稿》光緒末年刻本，藏安徽省圖書館。
〔註273〕 （清）黃光第：《祁米案牘》，光緒刻本，藏安徽大學圖書館。
〔註274〕 安徽省蕪屯路沿線物品流動展覽會籌備會：《安徽省蕪屯公路沿線經濟概況》，安徽省蕪屯路沿線物品流動展覽會籌備會，1935年，第25頁。
〔註275〕 《安徽民政季刊》調查專號，1933年第1卷第1期。
〔註276〕 《安徽民政季刊》調查專號，1933年第1卷第1期。
〔註277〕 （清）黃次蓀：《鳳山筆記》，許承堯《歙事閒譚》卷十九。
〔註278〕 （民國）《歙縣志》卷十一《烈女》。

表 2－3－2：徽州人口與口糧消耗表　　　　（人均口糧以 3 石計）

	嘉慶廿四年	光緒三十年	1919 年	1933 年
人口數	2679423	829066	1133083	874031
口糧消耗（石）	8038269	2487198	3399249	2622093
與 1819 年相差（口）	－	1850357	1546340	1805392
口糧消耗減少（石）	－	5551071	4639020	5416176

資料來源：馮煦：《皖政輯要》，黃山書社，2005 年，第 127 頁；安徽省政府：《安徽省六十縣產業調查繁表・人口類》，安徽省政府，1922 年；安徽省統計年鑒編纂委員會：《安徽省各縣七年來人口統計表（民 17 年～民 23 年）》，《安徽省統計年鑒》，安徽省統計年鑒編纂委員會，1935 年，第 49 頁。

上表數字雖不能作為徽州地區糧食消耗的準確數據，但反映了徽州口糧消耗的巨額減少。

人口與土地的變動「既是徽州政治、經濟、文化變化一個側面的反映，又對徽州各方面的歷史進程發生了作用」。〔註 279〕人口減少緩解了徽州緊張的人地關係，有的縣份由「地狹人稠」變成「地廣人稀」。如歙縣，經過半個世紀的開墾後，「即肥沃平地，仍多荒廢待墾。」在 1930 年代依然是「地大人稀」的狀態。按照當時的統計，戶均耕地雖僅 10 畝零，但「其已開墾無糧者，不知多少；林山茶地之無稅捐者，又不知若干。」〔註 280〕績溪上川明經胡氏，在道咸間因子姓繁盛，「近村一二十里無不闢墾，種黍植茶，殆鮮曠土。」兵燹之後，「山野荒蕪，邇來雖稍稍開拓，然視前時十一二耳。」〔註 281〕

由於人口銳減，徽州有的縣份由缺糧縣變成自給縣或餘糧縣。如績溪，「從前計算全邑每歲不敷三月之糧，洪楊亂後，戶口遭殘，以西北鄉轉運東南，略可相抵。」〔註 282〕「本縣所產之米，足以供給本身之需要，但亦無餘米足

〔註 279〕 葉顯恩：《明清徽州農村社會與佃僕制》，安徽人民出版社，1983 年，第 41 頁。
〔註 280〕 建設委員會經濟調查所統計課：《中國經濟志・安徽省歙縣》，建設委員會經濟調查所，1935 年，第 43、49 頁。
〔註 281〕 績溪《上川明經胡氏宗譜》下卷之下《拾遺》，轉引自張海鵬、王廷元：《明清徽商資料選編》，黃山書社，1985 年，第 12 頁。
〔註 282〕 胡步洲：《績溪鄉土地理》（油印本），1926 年，第 32 頁。

以供給鄰縣。」〔註283〕休寧在「洪楊以後，戶口尤形降減，迄至今日，尚不及明清兩代之數。」〔註284〕在清代前期，其糧食供應「日仰給東西二江，一遇公禁私遏，旬日之艘未至，舉皇皇枵腹以待。」〔註285〕近代則「幸人口稀少，米麥等食糧，足敷自給」，〔註286〕「普通年份所產，足供全縣人口一年有半之食糧」，〔註287〕「本縣年有餘米亦約十萬市石。」〔註288〕

那麼，近代徽州地區究竟缺糧幾何？需從省外運進多少稻米呢？

要量化近代徽州地區的缺糧狀況，不外從糧食生產和消費兩方面入手。糧食產量的計算需要單產和耕地面積數據。但是，由於各種原因導致無法掌握中國歷史上耕地面積的真實數據，正如許滌新、吳承明所言：「我們並不知道中國的耕地面積究竟有多少。」〔註289〕而近代有關糧食產量和銷量的統計數據往往有許多矛盾之處，無法採用。如 1933 年對徽州各縣糧食產銷量的統計。

表 2－3－3：1933 年徽州六縣稻米產銷量表

縣　別	產銷量（萬石）		縣　別	產銷量（萬石）	
	產　量	銷　量		產　量	銷　量
歙縣	20	40	休寧	36	36
績溪	10.2	10.2	黟縣	22	72
祁門	10	20	婺源	30	90

資料來源：《安徽民政季刊》調查專號，1933 年第 1 卷第 1 期。

上表顯示，徽州地區全年大米產量為 128.2 萬石，其餘各縣共有 160 萬石的缺口。亦即全年大米的消耗總量為 288.2 萬石。1930 年代徽州人口總數為 874031，人均年消費各類糧食 3 石，全部按米計算，則需米約 262 萬石。而

〔註283〕夏忠群：《安徽省食糧運銷調查報告》（油印本），1935 年，第二節·6 徽州一帶。
〔註284〕建設委員會經濟調查所統計課：《中國經濟志·安徽省休寧縣》，建設委員會經濟調查所，1935 年，第 5 頁。
〔註285〕（康熙）《徽州府志》卷八《蠲賑》。
〔註286〕建設委員會經濟調查所統計課：《中國經濟志·安徽省休寧縣》，建設委員會經濟調查所，1935 年，第 16 頁。
〔註287〕鐵道部財務司調查科：《京粵線安徽段經濟調查總報告書》，鐵道部財務司調查科，1930 年，第 315 頁。
〔註288〕夏忠群：《安徽省食糧運銷調查報告》（油印本），1935 年，第二節·6 徽州一帶。
〔註289〕許滌新、吳承明：《中國資本主義發展史》（第三卷·上），人民出版社，2003 年，第 268 頁。

實際上徽州地區作爲安徽四大雜糧主產地之一，雜糧在食物結構中佔有很大比重，不可能全年均食用大米。也就是說，即使上表中的產量數據是可靠的，其消耗量數據肯定超過了實際。

此外尙有一些矛盾之處：第一，婺源和休寧兩縣的人口數量相當，何以大米消耗量如此懸殊？第二，根據江西省建設廳的估計，1935 至 1937 年婺源產穀數量分別爲：1852、1778 和 1066 千市石，年均 1565 千市石。〔註290〕按二穀一米的折算率，有近 80 萬石的米產量。江西省建設廳估計婺源年產米 70 萬石，與之接近。即便如此，與上表中的 30 萬石也相差懸殊。同樣，70 萬石的產量意味著人均 3.9 石餘，則婺源屬於餘糧縣，也與歷史事實相牴牾。第三，祁門和績溪人口數量和產量均相當，績溪產銷平衡，而祁門則需 10 萬石的外來米糧接濟，何也？第四，黟縣人口僅 6 萬餘，其稻米消耗量竟然有 72 萬石之巨，人均年消費超過 11 石。而 1935 年胡元吉在黟縣的調查則反映該縣尋常年份產稻 1200 萬斤，有「十二萬擔」之俗稱，按二穀一米和每石米 150 市斤的比率折合，有 40 萬石。〔註291〕這與上表中的產量相差較大。第五，歙縣作爲徽州首縣，人口最多，但米糧消耗量竟遠較黟縣和婺源爲低，這也是不夠合理的。

總之，上表數據缺乏可信性。因此，我們只能從消費量入手，討論近代徽州缺糧狀態。

1930 年代徽州各縣人口如下表。與 1950 年的人口數相對照，該組數據是可以采用的。

表 2－3－4：徽州六縣 1933、1950 年人口數表

時間	歙縣	休寧	黟縣	績溪	婺源	祁門	合計
1933	282638	173096	61093	89138	177592	90474	874031
1950	331560	149856	48147	86475	168514	73420	857972

資料來源：安徽省統計年鑒委員會：《安徽省各縣七年來人口概數統計表》，《安徽省統計年鑒》，安徽省統計年鑒委員會，1935 年，第 49 頁：葉顯恩：《明清徽州農村社會與佃僕制》，安徽人民出版社，1983 年，第 41 頁。

〔註290〕江西省政府建設廳：《江西省穀米概況》，江西省政府建設廳，1938 年，第 2 頁。

〔註291〕唐松如：《黟縣歷史上的糧食問題——試析胡元吉氏的一則調查資料》，《古黟》第七期，1984 年。

上表中，休寧和績溪不需外糧接濟，其餘 4 縣的人口總數為 611797 人。若將人均年消費糧食 3 石全部以米計算，共需米 183 萬餘石。按照「所產僅敷三月」的標準計算，各縣約需自外獲得 137 萬石的米糧接濟。但實際上並不需要這麼多。因為：

第一，各缺糧縣產糧自給時間有長短之別，並非每個縣都是「所產僅敷三月」。根據資料記載，各縣自給時間如下：

表 2－3－5：徽州缺糧縣份糧食自給時間表

縣別	糧食自給時間	資料來源
歙縣	（水稻）合計全邑三月糧耳	1
	通計豐年止敷民間三月之糧	2
	米產豐年可供全縣半年之用，荒年只敷三個月	3
黟縣	（稻麥）出產數目僅足三月之糧	4
	（米）銷售本地，不足三月之糧	5
祁門	中稔之歲僅敷三月，米糧餘皆仰給江西	6
	僅敷當地民食六月	7
婺源	豐年僅支八月，荒歲只支半年	8
	歲概田所入不足供通邑十分之四	9

資料來源：1.（民國）《歙縣志》卷三《營建志·水利》。2.（清）汪麟：《歙田少請通浙米案呈稿》光緒末年刻本，藏安徽省圖書館。3.鐵道部財務司調查科：《京粵線安徽段經濟調查總報告書》，鐵道部財務司調查科，1930 年，第 303 頁。4.《安徽民政季刊》調查專號，1933 年第 1 卷第 1 期。5.唐松如：《黟縣歷史上的糧食問題——試析胡元吉氏的一則調查資料》，《古黟》第七期，1984 年。6.（清）黃光第：《祁米案牘》，光緒刻本，藏安徽大學圖書館。7.《祁門民生狀況調查》，《安徽民政月刊》1930 年第 16 期。8.《婺源縣民生狀況表》，《安徽民政月刊》1931 年第 24 期。9.（光緒）《婺源縣志》卷三《風俗》。

根據上表，歙縣和黟縣每年稻米產量可供應 3 個月，祁門可供 3～6 個月，婺源可供 8～6 個月，祁門按 4.5 個月、婺源按 7 個月計算，則 4 縣合計缺米約 116 萬石。

第二，大量食用雜糧減少了購運省外米糧的數量。歙縣「東南北三鄉農

民多植玉蜀黍，年產約三四十萬石，大多數農民皆視爲主要食料。」〔註292〕各種糧食在豐年總共能「足九月之需」。〔註293〕也就是說，該縣有近半年以食用雜糧爲生。如此，僅歙縣一縣就減少了42萬餘石的稻米消耗，則上述缺米額減至74萬石。黟縣「高地種菽麥，低地種秔稻，芝麻蘆穄，各適土宜。」自清末客民入黟墾種經濟作物和雜糧後，「所種蔗芋蕷落花生之屬，產額最巨，頗能稱盡地力，需要不事外求。」〔註294〕婺源糧產不足，「乃並力作於山，收麻藍粟麥佐所不給。」〔註295〕農民「冬月多掘蕨根以充食。至夏麥登，則屑粃雜米，名曰乾糧。」〔註296〕如果將祁門、婺源和黟縣每年以雜糧爲食的時間假定爲3個月，則4縣糧食缺口總量約爲49萬石。

　　第三，徽州年人均消費糧食的數量，本文以3石計算，實際上，儘管1930年代安徽省的統計是全省年人均消費各類糧食3.04石，而徽州地區的年人均糧食消費量要遠低於此數。1929年祁門產糧58000餘石。「因受水旱蟲鼠等災，致數銳減，不足三月之糧」，「民食不足約14萬餘石。」〔註297〕合計全縣年需198000石。按此計算，人均僅2.2石；這與1936年「安徽省地方概況調查」的調查者對休寧縣人均消費估計爲2.5石的數量相去不遠。〔註298〕若人均按2.5石計算，則徽州地區年缺糧約41萬石。

　　第四，與清代前期相比，徽州缺糧縣自省內獲得的補給大爲增加。就目前所見資料，休寧的稻米產量有相差懸殊的幾個數據：一爲稻20萬石，如《安徽省蕪屯公路沿線經濟概況》所言；〔註299〕一爲米36萬石，表2－3－3及《休寧縣地方概況》、《中國經濟志·安徽省休寧縣》等均持此說；一爲稻160萬石，如《京粵線安徽段經濟調查報告書》所言；1936年的調查則顯示休寧年

〔註292〕　安徽省蕪屯路沿線物品流動展覽會籌備會：《安徽省蕪屯公路沿線經濟概況》，安徽省蕪屯路沿線物品流動展覽會籌備會，1935年，第25頁。

〔註293〕　安徽省建設廳：《最近安徽之農村救濟及調查》，安徽省建設廳，1936年，第29頁。

〔註294〕　胡存慶：《黟縣鄉土地理》之《物產》，1925年。

〔註295〕　（光緒）《婺源縣志》卷三《風俗》。

〔註296〕　（光緒）《婺源縣志》卷三《風俗》。

〔註297〕　《祁門民生狀況調查》，《安徽民政月刊》1930年第16期。

〔註298〕　吳德麟：《休寧縣地方概況》，《安徽省地方概況報告》，國民經濟研究所，1936年。

〔註299〕　安徽省蕪屯路沿線物品流動展覽會籌備會：《安徽省蕪屯公路沿線經濟概況》，安徽省蕪屯路沿線物品流動展覽會籌備會，1935年，第31頁。

產米 72 萬石。〔註 300〕但據《中國經濟志・安徽省休寧縣》，休寧縣無碾米廠，稻穀加工全憑水碓舂搗。全縣碓號共 170 戶，臼數 1397 具，年舂米 687700 石。〔註 301〕若按其年產 36 萬石米的說法，則有近 33 萬石米的輸入，不可信；更不用說年產稻 20 萬石了。如果年產 36 萬石是實，則休寧自給難保，也與一些記載相左：根據夏忠群的調查，休寧「為黟祁兩縣之重要供給區域。」〔註 302〕黟縣所缺之糧「全恃休寧、太平輸入以資救濟」；〔註 303〕民國時期胡元吉也說，「本邑人糧食全仰給於太平、祁門及休寧三家。」〔註 304〕綜合上述情況，筆者估計休寧年產米約在 70 萬石左右。

績溪雖無餘糧外運，但「米每年出口不下二三十萬元，然實則運之旌德、寧國，轉銷鄰縣。」〔註 305〕績溪首鎮臨溪交通便利，水路連接歙杭和屯溪、祁門，陸路與旌德、寧國相通；旌德、寧國河瀝溪的米由畜馱、車運或肩挑而入，再由臨溪經水路輸出。該鎮是周邊地區的主要米市，糧食貿易旺盛。有為數眾多的米行、米店。其中資本超過萬元的就有 10 家，號稱「臨溪十大米行」。抗戰前，旺市時日有 4 萬斤的糙米上市量。每年輸出熟米 1 千多萬斤。臨溪之外，揚溪、上莊、北村等鎮也由旌德、寧國等地運米銷售。〔註 306〕

太平天國運動之後，皖南旌德等縣的糧食產銷狀況也發生了變化。旌德在戰前人滿為患，糧食生產不能自給。戰後因人口凋零，農業生產恢復後，由缺糧縣變成餘糧縣，成為徽州地區的糧源地，有「徽州糧倉」之稱。〔註 307〕歙縣「昔年由浙江、江西二省運入接濟，今則全仗旌德維持」。〔註 308〕

〔註 300〕　《休寧農產品簡表》，《農友》1936 年 4 卷 6 期。

〔註 301〕　建設委員會經濟調查所統計課：《中國經濟志・安徽省休寧縣》，建設委員會經濟調查所，1935 年，第 49～50 頁。

〔註 302〕　夏忠群：《安徽省食糧運銷調查報告》（油印本），1935 年，第二節・6 徽州一帶。

〔註 303〕　《安徽民政季刊》調查專號，1933 年第 1 卷第 1 期。

〔註 304〕　唐松如：《黟縣歷史上的糧食問題——試析胡元吉氏的一則調查資料》，《古黟》第七期，1984 年。

〔註 305〕　胡步洲：《績溪鄉土地理》，1926 年，第 40 頁。

〔註 306〕　績溪縣糧油食品局：《績溪縣糧食志》（內部資料），1987 年，藏安徽省地方志編纂委員會圖書室。

〔註 307〕　姚卓華：《旌德大米》，《旌德縣文史資料》第二輯，1993 年，第 96～104 頁。

〔註 308〕　鐵道部財務司調查科：《京粵線安徽段經濟調查總報告書》，鐵道部財務司調查科，1930 年，第 303 頁。

近代徽州地區內部調節和自省內其它地方獲得米糧接濟增多。根據《安徽省食糧運銷調查報告》對旌德和休寧縣的調查，這兩個縣米糧在徽州的運銷數量和路線如下：

表 2－3－6：旌德、休寧稻米輸出情況表

輸出地	數量（石）	輸入地
旌德	40000	臨溪（績溪）——歙縣
	30000	上豐（歙縣）
休寧	10000	歙縣
屯溪（休寧）	50000	黟縣
	30000	祁門
	10000	婺源

資料來源：夏忠群：《安徽省食糧運銷調查報告》（油印本），1935 年，第二節·6 徽州一帶。

此外，根據前述臨溪鎮的糧食運銷數據，商會人士估計日均有 200 擔的運銷量，臨溪年輸出熟米有 7 萬石左右，除去上表中運往歙縣的 4 萬石，還有由寧國等地運入的 3 萬石米在徽州地區流通。總計徽州缺糧地區在省內可獲得 20 萬石左右的補充。也就是說，近代徽州地區約有 21 萬石的缺糧取自江西和浙江。根據 1919 年安徽省關稅、釐稅調查，由浙贛兩省輸入的米糧數及其在徽州的銷路如下：

表 2－3－7：浙贛稻米輸入徽州數量表　　　　　　（單位：石）

數　量	來　自	去　向	經過釐局
21300	浙江淳安、遂安等縣	歙縣、休寧	歙縣街口釐局
45000	淳安	歙縣	休寧屯溪釐局
67000	江西饒州、樂平	婺源	婺源太白釐局
25000	江西饒州、景鎮袁州、贛州	祁門、休寧、黟縣	祁門倒湖釐局

資料來源：安徽省政府：《安徽省六十縣產業調查繁表·稅釐經濟類·關稅釐稅調查表》，安徽省政府，1922 年。

　　上表表明，浙贛兩省運入的米糧總共有 158300 石，與本文的估計量較為接近。

第三章　近代安徽稻米市場組織

近代安徽稻米市場的交易流程頗為複雜。稻米由生產者運至蕪湖出口，要經過層層轉運，有複雜的交易手續和繁瑣的交易過程（見圖3-1）。在交易過程中，稻米加工、經紀、銷售、運輸、倉儲、金融等行業參與其中，構成了近代安徽稻米市場組織。其中，稻米販運業、經紀業、加工業等是近代安徽稻米市場組織尤為重要的主體。

第一節　稻米販賣商

作為商品的糧食由生產者轉至消費者，除雙方直接交易之外，均需經由糧食商人轉手。稻米販運商是稻米市場最重要的主體，除生產者和消費者直接交易外，大量稻米只有以他們為中介，才能從生產者轉到消費者手中，實現糧食商品所有權的轉換。近代安徽從事稻米販運活動的商人遍佈城鄉，從偏鄉僻壤的草市村集到交通樞紐的通商大埠，都可見到他們活躍的身影。他們既有店面、店號皆無的升斗攤主，又有坐擁鉅資、操控價格的米市巨擘；既有肩挑車載的小商販，又有輪輪帆運的大米商；既有行商又有坐賈。其身份，有農閒時兼營的農民，有專事米業的商人，也有的身兼地主、業主。從其功能看，有零售商、批發商、轉運商和經紀商，也有身兼稻米加工與販賣的商行和稻米加工業者。

嚴格地說，對近代安徽從事與稻米有關的商業活動的商人進行明確的分類是難以實現的，因為這些商人中很多是從事多種與稻米交易有關的活動；從事稻米販賣的商人也有很多同時兼營其它業務。因此，只能對他們進行大致的分類，即稻米零售商和稻米販運商。前者從事的主要是門市零售，後者包括小批量的短途販運和大宗的長途販運。

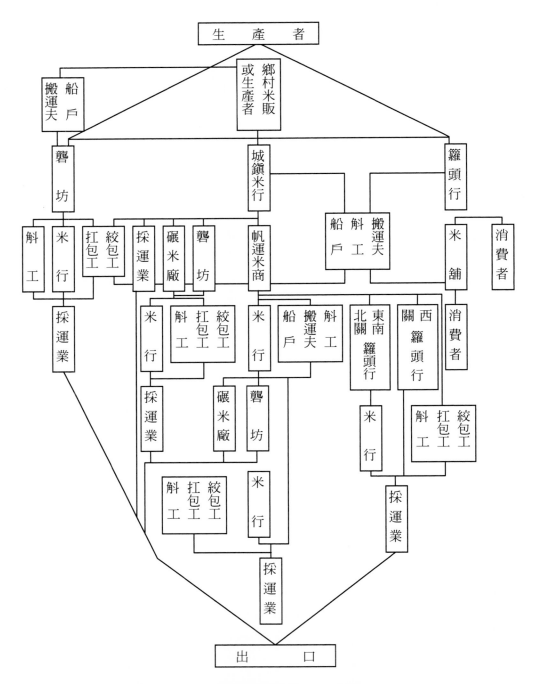

圖 3－1：蕪湖稻米交易系統圖〔註1〕

〔註 1〕 孫曉村：《江西安徽江蘇三省米穀運銷之研究》，《國際貿易導報》1936 年第 8 卷第 6 期。

一、稻米零售商

在缺糧區，百姓食糧不能自給的均需購自市場，因此糧店遍佈城鄉。在非缺糧區，稻米零售商主要以市鎮居民為銷售對象。所以凡有市鎮之處，即有稻米零售商開設的店面。

各地經營稻米零售的店面名稱各異。潛山縣的米店均無固定商號。〔註2〕安慶則稱「米鋪」。〔註3〕三河專營稻米零售的稱「米號」。〔註4〕全椒經營稻米零售的商店則稱「糧行」、「糧號」，如當時的縣城有「黃興隆糧號」、「正本糧行」、「泰昌糧行」、「恒發糧行」、「盛雲記糧行」等；有的牌號則直接稱「××糧食」，如「元生糧食」等，這些都是全椒規模較大的零躉銷售的糧店，逢集時日吞吐量在 10 擔至 50 擔之間，最高的達七八十擔。〔註5〕舒城有「米簸」，這種糧商資本很小，他們從糧行買進糙米，舂熟後擺攤零售。〔註6〕皖北蚌埠等地則稱「米坊」，坊行的糧食以蚌埠的住戶和商店為主要銷售對象。〔註7〕

稻米零售商的資本與店面規模大小不一。資本很小的米店，多是個體經營或夫妻店。南陵的小糧商僅在集市上擺出米籃零售稻米；當塗的小糧販沒有店面，僅靠擺地攤銷售。〔註8〕而規模較大的米店，不僅資本雄厚，而且左右糧食價格，操控當地的糧食市場。如光緒年間的安慶城中，「米鋪以劉同興為通城巨擘。本多利重，會計精明，各鋪言聽計從，無不仰其鼻息。」〔註9〕光緒十三年，安慶廣濟圩堤決口，該米鋪「逆知秋獲難豐，故私將米價任意抬漲，每石日增青蚨數十文，數日之間，糧同珠貴，居民不堪其苦。」〔註10〕

〔註2〕　潛山縣糧油食品局：《潛山縣糧食志》（內部資料），1988 年，藏安徽省地方志編纂委員會圖書室。

〔註3〕　《益聞錄》第 680 號，光緒十三年五月三十日。

〔註4〕　夏忠群：《安徽省食糧運銷調查報告》（油印本），1935 年，第二節‧10 三河。

〔註5〕　全椒縣糧油食品局：《全椒糧食史料 1911 年～1981 年》（初稿），1984 年，藏安徽省地方志編纂委員會圖書室。

〔註6〕　江建英：《舒城縣糧食志》（內部發行），1988 年，藏安徽省地方志編纂委員會圖書室。

〔註7〕　馮淮南：《米坊街與鹽糧業》，蚌埠政協 http://www.bbzx.gov.cn/detail/news.asp?id=514（2009－11－20）。

〔註8〕　徐金龍：《解放前的當塗糧食行》，《當塗縣文史資料》第三輯，1992 年，第95～100 頁。

〔註9〕　《益聞錄》第 680 號，光緒十三年五月三十日。

〔註10〕　《益聞錄》第 680 號，光緒十三年五月三十日。

在經營方式上，近代安徽各地的稻米零售商多為糧行、礱坊或雜貨店兼營。如含山運漕鎮糧行，「多數附營市米店」；〔註11〕巢縣糧行「亦兼營米糧販賣及零售業務」。〔註12〕桐城米行「兼營米店」；〔註13〕潛山米店「跨行經營的多」。〔註14〕大通的零售米行「有兼做水果行者」。〔註15〕南陵的糧行、礱坊除了經營稻米經紀和加工外，也從事糧食零售。百姓缺糧，多從糧行和礱坊購得。〔註16〕無為縣城和襄安鎮的米店，「多由小集市行兼營」。〔註17〕宣城在 20 世紀二三十年代，由於「糧行均兼營米店」，原有的專營米店無力與之競爭，糧食零售「成為雜貨店附帶營業」，專營米店不過二三家。〔註18〕當塗資本較小的糧行也從事糧食零售業務。〔註19〕績溪縣除了 8 家糧食店專門出售糧食外，「城區及各鄉較大之雜貨店，亦兼營帶賣米」；〔註20〕「城鄉糧食行業專營者少，大都兼營。」〔註21〕涇縣米號兼營礱坊，下鄉收購稻穀，加工成米在門市零售。〔註22〕蚌埠糧行除專營糧食經紀外，有的還兼營鹽業、轉運公司和米坊，從事鹽糧的買進賣出、運輸和零售。還有「不少糧行也開米坊，前面是店堂，後面是糧行」。這種兼營方式成為蚌埠糧食業的一個特色。〔註23〕

規模較大或兼營糧行、礱坊的零售商，其貨源主要來自市場。地主所開

〔註11〕 朱孔甫：《安徽米業調查》，《社會經濟月報》1937 年第 4 卷第 5 期。
〔註12〕 夏忠群：《安徽省食糧運銷調查報告》（油印本），1935 年，第二節‧8 巢縣及柘 。
〔註13〕 朱孔甫：《安徽米業調查》，《社會經濟月報》1937 年第 4 卷第 5 期。
〔註14〕 潛山縣糧油食品局：《潛山縣糧食志》（內部資料），1988 年，藏安徽省地方志編纂委員會圖書室。
〔註15〕 夏忠群：《安徽省食糧運銷調查報告》（油印本），1935 年，第二節‧4 南陵。
〔註16〕 劉祝君：《南陵縣糧食志》，黃山書社，1993 年，第 94 頁。
〔註17〕 朱孔甫：《安徽米業調查》，《社會經濟月報》1937 年第 4 卷第 5 期。
〔註18〕 朱孔甫：《安徽米業調查》，《社會經濟月報》1937 年第 4 卷第 3 期。
〔註19〕 夏忠群：《安徽省食糧運銷調查報告》（油印本），1935 年，第二節‧5 當塗城區。
〔註20〕 鐵道部財務司調查科：《京粵線安徽段經濟調查總報告書》，鐵道部財務司調查科，1930 年，第 285 頁。
〔註21〕 績溪縣糧油食品局：《績溪縣糧食志》（內部發行），1987 年，藏安徽省地方志編纂委員會圖書室。
〔註22〕 夏忠群：《安徽省食糧運銷調查報告》（油印本），1935 年，第二節‧6 徽州一帶。
〔註23〕 馮淮南：《米坊街與鹽糧業》，蚌埠政協 http://www.bbzx.gov.cn/detail/news.asp?id=514（2009－11－20）。

米店出售的有的是佃戶繳納的租稻米，有的從市場收購而來。一般米店多從集市或鄉間自行收購，資金較少的則從礱坊或糧行批發。如潛山的糧食零售商，常以貨易糧或從糧行整石整斗地購進，再以升斗零售。〔註24〕那些沒有店面缺乏資本的小商販，則以買賤賣貴的方式相機吞吐，進行轉手買賣。南陵縣擺米籮售糧的小商販，「多為零星攔巧收買」。甲地買乙地賣或下午買早晨賣，賺取差價。〔註25〕

二、稻米販運商

稻米販運商被稱為「米商」、「米販」、「米客」等。在稻米流通過程中，販運商的作用非常重要，他們給市場提供了大部份糧源；正是他們的商業活動，使得稻米流通得以實現，市場能正常運轉。出入安徽稻米市場的販運商，有的將稻米從產地販往集散地，有的將稻米從甲集散地販往乙集散地，有的則是從集散地販往銷售地，也有的直接從產地販往銷售地。

（一）小米販

無為等地習慣上將小規模短途販運稻米的稱為「米販」。「米販即小規模貿易，自備資本之米客，或自鄉間販米至城鎮，或有自備米船與股戶合股運米往蕪」。〔註26〕蕪湖則將純粹的帆運米商稱為「米販」。南陵一些地方將截購轉賣的小糧販稱為「打糧雁」。〔註27〕米販有專營和兼營兩類，他們中既有農閒時的農民，也有鄉間或小集鎮上的糧行、礱坊等。他們在鄉間收購稻米後，運往附近的大集鎮出售。滁州城關出售稻米的除了農民、地主之外，便是小市場糧行和小糧販，「而以小市場糧行較為重要。」〔註28〕他們資本無多，在偏僻地區或價格較低的地方收買稻穀，再轉手賣給米行或消費者，賺取差價；有的還將稻穀加工成米，下腳也能獲利。

小米販的販賣活動，既解決了偏遠地區農民欲出售少量糧食換取貨幣的問題，又有利於實現糧食在城鄉間的流通。如柘皋鎮上集散的稻米，來自其

〔註24〕潛山縣糧油食品局：《潛山縣糧食志》（內部資料），1988年，藏安徽省地方志編纂委員會圖書室。
〔註25〕劉祝君：《南陵縣糧食志》，黃山書社，1993年，第94頁。
〔註26〕吳正：《皖中稻米產銷之調查》，交通大學研究所，1936年，第50頁。
〔註27〕劉祝君：《南陵縣糧食志》，黃山書社，1993年，第94頁。
〔註28〕夏忠群：《安徽省食糧運銷調查報告》（油印本），1935年，第三節・七滁州。

附近鄉村的多是農民運入，而來自合肥、全椒等地的稻米就多由小販運入。「蓋該地鄉村距離本市六七十里，運米來鎮一日不克往返，故均由小販向各鄉收買，以牲畜馱運轉銷柘皋。」〔註29〕即使離市鎮較近的農民自己運糧入市出售，一般情況下，也要在一天內往返。當交易不能如期完成時，他們可以將糧食出售給小米販。小米販再行轉售給大糧商或自銷。在皖南稻米市場，小米販是稻米交易的主力軍。因為當地的稻米交易「係鄰近市鎮互相流通之性質，懋遷有無以小米販為主。」〔註30〕

正是藉由小米販的販運活動以及農民、地主到市鎮出售稻米和市鎮糧商的下鄉收購，稻米由產地轉到了市鎮，從而開始流通的下一步。

（二）大米販

「米客」一般指進行長途大宗販運的米商，多為外地採運商或本地行商。南陵「米客或為蕪市之採運業及礱坊或本縣之行商。」無為「至由城鎮至蕪湖，或長江下游，米糧流通全恃米客（採運商、帆運行商）為媒介。」〔註31〕各地行商常因地域而分成幫派。蕪湖的賣客即從各地販米來蕪的米商，「有三河、滬（廬）江、無為、襄安、運漕及和、含等幫。統名曰廬和七屬。」〔註32〕舒城桃溪米客有外幫和本幫之別。外幫包括巢湖幫、襄安幫、廬江幫，本幫米客大部份係當地米行兼營。〔註33〕巢縣「行商米客有桐城、白石山（廬江）、襄安（無為）及巢縣本幫等各幫。」無為的販運商「以本地行號，蕪湖商號，及帆運業之桐城、鎮江、巢湖、絲網（硤石漁戶）各幫為主要。」當地稻米外運，主要由外幫客商承辦。「由外埠客商及帆運業購辦者約占總量十分之八，本地幫行號自行販運出口者，不過十分之二耳。」〔註34〕合肥縣城及三河鎮販運商均有本地幫和外埠幫之分。三河稻米大部份「由船販及蕪湖米商前來採購，約占輸出總數十之七，其由本市糧商運出者不過十之三。」滁州「糧販分為外埠及本市二種。」〔註35〕在當塗的販運商有做「外載」（收

〔註29〕夏忠群：《安徽省食糧運銷調查報告》（油印本），1935年，第二節・8巢縣及柘皋。

〔註30〕夏忠群：《安徽省食糧運銷調查報告》（油印本），1935年，第二節・6徽州一帶。

〔註31〕吳正：《皖中稻米產銷之調查》，交通大學研究所，1936年，第50頁。

〔註32〕張鴻藻：《蕪湖米市一瞥》，《錢業月報》1932年第12卷第1號。

〔註33〕吳正：《皖中稻米產銷之調查》，交通大學研究所，1936年，第39頁。

〔註34〕朱孔甫：《安徽米業調查》，《社會經濟月報》1937年第4卷第5期。

〔註35〕夏忠群：《安徽省食糧運銷調查報告》（油印本），1935年，第三節・七滁州。

購本地的糧食運往外埠銷售）生意的糧行、礱坊和碾米廠等，也有來自上海、鎮江的外來客商。販運襄安稻米的有內幫船戶（或稱為黃梢幫，是襄安本地船戶）、桐城幫船戶、蕪湖客商和本幫客商。船幫販運的占總數的四成，蕪湖客商販運的占三成，餘為本地米商所販。太湖華陽「輸出以蕪湖糧商來此採購為主，其次為本市糧商販運。」〔註36〕

安徽本地稻米販運商多數由糧行、礱坊、碾米廠兼營。合肥縣城、高河埠、績溪等處販運商又兼營雜貨生意。合肥縣城的「淩豐恒」、「義盛元」等兼營雜貨，「鑫昌」兼營紗布毛皮生意。〔註37〕高河埠稻米以安慶為主要銷售地，「高河埠米商一方收買農戶之米，一方轉銷於安慶之米號，即以價款向安慶各商號批發佈帛、油鹽、雜貨，仍以銷之於農民。」〔註38〕績溪「城區及各鄉較大之雜貨店，亦兼營帶賣米。」〔註39〕資本雄厚的大糧商涉足多種行業。桐城周宜輔經營的隆章糧行，有門面、倉廠、帆船及糧食加工設備等。不僅從事糧食販運，還將粉絲、薏仁米等土特產品運往蕪湖、南京、上海、九江、武漢等地，運回棉紗、煤油等緊俏商品。〔註40〕有資本的船戶在米市暢旺時，也有「自買頭」即「下鄉自行收集或投市鎮米行購進稻米運出販賣者。」〔註41〕也有無資本的船戶與販運商合夥販運，後者出資購糧，船戶不收運費，所得利益兩家均分。這種情況下，船戶對售價可以自行決斷，不須像僅負責運輸的船戶那樣受貨主的遙控。

各市鎮糧行、礱坊、碾米廠及船戶兼營的販運商之外，蕪湖還有所謂「純粹帆運米商」。這些人無一定的營業場所和設備，營業時期不定，營業範圍也不限於稻米，「凡備有資本，審熟市場米糧供需情形，及明瞭各地米糧生產狀況者，皆可為之。」〔註42〕

〔註36〕夏忠群：《安徽省食糧運銷調查報告》（油印本），1935年，第二節‧5當塗城區、11襄安、13華陽。

〔註37〕朱孔甫：《安徽米業調查》，《社會經濟月報》1937年第4卷第5期。

〔註38〕夏忠群：《安徽省食糧運銷調查報告》（油印本），1935年，第二節‧12高河埠。

〔註39〕鐵道部財務司調查科：《京粵線安徽段經濟調查總報告書》，鐵道部財務司調查科，1930年，第285頁。

〔註40〕郭子壽：《桐城縣商業志》（內部發行），1988年，藏安徽省地方志編纂委員會圖書室。

〔註41〕林熙春、孫曉村：《蕪湖米市調查》，社會經濟調查所，1935年，第9頁。

〔註42〕林熙春、孫曉村：《蕪湖米市調查》，社會經濟調查所，1935年，第9頁。

（三）交易規則

稻米販運商在販運過程中，有嚴格的規則和繁複的手續。假設稻米產地為三河鎮附近，其被販運到蕪湖的交易軌跡大致如下：

六安、舒城、盧江及合肥等地的稻米逐步集中到三河。參與稻米集中過程的買賣雙方主要有以下這些行為主體：賣方中有船販、小市的糧商、近郊農民和小市糧行。船販、小市糧行和小市糧商在六安、舒城、盧江等縣和三河之外的合肥其它地方收買稻米後，運至三河經糧行出售；近郊的農民或也可直接將稻米運入三河經小行出售。買方有蕪湖客商、船販、本市零售米店及兼營販運的糧行、礱坊和碾米廠。

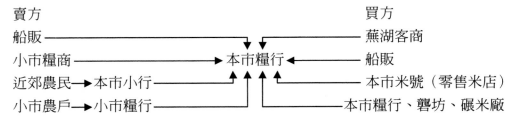

蕪湖客商、船販和本市的糧行、礱坊、碾米廠將稻米或託付船戶或自行運往蕪湖。貨到蕪湖後，投入素有交往的米行，由米行與米號接洽，將糧食售與外省採辦商。

販運商在原產地採辦稻米時，履行的手續視販運商自身的性質而有別。如是糧行、礱坊、碾米廠及船戶兼營的，一般可以直接向農民或地主收買，再雇船運往蕪湖或其它銷售地。如為純粹的販運商，只能向當地米行或礱坊、碾米廠採辦稻米，不能直接向農戶或地主收購，必須經由米行代為搜攬。購買時，須繳納行庸、斛力、抗力、絞包等費用，並根據當地規定，繳納保安、教育、公安、商牌、燈油等捐；倘有流氓勒索，尚須每船出米 2 升至 5 升不等。具體規定因各地習慣而有差異。販運商中，「自買頭」之外自備船隻的不多，多數須雇船運輸。販運商一般不隨船前往，船戶將稻米出售後，憑糧行出具的賬單回去交賬。親往內地收購的販運商一般也不隨船而行，而是先行乘客輪迴去，有的不親自赴內地採辦，而將貨色、價格、數量等要求確定後，交由船戶代為收購，再運到目的地出售。此即所謂「定盤子」。

稻米販運商因流動性較強，不易組建同業組織。蕪湖的盧和七屬曾在宣統年間，設立七屬米業公所，「為各商會聚之處。」1933 年，盧和七屬、

安慶六邑、宣城和南陵等處的帆運商推派代表，共同組建帆運米商駐蕪事務所。〔註43〕

第二節　稻米經紀業

在糧食流通過程中，糧食經紀業的功能就是為買賣雙方作中介，通過居間經紀賺取傭金。近代安徽興盛的稻米貿易和繁瑣的稻米交易程序催生了發達的稻米經紀業。

居間經紀、賺取傭金並非近代安徽稻米經紀業取利的唯一途徑。在沒有行業限制的地方，有能力和資本的稻米經紀行便會擴大業務，賺取更多利益。從各地糧行經營的業務來看，其取利之途很多：一是居間經紀，賺取傭金；二是提供交易場所，收取傭金；如巢縣城區附近的農民，將糧食運入城區後，「徑投米行，陳列米樣，標明價格，由買客自行選購。」米行收取一定傭金。〔註44〕三是代客購銷，賺取傭金和差價；四是自本自銷，收購稻米零售或長途販運，通過賤買貴賣賺錢；五是兼營礱坊、米廠等稻米加工業及經營雜貨、兼營食鹽等；六是從事糧食放貸，剝削高額利息。如六安木廠埠的糧行，「厚利收放糧食」；〔註45〕天長的陸陳行常低價收進稻米，「於青黃不接時貸給農民，然後照數加四歸還，或候至糧價漲至最高時，折成貨幣數額歸還。」〔註46〕這幾種經營方式又因地域的差異和經營習慣的不同，有的地方可以兼而有之；有的地方則有行業壁壘，不能任意從事。

近代安徽各地的稻米經紀行，多稱「糧行」或「米行」，也有的地方稱「過載行」、「六（陸）陳行」和「米號」。各稻米經紀行又因規模不同而有「大市行」、「小市行」、「籮頭行」、「露水行」、「光蛋行」之別。各地因商業習慣的不同，稻米經紀業的行規也不盡相同。單從其服務對象來說，就有不同的規定：有些地區的稻米經紀行可以為買賣雙方服務，經紀買與賣；有的地方則有嚴格的行業限制，必須由不同的稻米經紀行分別為買方和賣方服務。也就是說，按照服務對象的不同，稻米經紀行分為三種：賣行、買行和買賣行。

〔註43〕林熙春、孫曉村：《蕪湖米市調查》，社會經濟調查所，1935年，第12頁。
〔註44〕夏忠群：《安徽省食糧運銷調查報告》（油印本），1935年，第二節・8巢縣及柘皋。
〔註45〕陳庚雅：《贛皖湘鄂視察記》，申報月刊社，1934年，第130頁。
〔註46〕馮和法：《中國農村經濟資料續編》，上海黎明書局，1935年，第84頁。

一、稻米經紀行的類別

（一）買賣行

近代安徽糧食市場中，「有些市場只有糧行（即糧食經紀行）一種，兼作買賣雙方交易之中間人，例如蚌埠、五河、臨淮關、大通等處是也。」〔註47〕此外還有懷寧、潛山、天長、太湖、望江、當塗、貴池、南陵、宣城、廣德、舒城、巢縣、三河、明光、六安、霍山、壽縣等地的稻米經紀行均屬此類。

這些地方的稻米經紀行多數都是兼營型。除了爲買賣雙方作中介外，有的還從事其它糧食商業、稻米加工等活動。

懷寧糧行的兼營業務包括自行販運、糧食高利借貸即「放稻青」、代客買賣等。潛山的糧行也兼營自本購銷，並通過「放稻青」盤剝農民。〔註48〕

當塗糧行，資本雄厚的就經營糧食購銷，沒有資本的則完全依靠爲買賣雙方說合交易賺取差價或收取5～10%的傭金生存。〔註49〕

貴池米行的業務內容也取決於資本雄厚與否。資本大的米行從事糧食販運業務，資本小的利用買家支付的糧款，代客收買，賺取買賣之間的差價。〔註50〕

宣城代客買賣的糧行兼營礱坊的很多，占半數；另外還兼營稻米零售和乾果山貨。〔註51〕舒城糧行爲「居間人，兼營門市收買米稻自運出口。」〔註52〕也從事代客買賣、開辦礱坊等。〔註53〕還在青黃不接之時借棧稻給缺糧的農民，借米時市價每元1斗5升放債者每元以1斗計。

桐城樅陽鎮的米行兼營門市。〔註54〕望江華陽鎮的糧行，「代客買賣，兼營零售及販運。」〔註55〕銅陵的米行在農民缺糧時「放稻青」；此外，農戶以

〔註47〕夏忠群：《安徽省食糧運銷調查報告》（油印本），1935年，第一節。

〔註48〕潛山縣糧油食品局：《潛山縣糧食志》（內部資料），1988年，藏安徽省地方志編纂委員會圖書室。

〔註49〕徐金龍：《解放前的當塗糧食行》，《當塗縣文史資料》第三輯，1992年，第95～100頁。

〔註50〕貴池市地方志編纂委員會：《貴池縣志》，黃山書社，1994年，第573頁。

〔註51〕朱孔甫：《安徽米業調查》，《社會經濟月報》1937年第4卷第3期。

〔註52〕吳正：《皖中稻米產銷之調查》，交通大學研究所，1936年，第39頁。

〔註53〕江建英：《舒城縣糧食志》（內部發行），1988年，藏安徽省地方志編纂委員會圖書室。

〔註54〕吳正：《皖中稻米產銷之調查》，交通大學研究所，1936年，第75、58頁。

〔註55〕夏忠群：《安徽省食糧運銷調查報告》（油印本），1935年，第二節·13華陽。

每元 5 斤稻的低價「指米抵債」，將糧食預賣給米行。廬江米行向農民低價購「稻青」。

三河和舒城的米行向農民高價出借棧稻。〔註56〕

南陵的米行不僅代客買賣，還代客運米，收取運費。〔註57〕南陵米業在1920 年代中期處於極盛時期，糧行均有相當的資本，從事糧食期貨交易，主要是期稻或期米。糧食期貨有「青盤」和「短期盤」之別。青盤者，買客先期付款，糧行在青黃不接時向農民按時價八折放款，待新穀上場時交貨。秋收後糧行放款給農民的時間一般限定在十天半月之內，謂之「短期盤」。買客與糧行之間沒有扣盤和請加盤的規矩，所以行方除了行庸外，還能賺取買賣雙方的差價，「若進盤價低，其利尤阜」。〔註58〕由於「期貨交易，賣方虧折甚巨，買方擔冒風險」，〔註59〕1930 年代南陵米行因期貨交易虧折甚重，除個別米行外，代客買賣生意清淡，「全恃兼營米廠，及自己販運以維持」。〔註60〕另外，南陵還有一種交易經紀人，介於糧行和外來客商之間，俗稱「擋手」或「跑街」。買賣雙方不當面議價，而由擋手出面撮合。在交易過程中，擋手代開稅票、作證，報酬是勞務費或現米。〔註61〕

六安的米行在經濟狀況較好時也自運稻米出口，「今（1933 年——筆者注）則僅能在當地代客買賣，無力營出口業矣」，〔註62〕有的米行還兼營礱坊。

明光的糧行「亦兼做販賣」。〔註63〕

壽縣正陽關糧行和蚌埠一樣，「兼做食鹽與食糧交易。」

蚌埠糧行多數還開設轉運公司，部份兼設糧莊。1930 年代蚌埠有糧行 95家，兼設轉運公司者 70 家，占糧行總數 74%。兼設糧莊者約 1／3。〔註64〕

買賣行在為買賣雙方作中介時，主要承擔的是為賣方定價、與買方接洽，待雙方成交後糧行代為過斛拂數、搬運，算賬、收款等工作。但有的糧行僅僅為交易提供場地，不提供其它服務，如巢縣城區的糧行；有的糧

〔註56〕 吳正：《皖中稻米產銷之調查》，交通大學研究所，1936 年，第 74～75 頁。
〔註57〕 朱孔甫：《安徽米業調查》，《社會經濟月報》1937 年第 4 卷第 5 期。
〔註58〕 朱孔甫：《安徽米業調查》，《社會經濟月報》1937 年第 4 卷第 5 期。
〔註59〕 夏忠群：《安徽省食糧運銷調查報告》（油印本），1935 年，第二節‧4 南陵。
〔註60〕 朱孔甫：《安徽米業調查》，《社會經濟月報》1937 年第 4 卷第 5 期。
〔註61〕 劉祝君：《南陵縣糧食志》，黃山書社，1993 年，第 94 頁。
〔註62〕 吳正：《皖中稻米產銷之調查》，交通大學研究所，1936 年，第 35 頁。
〔註63〕 夏忠群：《安徽省食糧運銷調查報告》（油印本），1935 年，第三節‧六明光。
〔註64〕 夏忠群：《安徽省食糧運銷調查報告》（油印本），1935 年，第三節‧一蚌埠。

行則代賣方評定價格，如潛山的賣糧客在投行後，「一般的由行方參照行情及供求變化情況，明碼標出」，〔註65〕如果有的賣主願意降價出售，或買主自願放價購買，行主聽其自便；有些地方有專門斗量糧食的，安慶稱之爲「笆斛行」、〔註66〕全椒叫「斗行」、〔註67〕桐城的樅陽鎮有壟斷經營的「扒斛戶」，〔註68〕因此這些地方的糧行不負責過斛拂數；另有一些地方有專門爲糧商將糧食推運至裝運的車站或碼頭的行業，所以糧行也不須爲客商搬運糧食。〔註69〕

各地稻米中介行業的行規也不盡相同。

安慶的糧行業務有河港大市行和小市行之分。河港大市行經營的都是整進整出、吞吐量很大的大宗生意。其賣方顧客以從事販運的大糧商、大船戶爲主，多是來自江西、湖北、湖南的幫船；買方顧客多爲下江客和本市糧食外販商。小市行設備簡單，資本有限甚至沒有資本，俗稱「光蛋行」，主要從事小筆買賣。他們的生意很不穩定，「客來富百萬，客走窮光蛋」、「起風一半，落雨全無」。〔註70〕

桐城的米行有河下行和小市行（即籮頭行）之別，「各米行河下及籮頭生意均可任意招攬，然因設置地點不同，生意有別」：在大街上的米行以小市爲主，兼營米店；近河的米行則以河下船頭買賣爲主，附帶小市行。〔註71〕

在銅陵大通，凡是農民肩挑入市的稻米須經無店面、徒手在街上招攬生意的經紀人代爲介紹，才能投行；「若用牲口運鎮之米，則逕行投行。」〔註72〕

當塗本地做「外載」生意的，無論是糧行、米廠、礱坊，「均可直接向

〔註65〕 潛山縣糧油食品局：《潛山縣糧食志》（內部資料），1988 年，藏安徽省地方志編纂委員會圖書室。

〔註66〕 徐錦文：〈「笆斛行」簡介〉，《安慶文史資料》第七輯，1983 年，第 103～105頁。

〔註67〕 全椒縣糧油食品局：《全椒糧食史料 1911 年～1981 年》（初稿），1984 年，藏安徽省地方志編纂委員會圖書室。

〔註68〕 樅陽縣地方志編纂委員會：《樅陽縣志》，黃山書社，1998 年，第 252～253頁。

〔註69〕 夏忠群：《安徽省食糧運銷調查報告》（油印本），1935 年，第三節‧一蚌埠。

〔註70〕 懷寧縣糧油食品局：《懷寧縣糧食志》（內部發行），1987 年，藏安徽省地方志編纂委員會圖書室。

〔註71〕 朱孔甫：〈安徽米業調查〉，《社會經濟月報》1937 年第 4 卷第 5 期。

〔註72〕 吳正：《皖中稻米產銷之調查》，交通大學研究所，1936 年，第 68 頁。

賣戶收購，而不必經過糧行之介紹。」〔註73〕若是外地客商來當塗收購糧食，除直接向米廠購買外，必須投行。當塗縣城的糧行，各依所在地分享下鄉收購糧食的特權。相互之間有嚴格的界限，不得越境收購。否則就要依照買客之例，向所屬糧行支付行庸。如城東關的糧行只能到東鄉收購，若去西鄉收購，就須向城西關的糧行支付行庸。而這個規定只針對糧行，「米廠、礱坊、船戶（船戶多有自行販運者）或其它店鋪（本市亦有並非經營米業之店鋪遇外埠糧價高漲時兼做稻米販運）至四鄉收購，米行不能加以干涉也。」〔註74〕

三河米行分大小行。小行（又稱「曉市行」）代理的僅是「附近二三十里農戶肩挑籮頭零星之貨，」限於附近之旱道來源。〔註75〕由水路而來的買賣雙方均投大行交易。當買客需貨量較大，大行若一時不能購齊，就將貨款分撥中小糧行，由其代為購買。〔註76〕

（二）買行和賣行

買行和賣行因各自僅代表買方和賣方與對方接洽，所以兩者並存，相互依賴。在合肥縣城、無為、廬江、運漕、蕪湖、滁州等地的糧行均屬此類性質。

合肥縣城糧行有大小之分，大行主營為蕪湖等外地客商代購稻米；小行「專營來城求售之賣客生意」，〔註77〕或按市價將農戶投行出售的稻米盤下再轉售給買方，或者代賣客上買客行兜售。本市買客因人事熟習，直接向小坊行貨，「因之買行生意遜色，完全仰河下外幫客人關顧矣。」〔註78〕

無為曉市行代表賣方，糧食行代表買方。一般賣方為當地農民，買方多為蕪湖來的米客。曉市行介於農民與糧食行之間，糧食行介於曉市行與米客之間。買客到無為後，投住糧食行，由糧食行向曉市行接洽。若需下鄉採購，

〔註73〕夏忠群：《安徽省食糧運銷調查報告》（油印本），1935年，第二節‧5當塗城區。

〔註74〕夏忠群：《安徽省食糧運銷調查報告》（油印本），1935年，第二節‧5當塗城區。

〔註75〕朱孔甫：《安徽米業調查》，《社會經濟月報》1937年第4卷第5期。

〔註76〕王濟生等：《三河米業》，《古鎮三河‧肥西文史資料之一》，1985年，第106～110頁。

〔註77〕朱孔甫：《安徽米業調查》，《社會經濟月報》1937年第4卷第5期。

〔註78〕朱孔甫：《安徽米業調查》，《社會經濟月報》1937年第4卷第5期。

則糧食行要邀同曉市行同行。〔註79〕在裏安，賣行爲小行，買行爲大行，買賣雙方各自投行後，由四方共同議價，成交後隨即斛貨付款，斛手由小行充任。〔註80〕

盧江的稻米經紀行有米鋪和米行。米鋪是賣行，代表賣糧農夫；米行是買行，代表來盧江採辦稻米的客商。米鋪和客商由米行作合。生意若成交，由米鋪負責斛米。〔註81〕

含山運漕的糧行「分買賣兩行」，買行設在河濱招攬買客，主要業務是爲買客介紹河下來貨和礱坊存貨；賣行又稱小市行，位於鎮西、北二關，「兜攬肩挑籮頭生意」，〔註82〕代貨主向賣行兜售或直接售與本鎮消費者；若是河下來的糧食則必須等貨上岸後才能由其代售。運漕的賣行可以兼營買行。1935年，河下買客行有兩家兼營小市。〔註83〕

滁州的糧食中介行分爲區行（糧食行）和過載行。區行先期將賣糧的農民、地主、小市場糧行和小糧販的來貨收下，給付貨款。買客都投住過載行，買客先到區行看貨、議價，過載行則從中斡旋促成交易。〔註84〕

蕪湖稻米經紀業極爲發達，買行即米糧採運業，通稱「米號」。米號代表各地米商在蕪湖採運稻米，「完全爲經紀商之性質。」〔註85〕「在蕪湖初有米市時，本無米號之媒介」，〔註86〕光緒八年，廣肇幫米商最早派代表駐蕪湖採辦稻米。其後，隨著鎮江米市移駐蕪湖和米釐局的設置，潮州、寧波、煙臺等地米商接踵而至。初來蕪湖的米商，均爲各地米商的代表，並非經紀行。買客購貨徑投米行。這些米商因熟悉蕪湖市場情況，除代表原來的商號外，也代其它商號辦理稻米採運業務。後因廣幫營業興盛，行方給廣幫商號提供號庸作爲號員的生活使費，「積久成習，且足自贍，乃另租房標號」；〔註87〕「相沿既久，此等代表即變爲獨立經紀機關，各自設米號，自行營業矣。」〔註

〔註79〕 吳正：《皖中稻米產銷之調查》，交通大學研究所，1936年，第49頁。

〔註80〕 夏忠群：《安徽省食糧運銷調查報告》（油印本），1935年，第二節・11襄安。

〔註81〕 吳正：《皖中稻米產銷之調查》，交通大學研究所，1936年，第45頁。

〔註82〕 朱孔甫：《安徽米業調查》，《社會經濟月報》1937年第4卷第5期。

〔註83〕 朱孔甫：《安徽米業調查》，《社會經濟月報》1937年第4卷第5期。

〔註84〕 夏忠群：《安徽省食糧運銷調查報告》（油印本），1935年，第三節・七滁州。

〔註85〕 林熙春、孫曉村：《蕪湖米市調查》，社會經濟調查所，1935年，第13頁。

〔註86〕 朱孔甫：《安徽米業調查》，《社會經濟月報》1937年第4卷第3期。

〔註87〕 朱孔甫：《安徽米業調查》，《社會經濟月報》1937年第4卷第3期。

〔註88〕 林熙春、孫曉村：《蕪湖米市調查》，社會經濟調查所，1935年，第15頁。

88〕其生存主要依賴於號庸和手續費。米號一般須有一定資本，以代客墊付購糧款項。資本雄厚的米號，也兼營販運，「自備資本貿遷求利」。〔註89〕如大米號「元昌興」號，雇有民船數十艘往來內地營業，1934年生意雖然清淡，也有十餘萬元的盈利。〔註90〕兼營販運的米號占總數的20％。他們有的在蕪湖米價低落時購進囤積，待價而沽；有的直接派號夥或託船戶到鄉間採辦。那些購自鄉間的稻米若不在蕪湖堆存，直接運往外埠銷售的，稱為「來載」。這類貨物屬於米號自己所有，「在蕪不經交易過程，米行不能求行庸故也。」〔註91〕若在蕪湖出售給其它商人，也須經米行中介。有的米號在其它地方還有聯號。如「公發」號就是潮州「公發」號的分號。〔註92〕這類米號在蕪湖為數較少。〔註93〕

　　蕪湖米號有廣、潮、煙、寧四大幫別。各地商人依鄉誼各投米號，委託辦貨。廣幫主要代理廣州米商業務，潮幫主要代理汕頭米商業務，煙臺幫主要代理的是天津、煙臺、威海衛、青島、北平等北方各地的米商業務，寧波幫代理的是寧波、上海、杭州、鎮江、南京等江浙各地的米商業務。凡不屬於四幫的米號，稱為雜幫。其銷路沒有固定地方，經營範圍也不受限制。多為投機性質，「一遇米市暢旺，即乘機應運而生，市衰則煙消匿跡。」米號是蕪湖米市興衰的風向標，「其營業之消長盈虧，隨時以米市盛衰為定；而各方之觀測蕪湖米市者，亦視採運業米號多少，決其行止。」〔註94〕

　　蕪湖的賣行有江廣米行業和雜糧市米行之分。江廣米行負責將河下運來之米介紹給代表採運商人的米號，抽取傭金以謀利。名為江廣行，「取其廣招三江生意之謂也。」〔註95〕江廣行在賣方投行後與米號聯繫，成交之後，「一切過斛、打包、扛運等手續，均由米行代辦。賣戶貨款，亦由米行轉手交付。」〔註96〕還須向買方擔保稻米的質量。

〔註89〕　朱孔甫：《安徽米業調查》，《社會經濟月報》1937年第4卷第3期。
〔註90〕　朱孔甫：《安徽米業調查》，《社會經濟月報》1937年第4卷第3期。
〔註91〕　朱孔甫：《安徽米業調查》，《社會經濟月報》1937年第4卷第3期。
〔註92〕　夏忠群：《安徽省食糧運銷調查》（油印本），1935年，第二節・1蕪湖。
〔註93〕　林熙春、孫曉村：《蕪湖米市調查》，社會經濟調查所，1935年，第13頁。
〔註94〕　實業部中國經濟年鑒纂委員會：《中國經濟年鑒續編》（民國二十四年續編），1935年，第510～511頁。
〔註95〕　朱孔甫：《安徽米業調查》，《社會經濟月報》1937年第4卷第3期。
〔註96〕　夏忠群：《安徽省食糧運銷調查報告》（油印本），1935年，第二節・1蕪湖。

　　江廣行又有外江和南關之分。兩者各有明確的經營範圍：中山橋以上南北岸的業務由南關江廣行經營，中山橋以上南北岸的業務屬於外江江廣行。外江江廣行設有行面、領有牙帖，懸掛招牌。它們各有客源。「這些江廣行客路又分廬江、巢湖、無為、三河、舒城、南陵、青弋江、西河等幫口，各有對象，一般不亂。」〔註 97〕而南關江廣行則既無正式牙帖，也沒有行面，須掛帖外江江廣行，生意才能完成。它們在同行中地位低下，行員既求買方，又求賣方，被稱為「跑南關的」。〔註 98〕

　　雜糧市行又稱籮頭行、曉市行，「為內河代客買賣之居間人」。〔註 99〕其性質與江廣行相同。在蕪湖有東、南、西、北四市之分。其中，東、南、北三市不能直接與米號交易，須由江廣行代為介紹。而西市設有米號，兩者可以直接交易。籮頭行之間也可相互介紹買賣。雜糧行稻米的來源絕大部份來自蕪湖附近四鄉，農民挑米進城逕投雜糧行，在行內陳列出售。買賣雙方直接交易，米行只需提供交易場地，不用介入交易，也不須代供勞役。成交後由農民負責運送。「此大異於『江廣米行』之點。」〔註 100〕南陵和宣城的米客，也有來投曉市行的。曉市行經營的多是小筆生意，名雖為雜糧市行，並不經紀雜糧買賣。

　　買行和賣行也兼營他業。根據朱孔甫的調查，1935 年蕪湖 104 家曉市行中，兼營堆棧、米廠、礱坊和機米廠的分別為 1 家、7 家、3 家和 5 家；運漕的糧行「多數附營市米店」；合肥縣城米行，「資本尚稱富裕，多兼營米糧販運生意」。合肥縣城糧行兼營其它業務的占 10％。〔註 101〕同年，蕪湖有兩家資本較大的江廣行設有堆棧，兼營買賣。〔註 102〕滁州資本較大的疆行和過載行也從事糧食販運的副業。〔註 103〕

二、經紀行的內部構成和取庸數

（一）經紀行的內部構成

　　稻米經紀行的內部結構因其規模大小差異而不同。規模最小的中介即經

〔註 97〕　《蕪湖米市》蕪湖米市網 www.wh-ricemarket.com（2003－8－28）。
〔註 98〕　《蕪湖米市》蕪湖米市網 www.wh-ricemarket.com（2003－8－28）。
〔註 99〕　吳正：《皖中稻米產銷之調查》，交通大學研究所，1936 年，第 9 頁。
〔註 100〕林熙春、孫曉村：《蕪湖米市調查》，社會經濟調查所，1935 年，第 21 頁。
〔註 101〕朱孔甫：《安徽米業調查》，《社會經濟月報》1937 年第 4 卷第 3、5 期。
〔註 102〕夏忠群：《安徽省食糧運銷調查報告》（油印本），1935 年，第二節・1 蕪湖。
〔註 103〕夏忠群：《安徽省食糧運銷調查報告》（油印本），1935 年，第三節・七滁州。

紀人，沒有資本、沒有門面、沒有設備用具，一些地方的「跑鄉」就屬於這類經紀者。如南陵的「擋手」或「跑街」，太湖的「市儈」或「露水行」，〔註104〕大通的「經紀人」，〔註105〕蕪湖的「跑鄉」。他們「對於農村農產情形，異常明瞭，且於鄉鎮社會著有信譽，每憑藉其地位，往來於米行農人之間。」〔註106〕他們憑藉在當地的社會信譽和對糧食市場行情的瞭解為買賣雙方牽線搭橋，賺取中介費。

還有一些中介，只有簡單的門面和幾套斛斗、幾桿大秤、幾把算盤。他們不能像大行一樣坐等客戶上門，必須四處活動，打探行情，發現有賣糧的，即將其引薦給有關係的糧行，成交後收取手續費。這類稻米經紀行人手不多，內部結構極為簡單。如安慶的光蛋行，行內人員主要是下河接客的、站市的。〔註107〕

規模稍大的稻米經紀行，其內部有明確的分工。如三河，米行除了老闆或股份經理外，一般雇用二三十人。其中，擋手 1 人，掌握著米行的購銷大權；老開兩三人，負責到外地簽訂合同、購買大米；同事三四人，夥計三五個人，負責上下貨收數、監載、照料等事；管賬 2 人，伙房 2 人，學徒 6 至 8人。〔註108〕南陵的糧行有經理之職。經理 1 人，多為業主自任；如係合股經營，則其餘的股東任副職。其下有管賬、接江、大師傅、幫手、司廚、茶坊和學徒若干人。規模較大的有二十多人，較小的只有 3 至 5 人。其中，接江專司迎候、接待到埠的貨主，大師傅掌量米或稱秤。〔註109〕蕪湖規模較大的米號雇用二十人左右，較小的雇用人員十來人。其內部所設的職務有：經理、管賬、擋手、監載、跑關、管倉、廚師、茶房和學徒。監載負責稻米的裝卸；跑關的專與海關和米捐局打交道，負責辦理各種報關、納稅業務；管倉的負責倉庫的管理。蕪湖米行設有經理、管賬、接江員、賣樣員、中班同事、小班同事、廚師、茶房等，人數不等，最多的有二十多人，少則數人。接江員

〔註104〕太湖縣糧油食品局：《太湖縣糧食志》（內部發行），1986 年，藏安徽省地方志編纂委員會圖書室。

〔註105〕吳正：《皖中稻米產銷之調查》，交通大學研究所，1936 年，第 68 頁。

〔註106〕林熙春、孫曉村：《蕪湖米市調查》，社會經濟調查所，1935 年，第 18 頁。

〔註107〕徐錦文：《我所知道的安慶糧行》，《安慶文史資料》第七輯，1983 年，第 90～102 頁。

〔註108〕王濟生等：《三河米業》，《古鎮三河‧肥西文史資料之一》，1985 年，第 106～110 頁。

〔註109〕劉祝君：《南陵縣糧食志》，黃山書社，1993 年，第 164 頁。

的職責與南陵的接江相同，賣樣員負責持貨主樣米向各家買主兜售。〔註 110〕蚌埠糧行依靠行夥兜攬生意，「每行置有行夥數十人以至數百人不等」。行夥有內夥和外夥之分。內夥有膳宿和工資的保障，但須有擔保方可入行工作。外夥無工資，也不須擔保，其收入全恃拿回扣。所以外夥往往在多個糧行兼職。根據當地糧商的估計，蚌埠全市像這樣的外夥總數不下 8000 人。〔註 111〕

根據 1935 年的調查，安徽各主要稻米市場的經紀行的資本、職工數量、年營業量等基本情況如下表：

表 3－2－1：各主要稻米市場經紀行基本情況表

市 鎮	機構名稱	基本情況	大 行	中 行	小 行
蕪湖	米行	資本（元）	5000	3000	1000
		職工數（人）	20	12	9
		年營業量（石）	200000	100000	50000
		每年開支（元）	5000	3000	2000
	米號	資本（元）	50000	10000	5000
		職工數（人）	20	10	8
		年營業量（石）	200000	70000	40000
		每年開支（元）	10000	5000	2000
南陵縣城	米行	資本（元）	10000	8000	2000
		職工數（人）	10	6	5
		年營業量（石）	50000	20000	10000
		每年開支（元）	5000	3000	2000
宣城縣城	糧行	資本（元）	8000	1000	200
		職工數（人）	10	8	5
		年營業量（石）	30000	6000	4000
		每年開支（元）	5000	2000	500
無爲縣城	米行	資本（元）	8000	1000	200
		職工數（人）	10	8	3

〔註 110〕徐正元等：《蕪湖米市述略》，中國展望出版社，1988 年，第 34 頁。
〔註 111〕夏忠群：《安徽省食糧運銷調查報告》（油印本），1935 年，第三節‧一蚌埠。

市　鎮	機構名稱	基本情況	大　行	中　行	小　行
無爲縣城	米行	年營業量（石）	20000	10000	5000
		每年開支（元）	1000	500	300
無爲縣襄安鎮	米行	資本（元）	8000	3000	1000
		職工數（人）	8	3	2
		年營業量（石）	15000	10000	5000
		每年開支（元）	800	500	200
含山縣運漕鎮	米行	資本（元）	1000	500	100
		職工數（人）	3	2	1
		年營業量（石）	6000	2000	500
		每年開支（元）	500	300	200
合肥縣城	糧行	資本（元）	50000	6000	1000
		職工數（人）	15	12	10
		年營業量（石）	50000	30000	10000
		每年開支（元）	4000	3000	2000
	小市行	資本（元）	600	500	300
		職工數（人）	6	4	2
		年營業量（石）	11000	5000	1000
		每年開支（元）	700	500	200
合肥縣三河鎮	糧行	資本（元）	20000	5000	1000
		職工數（人）	15	8	5
		年營業量（石）	30000	20000	15000
		每年開支（元）	4000	2000	1500
	小市行	資本（元）	300	100	100
		職工數（人）	3	2	2
		年營業量（石）	3000	1000	500
		每年開支（元）	500	200	100

市　鎮	機構名稱	基本情況	大　行	中　行	小　行
桐城縣 樅陽鎮	米行	資本（元）	800	500	300
		職工數（人）	10	7	4
		年營業量（石）	5000	2000	500
		每年開支（元）	600	300	200

資料來源：朱孔甫：《安徽米業調查》，《社會經濟月報》1937 年第 4 卷第 3、5 期。

（二）經紀行取庸數

　　各地稻米經紀行的功能有所不同、收取費用的傳統有異，所以各地行庸的收取情形大有不同。如蕪湖，米號向買賣雙方收費而米行僅收取賣方的行庸；三河的買行「因貨品之來源地不同，取庸亦異。」〔註 112〕大宗交易中，來自舒城、合肥和廬江等縣的稻米，只收取買方的行庸；由六安販去的稻米，中介費由買賣雙方分擔其半。零星的交易賣方僅須付給賣行庸金即可。無為襄安的買方須付給買賣兩行行庸；賣方不須給買行行庸，只要給賣行每人每日付米一升「以作津貼火食之報酬。」〔註 113〕無為縣城的曉市行收取買賣雙方的行庸，糧食行則只收買方的行庸，若下鄉收購，需糧食行與曉市行同行，則兩者分享買客所付行庸。〔註 114〕而滁州、明光、臨淮關和大通等處，賣方售「淨盤」，僅買方要付行庸。

表 3－2－2：各地稻米經紀行收取行庸情況表

地區	付庸者	取　庸　數　量	資料來源
當塗	買方	5～10%	1
		0.16 元／石米	2
高河埠	買方	0.15 元／石米	
正陽關	買方	0.15 元／石米	
雙河	買方	3%	3
舒城	買賣雙方	各付 2%	
	買方或賣方	3～5%	2

〔註 112〕夏忠群：《安徽省食糧運銷調查報告》（油印本），1935 年，第二節・10 三河。
〔註 113〕夏忠群：《安徽省食糧運銷調查報告》（油印本），1935 年，第二節・11 襄安。
〔註 114〕吳正：《皖中稻米產銷之調查》，交通大學研究所，1936 年，第 49 頁。

地區	付庸者	取　庸　數　量		資料來源
巢縣縣城	買方	4%		
天長	賣方	3%～5%		4
樅陽	買賣雙方	各付 0.15 元／石米		
南陵	買方	0.18 元／石米，稻減半		3
霍山	買賣雙方	買方 3%，賣方 2%		
三河	買賣雙方	賣方每元制錢 60 文，買方 20 文		5
	買方（大行）	0.16 元／石米，雙河貨 0.14 元／石米		
	買賣雙方（小市行）	賣方 2%	代大行收購，收大行貼庸 0.03 元／石米	
			售米，買方 20 文	
合肥縣城	買賣雙方（小行）	0.06 元／石米，買客行代買方付 0.03 元／石米		
	買方（買客行）	0.15 元／石米，含付小行行庸。本地買客 0.08 元／石米，不經河下 0.03 元／石米		
	賣方（曉市行）	每元 20 文		3
	買方（糧食行）	2%		
	買方（大行）	3%		6
	買賣雙方（小行）	各 3%		
明光	買方	0.136 元／石米		
柘皋	買方	0.10 元／石米		
灣沚	雙方均攤	共 0.14 元／石米		2
襄安	雙方	買方 0.13 元／石米，賣方給小行每人每日米 1 升		
華陽	買方	3%		
大通	賣方	每斗 20 文		
無爲縣城	買賣雙方（曉市行）	賣方 0.08 元／石米，買方 0.07 元／石米		3

地區	付庸者	取　庸　數　量	資料來源
	買方 （糧食行）	0.17 元／石米	
	買方 （下鄉收購）	0.17 元／石米，曉市行得 7 分，糧食行得 1 角	
廬江	賣方（米鋪）	0.02 元／擔米	
	買賣雙方 （米行）	買方 0.12 元／擔米，賣方每元 10 銅元	
宣城	買方	0.20 元／石米	
蕪湖	賣方 （曉市行）	0.20 元／擔米	
	賣方 （江廣行）	1.2 錢／石	
	賣方（米號）	1.57 錢／擔	
桐城	買賣雙方	各付 0.15 元／石米	
運漕	買方（買行） 賣方（賣行）	0.14 元／石米	5
太湖	買賣雙方	買方 3%賣方 2%	7
安慶	買賣雙方	賣方 5%買方 3%	8

資料來源：1.徐金龍：《解放前的當塗糧食行》，《當塗縣文史資料》第三輯，1992 年，第 95～100 頁。2.夏忠群：《安徽省食糧運銷調查報告》（油印本），1935 年，第二節、第三節。3.吳正：《皖中稻米產銷之調查》，交通大學研究所，1936 年，第 19～70 頁。4.天長縣糧油食品局：《天長縣糧食志》（內部發行），1987 年，藏安徽省地方志編纂委員會圖書室。5.朱孔甫：《安徽米業調查》，《社會經濟月報》1937 年第 4 卷第 3、5 期。6.鄧竹如：《解放前合肥工商業概況》，《安徽文史資料選輯》第 14 輯，1983 年，第 76～92 頁。7.太湖縣糧油食品局：《太湖縣糧食志》（內部發行），1986 年，藏安徽省地方志編纂委員會圖書室。8.徐錦文：《我所知道的安慶糧行》，《安慶文史資料》第七輯，1983 年，第 90～102 頁。

　　各地所付行庸數量的多寡亦有差異。以蕪湖所付數量最大，每市石需三角四分八釐。近代安徽各地稻米經紀行行庸收費的數量如下表：

表 3－2－3：安徽省各稻米市場行庸表 （每市石以大洋計算，單位：元）

市場	行庸	市場	行庸	市場	行庸	市場	行庸
蕪湖	0.348	樅陽	0.232	五河	0.192	當塗	0.144
大通	0.140	高河埠	0.139	灣沚	0.126	明光	0.124
三河	0.123	南陵	0.120	滁州	0.102	襄安	0.101
臨淮關	0.760	柘皋	0.072	正陽關	0.072	蚌埠	0.069
合肥	0.054	蒙城	0.050	巢縣	0.040		

資料來源：夏忠群：《安徽省食糧運銷調查報告》（油印本），1935 年，第一節。

三、各地稻米經紀行數量及其行業組織

興旺的稻米貿易促生了發達的稻米經紀行。除了徽州地區外，有糧食貿易的地方都有糧食經紀行。

（一）各地稻米經紀行數量

民國初年，桐城縣「中小糧行已遍佈所有農村集鎮，多則二十餘家，少則三、五家，就連戶不滿五十、人不足四百的范崗街，當時也有『八行七藥』（意即八家糧行七家藥店）之稱。」〔註 115〕天長縣「私營糧行遍及全縣大小集鎮，小集鎮 3～5 戶，大集鎮 30～50 戶。」〔註 116〕滁縣「城內及諸大小集鎮開設有糧食行、過載行及設攤收購糧食的扁行小販。」〔註 117〕特別是在大大小小的稻米集散中心，稻米經紀行規模更大，數量更多。即使像六安這樣並非安徽稻米貿易最興盛的地方，它的一個不算重要的市鎮——木廠埠也是「糧行林立」，有 20 多戶。〔註 118〕含山林頭鎮的市面上也是米行密集，民國時期有米行 30 多家，當地百姓有「林頭街不長，煙館加米行」的諺語。〔註 119〕

〔註 115〕桐城縣糧油食品局：《桐城縣糧食志》（內部發行），1988 年，藏安徽省地方志編纂委員會圖書室。

〔註 116〕天長縣糧油食品局：《天長縣糧食志》（內部發行），1987 年，藏安徽省地方志編纂委員會圖書室。

〔註 117〕滁州市糧油食品局：《滁州市糧食志》（內部發行），1987 年，藏安徽省地方志編纂委員會圖書室。

〔註 118〕陳庚雅：《贛皖湘鄂視察記》，申報月刊社，1934 年，第 130 頁。

〔註 119〕含山縣地方志編纂委員會：《含山縣志》，黃山書社，1996 年，第 38 頁。

舒城桃溪鎮在最盛時人口只有 700 戶左右，卻有糧行 168 家之多。〔註120〕

各個市鎮中，稻米經紀行以蕪湖為最多。20 世紀二三十年代，根據各種調查資料的統計，蕪湖稻米經紀行數量如下表：

表 3−2−4：蕪湖稻米經紀行數量表

時　間	家　數	其　　中		資料來源
1929 年	米號 70	江廣幫	45	1
		廣潮幫	14	
		寧波幫	5	
		煙臺幫	6	
1930 年	201	米號	27	2
		曉市行	124	
		米行	50	
1934 年	米號、米行共 87	米號	25	3
		米行	62	
		雜糧行	未詳	
1935 年	189	米號	23	4
		曉市行	104	
		米行	62	
1935 年	243	米號	50	5
		曉市行	104	
		米行	89	

資料來源：1.鐵道部財務司調查科：《京湘京粵兩線蕪湖縣市經濟調查報告書》，鐵道部財務司調查科，1930 年，第 57～58 頁。2.建設委員會經濟調查所統計課：《中國經濟志·安徽省蕪湖縣》，建設委員會經濟調查所，1935 年，第 52 頁。3.夏忠群：《安徽省食糧運銷調查報告》（油印本），1935 年，第二節·1 蕪湖。4.朱孔甫：《安徽米業調查》，《社會經濟月報》1937 年第 4 卷第 3 期。5.林熙春、孫曉村：《蕪湖米市調查》，社會經濟調查所，1935 年，第 16 頁。

蕪湖之外，抗戰前安徽各地的稻米經紀行數量約略如下表：

〔註120〕 江建英：《舒城縣糧食志》（內部發行），1988 年，藏安徽省地方志編纂委員會圖書室。

表 3－2－5：各地稻米經紀行數量表

地　點	時　間	家　　　　數	資料來源
運漕鎮	1935 年	28	1
	1934 年	29	2
林頭鎮	1934 年	32	
環峰鎮	1937 年	25	3
木廠埠	1934 年	20 餘	4
宣城縣城	1937 年前	20 多	5
南陵縣城	1935 年	5	1
	1930 年	10	
桐城縣城	1935 年	16	
無爲縣城	1935 年	集市小行春季 30 多，秋季 50 餘	
	1935 年	米行 14	
	1930 年	米行 5	
	1920～1925 年	米行 8	
潛山縣	1937 年	米行 12	6
廣德縣	抗戰前	20（包括米店）	7
桐城縣	1919 年	約 130	8
懷寧縣	抗戰前	有牌號的 67，季節性的 60 多	9
蚌埠	抗戰前夕	較大糧行近 200	10
銅陵縣	1919 年	7	11
大通鎮	1919 年後	20 餘	
	1935 年	7	12
滁州	1935 年	約 38	
灣沚鎮		23	
當塗縣城		20	
柘皋鎮		12	
巢縣縣城		13	
襄安鎮		30 多	
華陽鎮		9	

地　點	時　間	家　　　數	資料來源
正陽關		10	
桃溪鎮		20 左右	
明光鎮		50 餘	
三河鎮		糧行 19，小行數十	
	抗戰前	130 多	13
	1935 年	糧行 20，小市行 54	
襄安鎮	1920～1935 年	10	1
南陵縣城	1935 年	4	
安慶	抗戰前	50 餘～70 餘	14
合肥縣城	1933～1935 年	糧行 10，小市行 50	15、1
全椒縣城	1912 年後	77（大多數爲糧行）	16
	1938 年前	235（同上）	

資料來源：1.朱孔甫：《安徽米業調查》，《社會經濟月報》1937 年第 4 卷第 3、5 期。2. 含山縣地方志編纂委員會：《含山縣志》，黃山書社，1996 年，第 37～38 頁。 3.《含山縣糧油志》編寫組：《含山縣糧油志》（內部資料），1988 年，藏安徽省地方志編纂委員會圖書室。4.陳庚雅：《贛皖湘鄂視察記》，申報月刊社，1934 年，第 130 頁。5.蔡近塘：《抗戰前的宣城糧食行業》，《宣州文史資料》第三輯，1988 年，第 79～81 頁。6.潛山縣糧油食品局：《潛山縣糧食志》（內部資料），1988 年，藏安徽省地方志編纂委員會圖書室。7.廣德縣糧油食品局：《安徽省廣德縣糧食志》（討論稿），1986 年，藏安徽省地方志編纂委員會圖書室。8.桐城縣糧油食品局：《桐城縣糧食志》（內部發行），1988 年，藏安徽省地方志編纂委員會圖書室。9.懷寧縣糧油食品局：《懷寧縣糧食志》（內部發行），1987 年，藏安徽省地方志編纂委員會圖書室。10.鄧福民：《匯興成糧棧的興衰》，《蚌埠工商史料·文史資料選輯總第九輯》，1993 年，第 253～258 頁。11.銅陵縣商業志編纂領導小組：《銅陵縣商業志》（送審稿），1987 年，藏安徽省地方志編纂委員會圖書室。12.夏忠群：《安徽省食糧運銷調查報告》（油印本），1935 年，第二節、第三節。13.王濟生等：《三河米業》，《古鎮三河·肥西文史資料之一》，1985 年，第 106～110 頁。14.徐錦文：《我所知道的安慶糧行》，《安慶文史資料》第七輯，1983 年，第 90～102 頁。15.吳正：《皖中稻米產銷之調查》，交通大學研究所，1936 年，第 42 頁。16.

　　全椒縣糧油食品局：《全椒糧食史料 1911 年～1981 年》（初稿），1984 年，
藏安徽省地方志編纂委員會圖書室。

　　作為稻米交易不可或缺的主體，稻米經紀行數量的多寡一定程度上是稻
米交易盛衰的風向標。這主要表現在兩個方面：其一是時間性變動。在交易
旺盛的季節或年份，稻米經紀行數量就增多。如三河的小行，「視米市旺淡隨
時啓閉」，米市旺就營業，米市淡即歇業。又如南陵，在 1930 年前，米行有
10 家，經手交易量在 30～50 萬石；其後因遭受 1931 年大水和 1934 年大旱的
重創，米行經手的交易量降至 20 萬石以內，米行數量也減少半數。〔註 121〕
其二是地區性差異。在稻米貿易相對興盛的地區，經紀行數量也相對更多。
由前文可知，蕪湖作為近代安徽稻米集散中心，其稻米經紀行數量遠多於其
它地方；合肥三河為安徽「內地米市之重心」，〔註 122〕在稻米市場中的地位僅
次於蕪湖，遠高於合肥縣城，在稻米經紀行的數量上也是如此。

（二）稻米經紀行的同業組織

　　各地稻米經紀行先後成立了同業組織。其目的是為調處同業糾紛，制定
行業規範（如定期校訂量器等）；有的還協助地方稅務部門徵收牙稅，為駐軍
馬匹籌辦草料等。

　　蕪湖米號各幫在光緒年間就有會館。光緒二十年（1894 年）蕪湖已有米
業公所，位於江口橫街，由董事彭蔚文等創建。是「江廣米行及各路行商有
事會議之地。」〔註 123〕因當時蕪湖尚未成立商會，沒有招募警察，米業公所
具有聯絡感情，調息紛爭，維護市場秩序的作用。「由公所招募巡勇彈壓河下，
於米市大有裨益。」〔註 124〕其後，米商分別組成廣肇公所、潮州公所和煙寧
米業公所。光緒三十四年（1908 年）蕪湖成立南市米業公所。1915 年南市米
業公所也募捐「維護米市事宜。」〔註 125〕1930 年各幫米號共組蕪湖米糧採運
業同業公會。但因激烈的業務競爭和濃厚的鄉土觀念，同業組織的作用極為
有限。1931 年，蕪湖米行業成立米行業同業公會，同年雜糧行和 11 家零售米
店也成立雜糧市米行業同業公會。〔註 126〕

〔註 121〕　朱孔甫：《安徽米業調查》，《社會經濟月報》1937 年第 4 卷第 5 期。
〔註 122〕　吳正：《皖中稻米產銷之調查》，交通大學研究所，1936 年，第 21 頁。
〔註 123〕　（民國）《蕪湖縣志》卷三十四《實業·商會》。
〔註 124〕　（民國）《蕪湖縣志》卷三十四《實業·商會》。
〔註 125〕　（民國）《蕪湖縣志》卷三十四《實業·商會》。
〔註 126〕　林熙春、孫曉村：《蕪湖米市調查》，社會經濟調查所，1935 年，第 22 頁。

與蕪湖不同的是，無為縣城和襄安的米業同業組織米業公會不僅包括米行、米號、集市小行、經紀人等經紀行，還包括碾米廠和米店。〔註127〕

滁州的糧業公會也包括過載行、匾行和機米廠。大通鎮的糧行與零售店合組米糧業公會。

三河鎮糧行與米號所組成的三河米業同業公會創始於光緒三十二年，1930年改組。

運漕糧行組成米業公會，柘皋糧行組建米業同業公會，巢縣縣城的糧行組成糧食行業同業公會。〔註128〕

安慶糧行成立有糧行業同業公會。〔註129〕安慶還有類似工會組織的「永遠堂」。該組織以糧行職工為主，部份小糧行老闆也可以參加。「永遠堂」的主要活動是調解糧行勞資糾紛。〔註130〕

正陽關的鹽糧行和零售米店聯合組成鹽糧公會。

蚌埠原先的鹽糧兩業共同組建了鹽糧公會，1930年代兩業分別成立公會，「但兩公會之負責人實際仍係一體」，負責人均為當地大鹽糧商。糧行組有糧業公會。〔註131〕

徽州地區的稻米交易異於他處——當地沒有糧食經紀行。徽州一帶的糧食交易中，米號地位極為重要，舉凡稻米批發、零售、販運等業務，米號均從事之；有的還兼營糧食加工。「米號購貨，或在本市向小販收買，或派人至鄰近米市及本縣附近鄉村採購，均繫直接購買而無中間人從中介紹。」〔註132〕

四、稻米經紀行的作用

在中國傳統社會中，「人們對基於血緣和地緣關係所形成的圈內人比較信任，而對於商品交換所要求的普遍主義的信任關係則遠沒有建立。在關係本位成為社會關係的常態的情況下，以本地人為主體的牙人充當商業交易雙方

〔註127〕 朱孔甫：《安徽米業調查》，《社會經濟月報》1937年第4卷第3期。
〔註128〕 朱孔甫：《安徽米業調查》，《社會經濟月報》1937年第4卷第3、5期。
〔註129〕 徐錦文：《我所知道的安慶糧行》，《安慶文史資料》第七輯，1983年，第90～102頁。
〔註130〕 徐錦文：《我所知道的安慶糧行》，《安慶文史資料》第七輯，1983年，第90～102頁。
〔註131〕 夏忠群：《安徽省食糧運銷調查報告》（油印本），1935年，第三節·二正陽關、一蚌埠。
〔註132〕 夏忠群：《安徽省食糧運銷調查報告》（油印本），1935年，第二節·6徽州一帶。

的信任結構，往往起到延伸信任範圍、擴大交易縱深的作用。」〔註133〕近代安徽稻米市場是一個由農村集市、中心鎮集、地區性集散點和集散中心構成的集散性層級型市場（詳見第四章）。它又與省外消費市場相連接，形成龐大的市場網絡。稻米經紀行通過血緣、地緣和業緣紐帶建立起信任關係，進而構建商業信息網絡和商務關係網絡，從而成為這個市場網絡的「神經中樞」。

　　市場信息對於稻米經紀行而言極為重要。在三河，中小米行必須「每天注意大行代客商收米信息」，要準確掌握稻米價格動向，否則，「稍有不慎，損失太大，就要倒閉關門了。」〔註134〕各級市場的稻米經紀行通過電報、電話、信件等通信工具和既明瞭行情又熟稔商業習慣的行夥或經紀人，瞭解稻米供求的相關信息。蕪湖米號通過接受外地米商的「電報或書信委託」，〔註135〕根據所需稻米的種類、數量和價格標準，派行夥設樣臺收買。蕪湖米行到產區採買，經常派船戶攜函件匯條交給「素有往來之糧行，託代收購。」〔註136〕米販若在產區收購稻米，「往往在城鎮糧行或礱坊中觀察市價」，蕪湖米行則「不斷的有快信或電報，向各有關米客報告米市行情」，〔註137〕米販根據蕪湖行情決定行止。在採買時，由於他們對於內地之農產情形，不如當地行家瞭解，「非有居間人之介紹，往往不能辦到價格相宜之貨色」，必須在產區市鎮投行，由米行夥計或「跑鄉」到鄉間搜集。「跑鄉」「對於鄉村農產情形，異常明瞭，且於鄉鎮社會著有信譽，每憑其地位，往來於米行農人之間」。〔註138〕與蕪湖經紀業類似的情形在各級稻米市場均存在，各埠米行與產地貨主之間通過「直接通函，互告當地情形」，〔註139〕瞭解稻米市場相關信息。這樣，在消費區與各級稻米市場、各級稻米市場與產區之間，便形成了以經紀行為節點的商業信息網絡。

　　近代安徽稻米經紀業有較為穩定的商務關係網，它基於血緣、業緣和地

〔註133〕黃東海：《傳統中國商業法制的一段秘史——制度變遷視角下的牙人牙行制度》，《中西法律傳統》第7卷，2009年，第331頁。

〔註134〕王濟生等：《三河米業》，《古鎮三河・肥西文史資料之一》，1985年，第106～110頁。

〔註135〕林熙春、孫曉村：《蕪湖米市調查》，社會經濟調查所，1935年，第14頁。

〔註136〕夏忠群：《安徽省食糧運銷調查報告》（油印本）第二節・13華陽。

〔註137〕張鴻藻：《蕪湖米市一瞥》，《錢業月報》1932年第12卷第1號。

〔註138〕陳必畎：《蕪湖米業之實況與其救濟方法》，《東方雜誌》1934年第31卷第2號。

〔註139〕吳正：《皖中稻米產銷之調查》，交通大學研究所，1936年，第13頁。

緣紐帶而建立，如無爲襄安鎮的經紀人，「乃多由米行分出之行員或分家兄弟在外雖另有門戶，而仍爲各原隸之米行張羅生意」；〔註140〕蕪湖米行雖只須領帖即可營業，但業緣關係對於營業非常重要，「非出身米行，而具有相當信譽者，不克語此。」〔註141〕近代安徽稻米經紀業商務關係的地緣性特點尤爲突出。如蕪湖，米號四大幫「皆有各該地商人所設之米號，專代各該地販運商人購運米糧出口。」廣州幫主要代理廣州業務，潮汕幫主要代理汕頭業務，煙臺幫主要代理天津、煙臺、威海衛、青島、北平等北方等地業務，寧波幫代理寧波、上海、杭州、鎮江、南京等江浙地區業務。「買客各依鄉誼，分投米號，委託購貨。」米行亦如此。分爲上江和下江兩幫，上江爲皖籍，下江爲江浙籍，皖籍又按地域分爲舒、廬、無、巢、合、和、含、宣、蕪、當十幫，〔註142〕「米商販米，多至本鄉本土，而負運輸責任之船戶，亦係同鄉幫，投行亦然。」各幫皆有會館，「鄉土觀念極深」。〔註143〕又如安慶，米行老闆「多是懷寧縣高河埠、三橋的人，北門一帶的米行多是城郊的人開的。他們與賣米的客人有鄉親故里之誼，彼此很信任。」〔註144〕

　　近代安徽稻米市場上發達的經紀行對稻米的流通有著雙重作用。其積極作用主要表現在爲稻米流通提供有效的渠道。通過經紀行，不熟稔安徽稻米市場的外地糧商可以順利採運所需稻米；同時貨主也能及時出賣自己的稻米，從而有利於各地稻米的流通。其消極作用在於繁瑣的程序和苛刻的陋規束縛了糧食的自由流通，使得糧食流通受到重重阻礙，提高了糧食販運的成本，加重了消費者的負擔。蕪湖等地「凡米糧買賣，至少需經二種經紀機關之手，有時甚至經過三種機關者，凡市場有構成買賣行爲，無論經紀人有無參與其間，而傭金需照例供給。實不啻繳納一種交易稅也。」〔註145〕

第三節　稻米加工業

　　由安徽輸出的稻米，絕大多數是將稻穀加工而成的大米。如1920至1930

〔註140〕朱孔甫：《安徽米業調查》，《社會經濟月報》1937年第4卷第5期。
〔註141〕林熙春、孫曉村：《蕪湖米市調查》，社會經濟調查所，1935年，第17頁。
〔註142〕朱孔甫：《安徽米業調查》，《社會經濟調查》1935年第4卷第3期。
〔註143〕林熙春、孫曉村：《蕪湖米市調查》，社會經濟調查所，1935年，第16頁。
〔註144〕徐錦文：《安慶米行簡史》，《安慶文史資料第14輯・工商經濟史料專輯（二）》，1986年，第2～7頁。
〔註145〕林熙春、孫曉村：《蕪湖米市調查》，社會經濟調查所，1935年，第85頁。

年由蕪湖輸出的稻米，89％是大米，只有 11％是稻穀。〔註 146〕當時安徽每年都有數百萬石的大米輸出量，這就需要大批從事稻穀加工的機構。在光緒二十年（1894 年）之前，安徽的稻穀全由礱坊、碓坊等作坊借助人力、畜力或水力加工而成糙米或熟米。光緒二十年，蕪湖益新米麵公司開工，主營麵粉加工，兼營稻穀碾米。這個公司是安徽歷史上第一家使用機器加工稻穀的企業。此後，安徽稻米加工業逐步引進了柴油或電力設備，出現了越來越多的機器礱坊和機器碾米廠；安徽的稻米加工業開始了從傳統向近代的轉型。

機器碾米廠簡稱「機米廠」或「碾米廠」，也有稱「米廠」的。我國利用機器加工稻米始於同治二年，而機器碾米廠則出現於光緒二十三年（1897 年），這一年在上海成立了外商經營的美昌機器碾米廠。〔註 147〕安徽的益新公司創建於光緒十六年，由於地方「鄉紳愚氓」的反對和地方官的阻撓，屢遷廠址，幾經周折，才於光緒二十年正式開工投產。〔註 148〕光緒三十一年（1905 年）蕪湖成立了第一家機米廠。〔註 149〕1912 年，蕪湖創辦電力碾米廠，被視爲地方工業中「劃一新紀元」的事。〔註 150〕此後，各地先後創辦機器碾米廠，安徽稻米加工進入了人力、畜力、水力、電力、機械力並用的時代。

礱坊和水碓是我國傳統的加工稻穀行業。土式礱坊所用工具有碓臼、木杵、木礱或土礱、風車等。加工時，將稻穀用土木礱脫殼，用風車颺去糠殼，成爲糙米。若再用木杵和碓臼舂熟，以風車風去糠秕即成熟米。礱坊多以手工爲動力，有的輔以牛、驢、騾、馬等畜力。20 世紀初，一些礱坊先後安裝柴油或電動引擎的機器碾米設備，各地土式礱坊或與機器礱坊並立，或逐步爲其所取代。水碓多分佈在皖南一帶，因當地溪流交錯，水勢較急，居民便因地制宜，利用水力碾米磨粉。

一、礱坊

經營礱坊的有兩類人。一類是地主。蕪湖「執此業者，多係鄉間之地主。」

〔註 146〕夏忠群：《安徽省食糧運銷調查報告》（油印本），1935 年，第二節。
〔註 147〕楊大金：《現代中國實業志》（上），商務印書館，1932 年，第 648 頁。
〔註 148〕章向榮：《蕪湖益新公司創建始末》，政協安徽省文史委：《安徽文史集萃叢書之七‧工商史蹟》，安徽人民出版社，1987 年，第 66 頁。
〔註 149〕林熙春、孫曉村：《蕪湖米市調查》，社會經濟調查所，1935 年，第 33 頁。
〔註 150〕《中華民國元年通商各關華洋貿易總冊》，中國第二歷史檔案館、中國海關總署辦公廳：《中國舊海關史料（1859～1948）》，京華出版社，2001 年，第 76 頁。

〔註151〕光緒年間蕪湖的滙豐、廣厚、源裕德等礱坊分別是官僚地主崔國英、崔登和李鴻章家族開辦的。民國時期，蕪湖大地主惲雲亭兄弟和胡雨亭、談弼函、陶陽懷開辦了崇發、利豐、平豐、寶豐祥、農記、順餘、慶餘等礱坊。〔註152〕宣城的「礱坊主人大都係地主。」〔註153〕懷寧在 1924 年後，一些地主因收租有糧源，「便也在鄉鎮用石臼、石碾雇工開辦礱坊。」〔註154〕另一類是商人。他們自市場購買糧食加工後出售或代客加工收取加工費。有些商人在積纍了一定資本後，也在鄉間置田購地，以收取的租稻作爲礱坊加工的糧源。

近代安徽各地礱坊經營者往往具有地域性的特徵。皖南的太平、績溪和巢縣、無爲等地有成批的人在外地經營礱坊業務，甚至在一些地方形成行業內部的幫派。如懷寧第一家專業手工礱坊便由巢縣人魏健生於 1924 年開辦，〔註155〕在涇縣開設礱坊的多是巢縣人和無爲人。〔註156〕蕪湖礱坊主人有太平幫和本地幫（包括雜幫）之別。在光緒末年，太平幫有滙豐、謙吉等十五六家，而本地幫則有源清裕、何福源、立成、同順祥等 40 餘家。〔註157〕抗戰前的宣城，「經營手工礱坊和機器礱坊的以績溪人較多」，當地礱坊分爲績溪幫和非績溪幫。〔註158〕

（一）礱坊業務

礱坊的業務除了加工稻穀外，還兼營糧食販運和零售、堆棧出租、押款放款等。

礱米是礱坊的基本業務，有自礱和代礱之分。自礱是將礱坊主收取的租穀或購買的稻穀加工後待價而沽；代礱是爲他人礱穀收取礱資。代礱收取的加工

〔註151〕林熙春、孫曉村：《蕪湖米市調查》，社會經濟調查所，1935 年，第 26 頁。
〔註152〕《蕪湖米市》，蕪湖米市網 www.wh-ricemarket.com（2003－8－28）。
〔註153〕吳正：《皖中稻米產銷之調查》，交通大學研究所，1936 年，第 61 頁。
〔註154〕懷寧縣糧油食品局：《懷寧縣糧食志》（內部發行），1987 年，藏安徽省地方志編纂委員會圖書室。
〔註155〕懷寧縣糧油食品局：《懷寧縣糧食志》（內部發行），1987 年，藏安徽省地方志編纂委員會圖書室。
〔註156〕夏忠群：《安徽省食糧運銷調查報告》（油印本），1935 年，第二節·6 徽州一帶。
〔註157〕《蕪湖米市》，蕪湖米市網 www.wh-ricemarket.com（2003－8－28）。
〔註158〕蔡近塘：《抗戰前的宣城糧食行業》，《宣州文史資料》第三輯，1988 年，第 79～81 頁。

費各地有所不同。蕪湖每石米收洋 3 角，包括工人工資、電費、工人伙食、運費、粉費、紮包等開支，礱稻的下腳料糠秕、碎米等歸礱坊所有。〔註 159〕後來由於競爭激烈，每礱稻 1 擔取糙米 5 斗並收取下腳，免收加工費，〔註 160〕還須招待貨主飲食。三河及其附近農村的礱坊先期從米行拿錢收買稻穀，根據米行要求加工成米，到期送交。報酬包括工本費和米糠等。〔註 161〕南陵礱坊代客礱米不收加工費，只納糠細。〔註 162〕運漕礱坊收取加工費的標準是「約工資一元包十二石糙米」，礱稻 1 石可納 20 斤大糠，1 升細米。〔註 163〕南陵縣城、柘皋、巢縣縣城等均是「碾費不收，而以下腳作酬」。〔註 164〕根據當地的糠秕和細米價格，倘若價格過高，礱坊須給貨主貼補；反之，價格過賤貨主要貼補礱坊。

　　礱坊對稻穀的加工程度分為礱毛和礱熟，視市場需要或貨主要求而定。礱毛就是將稻穀去殼風淨成糙米，礱熟即碾製加工成熟米。有些礱坊沒有碾米設備，只能將稻穀加工為糙米，礱熟的業務由碾米廠承擔。熟米因加工的粗細程度或上機次數的不同而有精粗之別。礱稻的精粗不同，其出米率就不同，下腳的數量就有多少之分，意味著礱坊所獲得的利益有厚薄之分。蕪湖普通中等穀 2 石餘，可礱成糙米 1 石，外有粗糠五十餘斤，碎米六七合。糙米 1 石可碾成上等熟米 8 斗 5 升，細糠 1 斗一二升，碎米 3 升左右。若碾成次等熟米，則可得 9 斗二三升，剩餘的為細糠碎米。〔註 165〕南陵礱坊一般情況下按 68～73% 的比率出米。如按 68% 出米，每擔稻可出熟米 68 斤、大糠 18 斤、細糠 10 斤、細米 2 斤。〔註 166〕運漕礱坊規定每百斤稻出 4 斗 8 升糙米，每石稻出 105～115 斤米不等。〔註 167〕宣城每擔稻出熟米 60 斤，粗糠 30 斤、粉糠 6 斤、細米 2 斤。〔註 168〕當然，單位重量（容量）的稻穀與加工成品之間的折合率要視稻穀的質量（容量）和加工粗細而定。

〔註 159〕林熙春、孫曉村：《蕪湖米市調查》，社會經濟調查所，1935 年，第 27 頁。
〔註 160〕夏忠群：《安徽省食糧運銷調查報告》（油印本），1935 年，第二節·1 蕪湖。
〔註 161〕王濟生等：《三河米業》，《古鎮三河·肥西文史資料之一》，1985 年，第 106～110 頁。
〔註 162〕夏忠群：《安徽省食糧運銷調查報告》（油印本），1935 年，第二節·4 南陵。
〔註 163〕朱孔甫：《安徽米業調查》，《社會經濟月報》1937 年第 4 卷第 5 期。
〔註 164〕夏忠群：《安徽省食糧運銷調查報告》（油印本），1935 年，第二節·4 南陵、8 巢縣及柘皋。
〔註 165〕林熙春、孫曉村：《蕪湖米市調查》，社會經濟調查所，1935 年第 28 頁。
〔註 166〕朱孔甫：《安徽米業調查》，《社會經濟月報》1937 年第 4 卷第 5 期。
〔註 167〕朱孔甫：《安徽米業調查》，《社會經濟月報》1937 年第 4 卷第 5 期。
〔註 168〕朱孔甫：《安徽米業調查》，《社會經濟月報》1937 年第 4 卷第 3 期。

礱稻帶來的收益只是礱坊收入的一部份。特別是在南陵等地，「代客碾米乃副業耳」，礱稻收益在礱坊收入中所佔比重尤小。〔註169〕各地礱坊收入的主要來源均靠販運稻米而來。

蕪湖礱坊從南陵、宣城、繁昌、當塗、郎溪、廣德等各地購買稻穀，運來蕪湖囤存。「主要業務爲秋季買稻存倉，春季碾米出售」。〔註170〕一些小礱坊因無資本買貨囤積，即以隨買隨礱隨售賺取差價，當地稱爲「轉礱坊」。〔註171〕

南陵的礱坊「自營販運，在新稻登場時，下鄉收囤待米價高漲，碾米就地經行出售，或直運外埠銷售。」〔註172〕

舒城桃溪鎮礱坊主要業務之一便是「兼營門市收買米稻自運出口。」〔註173〕

六安雙河礱坊有資本時「自運米糧出口」。

三河的礱坊都有資本，「每年均運米出口」。〔註174〕「三河方面如恒善祥、保康、晉泰、張同興各礱坊，乃營出口生意之較著者，民國二十年以前尤過之也。」〔註175〕

合肥縣城礱坊「有資本自數百元至五千元，收買米稻自行雇船裝運出口。」〔註176〕也在本地售賣熟米。合肥至蕪湖間的稻米販運首恃米商，其次便「爲礱坊自運出口。」〔註177〕

宣城礱坊「於新穀登場時，收囤稻待價碾米就地經行出售，或自運出口銷售。」〔註178〕礱坊是宣城糧食販運業的主導，1934年宣城輸出的稻米，「其間由礱坊自運占半數，經米行手約半數。」〔註179〕

當塗礱坊「既代客加工，亦自營販賣。」〔註180〕其所經營的糧食販賣多是「外載」生意。

〔註169〕 夏忠群：《安徽省食糧運銷調查報告》（油印本），1935年，第二節‧4南陵。
〔註170〕 吳正：《皖中稻米產銷之調查》，交通大學研究所，1936年，第12頁。
〔註171〕 《蕪湖米市》，蕪湖米市網 www.wh-ricemarket.com（2003－8－28）。
〔註172〕 夏忠群：《安徽省食糧運銷調查報告》（油印本），1935年，第二節‧4南陵。
〔註173〕 吳正：《皖中稻米產銷之調查》，交通大學研究所，1936年，第35頁。
〔註174〕 吳正：《皖中稻米產銷之調查》，交通大學研究所，1936年，第32頁。
〔註175〕 朱孔甫：《安徽米業調查》，《社會經濟月報》1937年第4卷第5期。
〔註176〕 吳正：《皖中稻米產銷之調查》，交通大學研究所，1936年，第42頁。
〔註177〕 鄧竹如：《解放前合肥工商業概況》，《安徽文史資料選輯》第14輯，1983年，第76～92頁。
〔註178〕 朱孔甫：《安徽米業調查》，《社會經濟月報》1937年第4卷第3期。
〔註179〕 夏忠群：《安徽省食糧運銷調查報告》（油印本），1935年，第二節‧3灣沚。
〔註180〕 夏忠群：《安徽省食糧運銷調查報告》（油印本），1935年，第二節‧5當塗城區。

廣德礱坊「不僅供應縣內市場需要，而且成批集運外地銷售。」〔註181〕

另外，蕪湖、南陵、涇縣等地的礱坊還經營糧食門市零售。〔註182〕當塗的礱坊還有兼營醬坊和雜貨的。〔註183〕

礱坊販運糧食賺取的是賤買貴賣或賤囤貴賣所得的差價，因此總在稻穀登場價格便宜時買進囤積，到來年春季尤其是青黃不接糧價高漲時出售，如蕪湖在1928～1932年間，在春夏兩季出售的稻穀多在60%以上。有時為了周轉資金，在秋冬兩季也出售一部份。

表3－3－1：蕪湖礱坊1928～1932年各季出售糧食數量表

年　份	春（萬石）	夏（萬石）	秋（萬石）	冬（萬石）	合計（萬石）	春夏占
1928 年	9	1	3	4	17	59%
1929 年	10	2	3	3	18	67%
1930 年	11	2	3	4	20	65%
1931 年	3	0.5	無	無	3.5	100%
1932 年	12	1.2	4	4	21.2	62%
合　計	45	6.7	13	15	79.7	65%

資料來源：吳正：《皖中稻米產銷之調查》，交通大學研究所，1936年，第12頁。

因其業務的特殊性，礱坊在市場上既充當買家又充當賣家。作為買家，各地對礱坊從市場購買稻穀有不同的規定。蕪湖礱坊買自出產地的農家或當地市鎮的米行，自運至蕪湖，不須經過蕪湖米行之手。而在本埠購買的，不論與帆運商還是從事販運的船夫交易，都須經過中介方可成交。但礱坊不能自行設臺收買米穀，只能坐等米行上門兜售。〔註184〕合肥礱坊買稻既可經曉

〔註181〕廣德縣糧油食品局：《安徽省廣德縣糧食志》（討論稿），1986年，藏安徽省地方志編纂委員會圖書室。

〔註182〕詳見吳正：《皖中稻米產銷之調查》，交通大學研究所，1936年，第12、65頁；夏忠群：《安徽省食糧運銷調查報告》（油印本），1935年，第二節．6徽州一帶。

〔註183〕徐金龍：《解放前的當塗糧食行》，《當塗縣文史資料》第三輯，1992年，第95～100頁。

〔註184〕林熙春、孫曉村：《蕪湖米市調查》，社會經濟調查所，1935年，第27頁。

市行介紹，也能直接接受農戶投坊售賣。〔註185〕當塗兼做外載生意的礱坊，「可直接向賣戶收購，而不必經過糧行之介紹。」〔註186〕

　　作為賣方，礱坊在市場上與其它賣家也不盡相同。如蕪湖，按照規定，出售稻米必須由米行代表賣方與代表買方的米號接洽。而「礱米業囤積之米，只須有相當價格，則無論採運行商、機礱坊或小市行皆可與之交易，此所以異於碾米業也。」〔註187〕若直接賣給米號，「起卸、過斛、打包等手續，仍須由行代辦，並在應有使費之外，另付米行行庸二分。」〔註188〕

　　為了囤放糧食，礱坊多設有堆棧。除了自己堆放，也代客堆存稻米收取棧租。蕪湖礱坊自貨物進棧1個季度內均按1個季度收費，每石6分。其後按月收費，每月每石2分。另收保險費、同人籌力、曬力若干。當貨主要在當地發售存貨時，礱坊享有優先專買權。如果貨主賣與其它礱坊被原代存的礱坊發覺，則交易不能生效。這是相沿成習的慣例。但礱坊無權限制貨主「出倉」──納清堆存應繳各費後將存貨起運他去。但所繳費用高於前者。此外還需除去耗損每石3斤，曬失每石三四斤等。〔註189〕宣城礱坊對寄存的貨物在本年度收取2%、跨年度收取3%的費用作為倉庫保管費和鼠耗。〔註190〕運漕礱坊收費不論時間長短，從進倉到出倉，每石稻只收棧租1角，還代客貼出上下力每石1分，斛力1分。〔註191〕一些資本雄厚的礱坊並不願代人存貨，「蓋存貨之所得，不若自己經營之有利也。」〔註192〕

　　蕪湖礱坊的堆棧，大者可容6萬石，小者也能堆千石以上。1935年蕪湖礱坊有大堆棧4座，小堆棧40多座。秋季是堆棧庫存最多的時候。1928至1933年蕪湖礱坊堆棧在秋季稻穀堆存量分別為34萬石、37萬石、41萬石、7.5萬石、42.4萬石和32.7萬石。〔註193〕

〔註185〕吳正：《皖中稻米產銷之調查》，交通大學研究所，1936年，第42頁。
〔註186〕夏忠群：《安徽省食糧運銷調查報告》（油印本），1935年，第二節・5當塗城區。
〔註187〕建設委員會經濟調查所統計課：《中國經濟志・安徽省蕪湖縣》，建設委員會經濟調查所，1935年，第35頁。
〔註188〕夏忠群：《安徽省食糧運銷調查報告》（油印本），1935年，第二節・1蕪湖。
〔註189〕林熙春、孫曉村：《蕪湖米市調查》，社會經濟調查所，1935年，第28頁。
〔註190〕蔡近塘：《抗戰前的宣城糧食行業》，《宣州文史資料》第三輯，1988年，第79～81頁。
〔註191〕朱孔甫：《安徽米業調查》，《社會經濟月報》1937年第4卷第5期。
〔註192〕林熙春、孫曉村：《蕪湖米市調查》，社會經濟調查所，1935年，第28頁。
〔註193〕吳正：《皖中稻米產銷之調查》，交通大學研究所，1936年，第27頁。

　　押款和放款是礱坊堆棧和販運業務派生而來的附帶業務。蕪湖礱坊代客存貨時，若貨主需要款項，可以用所存糧食爲抵押，從礱坊借款。一般而言，借款額度爲存貨市價的 60％，月息爲 1 分 2 釐左右。實際上，借款多少與利息高低「大多以（礱坊與貨主的）交誼爲轉移」。20 世紀 20 年代，在蕪湖的中國、上海、交通和中國實業等銀行開設糧食押款業務。除自建倉庫經營囤存抵押業務外，還與一些礱坊和米廠簽訂合同，利用它們的堆棧開展糧食押款業務。凡是簽訂合同的礱坊或米廠，在一定期限內，如欲以自己或客商存貨抵押借款，訂約銀行享有抵押優先權。米商欲以稻米抵押借款，可將貨物存放在簽有合同的礱坊或米廠，辦理各種借款手續。「凡押款之數目、利息、棧租、保險費等之規定，以及借據之簽訂，皆由礱坊或機米廠與借款者直接辦理。」礱坊或米廠再將客商抵押的糧食轉押給銀行，將從銀行取得的押款轉付給客商。客商須付清借款本息及棧租、保險等費後方可取貨。礱坊在收取棧租等費用之外，在客商和銀行之間轉手還可賺取每元四釐的月息。〔註 194〕運漕的貨主既可以向有資本的礱坊經營者抵押借款，利息 2 分，期限不定。也可憑堆棧單向當地的錢莊押款，數額爲時價的對成以上，利息 1 分 8 釐。〔註 195〕

　　放款實際上是礱坊對農民的重利盤剝。礱坊在青黃不接或農民經濟緊張時，向農戶放款預買稻穀。蕪湖礱坊常假產地鄉鎮米行之手，以糧食時價的一半放款，利息極高。〔註 196〕三河及附近的礱坊則從米行預支糧款放給農戶，農民按八折「賣青」。〔註 197〕南陵礱坊常將買客資本轉放給農民，貶價定盤收買期稻。放款也是「非高利不借」，致使「農民之金融周轉，專賴城市之礱坊」、「鄉間資本缺乏，生產亦不免因之減少。」〔註 198〕

　　在三河等地，礱坊還在青黃不接時向農民高價出借糧食，稱爲「棧稻」。借時爲一年中糧價最高時，而秋收償還時則是一年中糧價最低之時，「如是一借一還之間，其利息幾等於 100％，或且過之」。〔註 199〕

〔註 194〕林熙春、孫曉村：《蕪湖米市調查》，社會經濟調查所，1935 年，第 37 頁。
〔註 195〕朱孔甫：《安徽米業調查》，《社會經濟月報》1937 年第 4 卷第 5 期。
〔註 196〕林熙春、孫曉村：《蕪湖米市調查》，社會經濟調查所，1935 年，第 28 頁。
〔註 197〕王濟生等：《三河米業》，《古鎮三河·肥西文史資料之一》，1985 年，第 106 ～110 頁。
〔註 198〕劉家銘：《南陵農民狀況調查》，《東方雜誌》1927 年第 24 卷第 16 號。
〔註 199〕吳正：《皖中稻米產銷之調查》，交通大學研究所，1936 年，第 75 頁。

（二）各地礱坊數量

蕪湖礱坊 1915 年有 90 家之多，1920 年時有 80 家，1925 年有 70 家，1930 年左右有 65 家，1935 年有 51 家。礱坊的家數雖逐年遞減，但因採用了機器作業，加工能力並未降低。〔註 200〕

合肥的礱坊在 1933 年有 30 多家。〔註 201〕

南陵縣城內外在旺季有不下二三十家礱坊。但這些礱坊多數為住戶附帶的季節性營業，年終時便有大半歇業。特別是在歉收時，歇業的更多。1934 年大旱，次年常年營業的只有一家。〔註 202〕1930 年代，南陵全縣共有土礱坊 72 家，但「因碾米廠逐漸發達，土礱坊漸有不支之勢」。〔註 203〕

運漕鎮 1935 年前後有機器礱坊 5 家。〔註 204〕

當塗縣城在 1930 年有 23 家礱坊，〔註 205〕抗戰前增至 26 家。〔註 206〕成書於 1936 年的《當塗縣志稿》（未刊本）記載，當時全縣範圍內的礱坊有 151 家之多。〔註 207〕

廣德縣早在清末民初就有礱坊 40 多家。〔註 208〕

懷寧在 1924 年前全縣沒有專業礱坊。米市、糧店的米主要是由一家家農戶用土礱、石臼等器具加工後出售的，直到 1924 年懷寧才開始出現私營專業稻米加工業。此後，一些地主開始用租稻作為糧源在鄉鎮開辦手工礱坊。〔註 209〕

天長的礱坊在大集鎮和人口較多、交通方便的村莊都有分佈。〔註 210〕

〔註 200〕建設委員會經濟調查所統計課：《中國經濟志・安徽省蕪湖縣》，建設委員會經濟調查所，1935 年，第 35 頁。

〔註 201〕吳正：《皖中稻米產銷之調查》，交通大學研究所，1936 年，第 42 頁。

〔註 202〕朱孔甫：《安徽米業調查》，《社會經濟月報》1937 年第 4 卷第 5 期。

〔註 203〕夏忠群：《安徽省食糧運銷調查報告》（油印本），1935 年，第二節・4 南陵。

〔註 204〕朱孔甫：《安徽米業調查》，《社會經濟月報》1937 年第 4 卷第 5 期。

〔註 205〕《當塗縣工廠調查》，《安徽建設月刊》1931 年第 3 卷第 1 期。

〔註 206〕徐金龍：《解放前的當塗糧食行》，《當塗縣文史資料》第三輯，1992 年，第 95～100 頁。

〔註 207〕轉引自徐金龍：《解放前的當塗糧食行》，《當塗縣文史資料》第三輯，1992 年，第 95～100 頁。

〔註 208〕廣德縣糧油食品局：《安徽省廣德縣糧食志》（討論稿），1986 年，藏安徽省地方志編纂委員會圖書室。

〔註 209〕懷寧縣糧油食品局：《懷寧縣糧食志》（內部發行），1987 年，藏安徽省地方志編纂委員會圖書室。

〔註 210〕天長縣糧油食品局：《天長縣糧食志》（內部發行），1987 年，藏安徽省地方志編纂委員會圖書室。

銅陵礱坊在「市鎮均有分佈」。〔註211〕

宣城城區在 1935 年有礱坊 20 家。〔註212〕

（三）礱坊內部組織和行業組織

礱坊的設備較爲簡陋：有數進房屋作爲加工場地和營業店堂及雇工住宿之所；其加工設備往昔完全爲杵臼、土木礱等，採用了機器設備之後，「其倉庫設備，仍多簡陋，毫無新式設備之可言。」一般稻穀散倉存放，米打包後堆存。曬場僅爲一方廣場。簡陋的設備使得糧食的潮濕黴變、蟲鼠損耗等難以避免。

礱坊業務由業主或聘用的經理負責。下設若干職位負責日常事務。職員和工人人數從幾人到幾十人數量不等，其多寡視礱坊業務旺淡和礱坊規模大小而定。如蕪湖礱坊，日常事務由管帳負責，並雇有夥友若干協助。稻米的加工工作由工頭負責。其職責是管理機器，指揮工人。〔註213〕工人的雇用有長短期之別。短期工人工資按日計算，長期的則按月或按年支付工資。

礱坊資本多在數百元至數千元之間，大型的礱坊有萬元資本，由米行兼營的礱坊資本均較多，如三河米行兼營的礱坊資本達兩萬元之多，〔註214〕蕪湖礱坊資本最多者有數萬元。

表 3－3－2：蕪湖礱坊基本情況表

坊　　別		大	中	小
年營業量	代客（石）	5000	2000	1000
	自礱（石）	3000	1000	
資本（元）		30000	16000	1500
機馬力（匹）		20	10	人力
米戽數		2	1	石臼
職員數		8	5	3
工人數		18	10	6
每年開支（元）		7000	5000	1000

〔註211〕銅陵縣商業志編纂領導小組：《銅陵縣商業志》（上冊）（送審稿），1987 年，藏安徽省地方志編纂委員會圖書室。

〔註212〕朱孔甫：《安徽米業調查》，《社會經濟月報》1937 年第 4 卷第 3 期。

〔註213〕林熙春、孫曉村：《蕪湖米市調查》，社會經濟調查所，1935 年，第 26 頁。

〔註214〕吳正：《皖中稻米產銷之調查》，交通大學研究所，1936 年，第 32 頁。

坊　　別		大	中	小
每石代礱加工費（元）	礱稻	0.10		
	碾米	0.12		
百斤稻之出品	熟米	4.4 斗		
	粗糠	20 斤		
	粉糠	1.5 斗		
每石熟加工成本（元）		0.06		
年兼營數量（稻擔）	堆棧	10000	5000	2000
	販運	10000	5000	1000

資料來源：朱孔甫：《安徽米業調查》，《社會經濟月報》1937 年第 4 卷第 3 期。

　　近代安徽稻米加工業直到 20 世紀 20 年代，機器設備的使用仍不普遍。1912 年，蕪湖僅有 6 家礱坊「配裝新式機器」。[註215] 1919 年對全省制米業的調查顯示，僅蕪湖、和縣、滁縣和當塗等地有機器碾米設備，無為、宣城、南陵、石埭、東流、繁昌等縣的礱坊依然採用的是土式礱坊或水碓。[註216] 到了二三十年代，各地礱坊陸續採用機器設備，蕪湖礱坊便「多數已採用新式生產工具，如四匹或六匹馬力引擎，或小電汽馬達之碾米機以代人工」，[註217] 機器礱坊逐步代替了土式礱坊。1933 年蕪湖機器礱坊有 27 家，有動力機計 40 部，馬力 534 匹。

表 3－3－3：1933 年蕪湖機器礱坊基本情況表

坊名	成立年份	資本（元）	動力機			使用人數	工作日數	出品總量
			種類	部數	馬力			
寶豐祥	1930	6720	柴油	2	60 匹	32		4000 餘擔
茂記倉	1930		柴油	2	20	22		4000 擔
惲厚昌	1921		電氣	2	20	22		5000 擔

[註215] 《中華民國元年通商各關華洋貿易總冊》，中國第二歷史檔案館、中國海關總署辦公廳：《中國舊海關史料（1859～1948）》，京華出版社，2001 年，第 76 頁。

[註216] 安徽省政府：《安徽省六十縣產業調查繁表‧製米業》，安徽省政府，1922 年。

[註217] 建設委員會經濟調查所統計課：《中國經濟志‧安徽省蕪湖縣》，建設委員會經濟調查所，1935 年，第 35 頁。

坊名	成立年份	資本（元）	動力機			使用人數	工作日數	出品總量
			種類	部數	馬力			
王盛泰	1928			2	20		95	代客做
裕康	1932	3500		1	10	10	90	代客做
農記倉	1920	10000	柴油	1	20	29		3000 餘石
普豐王記	1919	16800	柴油	1	16	26		3000 石
厚生	1925	5040	柴油	2	18	7		1600 石
王元興	1912	5040		2	20	5		1600 擔
永興	1932	3500		2	20	19	90	代客做
鴻泰	1933	3360		1	10	16	80	代客做
談恩記	1929	3500		1	10	7	90	1000 石
陶聚沅	1926	5880		1	12	14		2000 餘石
杭慶來	1928	3360		1	12	12		1000 石
恒茂棧	1928	8400		1	20	17		2000 石
慶泰坊	1930	4000		1	10	16	90	代客做
同慶源記	1932	3360		1	10	15		2850 石
馥記倉	1929			2	20	26	94	代客做
裕升恒	1929	10070		1	20	7		
陳源記	1912	10080		2	20	7		
王廣興	1930	8400	柴油	1	20	18		2000 餘石
泰興倉	1933	5000	柴油	1	20	17		1000 餘石
阜康	1932	4800		1	12	12	90	代客做
利來倉	1932	5000		3	24	11		
裕發祥	1929	6680		2	20	11		
長裕	1917	15120		1	20	26		4000 餘石
裕來仁	1926	5400		2	20	1		

資料來源：夏忠群：《安徽省食糧運銷調查報告》（油印本），1935 年，第二節‧1 蕪湖。

與蕪湖不同，南陵與宣城縣城的稻米加工在 30 年代依然以傳統礱坊爲主。

表 3−3−4：南陵、宣城縣城礱坊基本情況表

		宣 城	南 陵
家 數		20	4～50
資本 （元）	大	5000	10000
	中	3000	5000
	小	1000	300
年營業量 （石）	大	5000	6000
	中	2000	4000
	小	1000	1000
年開支 （元）	大	2000	2000
	中	700	1000
	小	400	300
職工人數	大		8
	中	2	5
	小		3
每擔稻之出品 （斤）	熟米	60	68
	大糠	30	18
	細糠	6	10
	細米	2	2
碾米工具		人力	人力
		木礱、石臼	礱、臼

資料來源：朱孔甫：《安徽米業調查》，《社會經濟月報》1937 年第 4 卷第 3、5 期。

礱坊也有同業組織。各地礱坊或單獨組建同業組織，或與糧行、碾米廠等合組米業同業組織。蕪湖礱坊在光緒中葉便成立同業組織，宣統元年（1909年）成立礱坊公所，1913 年曾作改組，[註218] 1930 年改組爲礱坊業同業公會。

〔註218〕《安徽民政季刊》調查專號，1933 年第 1 卷第 1 期。

〔註219〕當塗縣城設有礱坊業同業公會，會員 23 家。〔註220〕南陵的礱坊則加入米業公會。〔註221〕

二、機器碾米廠

（一）碾米廠業務

礱坊和機器碾米廠所從事的都是稻米加工，礱坊的營業「偏重於囤貨業務」，機器碾米廠的營業「則偏重於代客碾米」。〔註222〕起先碾米廠主要從事的是將糙米碾熟的工作，礱坊既可礱毛又可礱熟；其後這樣的區別在一些地方逐漸淡化，如同有的礱坊置備碾米機加工熟米一樣，一些碾米廠也購置了礱穀機加工糙米。如蕪湖的華豐機米廠設有礱機，〔註223〕巢縣縣城的機米廠也代客礱稻。〔註224〕

碾米廠的業務因地而異：含山的碾米廠與礱坊一樣，「均兼營堆棧，代當地地主自無倉房者收存稻穀」；〔註225〕也兼營押款業務。桃溪米廠可以與外來客商直接接洽，爲其代購稻米，收取每石手續費一角作爲酬勞；〔註226〕無爲、大通、宣城、柘皋和巢縣縣城等地的碾米廠專司代客碾米；〔註227〕三河、當塗及很多江南小市鎮則兼營糧食販運業務，蕪湖碾米廠則從事糧食販運、堆棧、押款等多項業務，基本與礱坊相同。

三河碾米廠，一部份由大米行兼營，其主要業務是將自家米行收進的稻穀加工成大米，也代客加工。〔註228〕1935 年，碾米廠堆棧有 8 所，免費供碾米的客商堆存糙米。〔註229〕樅陽碾米廠「兼營礱坊、米行業務，亦有自運出

〔註219〕夏忠群：《安徽省食糧運銷調查報告》（油印本），1935 年，第二節・1 蕪湖。
〔註220〕《當塗縣工廠調查》，《安徽建設月刊》1931 第 3 卷第 1 期。
〔註221〕朱孔甫：《安徽米業調查》，《社會經濟月報》1937 年第 4 卷第 5 期。
〔註222〕林熙春、孫曉村：《蕪湖米市調查》，社會經濟調查所，1935 年，第 29 頁。
〔註223〕夏忠群：《安徽省食糧運銷調查報告》（油印本），1935 年，第二節・1 蕪湖。
〔註224〕吳正：《皖中稻米產銷之調查》，交通大學研究所，1936 年，第 54 頁。
〔註225〕朱孔甫：《安徽米業調查》，《社會經濟月報》1937 年第 4 卷第 5 期。
〔註226〕吳正：《皖中稻米產銷之調查》，交通大學研究所，1936 年，第 38 頁。
〔註227〕參見吳正：《皖中稻米產銷之調查》，交通大學研究所，1936 年，第 49、52、61 頁；朱孔甫：《安徽米業調查》，《社會經濟月報》1937 年第 3、5 期。
〔註228〕王濟生等：《三河米業》，《古鎮三河・肥西文史資料之一》，1985 年，第 106～110 頁。
〔註229〕夏忠群：《安徽省食糧運銷調查報告》（油印本），1935 年，第二節・10 三河。

口者。」〔註 230〕當塗縣城糧食業中實力雄厚的多是規模較大的米廠兼糧行。如通濟、乾康祥、裕和、恒興、廣興、信豐運等。〔註 231〕其所從事的也是碾米、販運和堆存業務。如阜成米廠，既將出貨販往上海銷售，又建有無錫式的堆倉堆存糧食。〔註 232〕滁州「糧販為過載行、區行及機米廠之資本較大者，以販運為副業。」〔註 233〕

南陵米廠兼營大米零售，並自備流動資本自營販運。「自行購稻米礱碾運蕪兜售，或即在本縣銷售。」〔註 234〕該縣縣城每年輸出米約 20 萬石，其中由米廠和礱坊輸出的約 8 萬石，占總輸出量的四成。〔註 235〕1935 年南陵未歇業的 7 家米廠均為兼營型。

表 3－3－5：南陵碾米廠兼營業務表

字 號	主 業	副 業	字 號	主 業	副 業
恒泰	米行	米廠	永隆	米廠	販運
兆豐	米行	米廠	同發	米廠	販運
同和	米廠	米行	永豐	米廠	販運
裕太祥	米行	米廠			

資料來源：朱孔甫：《安徽米業調查》，《社會經濟月報》1937 年第 4 卷第 3 期。

這種既代客加工又兼做販運業務的特點，並非個例，「皖南其它小市場之情形大致相同。」〔註 236〕

蕪湖碾米廠多「兼營堆棧與銀行往來，代客押款。」〔註 237〕「該業亦常利用資本，買賤賣貴。」〔註 238〕有時碾米廠還代客收買稻米。因此蕪湖的碾

〔註 230〕 吳正：《皖中稻米產銷之調查》，交通大學研究所，1936 年，第 58 頁。
〔註 231〕 徐金龍：《解放前的當塗糧食行》，《當塗縣文史資料》第三輯，1992 年，第 95～100 頁。
〔註 232〕 夏忠群：《安徽省食糧運銷調查報告》（油印本），1935 年，第二節‧5 當塗城區。
〔註 233〕 夏忠群：《安徽省食糧運銷調查報告》（油印本），1935 年，第三節‧七滁州。
〔註 234〕 吳正：《皖中稻米產銷之調查》，交通大學研究所，1936 年，第 65 頁。
〔註 235〕 夏忠群：《安徽省食糧運銷調查報告》（油印本），1935 年，第二節‧4 南陵。
〔註 236〕 夏忠群：《安徽省食糧運銷調查報告》（油印本），1935 年，第二節‧4 南陵。
〔註 237〕 朱孔甫：《安徽米業調查》，《社會經濟月報》1937 年第 4 卷第 3 期。
〔註 238〕 建設委員會經濟調查所統計課：《中國經濟志‧安徽省蕪湖縣》，建設委員會經濟調查所，1935 年，第 34 頁。

米廠「實不啻兼有米號與礱坊兩業之性質。」〔註239〕碾米廠堆棧的性質與礱坊堆棧一樣。自設堆棧，代客存糧以收取棧租。米商要在碾米廠堆棧存貨大多數須經米行介紹。30年代蕪湖有碾米廠堆棧9座，3大6小，大者可容6萬石，小者也能存3萬石。〔註240〕收費按月計算：米每石每月棧租1分5釐、袋租2分、保險7釐、雜費3分5釐；稻每石每月棧租、保險共3分，曬力每次2分，曬失每石3斤，耗損3斤。與礱坊不同的是，存貨的加工任貨主自願託人加工，而不須必由棧主代碾。貨主憑棧單可抵押借款，一般按存貨時價的60%貸取。碾米廠一般不直接貸款給貨主，而是向銀行轉押。出倉時挑力、斛工等費用稻每石8分2釐，米加倍。〔註241〕

表3-3-6：蕪湖碾米廠基本情況表

廠名	開辦年份	資本（元）	動力機			碾米機			人數	兼營
			類別	部數	馬力（匹）	類別	數量（臺）	日加工能力（石）		
崇餘	1907	8000	蒸汽引擎	1	150	碾米機	14	1680	90	堆棧
商記	1909	4000	柴油引擎	1	32		4	500	40	
滙豐同記	1911	4000		1	54		6	800	83	
同豐商記	1912	8000		1	52		6	912	83	
華豐	1917	6000		2	64		8	1150	81	礱稻
泰來	1920	8000		3	72		9	1080	116	堆棧
新記	1928	4000		2	48		6	864	74	
協豐長	1929	4000		2	54		7	960	80	
慶豐祥	1930	6000		1	20		3	400	42	
和記	1932	4000					4	480	30	
合計		56000		14	546		67	8826	719	

〔註239〕 林熙春、孫曉村：《蕪湖米市調查》，社會經濟調查所，1935年，第29頁。
〔註240〕 吳正：《皖中稻米產銷之調查》，交通大學研究所，1936年，第27頁。
〔註241〕 林熙春、孫曉村：《蕪湖米市調查》，社會經濟調查所，1935年，第31頁。

資料來源：夏忠群：《安徽省食糧運銷調查報告》（油印本），1935 年，第二節・1 蕪湖。

碾米廠本以加工稻米爲基本業務，碾資是其基本收益。隨著競爭的日漸激烈，很多碾米廠放棄了收取碾資以攬客，僅以下腳甚至部份下腳作爲報酬。在下腳價高時，還回貼貨主。

宣城、大通、寧國、太湖等地碾米廠僅收取碾資不留下腳。宣城碾米，每石收費 1 角 1 分至 2 角不等，下腳由貨主收回或折價賣給碾米廠；大通每石碾資 2 角；〔註 242〕寧國每石 1 角 6 分。〔註 243〕太湖每擔 3 角。〔註 244〕

合肥碾米廠代客碾米，只取下腳，不另外收費，「此種情形與三河、襄安、柘皋、巢縣等處相同。」〔註 245〕南陵、含山等地碾米廠也只納糠細，不收碾資。下腳的市價時有變動，過低碾米廠虧損，過高則貨主吃虧，故而碾米廠與貨主往往會設定一定的價格標準，當下腳超過或低於此價格時，一方須給另一方補貼以彌補其損失。三河在 1935 年時每石糙米碾熟的加工費確定爲 1 角 6 分，「倘每石所得秕糠之價格，超過一角六分時，則廠須貼客，反之客須貼廠。」〔註 246〕合肥的糠價若每元 6 斗時兩不貼，「若糠價高時尙須貼還客方糠價若干，反之亦然。」〔註 247〕樅陽「糠價每元卅斤至四十斤兩不貼。」〔註 248〕襄安和三河碾費標準一樣，一般情況下，「秕糠價格每元五斗時，廠方與客方兩不找貼，價貴至每元四斗，廠方須貼客每石二分，價賤至每元六斗時，客須貼廠每石二分。」〔註 249〕

樅陽碾米廠代客碾米只收取下腳中的細糠，碎米則由客商收回。〔註 250〕無爲縣城碾米廠僅收細糠，不納細米，「因同業競爭，若糠價過貴，尙有回貼客人若干者。」〔註 251〕

〔註 242〕 吳正：《皖中稻米產銷之調查》，交通大學研究所，1936 年，第 68 頁。

〔註 243〕 建設委員會經濟調查所統計課：《中國經濟志・安徽省寧國縣》，建設委員會經濟調查所，1936 年，第 23 頁。

〔註 244〕 太湖縣糧油食品局：《太湖縣糧食志》（內部發行），1986 年，藏安徽省地方志編纂委員會圖書室。

〔註 245〕 夏忠群：《安徽省食糧運銷調查報告》（油印本），1935 年，第二節・7 合肥。

〔註 246〕 夏忠群：《安徽省食糧運銷調查報告》（油印本），1935 年，第二節・10 三河。

〔註 247〕 吳正：《皖中稻米產銷之調查》，交通大學研究所，1936 年，第 42 頁。

〔註 248〕 朱孔甫：《安徽米業調查》，《社會經濟月報》1937 年第 4 卷第 5 期。

〔註 249〕 夏忠群：《安徽省食糧運銷調查報告》（油印本），1935 年。

〔註 250〕 朱孔甫：《安徽米業調查》，《社會經濟月報》1937 年第 4 卷第 5 期。

〔註 251〕 朱孔甫：《安徽米業調查》，《社會經濟月報》1937 年第 4 卷第 5 期。

蕪湖、舒城等地既收碾資又得下腳。碾資多寡「須視米之品種及碾白之程度而定」，「而碾米之剩餘，亦歸廠方所有。」〔註252〕蕪湖每石碾資收取標準是：糯米雙碾收洋2角2分，糯米單碾收洋2角4分，糯米三碾收洋2角7分，糙米雙碾收洋1角6分，秈熟單碾收洋1角8分，大子秈雙碾收洋2角4分，大子秈三碾收洋2角8分。〔註253〕舒城每碾熟一石糙米可得碾資2分和糠1斗五六升。〔註254〕競爭激烈時，碾米廠以免收碾資吸引生意，「各廠為拉生意起見，多不照所定數收。」〔註255〕

（二）各地碾米廠數量與生產能力

繼蕪湖之後，各地相繼創辦了機米廠。光緒二十八年，張石生在滁州開辦乾豐機器米廠。〔註256〕光緒三十三年（1097年）陳卿霖在盧江成立慶豐碾米有限公司，資本4萬元。〔註257〕1919年4月在樅陽建成投產的永茂米廠，是桐城歷史上第一家機器糧食加工企業。〔註258〕同年，上海人吳祥泰在當塗城關開設的裕豐碾米廠，是該縣第一家私營機器碾米廠。〔註259〕1920年後，和縣開始出現機器碾米廠。和城周靜卿、吳詠梅開辦的大達公米廠有柴油機1臺，碾米機2臺，職工10餘人。朱季寬開辦的新記碾米廠有職工27人。1930年該廠易主，更名為大昌和米廠。〔註260〕1927年，周智林在廣德縣城創辦大豐碾米廠，代客加工稻穀，日產量有2萬斤。〔註261〕1928年天長的恒豐糧行在縣城辦起了全縣第一家機米廠。〔註262〕全椒的機米廠始設於1931年大水之後，由當地人馬敦野創辦，名為「益興機米廠」。

〔註252〕林熙春、孫曉村：《蕪湖米市調查》，社會經濟調查所，1935年，第31頁。
〔註253〕夏忠群：《安徽省食糧運銷調查報告》（油印本），1935年，第二節‧1蕪湖。
〔註254〕吳正：《皖中稻米產銷之調查》，交通大學研究所，1936年，第38頁。
〔註255〕朱孔甫：《安徽米業調查》，《社會經濟月報》1937年第4卷第3期。
〔註256〕安徽省政府：《安徽省六十縣產業調查繁表‧製米業》，安徽省政府，1922年。
〔註257〕翁飛等：《安徽近代史》，安徽人民出版社，1990年，第253頁。
〔註258〕桐城縣糧油食品局：《桐城縣糧食志》（內部發行），1988年，藏安徽省地方志編纂委員會圖書室。
〔註259〕安徽省政府：《安徽省六十縣產業調查繁表‧製米業》，安徽省政府，1922年。
〔註260〕和縣地方志編纂委員會：《和縣志》，黃山書社，1995年，第213頁。
〔註261〕廣德縣糧油食品局：《安徽省廣德縣糧食志》（討論稿），1986年，藏安徽省地方志編纂委員會圖書室。
〔註262〕天長縣糧油食品局：《天長縣糧食志》（內部發行），1987年，藏安徽省地方志編纂委員會圖書室。

〔註263〕1932 年南陵的大友機米廠成立，日加工量達稻穀 2 萬斤。〔註264〕懷寧的機米廠依然是由巢縣人魏健生於 1933 年首創。〔註265〕太湖縣的糧食機械加工業始於 1934 年的千和米廠。〔註266〕1937 年潛山縣由當地富戶趙子行開設熙湖米廠加工稻穀。〔註267〕

機械化的糧食加工業對傳統的礱坊業產生了很大的衝擊，有些地方礱坊業逐步式微，機米廠成為糧食加工的主力。「碾米廠在皖南各縣極為普通。在巢湖及青弋江一帶，碾米廠遍及各小市場。」〔註268〕

表 3－3－7：抗戰前安徽各地碾米廠基本情況表

市　　鎮	家數	馬力數（匹）	年加工能力（石）	資料來源	備　　註
蕪湖	9	546	322 萬	1	
襄安及附近	8	200 餘	20 萬	1	
南陵縣城	9		45 萬	1	1936 年有兩家歇業
桃溪鎮	2	80		2	
合肥縣城	5		43.5 萬	1	
樅陽鎮	4			3	1935 年僅有兩家營業
貴池	1			4	
廣德縣城	2	48		5	
廣德縣	5	92	14 萬	6	
宣城縣	4		3 萬	3	
廬江縣城	2			2	

〔註263〕全椒縣糧油食品局：《全椒糧食史料 1911 年～1981 年》（初稿），1984 年，藏安徽省地方志編纂委員會圖書室。

〔註264〕劉祝君：《南陵縣糧食志》，黃山書社，1993 年，第 164 頁。

〔註265〕懷寧縣糧油食品局：《懷寧縣糧食志》（內部發行），1987 年，藏安徽省地方志編纂委員會圖書室。

〔註266〕太湖縣糧油食品局：《太湖縣糧食志》（內部發行），1986 年，藏安徽省地方志編纂委員會圖書室。

〔註267〕潛山縣糧油食品局：《潛山縣糧食志》（內部資料），1988 年，藏安徽省地方志編纂委員會圖書室。

〔註268〕夏忠群：《安徽省食糧運銷調查報告》（油印本），1935 年，第一節。

市　　鎮	家數	馬力數（匹）	年加工能力（石）	資料來源	備　　註
三河鎮	8	300	114 萬	1	
和縣	7			7	
滁州縣城	11	156		1	
滁州其它地方	3			8	
柘皋鎮	3		11 萬	1	
巢縣縣城	8		18 萬	1	
旌德縣城	1		1 萬	6	
當塗	8		2 萬（1 家）	9	
太湖	1	12	3 萬	10	
潛山縣	1	24		11	
全椒縣	1		18 萬	12	
天長縣城	1		2.5 萬	13	1931 年後歇業
銅陵縣	4	80		14	
運漕鎮	4		3.5 萬	3	
寧國縣城	2		約 0.5 萬	15	
懷寧（安慶）	1			16	
明光	10			1	陸續歇業
青陽	3			17	
合　計	132	1534	622 萬		

資料來源：1.夏忠群：《安徽省食糧運銷調查報告》（油印本），1935 年，第二節、第三節。2.吳正：《皖中稻米產銷之調查》，交通大學研究所，1936 年，第 38、45 頁。3.朱孔甫：《安徽米業調查》，《社會經濟月報》1937 年第 4 卷第 3、5 期。4.貴池市地方志編纂委員會：《貴池縣志》，黃山書社，1994 年，第 573 頁。5.建設委員會調查浙江經濟所統計課：《蕪乍路沿線經濟調查·安徽段》，建設委員會調查浙江經濟所統計課，1933 年，第 19～20 頁。6.廣德縣糧油食品局：《安徽省廣德縣糧食志》（討論稿），1986 年，藏安徽省地方志編纂委員會圖書室。7.和縣地方志編纂委員會：《和縣志》，黃山書社，1995 年，第 213 頁。8.謝國興：《中國現代化的區域研究·安徽省 1860

～1937》，「中央研究院」近代史研究所，1991 年，第 423 頁。9.建設委員會經濟調查所統計課：《中國經濟志‧安徽省當塗縣》，建設委員會經濟調查所，1935 年，第 17 頁。10.太湖縣糧油食品局：《太湖縣糧食志》（內部發行），1986 年，藏安徽省地方志編纂委員會圖書室。11.潛山縣糧油食品局：《潛山縣糧食志》（內部資料），1988 年，藏安徽省地方志編纂委員會圖書室。12.全椒縣糧油食品局：《全椒糧食史料1911年～1981年》（初稿），1984 年，藏安徽省地方志編纂委員會圖書室。13.天長縣糧油食品局：《天長縣糧食志》（內部發行），1987 年，藏安徽省地方志編纂委員會圖書室。14.銅陵縣商業志編纂領導小組：《銅陵縣商業志》（送審稿），1987 年，藏安徽省地方志編纂委員會圖書室。15.建設委員會經濟調查所統計課：《中國經濟志‧安徽省寧國縣》，建設委員會經濟調查所，1936 年，第 23 頁。16.懷寧縣糧油食品局：《懷寧縣糧食志》（內部發行），1987 年，藏安徽省地方志編纂委員會圖書室。17.龔光朗、曹覺生：《安徽省各縣工商概況》，《安徽建設月刊》1931 年第 3 卷第 3 號。

上表數據乃根據筆者所掌握的不完全資料統計而得，從中可知抗戰前（主要是 1930 年代前期）安徽各地有機器碾米廠 132 家。而根據吳傳鈞的統計，抗戰前安徽共有機器碾米廠 163 家。〔註 269〕

由於各來源市場紛紛開辦碾米廠，分散了碾米貨源，致使各地碾米廠均存在著開工不足的問題。表 3－3－7 的不完全統計已經顯示碾米廠的年生產能力高於 600 萬石，而其實際年出產量僅為 274 萬石。這表明碾米廠的設備沒有得到充分的利用，尤其是蕪湖碾米廠。蕪湖一地碾米廠的生產能力占全省 62％左右，而全市礱坊和碾米廠的實際年出產總數僅百餘萬石，「未能充分利用加工設備，固屬顯然也。」〔註 270〕由於開工不足，不少碾米廠處於半停業狀態。三河 8 家碾米廠的日出貨能力共有 3200 石，全年可出 114 萬多石。但由於各「來源小市場，如舒城、桃溪均有機器米廠之設置」，「故運入本市者有一部份業已製成機米矣。」經三河碾米廠加工的只有 24 萬石，占全鎮機米輸出量的六成，每年各廠僅有 5 個月營業。〔註 271〕當塗鑫昌碾米廠每年「惟五六七八等月出米較多，餘月時有停工。」〔註

〔註 269〕吳傳鈞：《中國糧食地理》，商務印書館，1943 年，第 56 頁。
〔註 270〕夏忠群：《安徽省食糧運銷調查報告》（油印本），1935 年，第二節‧1 蕪湖。
〔註 271〕夏忠群：《安徽省食糧運銷調查報告》（油印本），1935 年，第二節‧10 三河。
〔註 272〕《當塗縣公產調查》，《安徽建設月刊》1931 年第 3 卷第 1 號。

272〕南陵的碾米廠「每年工作約四個月」，出貨僅有 15 萬石。〔註 273〕盧江碾米廠的「營業時期僅秋收三個月」，餘月須另營他業。〔註 274〕合肥縣城碾米廠每年工作時間約 5 個月。〔註 275〕

表 3−3−8：各地米車數量和年出米能力表

地　名	米車	每年出米數（石）	地　名	米車	每年出米數（石）
蕪湖	117	1350000	三河	32	240000
襄安	20	240000	大通	6	75000
巢縣	12	80000	南陵	14	150000
合肥	12	120000	樅陽	14	200000
柘皋	6	75000	舒城	3	30000
滁州	16	120000	明光	14	50000
臨淮關	2	10000	合計	268	2740000

資料來源：夏忠群：《安徽省食糧運銷調查報告》（油印本），1935 年，第一節。

（三）內部結構和行業組織

碾米廠的內部結構基本與礱坊相同，有的地方如蕪湖，碾米廠設備「普通較礱坊為完善。」〔註 276〕僅雇工就有碾米、上斗、下斗、對押、盤放等 30 多個工種，薪酬根據工種論件給付，待遇略高於礱坊業。另外碾米廠需有專門的技術人員負責機器的安裝、維修和使用。

各地碾米廠先後或獨立或與其它行業合組成立了同業組織。蕪湖碾米廠於 1931 年成立蕪湖機器碾米業同業公會。無為的碾米業則與糧行、米店、礱坊等聯合組成米業公會；滁州的機米廠與匾行、過載行等共組糧業公會。

三、水碓

水碓又稱水碾，多設於溪旁或田阪。皖南溪流縱橫，水碓是當地普遍利

〔註 273〕夏忠群：《安徽省食糧運銷調查報告》（油印本），1935 年，第二節・4 南陵。
〔註 274〕吳正：《皖中稻米產銷之調查》，交通大學研究所，1936 年，第 45 頁。
〔註 275〕夏忠群：《安徽省食糧運銷調查報告》（油印本），1935 年，第二節・7 合肥。
〔註 276〕林熙春、孫曉村：《蕪湖米市調查》，社會經濟調查所，1935 年，第 29 頁。

用的稻穀加工工具。抗戰前，徽州各縣及涇縣、寧國、旌德、石埭、太平諸縣中，僅旌德和寧國兩縣有碾米廠，其餘各縣的稻穀加工仍停留在土式礱坊或水碓加工的狀態，特別是休寧、歙縣等處稻米全賴水碓加工。休寧「無碾米廠，所有食米，均賴水碓舂搗。」〔註277〕歙縣「縣產食米，全由水碓碾成。」〔註278〕因此水碓在全縣均有分佈。歙縣有 82 家，休寧有 170 家，並成立了碓業同業公會。

表3－3－9：休寧縣水碓業基本情況表

碓號名稱	地 址	家 數	臼具數	年舂米約量	備 註
胡義順	坑口	1	12	3000 石	
泰記	許家牆	1	24	10000 石	
邵永豐	黃口	1	12	5000 石	
邵永川	牛坑	1	12	5000 石	
恒元	屯溪嶺下	1	14	6000 石	每石穀舂成米碓租洋一角或以糠抵價
泰祥	小姑潭	1	6	700 石	
公記	黎陽	1	9	4000 石	
永和	芳口	1	16	5000 石	
恒豐	隆阜	1	12	5000 石	
其餘	－	161	1280	644000 石	
合計	－	170	1397	687700 石	

資料來源：建設委員會經濟調查所統計課：《中國經濟志‧安徽省休寧縣》，建設委員會經濟調查所，1935 年，第 49～50 頁。

一座水碓「臼數多少不一，多者二十餘具，少者五六具，」〔註279〕水碓的建築費大者千餘元，小者數百元。規模較大的水碓，因耗資頗巨，「故多由村人公共經營。」〔註280〕建築時，在水流湍急處聚石成峽，將水道一分為二，

〔註277〕建設委員會經濟調查所統計課：《中國經濟志‧安徽省休寧縣》，建設委員會經濟調查所，1935 年第 49 頁。

〔註278〕建設委員會經濟調查所統計課：《中國經濟志‧安徽省歙縣》，建設委員會經濟調查所，1935 年，第 65 頁。

〔註279〕建設委員會經濟調查所統計課：《中國經濟志‧安徽省休寧縣》，建設委員會經濟調查所，1935 年，第 49 頁。

〔註280〕夏忠群：《安徽省食糧運銷調查報告》（油印本），1935 年，第二節‧6 徽州一帶。

在其中一條水道上設置轉輪，輪周安裝輪齒。輪齒與木杵末端相觸，杵前端下方設石臼。開工時，將另外一條水道關閉，這樣，由一條水道流出，水流更急，快速沖壓轉輪轉動，使輪齒不停帶動木杵起落，舂搗臼中稻穀。欲使某臼停止，將木杵架離輪齒即可。若想全部停工，要將安置轉輪的水道關閉，把另一水道放開。水碓的構造並不相同，有的比較複雜，有的比較簡單。如旌德水碓有瓢碓和連機水碓兩種類型。前者比較原始而簡單，後者結構複雜，建造投入要多得多。〔註281〕

溪邊的水碓全年均可開工，但因水流年有豐枯之別，故「春季水大，營業最旺，冬季雖需求多，以水力不足，工作亦緩，碾米數亦少。」〔註282〕而設在田阪的水碓為了防止水流沖壞秧苗，「自插秧以至收穫時概禁開工。」〔註283〕

各地水碓的加工消耗有所不同：涇縣在 30% 至 32%，屯溪在 10% 至 15%。每臼的單位時間出米量因水流大小而異。如涇縣每兩臼水大時每天可出米 2 石，水小時石餘。〔註284〕休寧每臼每年平均約可打米 110 石。〔註285〕給付碓資的方式可以用舂米所得穀糠作抵，也可付碓租，或給米若干。

綜觀近代安徽稻米加工業，具有以下特點：

第一，各類稻米加工機構，尤其是礱坊與碾米廠數量眾多，分佈廣泛，而在稻米集散地較為集中。近代安徽稻米加工業散佈城鄉，特別是各級米市，均集中了數家至數十家礱坊、碾米廠，蕪湖還和上海、無錫、漢口並列為國內四大機器碾米業的中心。〔註286〕

第二，機器稻米加工業在近代安徽工業中起步早，發展快，是安徽近代工業中的優勢行業。近代安徽機器工業中，以機器稻米加工業和電燈（電氣）業為數最多，而前者的家數又多於電燈（電氣）業。根據表 3-3-7 的不完

〔註281〕喻宏乾：《幾許春聲話興衰》，《旌德文史資料》第二輯，1993 年，第 71～76 頁。
〔註282〕建設委員會經濟調查所統計課：《中國經濟志‧安徽省歙縣》，建設委員會經濟調查所，1935 年，第 66 頁。
〔註283〕夏忠群：《安徽省食糧運銷調查報告》（油印本），1935 年，第二節‧6 徽州一帶。
〔註284〕夏忠群：《安徽省食糧運銷調查報告》（油印本），1935 年，第二節‧6 徽州一帶。
〔註285〕建設委員會經濟調查所統計課：《中國經濟志‧安徽省休寧縣》，建設委員會經濟調查所，1935 年，第 50 頁。
〔註286〕楊大金：《現代中國實業志（上）》，商務印書館，1935 年，第 648 頁。

全統計，1935 年前後安徽共有百餘家碾米廠，而 1934 年全省民營、公營的電廠僅為 32 家。一般來說，電廠的資本均較雄厚，但近代安徽的電廠中，僅蕪湖明遠電氣公司等 5 家電廠資本在 10 萬元以上外，其餘的規模均較小，有的發電容量只有 8 千瓦。〔註287〕

蕪湖是近代安徽機器工業最發達的地方，1935 年蕪湖有紡織、捲煙、肥皂、碾米、電氣、機器製造等工廠 24 家，碾米廠和機器礱坊佔了 54.1％，其產值約占全市工業總產值的 32％。〔註288〕在蕪湖的各類機械工廠中，以機器稻米加工業的家數、職員數最多，其所雇用的工人數也占近 1／4 的比重，雖在總產值方面所佔比重很小，但統計數據僅為碾資，尚不包括棧租、押款、販運等的收入。

表 3－3－10：蕪湖碾米廠與其它機械工廠比較表

類　別	廠數	職員	工人	資本總數	設備總值	年總產量	總產值
紗廠	1	60	1277	1000000	1200000	3000	2600000
電廠	1	44	48	1000000	816000	3000000	523000
肥皂廠	1	18	35	8000	5500	25000	95000
煙草公司	1	14	21	20000	10000	24 箱 10000 聽	35234
玻璃廠	1	4	25	2500	1100	5500 打	28500
機器廠	5	13	170	30500	30500	零件	61500
翻砂廠	1	2	10	1900	1900	25 噸	2500
米廠	13	252	488	262300	262300	480000 擔	128278
合計	24	407	2074	2346200	2347300	／	3473412
米廠占％	54.1	61.9	23.5	11.2	11.2	／	4

資料來源：安徽省蕪屯公路沿線物品流動展覽會籌備會：《安徽省蕪屯路沿線經濟概況》，安徽省蕪屯公路沿線物品流動展覽會籌備會，1935 年，第 12 頁。表中米廠為 8 家機器碾米廠和 5 家機器礱坊的綜合數字。

〔註287〕 實業部中國經濟年鑒編纂委員會：《中國經濟年鑒》，商務印書館，1935 年，第 718～719 頁。
〔註288〕 建設委員會調查浙江經濟所統計課：《蕪乍路沿線經濟調查・安徽段》，建設委員會調查浙江經濟所，1933 年，第 19～20 頁。

　　第三，近代安徽稻米加工業呈現傳統與近代並存的二元格局。在少數地區碾米廠占主導地位，如蕪湖、南陵、合肥等地。這些地方土式礱坊受到了碾米廠的排擠，逐漸衰落。南陵「近因碾米廠逐漸發達，土礱坊漸有不支之勢矣。」〔註 289〕合肥「機器碾米業興起後，手工礱坊逐漸淘汰。」〔註 290〕但從全省來看，土式礱坊並未被完全取代，仍然散佈於全省各地。

　　第四，稻米加工行業充滿競爭。礱坊之間、碾米廠之間有競爭，礱坊與碾米廠之間有競爭，機器稻米加工業與傳統加工業之間有競爭，糧源地與集散地的稻米加工業也有競爭。機器稻米加工業對傳統礱坊帶來了很大衝擊，雙方的競爭從安徽首次利用機器加工稻米時便開始了。蕪湖益新公司開設之初，蕪湖道尹便專門議定章程，禁止其添設機器，增加產量，還限定其每日的最高產額，「以免攘奪本地人力礱坊生計。」〔註 291〕機器稻米加工業的發展，迫使一些礱坊為了應對的競爭，放棄原有的手工操作方式，採用機器設備，「以增功效而與機器碾米廠競爭營業。」〔註 292〕蕪湖在 1920 年前後，稻米貿易興盛，當時運集蕪湖的多為糙米，需由碾米廠加工成熟米後再銷售，「故機米廠營業大盛。」其後，「各產米區之市鎮，亦競設廠碾製，蕪湖機器碾米廠之營業大受打擊。」〔註 293〕在三河集散的大米也只有六成是三河碾米廠加工的，「蓋來源小市場，如舒城（縣城）、桃溪均有機器米廠之設置，而大礱坊均自碾熟米者，隨地皆是。」〔註 294〕

　　第五，近代安徽稻米加工業的興衰與稻米貿易的興衰相一致。

　　從近代安徽的稻米加工業的業務來看，多數礱坊和碾米廠，特別是稻米集散地的礱坊和碾米廠的業務已滲透到近代安徽稻米貿易的加工、販運、中介、銷售、倉儲、糧食金融等多個領域。因此，稻米加工業的發展受到稻米貿易興衰的左右。特別是在各級稻米市場，這種特點更為顯著。在蕪湖，光緒二十四年設立米捐局後，米市進入了繁榮發展時期，每年稻米輸出量都在

〔註 289〕　夏忠群：《安徽省食糧運銷調查報告》（油印本），1935 年，第二節‧4 南陵。

〔註 290〕　合肥市糧油食品局史志辦：《合肥市志‧貿易卷‧糧食篇》（初稿），1988 年；藏安徽省地方志編纂委員會圖書室。

〔註 291〕　《中外日報》光緒二十五年一月十五日，轉引自彭澤益：《中國近代手工業史資料》第二卷，生活‧讀書‧新知三聯書店，1957 年，第 179 頁。

〔註 292〕　朱孔甫：《安徽米業調查》，《社會經濟月報》1937 年第 4 卷第 3 期。

〔註 293〕　林熙春、孫曉村：《蕪湖米市調查》，社會經濟調查所，1935 年，第 33 頁。

〔註 294〕　夏忠群：《安徽省食糧運銷調查報告》（油印本），1935 年，第二節‧10 三河。

數百萬擔，1919 年多達 888 萬擔。自 20 世紀 20 年代起米市開始衰落：1920 年代，蕪湖輸出稻米數量大爲減少，但年均輸出量仍有 250 多萬擔；1930 年代後米市更形衰落，至抗戰前年均輸出降至 200 萬擔左右。與之相應，蕪湖碾米業的生意「以前每年營業在八十萬石至百萬石之間，民十年後乃減至四五十萬石，民十五年後三四十萬石，民二十年後二三十萬石。」特別是在 1934 年大旱災之後，碾米生意更受打擊，年加工總數僅有七八萬石。〔註 295〕1935 年，10 家碾米廠中，華豐米廠在「因虧折破產停閉」，崇餘米廠「因歷年虧折於去年秋宣佈清理」，協豐長米廠「因歷年虧損去年底已難支持」，其餘幾家「大多又有不能繼續維持之勢」。〔註 296〕

〔註 295〕 夏忠群：《安徽省食糧運銷調查報告》（油印本），1935 年，第二節‧1 蕪湖。
〔註 296〕 林熙春、孫曉村：《蕪湖米市調查》，社會經濟調查所，1935 年，第 33 頁。

第四章　近代安徽稻米市場層級體系

　　蕪湖米市形成之後，除了與鄰省接壤的縣份將稻米就近輸出外，安徽稻米輸出一改主要向江蘇鎮江等地集中的習慣，大部份稻米開始向蕪湖彙聚。由此，近代安徽稻米市場逐步整合，並形成了省內稻米市場的層級體系。

　　施堅雅在研究中國傳統市場結構時將市場等級由高到低劃分為八級，即中心都會、地區都會、地區城市、較大城市、地方城市、中心集鎮、中間集鎮和標準集鎮（基層市場）。〔註1〕在近代安徽稻米市場上雖然存在著明顯的層級，但近代安徽稻米市場主體屬於集散型市場，稻米從基層市場到集散中心的流通僅完成了稻米在產地的集散過程，在市場體系中，不具備施堅雅劃分的諸多層級。從實際情況來看，其市場層級更符合郭松義對糧食市場層級的劃分。

　　郭松義在研究清代國內糧食市場時指出，「清代國內的糧食貿易，多通過農村集市、中心鎮集、地區性集散點，以及某些有全國影響的大米市這樣多級途徑進行的。」〔註2〕從近代安徽稻米貿易的集散途徑來看，稻米由產地對外輸出的流通路徑也基本上遵循著這樣的規律。在安徽稻米市場層級體系中，各地稻米由當地集市向較大集市集中，然後在向縣城或大鎮集中，再行轉運蕪湖，「大概由小集至大集，由大集至大鎮或各縣城，然後至蕪」，〔註3〕

〔註1〕　（美）施堅雅著，葉光庭等譯：《中華帝國晚期的城市》，中華書局，2000年，第340頁。
〔註2〕　郭松義：《清代糧食市場和糧食商品數量的估測》，《中國史研究》1994年第4期，第40～49頁。
〔註3〕　林熙春、孫曉村：《蕪湖米市調查》，社會經濟調查所，1935年，第55頁。

最後流向省外市場。在這個市場層級體系中，蕪湖是全省稻米的集散中心，也是具有全國性影響的大米市；省內多數餘米縣的縣城和幾個較大的稻米集散市鎮如三河、運漕、襄安、樅陽等鎮是皖省稻米地區性的集散點，各地數量眾多的中心集鎮在稻米流通過程中承擔著承上啓下的角色，而遍佈各地的農村集市則是稻米由生產者或地主流向市場的第一個市場層級。

第一節　市場整合與「容量梯度」

所謂市場整合，「或稱一體化，是指一個區域乃至一國的市場由貿易網絡連接，形成供求比較平衡的狀況。」〔註4〕由前文可知，近代安徽在蕪湖米市形成後，皖米的輸出路徑出現了改變，形成了較爲穩定的流向。在此基礎上，再加上交通條件、歷史習慣等原因，安徽稻米市場形成了若干板塊。大致言之，有皖南市場、皖中市場、皖北市場三大板塊，另有與鄰省進行直接稻米貿易的各縣，因地理位置分散，糧食貿易各行其是，又與其它市場板塊有別，我們稱之爲「邊境貿易」。皖南市場包括原徽州府屬6縣及其周邊之旌德、寧國、太平、石埭、廣德部份地區；這一地區的稻米流通方向主要是從浙贛兩省和區域內的休寧、旌德、廣德等餘糧流向祁門、歙縣、黟縣、婺源等缺糧縣。皖北市場包括整個淮河以北地區及六安、壽縣、霍邱、霍山、全椒、天長全部或部份地區；皖北不是稻米主產區，居民食物消費習慣以麥食爲主或麥米兼食，稻米產量和消耗量相對要少得多，稻米流通量也小得多。邊境市場包括皖豫、皖贛、皖浙、皖蘇等邊境地區；其中以江浙與皖省邊境地區的稻米市場最爲活躍。皖中地區包括巢湖流域各縣及六安東南部、壽縣南部地區和長江兩岸；該區域是安徽稻米主產區，也是安徽稻米市場的核心地區。

安徽稻米市場有著較爲穩定的商品供應市場、中轉市場和商品流向，因而可以認爲近代安徽稻米市場已經形成了聯繫緊密的整合性的市場。同時，作爲國內稻米市場的主要供應者，以蕪湖爲中心的皖省稻米市場與國內稻米市場也有著緊密的聯繫，並成爲國內整合的稻米市場的重要組成部份。

誠如吳承明先生所言，「經濟計量學方法應用於經濟史，其範圍是有限制的，在這個範圍內，應該主要用它驗證已有的定性分析，而不宜用它建立新

〔註4〕　吳承明：《利用糧價變動研究清代的市場整合》，《中國經濟史研究》1996年第2期。

的理論。」〔註5〕本文擬根據各地清末安徽各府州稻米價格數據和 20 世紀 30 年代國內主要米市的稻米價格數據，從相關性這一角度進一步印證近代安徽稻米市場的整合和安徽稻米市場與國內稻米市場的整合。

此外，根據目前所掌握的各地容器的容量數據，我們發現在整合的近代安徽稻米市場內，各地容量存在著一定的「容量梯度」。

一、近代安徽稻米市場整合的價格相關性印證

價格相關分析是研究市場整合的一種方法，「把一個區域內各地的相關係數製成矩陣圖，從中可查知任何二地的相關程度」，〔註6〕是學界在研究市場整合時經常採用的一種方法。「當相關係數的絕對值在 0.7 到 1.0 之間時，可稱之為高度相關」，如果兩地的同期糧價之間的相關係數大於 0.7，「便可以論定它們從屬於一個整合的米穀市場。」〔註7〕

（一）安徽省內稻米市場的整合

根據光緒二十五年十一月至光緒三十年九月間安徽各屬逐月糧食價格報表，其中中米的價格最高如下：〔註8〕

表 4－1－1：1899～1904 年安徽各府州中米最高價格表

時間 （光緒）	寧國	太平	廬州	安慶	池州	廣德	六安	和州	滁州	徽州	鳳陽	泗洲	潁州
二十五年 十一月	2.30	2.38	2.31	1.90	2.10	1.90	2.80	1.90	2.70	3.20	3.60	3.40	3.00
十二月	2.30	2.30	2.31	1.90	2.20	1.90	2.80	1.90	2.70	3.20	3.60	3.40	3.00
二十六年 正月	2.30	2.30	2.31	1.90	2.20	1.90	2.80	1.90	2.70	3.20	3.60	3.04	3.00

〔註5〕　吳承明：《利用糧價變動研究清代的市場整合》，《中國經濟史研究》1996 年第 2 期。

〔註6〕　吳承明：《利用糧價變動研究清代的市場整合》，《中國經濟史研究》，1996 年第 2 期。

〔註7〕　侯楊方：《長江中下游地區米穀長途貿易（1912～1937)》，《中國經濟史研究》1996 年第 2 期。

〔註8〕　其中缺光緒二十六年六至九月和十二月、二十七年九月、二十八年正月和九月糧價數據，二十九年五月閏月。

時間 （光緒）	寧國	太平	廬州	安慶	池州	廣德	六安	和州	滁州	徽州	鳳陽	泗洲	穎州
二月	2.40	2.32	2.31	1.90	2.20	1.80	2.80	1.90	2.70	3.20	3.60	3.04	3.00
三月	2.40	2.30	2.31	1.86	2.20	1.80	2.80	1.90	2.70	3.20	3.60	2.65	3.00
四月	2.40	2.30	2.31	1.86	2.40	1.80	2.80	1.80	2.70	3.20	3.60	2.65	3.00
五月	2.40	2.32	2.31	2.10	2.30	1.80	2.80	1.80	2.70	3.30	3.60	2.65	3.00
十月	2.30	2.28	2.10	1.86	2.10	1.80	2.70	1.70	2.70	2.80	3.60	2.20	3.00
十一月	2.30	2.26	2.10	1.86	2.10	1.80	2.70	1.70	2.70	2.80	3.60	2.10	3.00
二十七年 正月	2.30	2.28	2.10	1.86	2.10	1.80	2.70	1.70	2.70	2.80	3.60	2.45	3.00
二月	2.30	2.28	2.20	1.86	2.10	1.80	2.70	1.70	2.70	2.90	3.60	2.45	3.00
三月	2.30	2.32	2.20	1.90	2.20	1.80	2.70	1.70	2.70	3.10	3.60	2.45	3.00
四月	2.40	2.32	1.99	2.00	2.20	1.80	2.70	1.70	2.70	3.10	3.60	2.45	3.00
五月	2.40	2.37	2.29	2.10	2.20	1.80	2.70	1.70	2.70	3.30	3.60	2.45	3.00
六月	2.40	2.40	2.39	2.30	2.42	1.90	2.70	1.70	2.70	3.70	3.60	2.40	3.00
七月	2.40	2.46	2.54	2.30	2.42	1.90	2.80	2.10	3.00	3.70	3.60	2.59	3.00
八月	2.40	2.52	2.64	2.40	2.50	1.90	2.80	2.10	3.00	3.70	3.60	2.59	3.20
十月	2.51	2.52	2.69	2.50	2.60	1.90	2.80	2.10	3.00	3.50	3.60	2.99	3.20
十一月	2.51	2.54	2.69	2.50	2.60	1.90	2.80	2.10	3.00	3.50	3.60	3.08	3.20
十二月	2.51	2.60	2.69	2.50	2.70	1.90	2.80	2.10	3.00	3.50	3.60	3.08	3.20
二十八年 二月	2.51	2.70	3.00	3.20	3.40	1.90	2.90	2.10	3.00	3.70	3.60	3.05	3.20
三月	2.85	3.00	3.40	3.20	3.40	1.90	2.90	2.40	3.00	3.90	3.60	3.30	3.20
四月	3.28	3.20	3.40	3.20	3.40	2.90	2.90	2.60	2.58	4.00	3.60	3.30	3.20
五月	3.28	3.20	3.60	3.20	3.40	2.90	3.00	2.80	2.72	4.00	3.60	3.30	3.50
六月	2.98	3.10	3.60	3.20	3.04	2.90	3.00	3.20	2.79	4.00	3.60	3.30	3.70
七月	2.78	2.90	3.54	3.10	3.04	2.60	2.90	3.30	2.79	3.80	3.60	3.30	3.60
八月	2.60	2.80	3.44	3.00	2.90	2.10	2.90	3.20	2.73	3.00	3.60	3.30	3.60

時間（光緒）	寧國	太平	廬州	安慶	池州	廣德	六安	和州	滁州	徽州	鳳陽	泗洲	潁州
十月	2.80	2.70	3.14	2.80	2.60	2.10	2.90	2.85	2.68	3.40	3.60	3.30	3.90
十一月	2.80	2.70	3.14	2.60	2.60	2.10	2.90	2.85	2.68	3.40	3.60	3.30	4.10
十二月	2.80	2.60	3.14	2.60	2.50	2.10	2.90	2.85	2.68	3.40	3.60	3.30	4.00
二十九年正月	2.80	2.70	3.14	2.60	2.50	2.10	2.90	2.85	2.83	3.40	3.60	3.30	3.90
二月	2.80	2.70	3.14	2.60	2.50	2.10	2.90	2.85	2.83	3.40	3.60	3.30	3.90
三月	2.80	2.82	3.14	2.50	2.50	2.10	2.90	2.85	2.83	3.20	3.60	3.30	4.00
四月	2.80	2.82	3.14	2.60	2.50	2.10	2.90	2.85	2.83	3.20	3.60	3.50	4.00
五月	2.60	2.82	3.19	2.60	2.50	2.10	2.90	2.85	2.83	3.20	3.60	3.50	4.00
閏五月	2.60	2.80	3.24	2.60	2.50	2.10	2.90	2.85	2.83	3.20	3.60	3.50	4.00
六月	2.40	2.78	3.24	2.50	2.50	2.10	2.90	2.85	2.83	3.20	3.60	3.50	4.40
七月	2.30	2.78	3.24	2.40	2.50	2.10	2.90	2.85	2.83	3.10	3.60	3.50	4.40
九月	2.21	2.74	3.10	2.30	2.40	2.10	2.90	2.81	2.60	2.80	3.60	3.50	4.50
十月	2.21	2.74	2.91	2.30	2.40	2.10	2.90	2.43	2.60	2.90	3.60	3.30	4.50
十一月	2.21	2.68	2.60	2.30	2.40	2.10	2.90	2.27	2.60	2.90	3.60	3.30	4.50
十二月	2.21	2.68	2.60	2.30	2.40	2.10	2.90	2.27	2.60	2.90	3.60	3.30	4.30
三十年正月	2.21	2.70	2.60	2.30	2.40	2.10	2.90	2.27	2.60	2.90	3.60	3.30	4.30
二月	2.21	2.70	2.49	2.40	2.40	2.10	2.90	2.27	2.06	2.90	3.60	3.30	4.30
三月	2.21	2.72	2.63	2.50	2.40	2.10	2.90	2.27	2.60	2.90	3.60	3.30	4.30
四月	2.21	2.74	2.63	2.50	2.40	2.10	3.00	2.27	2.60	2.90	3.63	3.30	4.30
六月	2.21	2.76	2.60	2.60	2.30	2.10	3.00	2.27	2.60	2.80	3.63	3.30	4.30
七月	2.21	2.71	2.60	2.50	2.30	2.10	3.00	2.27	2.60	2.80	3.63	3.30	4.30
八月	2.21	2.78	2.55	2.40	2.30	2.10	2.90	2.27	2.36	2.80	3.63	3.30	4.10
九月	2.22	2.73	2.32	2.30	2.20	2.10	2.90	2.27	2.36	2.80	3.61	3.30	4.10

資料來源：《安徽省各屬糧價表》（光緒二十五年至光緒三十年），藏安慶市圖書館。

通過計算各地相關係數得出矩陣如下表。

表4－1－2：安徽各府州中米最高米價相關係數矩陣

	太平	廬州	安慶	池州	廣德	六安	和州	滁州	徽州	鳳陽	泗州	潁州
寧國	0.58	0.73	0.70	0.74	0.64	0.30	0.58	0.35	0.77	-0.31	0.25	-0.11
太平		0.87	0.89	0.75	0.84	0.84	0.81	-0.03	0.36	0.16	0.73	0.59
廬州			0.88	0.78	0.73	0.71	0.93	0.28	0.53	-0.12	0.68	0.45
安慶				0.91	0.73	0.70	0.75	0.22	0.60	0.06	0.56	0.33
池州					0.65	0.50	0.55	0.34	0.75	-0.16	0.38	0.04
廣德						0.68	0.70	-0.15	0.44	0.06	0.53	0.38
六安							0.75	-0.16	0.10	0.42	0.84	0.76
和州								0.09	0.28	-0.04	0.75	0.62
滁州									0.56	-0.35	-0.12	-0.38
徽州										-0.37	0.04	-0.37
鳳陽											0.18	0.35
泗洲												0.72

由上表可知，廬州、安慶、寧國、太平、池州、廣德、六安、和州等地亦即長江沿岸和巢湖周邊地區基本屬於同一個市場。另外，寧國、池州兩地與徽州，六安、泗州與潁州等地的相關係數分別大於0.7，說明它們之間在稻米價格上的變動是一致的，也顯示它們之間的稻米流轉是有效率的。屬於同一整合市場的各個市場，在稻米價格上有聯動性；而太平、六安、和州與泗州的相關係數也大於0.7，但此四處大致位於安徽的南、西、東、北四方，目前所知，在稻米市場上，並無聯繫。

在整合的糧食市場上，各地糧食價格的變動具有聯動性，常常依中心市場或消費市場糧食價格的變動而變動。如望江「各行店物價之漲落，隨同蕪湖市價為轉移」，合肥「各行店販賣農產物價格漲落全視蕪湖市價高低為標準」，和縣「市價漲落隨同蕪湖、南京為轉移」。〔註9〕而當中心市場的稻米價格出現波動時，其它處於同一整合市場的各地稻米價格也會相應發

〔註9〕 安徽省政府：《安徽省六十縣經濟調查簡表・重要農產類・米》，安徽省政府，1922年。

生波動。如光緒二十九年（1903 年）春，「近因廣幫於蕪湖一帶收米不遺餘力，以致皖南如南陵、繁昌及無爲、巢縣、三河等處米價每石皆本洋三元以上，而省垣、望江、宿松、桐城沿江一帶每擔亦須本洋二元七八角，勢尚有增無減云。」〔註 10〕

（二）安徽稻米市場與國內稻米市場的整合

侯楊方在論述 1912～1937 年間長江中下游地區稻米市場整合時，收集有全面的 1932～1934 年間湘、鄂、贛、皖、蘇、浙六省 11 個較大米市逐月稻米價格。此處借用該組數據，以說明以蕪湖米市爲中心的安徽稻米市場與國內稻米市場的整合情況。

表 4－1－3：1932～1934 年國內主要米市逐月稻米價格表

	上海	杭州	硤石	無錫	鎮江	南京	蕪湖	九江	南昌	漢口	靖港
一九三二年	*	12.30	10.33	10.22	9.50	11.17	10.05	11.3	9.20	13.20	10.476
	*	12.40	10.17	10.31	9.68	11.92	10.40	11.20	9.30	13.80	*
	*	12.30	10.12	10.16	10.05	12.10	10.40	11.0	9.05	13.20	9.971
	*	12.20	9.92	9.82	9.96	11.70	9.92	11.0	9.05	13.20	9.971
	14.16	12.0	9.77	10.47	9.85	11.88	9.89	11.0	8.60	12.5	10.162
	14.47	12.60	9.58	11.41	11.1	12.27	11.38	11.2	8.95	12.5	10.197
	13.9	11.7	8.74	10.97	10.78	12.18	10.55	10.8	8.50	12.5	9.346
	13.7	11.0	7.99	8.99	8.0	11.98	8.05	10.2	8.70	11.0	8.507
	12.32	10.8	7.63	8.72	6.20	10.94	5.90	10.0	8.35	11.0	7.386
	10.92	9.68	7.34	7.46	5.58	8.56	5.32	8.1	7.02	10.0	6.661
	9.69	8.42	7.04	6.75	6.28	7.79	5.20	7.8	6.20	8.0	7.504
	9.10	8.53	5.77	6.69	6.65	7.75	5.21	7.4	6.20	9.0	7.20
一九三三年	10.28	8.53	7.45	6.77	7.0	8.36	5.84	8.2	6.70	6.40	7.456
	10.08	9.37	7.02	7.10	7.47	8.25	6.12	8.2	6.85	6.60	7.391
	9.42	9.06	6.51	7.06	6.88	8.24	6.20	8.1	6.60	6.50	6.921
	9.06	7.69	5.99	7.11	6.48	7.32	6.20	8.1	6.60	6.70	5.434
	9.14	7.69	5.71	7.20	6.20	7.54	6.25	8.1	6.70	6.80	5.12
	9.12	8.07	5.72	6.68	5.72	7.86	6.22	8.2	7.45	7.00	6.870

〔註 10〕　《米價較增》，天津《大公報》1903 年 5 月 9 日。

	上海	杭州	硤石	無錫	鎮江	南京	蕪湖	九江	南昌	漢口	靖港
一九三三年	9.28	7.90	5.97	6.67	5.50	7.90	5.78	7.9	7.50	7.00	6.708
	9.22	8.21	6.30	6.07	5.58	7.96	5.06	7.8	7.85	7.60	6.195
	9.07	7.58	5.85	6.39	5.54	7.72	5.47	7.3	7.90	6.40	5.747
	9.50	7.90	6.20	6.34	5.26	7.56	5.61	7.4	7.00	6.50	6.558
	9.10	7.58	5.28	6.34	5.78	7.58	5.42	6.8	5.90	6.40	6.323
	8.80	7.58	5.91	6.34	6.24	7.40	5.06	5.8	6.20	6.20	6.152
一九三四年	9.34	7.69	5.79	6.20	5.13	8.31	5.08	6.1	6.05	5.16	6.174
	8.61	7.69	5.59	6.23	5.23	7.24	5.17	7.2	6.10	4.58	6.263
	8.65	7.69	5.60	6.22	5.00	7.20	5.33	7.2	6.65	4.82	6.266
	8.39	7.79	5.73	6.24	5.00	7.49	5.41	7.2	7.15	5.00	6.588
	8.37	8.64	5.97	7.05	5.13	7.54	5.94	7.8	7.36	6.15	6.998
	*	8.85	5356	7.50	6.00	8.97	6.39	9.2	7.83	*	7.106
	*	9.40	7.55	9.45	7.20	10.04	7.00	10.2	8.65	*	7.537
	*	11.27	8.37	11.36	8.53	11.94	9.37	13.6	10.45	8.76	8.377
	*	11.58	10.10	10.77	8.50	13.24	7.43	*	9095	7.85	8.936
	*	11.16	10.36	10.64	7.65	11.61	7..02	*	10.60	6.50	*
	*	11.69	10.23	11.21	9.17	11.90	8.08	*	10.90	7.98	*
	*	12.61	9.91	11.29	9.97	11.76	9.03	*	11.70	7.78	*

資料來源：侯楊方：《長江中下游地區米穀長途貿易（1912～1937)》，《中國經濟史研究》1996 年第 2 期。

表 4－1－4：國內主要米市稻米價格相關係數矩陣

	上海	杭州	硤石	無錫	鎮江	南京	蕪湖	九江	南昌	漢口
杭州	0.958									
硤石	0.946	0.957								
無錫	0.870	0.918	0.922							
鎮江	0.870	0.918	0.892	0.899						
南京	0.983	0.954	0.926	0.956	0.874					
蕪湖	0.872	0.899	0.833	0.883	0.946	0.854				

	上海	杭州	硤石	無錫	鎮江	南京	蕪湖	九江	南昌	漢口
九江	0.928	0.905	0.846	0.958	0.839	0.922	0.890			
南昌	0.771	0.834	0.838	0.890	0.712	0.860	0.711	0.927		
漢口	0.927	0.810	0.735	0.693	0.791	0.740	0.829	0.826	0.482	
靖港	0.902	0.945	0.953	0.887	0.929	0.872	0.921	0.830	0.722	0.870

資料來源：侯楊方：《長江中下游地區米穀長途貿易（1912～1937)》，《中國經濟史研究》1996年第2期。

從上兩表中可以看出，蕪湖與國內主要米市之間的稻米相關係數均超過0.7，屬於高度相關的狀態；而且除了與南昌稻米價格的相關係數在0.8之下，其餘均在0.8之上。可見，以蕪湖米市為中心的皖米市場核心區域及皖蘇、皖浙之間稻米貿易的「邊境板塊」均屬於長江中下游地區整合的稻米市場範圍之內。

二、稻米市場層級體系中的「容量梯度」

近代安徽稻米市場的整合一方面表現為商品在價格上的聯動性，另一方面還表現為統一市場內的各地因商品流向因素而形成商品的價格梯度。在同一市場系統中，基層集市至集散中心之間依次存在著由低到高的價格差。如1935年每石米的售價，廬江在6.0～3.0元之間，三河在6.5～4.5元之間，蕪湖在10.0～5.0之間。〔註11〕

傳統商品市場中，地區或季節間的價格差是商品流通的動力。但是，有時單從價格上無法看出兩地之間同一商品的價格差，為什麼還會有商品的流通呢？根據所掌握的近代安徽稻米市場上的量器單位量值數據，我們試圖從量器單位量值這一角度作出解釋。

儘管我國歷代統治者都曾做過統一度量衡制度的努力，官方的度量衡單位均有明確的規定，但在民間，依然運行著一套與之不一致的度量衡的「民間制度」。因而，直至近代，我國度量衡制度依然沒有得到實際上的統一，「彼此相隔很遠的地方，不必說了。同是一縣，各市鎮的度量衡，常是不同；同是一市，各業的度量衡，又常不同；同是一業，同是一家，買進的，賣出的，

〔註11〕 交通部郵政總局：《中國通郵地方物產志》，商務印書館，1937年，第（皖）10～11頁。

蕘賣的，零賣的，粗貨用的，細貨用的，又常常不同。所以中國的度量衡，要詳細說來，可算是無從說起。」〔註12〕在度量衡三器中，尤以量器最爲繁雜。「度器最簡單，各地度器雖是不同，但是比較法定的尺，還不算過於離奇，衡器就複雜了，除了各器不相同以外，一桿秤上，常有幾面秤星，大小常不相同；不過十六兩一斤，還算是一個公共的標準。又因爲用銀子的關係，各地銀平的大小，也還不很離奇。中國各地差異最大和法定的器具相去最遠的，要算是量器。」〔註13〕各地量器名稱和單位容量大小差異的紛繁複雜由來已久。各省、州、府、縣、鄉，甚至各村之間在量器名稱上都可能各不相同，單位容量也可能相差懸殊。

安徽的情況也不例外。民國時期，「安徽的度量衡不僅各縣互異，就是一縣之中各地亦有區別。不單如此，即一地之中，度量衡的採用亦隨交易物而有別，而且交易一物，亦可沿用互不相同的度量衡。」〔註14〕南京國民政府曾推廣使用市制，但成效甚微。「本省量器雖經官府令飭改行市用制，但迄今仍通用舊制。」〔註15〕蕪湖米市的量器，「雖經政府屢次令其採用市斛爲標準，以資全國劃一，但事實上，商民仍多用舊制泟斛。」〔註16〕

近代安徽稻米市場上量器的使用同樣名目繁多、形式各異、大小不等。「升斗的形式，有長方有圓亦有方圓形者，其圓周有上大下小，有上小下大，有上中下大小一致者，容量自亦各異。」〔註17〕「不但各市場量器不同，即在一市之內亦有不相同者」。〔註18〕如安慶，其市面上使用的量米器具有河斗、嶺斗、行斗和市斗之別。每斗重量分別合漕砝秤 14.5、14.1、14 和 13.75 斤；分別用於河下量米、鄉間量米、米行量米和米店量米。〔註19〕

誠然，度量衡制度的不統一確實使商業發展受到阻礙，不利於社會經濟

〔註12〕 林光澂、陳捷：《中國度量衡》，商務印書館，1930 年，第 49 頁。

〔註13〕 林光澂、陳捷：《中國度量衡》，商務印書館，1930 年，第 49 頁。

〔註14〕 龔光朗、曹覺生：《各不相同之安徽度量衡——安徽工商之現狀及其發展途徑》，《安徽建設月刊》1931 年 3 卷第 5 號。

〔註15〕 夏忠群：《安徽省食糧運銷調查報告》（油印本），1935 年，第一節。

〔註16〕 林熙春、孫曉村：《蕪湖米市調查》，社會經濟調查所，1935 年，第 6 頁。

〔註17〕 鐵道部財務司調查科：《京粵線安徽段經濟調查總報告書》，鐵道部財務司調查科，1930 年，第 211 頁。

〔註18〕 夏忠群：《安徽省食糧運銷調查報告》（油印本），1935 年，第一節。

〔註19〕 蔡復元：《怎樣完成安徽度量衡革命？》（續），《安徽建設月刊》1931 年第 3 卷第 3 號。

的發展，正如當時人的感歎：「吾國度量衡制度，錯雜已極，所以各地各業，貿易動多窒礙，國際發展尤難，且奸刁之徒，更從中舞弊，鼓浪揚塵，以致金融紊亂，商業凋敝，社會紛擾之今日，民眾蒙重大之損失，感劇烈之苦痛，又何待言。」〔註20〕惟其如此，我國歷代統治者均以統一度量衡作爲重要的治國方略。有的學者還以度量衡的統一與否作爲統一市場是否形成的衡量標準。但是筆者通過對近代安徽稻米市場所用量器的觀察並沒有得出與上述學者一致的結論：儘管近代安徽稻米市場上所用的度量衡名目繁多，大小各異，但並沒有阻止近代安徽稻米統一市場的形成。因爲在近代安徽稻市場上使用的量器，有其自身的規律。我們認爲在一個統一的市場內存在著「度量衡梯度」。由於近代糧食交易以量器爲主要衡量工具，因此在糧食市場上更多地體現爲「容量梯度」。近代安徽稻米市場上的「容量梯度」具體體現在以下幾個方面：

（一）「容量梯度」的具體含義

「容量梯度」是指在近代安徽稻米市場層級體系中，層級越低或與中心市場距離越遠，其量具的單位量值越大。

表 4－1－5：安徽各地米穀量器名稱及單位量值表〔註21〕

米穀市場	地區性集散點	市場層級	米穀市場	斛名	單位量值折合市制		指數（以集散中心爲 100）
					林、孫折合	夏折合	
以蕪湖爲中心	蕪湖	4	蕪湖	沚斛	1.124	1.124	100.00
		2	宣城西河	西斛	1.093	1.006	89.50
		2	繁昌荻港	港斛	1.077	1.101	97.95
		2	南陵縣城	南陵斛	1.088	1.112	98.93
		2	南陵黃墓渡	南陵斛		1.112	98.93

〔註20〕 蔡復元：《怎樣完成安徽的度量衡革命？》，《安徽建設月刊》1931 年第 3 卷第 3 號。

〔註21〕 「市場層級」欄中，4 代表集散市場，3 代表地區性集散點，2 代表中心鎭集；在「2」所代表的中心鎭集之下，還有作爲第 1 層級的農村集市。其量器情況參見下文有關舒城、六安稻米市場中米斗的論證。「指數」欄中指數根據夏忠群調查數據計算而得。

米穀市場	地區性集散點	市場層級	米穀市場	斛名	單位量值折合市制		指數（以集散中心為100）
					林、孫折合	夏折合	
以蕪湖為中心	蕪湖	2	南陵青弋	清斛	1.093	1.118	99.47
		2	蕪湖清水河	清水斛	1.124	1.124	100.00
		2	蕪湖方村	泟斛	1.124	1.124	100.00
		2	蕪湖濮家店	濮斛	1.124	1.124	100.00
		2	繁昌峨橋	峨斛	1.124	1.124	100.00
		2	宣城灣沚	泟斛	1.124	1.124	100.00
		2	宣城紅楊柳	泟斛	1.124	1.124	100.00
		2	蕪湖魯港	魯斛	1.188	1.169	104.00
		2	宣城縣城	府斛	1.143	1.213	107.92
		2	宣城水陽	陽斛	1.199	1.213	107.92
		2	宣城新河	莊斛	1.188	1.213	107.92
		2	宣城雙橋	橋斛	1.188	1.213	107.92
		2	宣城孫家埠	鋪斛	1.188	1.213	107.92
		2	宣城油榨溝	溝斛	1.188	1.213	107.92
		2	宣城沈村	村斛	1.188	1.213	107.92
		2	宣城西陡門	陡斛		1.225	108.99
		2	宣城雁陡門	陡斛	1.199	1.230	109.43
	廬江縣城	3	廬江縣城	廬斛	1.166	1.191	105.96
	含山縣城	3	含山縣城	含斛	1.166	1.191	105.96
		2	含山銅城閘	銅城閘斛	1.177	1.202	106.94
	運漕	3	含山運漕	運漕斛	1.199	1.225	108.99
		2	含山淋頭鎮	淋斛	1.232	1.258	111.92
		2	含山清溪	行斛	1.232	1.258	111.92
	巢縣縣城	3	巢縣縣城	市斛		1.237	110.05
				行斛	1.210	1.260	112.10

米穀市場	地區性集散點	市場層級	米穀市場	斛名	單位量值折合市制		指數（以集散中心為100）
					林、孫折合	夏折合	
以蕪湖為中心	襄安	3	無爲襄安	襄斛	1.288	1.288	114.59
		2	無爲黃雒河	雒斛	1.254	1.281	113.97
		2	無爲泥汊	汊／泥斛	1.254	1.281	113.97
		2	無爲小湯溝	溝斛		1.281	113.97
		2	無爲卞奧洲	襄斛		1.288	114.59
		2	無爲劉家渡	襄斛	1.310	1.288	114.59
		2	無爲土橋	土橋斛	1.277	1.303	115.93
	合肥縣城	3	合肥縣城	市斛	1.265	1.292	114.95
	柘皋	3	巢縣柘皋	柘斛	1.354	1.382	122.95
	三河	3	合肥三河	行斛	1.332	1.360	121.00
		2	合肥豐樂	樂斛	1.332	1.360	121.00
		2	合肥新倉	倉斛	1.399	1.427	126.96
		2	合肥中派河	中派斛	1.465	1.497	133.19
		2	合肥上派河	上派斛	1.532	1.562	138.97
		2	舒城桃溪	桃斛	1.532	1.562	138.97
	無爲縣城	3	無爲縣城	州斛	1.365	1.393	123.93
		2	無爲倉頭	倉斛	1.365	1.393	123.93
以大通爲中心（1931年前）	大通	4	銅陵大通	大通斛	1.032	1.070	100.00
		2	青陽木竹潭	潭斛	1.032	1.056	98.69
		3	銅陵縣城	斗		1.180	110.28
		2	銅陵丁家洲	斗	1.154	1.180	110.28
		2	銅陵壩埂頭	徽斛		1.180	110.28
		2	銅陵姚家溝	徽斛		1.180	110.28
		2	貴池烏沙夾	徽斛	1.188	1.213	113.36

米穀市場	地區性集散點	市場層級	米穀市場	斛名	單位量值折合市制		指數（以集散中心為100）
					林、孫折合	夏折合	
以安慶爲中心	安慶	4	安慶	嶺斛	1.055	1.079	100.00
		2	懷寧高河埠	鋪斛	1.055	1.079	100.00
		2	懷寧石排	嶺斛	1.055	1.079	100.00
		2	桐城孔城	孔斛	1.066	1.090	101.02
		2	桐城金神墩	墩斛	1.124	1.124	105.05
		2	望江華陽	華斛	1.143	1.169	109.25
皖南米穀市場		4	休寧屯溪	斗		0.940	100.00
			績溪臨溪	斗		1.010	107.45
			歙縣縣城	斗		1.040	110.64
			旌德縣城	斗		1.140	121.28
（由邊境縣直接輸往江浙）		2	當塗護駕墩	墩斛	1.110	1.135	
		2	當塗黃池	黃池斛	1.121	1.146	
		2	當塗烏溪	烏溪斛	1.132	1.157	
		2	當塗丹陽	丹斛	1.143	1.169	
		2	當塗裘官渡	渡斛	1.199	1.230	
		2	和縣烏江	烏江斛	0.993	1.017	
		2	和縣縣城	和斛	1.093	1.118	
		2	和縣雍家鎮	雍斛	1.221	1.146	
		2	和縣姆橋河	姆斛		1.202	
				市斛		1.169	
		2	和縣白渡橋	白渡斛	1.199	1.225	
		2	和縣黃山寺	寺斛		1.236	
		2	和縣永安橋	雍斛		1.247	
		2	和縣賈家橋	溝斛		1.281	
		3	郎溪縣城	郎斛	1.188	1.169	

資料來源：本表根據林熙春、孫曉村之《蕪湖米市調查》（第6～7頁）和夏忠群之《安徽省食糧運銷調查報告》所附「安徽省食糧市場量器比較表」提供的材料製成，按照本文的思路重新排列。清至民國時期安徽米穀市場普遍以「石」爲計算單位，以斛或斗爲計量工具。1石＝4斛＝10斗＝100升。《蕪湖迷失調查》中有關沚斛單位量值的計算有兩個係數，一方面書中稱市斛「每石約合

汕斛八斗九升」，計算得汕斛每石約合市制 1.124 石，書中蕪湖汕斛的單位
量值折合市斛的數據即採用此數；另一方面，又稱蕪湖汕斛的每汕石「等於
市制一石一斗一升」，即每汕斛合市斛 1.11 石。原資料中還有各地斗、斛與
蕪湖汕斛單位容量的折合數，經計算發現，表中凡當地斛與蕪湖汕斛的折合
數為 0.990 的，均繫以 1.11 與 1.124 相較而得。其單位量值實際上與蕪湖汕
斛相等。據此，本文將表 1 中凡為此種情況的地方的「單位量值折合市制」
欄數改為 1.124。參見林熙春、孫曉村：《蕪湖米市調查》第 6、7 頁。由於
兩書採用的折算率不同，故同一量器的單位量值也有所不同。

　　從表 4-1-5 中可以看出，以蕪湖為集散中心的米穀市場層級體系中，
各地米穀市場的量器的單位量值普遍大於蕪湖汕斛。直接運米入蕪的南陵、
繁昌和宣城等縣的各個米市中，僅個別地方的斛略小於汕斛，如南陵三鎮的
米斛單位量值略小於汕斛。實際上，根據其它資料，南陵米市的量具比蕪湖
要小（如表 4-1-6 所示），因而南陵「米運至蕪湖，按南陵之斛係 100 石，
但在蕪湖起斛時，必多餘三五石。」〔註 22〕表 4-1-5 中，宣城西河的米斛
單位量值也較蕪湖汕斛為小。但根據當時的調查，宣城商人販運米穀時的運
輸費用、沿途損耗等，可「以內地與外埠度量衡之差額而津貼之，富足有餘。」
〔註 23〕由此可見，宣城各地的米斛容量的單位量值是大於蕪湖的。

　　間接運送稻米至蕪湖的各地米斛的單位量值更明顯地大於汕斛。三河、
襄安及各縣縣城等蕪湖米市的上位市場類均如此。

　　在同一層級的各上位市場中，距離中心市場越遠，其量器的單位量值越
大。如三河米市的上位市場有合肥縣的上派河、中派河、新倉，舒城縣城、
桃溪和六安雙河等地。從表 4-1-5 可以看出，這些地方的米斛單位量值均
大於三河米斛，而且距離越遠量值越大。六安雙河距三河 125 里，桃溪至三
河 80 里，根據曾在三河米行做過「擋手」的王濟生等人的回憶，「三河每斗
20 市斤，桃溪每斗 25 市斤，雙河以上地區每斗 30 市斤，相差甚大。」〔註 24〕
則三地米斗每斗依次有 5 市斤的差值。上派河與中派河分別位於巢湖支流派

〔註 22〕　王維德：《蕪湖米市概況》，《工商半月刊》1934 年第 6 卷第 3 期。
〔註 23〕　錢孟鄰：《安徽宣城經濟調查》，《中行月刊》1936 年第 13 卷第 1 期。按：此
　　　　　處僅僅是就當時宣城一帶米穀市場調查所指出的現象，文中並未上升到理論
　　　　　高度或規律性認識，也沒有就此展開論證。
〔註 24〕　王濟生等：《三河米業》，《古鎮三河·肥西文史資料之一》，1985 年，第 106
　　　　　～110 頁。「擋手」是近代安徽米穀交易中介機構——米行或米號中負責購銷
　　　　　業務的夥計，在米行中地位很高。

河的上游和中游，兩者相較，上派河距離三河的距離更遠，因而，上派河米斛單位量值也大於中派河米斛。巢縣縣城距蕪湖 190 里，柘皋距蕪湖 330 里，縣城的米斛單位量值小於柘皋米斛。無為縣城距蕪湖 180 里，襄安距蕪湖 160 里，縣城的米斛單位量值大於襄安米斛。〔註 25〕

蚌埠米穀市場體系中，各地米穀多通過淮河向蚌埠彙集。蚌埠每石合市制 2.05 石，正陽關每石合市制 2.086 石，〔註 26〕六安木廠埠一帶使用的八區斗每石折合市制 2.182 石，〔註 27〕霍邱縣城舊制每石相當於市制 3 石。也反映了市場層級越低或距離中心市場越遠，其量器單位量值越大的規律。

屯溪是休寧縣乃至整個皖南地區糧食業的中心，〔註 28〕因而該鎮的米斗即便在皖南這樣普遍缺糧的地區也屬小斗，比旌德、績溪、歙縣等地米斗的單位量值都要小（見表 4－1－6）。縣城是次於屯溪的糧食交易中心，萬安和龍灣屬於米穀交易的中轉市場。「萬安斗每斤米重 13 斤以至 14 斤，龍灣斗略同，城內斗較小，約合米重 12 斤，而屯溪斗則更小。」〔註 29〕休寧所用幾種米斗單位量值的大小不同，恰恰也反映了這一帶不同層級米穀市場間的容量梯度。

表 4－1－5 中，安慶和大通量器在單位量值方面沒有反映出與沚斛單位量值的相關性，因為這兩個市鎮是特殊的中心市場，兩者在米穀市場上與蕪湖聯繫不緊密（詳見本章第三節）。但以這兩個地方為中心的米穀市場層級體系中，同樣顯示了上位市場與下位市場量器的單位量值具有梯度性的特點。

安慶雖是皖西地區規模最大的米穀市場，但輸入的米穀大部份被城中居民消耗掉，僅有少量外運，屬於消費主導型的米穀市場。安慶與蕪湖在米穀貿易方面的市場聯繫不夠緊密，其量器在容量方面沒有與蕪湖形成「梯度」，而且作為一個消費型米市，其量器單位量值明顯小於蕪湖沚斛。

咸豐二年（1852 年）清政府在大通設皖岸榷運局，「淮鹽皖引必經斯地，過秤分銷」〔註 30〕，「米市因以興盛」。〔註 31〕該鎮主要彙集的是銅陵、青陽

〔註 25〕各地與蕪湖距離參見夏忠群：《安徽省食糧運銷調查報告》，第二節第 29 頁。
〔註 26〕夏忠群：《安徽省食糧運銷調查報告》（油印本），1935 年，第三節・一蚌埠。
〔註 27〕《六安縣志》編纂委員會：《六安縣志》，黃山書社，1993 年，第 340 頁。
〔註 28〕鐵道部財務司調查科：《京粵線安徽段經濟調查總報告書》，鐵道部財務司調查科，1930 年，第 105 頁。
〔註 29〕鐵道部財務司調查科：《京粵線安徽段經濟調查總報告書》，鐵道部財務司調查科，1930 年，第 320 頁。
〔註 30〕桂紹熙：《最近各省金融商況調查錄》，國光印刷所，1916 年，第 51 頁。

木竹潭、貴池烏沙夾等地的餘米。因該鎮位於長江之濱，運輸便利，不少外來客商多直接來此採辦米石。在 1931 年之前，大通在米穀貿易方面與蕪湖的聯繫也不緊密。直到 1931 年皖岸権運局移設蕪湖後，米市衰落，大通才成為蕪湖米市的中轉市場。表 4－1－5 所據資料形成於 1935 年，其時大通米市地位變遷不久，在量器容量方面尚未反映出這種變化。

同時，兩地分別與其腹地的量器在單位容量上也存在著容量梯度：安慶的腹地如懷寧、桐城等地米斛的單位量值多大於或等於安慶的嶺斛。而據前文可知，嶺斛乃安慶鄉間量米所用，縣城米行、米店等從事米糧交易者所用斛的容量更小，亦即安慶腹地與安慶的量器在單位量值方面的差距還要大。大通的腹地銅陵、貴池等地的斗、斛單位量值也多數大於大通斛。

（二）量器的「輻射功能」

中心市場的量器具有一定的「輻射功能」，亦即與該市場進行直接交易的一些上位市場會採用該下位市場的量器，或者兩地量器名異而量同。

在某中心市場附近的一些上位市場有的會採用與該中心市場相同的量器，或者上下位市場量器的名稱雖異但單位量值相同。例如：蕪湖方村、宣城灣沚、紅楊柳均使用沚斛，襄安和其附近的卞澳洲、劉家渡都使用襄斛。蕪湖清水河、濮家店，繁昌峨橋等地量器與沚斛名異量同；三河附近的豐樂使用的量器與三河量器名異量同，1 斛都合 1.332 或 1.360 市斛（前者為林熙春、孫曉村折算，後者為夏忠群折算。下同）；無為倉頭與縣城的量器名異量同，每斛都合 1.365 或 1.393 市斛；安慶附近的高河埠和石牌量器名異量同，每斛都和 1.055 或 1.079 市斛。

除了三河、蕪湖等三、四層級市場周邊的一些上位市場採用了其中心市場的量器或上下位市場量器名異量同外，我們再以舒城、六安為例看基層市場（亦即第一層級的農村集市）採用其下位市場量器的情況。舒城境內，以縣城為中心的區域使用「河斗」，以桃溪鎮為中心的區域使用「桃斗」，以曉天、河棚為中心的區域使用「山河斗」，而與六安縣毗鄰的棗林一帶則受六安雙河影響，使用「斛斗」。〔註32〕由此可見，四個區域內的基層市場分別採用了其中心市場的量器。六安的商斗由商會制定、河斗量雜糧，其餘各種斗分別在特定區域內使用：東南斗在思古潭一帶、八區斗在木廠埠一帶、河西斗

〔註31〕夏忠群：《安徽省食糧運銷調查報告》，（油印本），1935 年，第二節‧2 大通。
〔註32〕舒城縣地方志編撰委員會：《舒城縣志》，黃山書社，1996 年，第 311 頁。

在徐集一帶，「各依習慣沿用」。〔註 33〕亦即上述各個集鎮所在區域內的基層市場均採用了其上位市場的米斗。

相應地，特定市場上的量器會伴隨其市場性質的演變而有所變化，因其在市場體系中的地位變遷或其市場輻射力的強弱變動而有所改變。

宣城灣沚在蕪湖開埠之前是青弋江流域最大的糧食市場，「蕪湖未克望其項背也。」〔註 34〕因而，宣城、蕪湖等縣有多處米穀市場採用沚斛作為量器；有的則名異量同。蕪湖附近的魯港也是糧商輻輳的米市，蕪湖在開埠前，米市「大概供本地食米，間有客船裝運鄰省，市面實不若灣沚及魯港也。」〔註 35〕因此開埠前的蕪湖米穀市場上同時使用沚斛和魯斛。光緒初年，蕪湖市面仍以沚斛和魯斛為通用斗斛，〔註 36〕隨著蕪湖米市的形成和發展，魯港的米穀市場逐漸萎縮，成為蕪湖米市的下級市場，魯斛相對於沚斛容量較大，因此在蕪湖米市上被淘汰。

（三）產量餘缺的「量器映像」

一般情況下，某地米產的餘缺狀況常在量器的單位量值上有所體現。缺糧區量器的單位量值一般不大於餘糧區。表 4－1－6 所示調查數據正是這種狀況的反映：南陵、桐城、舒城等餘米區量器單位量值大於蕪湖。缺糧區是糧食流通的終點，相對於其米源地而言糧價較高，相應地，糧食市場量器的單位量值也較小。在安徽省內，缺糧的歙縣、黟縣、祁門等地米穀市場所用量器的單位量值普遍較小。旌德運往歙縣的米多經由績溪轉運，〔註 37〕因而旌德米斗大於績溪和歙縣的米斗。〔註 38〕

又如舒城，其西南多山，稻產不足；東北多田，是米穀主產區。位於西南山區的曉天、河棚等地量器的單位容量明顯小於縣城、桃溪、棗林等地的量器：曉天、河棚等地的「山河斗」每斗折合市秤 16.5 市斤，「河斗」每斗折合市秤 20 市斤，「桃斗」每斗折合市秤 24 市斤，「斛斗」每斗則折合市秤 26 市斤。〔註 39〕

〔註 33〕 《六安縣志》編纂委員會：《六安縣志》，黃山書社，1993 年，第 340 頁。
〔註 34〕 夏忠群：《安徽省食糧運銷調查報告》，（油印本），1935 年，第二節・3 灣沚。
〔註 35〕 民國《蕪湖縣志》卷三五《實業志・商業》。
〔註 36〕 民國《蕪湖縣志》卷三五《實業志・商業》。
〔註 37〕 夏忠群：《安徽省食糧運銷調查報告》，（油印本），1935 年，第二節・6 徽州一帶。
〔註 38〕 安徽省旌德縣人民政府：《旌德縣志》，黃山書社，1992 年，第 392 頁。
〔註 39〕 舒城縣地方志編撰委員會：《舒城縣志》，黃山書社，1996 年，第 311 頁。量米的手法不同可能會導致同一量器量值折合的斤兩有所不同，擋手在買進米

　　再如安慶和銅陵的腹地。這些地方多非米穀富餘之區，因而與合肥、無爲等地相比，其米斛單位量值較小。

表 4-1-6：安徽各地米穀量器及其單位量值〔註40〕

地　名	單　位	折合日本合	地　名	單　位	折合日本合
黟縣	升	5.0 弱	蕪湖	升	5.5～5.8
祁門	升	5.8 餘	南陵	升	6 弱
休寧	升	5.8	桐城	升	7
涇縣	升	5.8	舒城	升	8.0

資料來源：龔光朗、曹覺生：《各不相同之安徽度量衡——安徽工商之現狀及其發展之途徑》，《安徽建設月刊》1931 年第 3 卷第 5 號。

　　容量梯度存在的前提是市場層級的形成。近代安徽稻米市場主體部份市場層級體系的形成始於蕪湖米市的形成，皖北地區形成米穀市場層級體系始於津浦鐵路的開通。皖南地區米穀市場層級體系的形成始於太平天國運動後。在此之前，徽州缺糧主要來自浙贛兩省；之後，歙縣、祁門、黟縣等地缺糧主要購自省內。隨著蕪湖、蚌埠米穀集散中心的形成和皖南米穀供需格局的變動，米穀的流通方向發生變動，最終在省內形成了以集散中心或缺糧區爲指向的米穀流通線路，並相應地形成了各自的市場層級體系。伴隨著市場層級體系的形成，米穀市場上的量器單位量值亦相應發生變化（魯斛在蕪湖米市被淘汰便是這種變化的體現），從而形成各個層級之間米穀量器單位量值反相關的梯度。

　　近代安徽稻米市場層級體系中存在的容量梯度，是從度量衡的角度對作爲商品的米穀的價格所作的調整，低層級米穀市場量器的單位量值越大，便意味著該市場所銷售的米穀單位價格越低，反之亦然。它實際上體現的是一種間接的價格梯度。這種梯度一方面是商人求利的手段之一，因爲傳統商品的產銷市場之間信息溝通不夠迅速、準確，產銷市場之間商品在量上的大小差異有助於確保商人有利可圖，「其差異之原因，純爲價格問題，蓋各地價格，

　　穀時，通常會操弄量米手法以求多占。因而此處與前文引用米行檔手所述量器折合市秤的數值有所不同，且小於檔手的折合值。

〔註40〕　本表原資料以日本量器爲參照，對各地量器容量進行折合以反映其單位量值大小。

殊難劃一，商人因於斗量中求利，故有此種差異」；〔註41〕另一方面也有助於彌補運輸費用、沿途損耗等在稻米販運過程中的支出和損失，「此種費用（由產地到集散地的運輸費用——筆者注），以內地與外埠度量衡之差額而津貼之，富足有餘。」〔註42〕

第二節　蕪湖：近代安徽稻米市場層級體系的中心

嘉道間，魯港是蕪湖縣內最大市鎮，「多礱坊，爲糧米聚販之所，商旅駢集」；〔註43〕灣沚是宣城乃至青弋江流域最重要的米市，「曩昔蕪湖尚未闢商埠之前，青弋江流域實以灣沚鎮爲最要之米市。」〔註44〕而當時的蕪湖在糧食貿易方面僅僅是一個小市場，稻米貿易規模很小，糧食交易以供應本地民食爲主，間或有運銷外省者；市面不如魯港更不如灣沚繁華。「本埠礱坊二十餘家，在倉前鋪地，名大礱坊者居多。大概供本地食米，間有客船裝運鄰省，市面實不若灣沚及魯港也。」〔註45〕

光緒二年（1876年）中英《煙臺條約》規定將蕪湖闢爲通商口岸。此後，輪船在蕪湖停靠，交通運輸日益便利，市場逐步繁榮。「蕪湖關一開，屹然與上九、下鎮鼎立爲長江巨埠。」〔註46〕在多方面因素的促合下，蕪湖米市漸至穩固，米市規模逐步擴大，發展成爲與長沙、九江、無錫等地並列的「四大米市」之一。

蕪湖成爲安徽稻米集散中心，雖有人爲因素的促成，但其得天獨厚的交通條件、優越的經濟背景和廣闊的糧源地，稻米來源充沛，才是主要原因。

在開埠之前，蕪湖便是一個有著悠久歷史的工商業城鎮，手工業和商業繁榮，是著名的手工煉鋼和漿染中心。手工業的發達帶動了商業的繁榮。元代以降，蕪湖的商業便相當發達。明代的黃禮曾說過：「蕪湖附河踞麓，舟車之多，貨殖之富，殆與州郡埒。今城中市廛鱗次，百物翔集，文綵布帛魚鹽

〔註41〕鐵道部財務司調查科：《京粵線安徽段經濟調查總報告書》，鐵道部財務司調查科，1930年，第320頁。
〔註42〕錢孟鄰：《安徽宣城經濟調查》，《中行月刊》1936年第13卷第1期。
〔註43〕（民國）《蕪湖縣志》卷三五《實業志・商業》
〔註44〕夏忠群：《安徽省食糧運銷調查報告》（油印本），1935年，第二節・3灣沚。
〔註45〕（民國）《蕪湖縣志》卷三五《實業志・商業》。
〔註46〕馮煦：《皖政輯要》，黃山書社，2005年，第745頁。

繩至而輻輳，市聲若潮，至夕不得休。」〔註47〕至清代，蕪湖的商業更爲發達。「自昔俗尚貿遷。同光以來，商場尤開，士大夫家居恒以農商業自娛而不遑學問。」〔註48〕

　　皖中、皖南地區以長江爲紐帶，連接大小數十條支流，並有支流與巢湖相通，形成龐大的水路交通網絡。長江以南有華陽河、大通河、青弋江、水陽江、澓港河、魯明河、扁擔河、石硊河等支流，其中青弋江、水陽江、澓港河、扁擔河、石硊河等均在蕪湖附近與長江匯合。長江以北有皖河、樅陽河、無爲西河、裕溪河等支流。華陽河流經望江縣；大通河流經青陽、石埭、銅陵縣；青弋江沿岸有石埭、涇縣、太平、旌德、宣城、南陵、蕪湖等縣；水陽江流經寧國、宣城、郎溪、廣德、當塗等縣；魯港河流經宣城、繁昌等縣；魯明河由南陵，流經繁昌與蕪湖交界處入於長江；扁擔河在當塗入江；石硊河發源於南陵；沿皖河的縣份有潛山和太湖；沿樅陽河有桐城、懷寧、潛山等縣；無爲西河聯絡無爲和廬江等縣；裕溪河是巢湖入江水道，巢湖流域有柘皋水、派河、淝水、杭埠河等河流注入巢湖；環巢湖的巢縣、無爲、合肥、舒城等縣可由各支流入巢湖再經裕溪河進入長江，含山縣可直接經裕溪河入江，逆流而上不遠即可到達蕪湖。而沿長江干流，蕪湖逆流而上可西至川湘鄂贛；順流而下可達江浙，再由海上北上燕趙或南下閩粵。在這個網絡中，蕪湖居於中心地位，「交通形勢，天然上爲安徽中部貨物出口必經之要港也。」〔註49〕實爲「扼皖中皖南及沿大江各縣水上交通之樞紐。」〔註50〕

　　近代交通運輸仍以水道爲主，像糧食這類量大價低的貨物的長途運輸，尤賴運費低廉的水路搬運。縱橫密佈的河流將蕪湖與大江南北各縣、長江各支流流經的縣份及環巢湖各縣連接起來，使其成爲蕪湖廣袤的腹地。長江各支流所在地區及環巢湖流域大多是重要的稻米產區。在蕪湖米市形成後這些稻米產區向蕪湖源源輸入數以百萬石的稻米。「凡沿大江及巢湖流域各縣，與夫六安縣東南鄉之米，莫不直接間接向此彙聚，年達數百萬石。」〔註51〕

〔註47〕　（民國）《蕪湖縣志》卷五《地理志》。
〔註48〕　（民國）《蕪湖縣志》卷五《地理志·風俗》。
〔註49〕　鐵道部財務司調查科：《京湘京粵兩線蕪湖縣市經濟調查報告書》，鐵道部財務司調查科，1933年，第53頁。
〔註50〕　林熙春、孫曉村：《蕪湖米市調查》，社會經濟調查所，1935年，第1頁。
〔註51〕　吳正：《皖中稻米產銷之調查》，交通大學研究所，1936年，第1頁。

自光緒三年蕪湖米市初步形成至 1937 年抗戰爆發，蕪湖米市在這短短的幾十年時間內，經歷了形成、發展，興盛和衰落三個時期。

一、形成、發展時期（1877～1897 年）

安徽稻米集散中心，初在揚州仙女廟，後移至鎮江，「蕪湖實不與焉。」〔註 52〕仙女廟米市衰落後，皖米在省內三河、運漕等地集中後運往以鎮江爲主的江浙各地。

蕪湖開埠的次年，李鴻章上奏朝廷，將鎮江七浩口米市移至蕪湖。〔註 53〕其後，皖南兵備道兼蕪湖關監督張蔭桓親往鎮江遊說米商遷往蕪湖。張係廣東人，他利用同鄉身份，對廣東等地米商許以優惠條件：若移駐蕪湖即頒給米商營業執照，授予其專營權，凡外地來蕪購米者不得直接買賣，必須由持有執照的米商代購；米商不承擔所有市場費用，行庸等各類使費由賣方支付。外資輪船公司也允諾由蕪湖運米至上海的運費與由鎮江至上海的相同，不再加價。這樣，廣幫米商率先遷駐蕪湖。蕪湖米市開始形成。其後，潮州米商也逐步進入蕪湖市場。光緒末年，煙臺、寧波等處米商踵至，「廣閩浙及華北諸省米商，咸集蕪湖採辦米糧，以供各該地之需要」，〔註 54〕「蕪湖遂成爲各地米商聚集之所。」〔註 55〕

開埠之初，稻米輸出在蕪湖出口貿易中尚未佔據主導地位。光緒四年出口稻 8580 擔、米 95887 擔（均指輪運輸出量，下同）。稻米合計值關平銀 137817 兩，占出口貨物總值的 23.16%。光緒七年，稻米輸出 388792 擔，價值 397727 兩，占出口土貨總值的 28.51%。起初蕪湖稻米輸出數量較少，在光緒十一年（1885 年）前，蕪湖海關輸出的稻米年均爲數十萬擔，最高額爲光緒八年的 665632 擔，最少的僅有 6 萬餘擔。光緒十一年後，稻米輸出量大增，僅光緒十四（1888 年）、十五兩年在百萬擔之下（分別爲 94 萬和 80 萬餘擔，即便這兩年也遠較光緒十一年前歷年輸出量爲高）。總體而言，稻米輸出數量呈上升趨勢。光緒六年出口的大米「較去年運出之量爲三倍以上。」〔註 56〕光緒七

〔註 52〕 夏忠群：《安徽省食糧運銷調查報告》（油印本），1935 年，第二節‧1 蕪湖。

〔註 53〕 《江廣米行重建會所紀念碑文》，轉引自徐正元等：《蕪湖米市述略》，中國展望出版社，1988 年，第 5 頁。

〔註 54〕 林熙春、孫曉村：《蕪湖米市調查》，社會經濟調查所，1935 年，第 1 頁。

〔註 55〕 林熙春、孫曉村：《蕪湖米市調查》，社會經濟調查所，1935 年，第 1 頁。

〔註 56〕 《清光緒六年蕪湖口華洋貿易情形論略》（抄本），藏安慶市圖書館。

年「運出之米較過去之任何年爲多。」〔註 57〕光緒八年「出口米之多，不特爲前此所未有，並且超過最多之一八〇〇及一八八一兩年之總和也。」〔註 58〕光緒十一年出口稻米爲上年的四倍。〔註 59〕稻米輸出的逐年增加使人們對蕪湖稻米貿易的未來發展普遍抱持樂觀的態度，並預測「出口之米必爲蕪湖貿易冊出口表上之最大一項」，「推測蕪湖將變爲運米出口之大商埠者甚多。」〔註 60〕次年，蕪湖商業果然大放光彩，米業儼然已是「其商務生命之原動力。凡百貿易，皆以此爲中軸而旋轉。」〔註 61〕

稻米輸出數量的增多，意味著皖省稻米產地逐步改變原有輸出路線，將蕪湖作爲集散的目的地。在設立米捐局前，蕪湖並非唯一的集散地。在蕪湖集散的僅有池州、安慶及蕪湖周邊地區的稻米。後來成爲蕪湖米市最重要米源地的廬州府各縣在蕪湖米市形成之初尚未以蕪湖爲集散地。這從蕪湖發放子口憑單的情況可以窺知。當時米商將米出賣之後，一般都不會放空船回去，而是購運各類土洋雜貨帶回。光緒四年領有子口憑單將進口洋貨由蕪湖運入內地銷售最多的是池州，池州「與本埠之貿易甚盛，已領有大部份之子口憑單。」〔註 62〕運往池州的洋貨價值近 1 萬 6 千兩，而安慶和廬州府僅各自從蕪湖運入洋貨價值 1 萬 4 千餘兩。光緒六年（1880 年）各地從蕪湖購運洋貨按價值高低依次爲池州、安慶、寧國、廬州府。由此可知當時的廬州還沒有將蕪湖作爲其稻米集散中心。光緒六年蕪湖共輸出稻米 21369 擔，「此米十分之八從寧國府及太平府運來，僅十分之二來自產米豐富區域之廬州府。」〔註 63〕「此等產米豐富區域之商人，至今運其產物仍不往蕪湖而往鎮江。」這種狀況到光緒八年開始改變。是年，「有一可注意之事件關繫於本報告者，即爲廬州農人最近已開始運送大量貨物來此，不復運至較遠商埠之鎮江，即到此爲止矣。」〔註 64〕光緒十一年蕪湖出口稻米數量激增，「向日運往鎮江者，今皆趨向蕪湖」，「可證明前茲流向他口岸之貿易，現已開始去向其正當途徑之蕪湖。」〔註 65〕廬州稻米改變集散地

〔註 57〕　《清光緒七年蕪湖口華洋貿易情形論略》（抄本），藏安慶市圖書館。
〔註 58〕　《清光緒八年蕪湖口華洋貿易情形論略》（抄本），藏安慶市圖書館。
〔註 59〕　《清光緒十一年蕪湖口華洋貿易情形論略》（抄本），藏安慶市圖書館。
〔註 60〕　《清光緒十二年蕪湖口華洋貿易情形論略》（抄本），藏安慶市圖書館。
〔註 61〕　《清光緒七年蕪湖口華洋貿易情形論略》、《清光緒八年蕪湖口華洋貿易情形論略》（抄本），藏安慶市圖書館。
〔註 62〕　《清光緒四年蕪湖口華洋貿易情形論略》（抄本），藏安慶市圖書館。
〔註 63〕　《清光緒六年蕪湖口華洋貿易情形論略》（抄本），藏安慶市圖書館。
〔註 64〕　《清光緒八年蕪湖口華洋貿易情形論略》（抄本），藏安慶市圖書館。
〔註 65〕　《清光緒十一年蕪湖口華洋貿易情形論略》（抄本），藏安慶市圖書館。

對於蕪湖米市的發展至關重要，19 世紀 80 年代，「本港出口的大宗貨物大米，大部份來自寧國和廬州。在一般情況下，後者供應了大多數大米」；稻米輸出數量增多，「從 65 萬擔增加至 339 萬擔，大多從廬州府運抵蕪湖。」〔註66〕正是由於皖省各地米源地改變了運輸目的地，蕪湖才有可能發展成為重要的米市。基於此，海關稅務司才作出這樣的預測：「收買者及運輸者之人數必增。供給之米將源源而來。此時，蕪湖必成為附近區域過剩米之出口處。」〔註67〕

隨著稻米輸出量的增多，蕪湖作為米市所需的相關商業配套設施諸如貨棧、躉船、通訊設備、中介、行業組織等也逐步出現或增多。

貨棧是米市地位得以穩固的保障之一。沒有貨棧，內地運來的米無法大量存放、周轉，不能蓄米待運，如是大宗交易，要在蕪湖中轉就會耗時過長。海關稅務司意識到了這個問題，開埠不久便呼籲各界著力於貨棧經營，「凡有資本欲經營商業者，能自進而應此急需，實大有造於蕪湖也。」〔註68〕光緒十年，在距離江岸不遠的地方建立了多座貨棧，蕪湖缺少貨棧的欠缺遂得以彌補。「可用以屯積米糧以待輪船之至。故現時民船從外面運來之米開來本埠者，及其到時，先量好數量，放入袋中，堆於貨棧，而此貨棧距江岸甚近，迨運米至廣東或他處之海輪到此，即用貨船搬二萬袋或三萬袋之米於海船上，一二日內即可畢事。極為便利。民船既無須逗留，而海船之行程亦得迅速也。」〔註69〕當時的貨棧建設頗多，但仍因稻米集散數量的增多，貨棧「數尚不足以應本埠之需。」〔註70〕其後，「棧房和樓房到處興建」，〔註71〕光緒十三年，新建貨棧已擴展到原本荒僻的地方，「前此草廬荒陋之區，一變而成華廈千尋之地矣。」〔註72〕

躉船是貨物由碼頭搬上輪船的重要輔助設施。「自光緒二年定約開蕪湖一埠為通商口岸，長江各公司均用躉船寄居江中，以便上下水輪船停泊。」〔註73〕光緒八年，一家私人公司在蕪湖設立躉船，「此輪船雖小，然實質上亦有助

〔註66〕 汪明譯：《海關十年報告（1882～1891 年）》，轉引自王鶴鳴：《蕪湖海關》，黃山書社，1994 年，第 126 頁。

〔註67〕 《清光緒八年蕪湖口華洋貿易情形論略》（抄本），藏安慶市圖書館。

〔註68〕 《清光緒八年蕪湖口華洋貿易情形論略》（抄本），藏安慶市圖書館。

〔註69〕 《清光緒十年蕪湖口華洋貿易情形論略》（抄本），藏安慶市圖書館。

〔註70〕 《清光緒十一年蕪湖口華洋貿易情形論略》（抄本），藏安慶市圖書館。

〔註71〕 汪明譯：《海關十年報告（1882～1891 年）》，王鶴鳴《蕪湖海關》，黃山書社，1994 年，第 121 頁。

〔註72〕 《清光緒十三年蕪湖口華洋貿易情形論略》（抄本），藏安慶市圖書館。

〔註73〕 （民國）《蕪湖縣志》卷二十九《政治志・交通》。

於本埠貿易之開展也。」〔註74〕招商局也在蕪湖設立躉船。光緒十二年（1886年）中印輪船公司在蕪湖曾設一躉船，其它 4 家定期航行的輪船公司也在蕪湖設立了躉船。躉船的設置爲貨物中轉提供了方便，「不特有益於其己身，亦且促進吾人貿易之開展焉。」〔註75〕

在近代，電報是信息傳遞最先進、快捷的工具。光緒十年，蕪湖開通與上海及其它城市的電報聯絡方式，雖然「蕪湖商業之生命，本不受電報有無之影響，」〔註76〕但電報對於輪船調配和商業信息的快速傳遞有著積極作用。因此，對於蕪湖而言，電報的開通無疑有利於稻米貿易的發展，有利於米市地位的鞏固。

由於稻米貿易日益繁盛，蕪湖從事稻米販運的商業機構日益增加，商業運行逐步規範化，「米市視從前基礎較固」。〔註 77〕在蕪湖從事稻米販運生意的商家越來越多，米行家數逐年增加。光緒五年蕪湖「米業之貿易甚好，商人亦自認頗有盈餘。」市面有 20 個米行進行稻米販賣，「此外尚有南方一二家商行住有專人或設辦事處於蕪湖」從事稻米交易。〔註78〕光緒八年蕪湖「有三家以上之米行開張。」光緒十一年，蕪湖米行「前幾年爲數甚少，且均帶若干投機性質，現時數量與資本均增。」〔註79〕光緒十二年，「因去年貿易之獲利不僅使一班米商增加勇氣，且引起五家新米行年初於本埠開設。」〔註80〕米行增多後，「因受過去營業與激烈競爭之影響，商人更努力發展其事業及謀商品交易手續之合理化。」〔註81〕店主不特坐店收貨，還主動去產區購米運回銷售。

伴隨著稻米交易的發展，稻米交易的商業流程也逐步完善。原來駐鎮江的米商遷來蕪湖後，蕪湖米市稻米交易模式逐步定型，形成複雜的、有別於他處的糧食交易過程（參看前文相關內容）。

以聯絡感情、商討和協調商業事務爲宗旨的米業同業組織漸次成立。光

〔註74〕 《清光緒八年蕪湖口貿易情形論略》（抄本），藏安慶市圖書館。
〔註75〕 《清光緒八年蕪湖口華洋貿易情形論略》（抄本），藏安慶市圖書館。
〔註76〕 《清光緒十年蕪湖口華洋貿易情形論略》（抄本），藏安慶市圖書館。
〔註77〕 《清光緒十一年蕪湖口華洋貿易情形論略》（抄本），藏安慶市圖書館。
〔註78〕 《清光緒五年蕪湖口華洋貿易情形論略》（抄本），藏安慶市圖書館。
〔註79〕 《清光緒十一年蕪湖口華洋貿易情形論略》（抄本），藏安慶市圖書館。
〔註80〕 《清光緒十二年蕪湖口華洋貿易情形論略》（抄本），藏安慶市圖書館。
〔註81〕 《清光緒十一年蕪湖口華洋貿易情形論略》（抄本），藏安慶市圖書館。

緒十二年潮州米商捐資建了潮州會館，光緒十五年粵商米號籌款建了廣東會館即廣東同義堂米業公所。〔註82〕

光緒十二年，讓米商頗感不便的貨幣問題也得到解決。米商原本購米使用的是英洋，其市價變動不居。這一年，英洋停止使用，對於米業而言，「實予將來貿易一極大之便利也。」〔註83〕

稻米的輪運方式也發生了改變。光緒十年前後，蕪湖稻米僅在利好時才由海輪值運廣東，平時則以江輪由蕪湖運至上海再行轉載。後來這種狀況逐漸改變，「過去主要途徑是由江輪運至上海再轉運，而現在大多數由遠洋輪值接運輸。」〔註84〕

二、興盛時期（1898～1926 年）

在光緒二十年前，蕪湖作為米市的地位還不穩定，米市常在蕪湖和鎮江之間擺動。尋常年景鎮江仍然是皖米主要的集散地，只有在江蘇遇到荒歉時才轉移到蕪湖。「米糧之集散場所，仍重在鎮江，蕪湖只居次要地位。」〔註85〕

光緒二十四年，安徽在蕪湖設立米捐局，徵收稻米出口稅，規定凡本省出口米船必須在蕪湖繳納米捐後才能外運。這種強制手段迫使皖省米船必須在蕪湖集散。光緒二十八年，兩江總督張之洞擬在江蘇境內的大勝關、利鹽溝及荷花池等處設立米捐局，皖米過境仍須納稅。這一計劃既不利於米商運米，也不利於安徽徵收米釐。對於米商來說，必須繳納雙重米釐，徒然增加經濟負擔，減少利潤。商人為逃避重複繳稅，必然會繞過蕪湖徑直運往鎮江，這勢必會減少皖省米捐收入，也不利於在蕪米商的營業。在皖省的反對下，經過兩省官商協商，議定在蕪湖另設江蘇米捐局，預徵米船過大勝關等處應繳米釐（即在蕪湖出口的米每石須繳納安徽米捐銀 1 錢 1 分 7 釐 2 毫和江蘇米捐銀 1 分）；江蘇嗣後不可再設米市；並限制運米的輪船僅能由蕪湖出口。至此，「蕪湖米市之地位，益加鞏固矣。」〔註86〕

〔註82〕 （民國）《蕪湖縣志》卷十三《建制志‧會館》。
〔註83〕 《清光緒十二年蕪湖口華洋貿易情形論略》（抄本），藏安慶市圖書館。
〔註84〕 汪明譯：《海關十年報告（1882～1891 年）》，轉引自王鶴鳴：《蕪湖海關》，黃山書社，1994 年，第 125 頁。
〔註85〕 林熙春、孫曉村：《蕪湖米市調查》，社會經濟調查所，1935 年，第 1 頁。
〔註86〕 夏忠群：《安徽省食糧運銷調查報告》（油印本），1935 年，第二節‧1 蕪湖。

　　1926 年安徽收成歉薄，飢饉堪虞，政府遂有遏糴之令。該年蕪湖大米貿易出現了異常的出口衰退，輸出僅 150 餘萬擔。當年金融業銀根鬆動，錢莊便大量放款給米行。米行爲了吸引生意，將款放給米販，定購隔年期貨。不料 1927 年初，北伐軍進入安徽，局勢動盪，「銀根突緊，運銷滯頓，貨款兩難收進，以致行本虧折，錢莊倒閉」，米糧來源銷路斷絕，交易停頓，米市遭受重創，「此爲本市米業之中傷時期。」〔註87〕在此之前，蕪湖米市處於興盛階段，每年輸出巨量稻米，歷年輸出量僅 1922 年因稻穀嚴重歉收未足百萬，其餘各年均在數百萬擔；1919 年更是達到了最高峰，達 888 萬餘擔。

　　整體上這一階段稻米輸出呈上升趨勢。起始的光緒二十四年因六月至九月下旬官方禁米出口，稻米出口數量並不多，僅 165 萬餘擔。次年農產大熟，稻米輸出近 500 萬擔。其後數年輸出均在四五百萬擔左右，至光緒三十一年突破 800 萬擔，在蕪湖稻米輸出史上僅次於 1919 年的輸出量。這一年輸出量的激增是由多方面的原因促成的：一是上年秋收豐收，爲糧食輸出儲備大量米源；二是當年政局動盪，軍米需求量大增；三是日本自越南進口大量稻米，皖米在南方沒有競爭。〔註88〕

　　1912～1917 年間，蕪湖輪運稻米輸出一度出現減退的趨勢。「數年以來，統計每歲不過二百萬擔左右。今昔相差，幾逾半數。」這是由於蕪湖稻米稅捐增多、運費加重，各地稻米散走及洋米擠佔皖米市場所致。「民國以來，賦稅既多，運費加重，是以鄰近之米糧，相率徑運浦口、通州等處銷售，不由蕪埠出口。」〔註89〕「常關、釐稅徵收重迭」，又「因安南有米運粵銷售，復以蕪埠往汕鐵船難雇，運費增加，蕪米到粵不但無利可圖，或至虧蝕原本，故在民國六七年間幾有一蹶不振之勢。」〔註90〕

　　1918 年這種低迷狀態有所改變，「惟本年春間，出口增加，與光緒季年埒。」〔註91〕次年，稻米輸出量達於極盛。考其緣由，因皖省糧食豐收，復「以時年暹羅、安南米輸出禁止及投機業者之買收西貢米以輸出於日本及西比利亞之影

〔註87〕　朱孔甫：《安徽米業調查》，《社會經濟月報》1937 年第 4 卷第 3 期。
〔註88〕　芮昌南：《清末民初的蕪湖大米出口貿易》，蕪湖縣地方志編纂委員會辦公室《蕪湖縣志資料選編》第二輯（内部資料），1989 年，藏安徽省地方志編纂委員會圖書室。
〔註89〕　（民國）《蕪湖縣志》卷三十五《實業志・商業・米業》。
〔註90〕　《蕪湖商業之新調查》，《實業周刊》1922 年第 1～2 期。
〔註91〕　（民國）《蕪湖縣志》卷三十五《實業志・商業・米業》。

響；廣東汕頭方面之需要，終年不減。」〔註92〕其後兩年，因日本大量採購安南米，南方稻米來源減少，米價增高，蕪湖稻米源源不斷輸往廣東。在蕪廣幫米商大獲其利，「在（民國）九、十年間竟有數月之久獲利十餘萬者。」

1922年因災收成歉薄，輸出銳減。1923、1924兩年情況好轉，1924年，安徽稻穀收成頗豐，「北方及浙粵各荒歉省分之無米告糴，皆能應付充裕，」〔註93〕全年輸出比上年增加193萬多擔。1925年春季皖米在廣東暢銷，後因政局動盪和洋米的競爭，銷路受到影響。適逢當年皖米在其它地方的銷路很好，「北方及長江上游之需要，非止足償汕頭、廣州之所失，並曾抬高價格。」〔註94〕年輸出高達610萬餘擔。

三、衰落時期（1927～1937年）

1927年上半年蕪湖因北伐戰爭「有時匯兌不通，運輸亦非隨時可能，」下半年有恢復的傾向，但因軍隊頻頻過境，民船和輪船均被徵用，「貿易為之摧折」，〔註95〕稻米輸出因輪船噸位短缺，加上國民政府禁止將米運往管轄區域之外，蕪湖米市大受影響，輸出銳減至87萬餘擔。這一時期，蕪湖稻米輸出僅1933年突破300萬擔，其它年份均在一兩百萬擔之間，「米業已日漸衰落」，〔註96〕呈衰敗之象。其原因有如下數端：

第一，災害頻發，農產歉收，米源不足。

1928年綏、晉、贛、黔、湘、皖、川、浙、滇等省大水，「皖尤重，就稻作一項，損失四百餘萬元。」〔註97〕1929年安徽大旱，並受蟲害之苦。「致產米區域，竟有糧少之嗟。迫不獲已，於年終施行禁運稻米出口，本年戰事頻

〔註92〕《蕪湖米之調查》，《總商會月報》1922年第2卷第8號。

〔註93〕《中華民國十三年通商海關華洋貿易全年總冊總論》上卷，中國第二歷史檔案館、中國海關總署辦公廳：《中國舊海關史料（1859～1948）》，京華出版社，2001年，第47頁。

〔註94〕《中國海關民國十四年華洋貿易報告總冊》上卷《報告書及統計輯要》，中國第二歷史檔案館、中國海關總署辦公廳：《中國舊海關史料（1859～1948）》，京華出版社，2001年，第63頁。

〔註95〕《中華民國十六年華洋貿易總冊》上卷《報告書及統計輯要》，中國第二歷史檔案館、中國海關總署辦公廳：《中國舊海關史料（1859～1948）》，京華出版社，2001年，第63頁。

〔註96〕朱孔甫：《安徽米業調查》，《社會經濟月報》1937年第4卷第3期。

〔註97〕鄧雲特：《中國救荒史》，商務印書館，1937年，第44頁。

仍，華商輪船，多被軍隊封用，且萑苻滿地，荊棘載途，運輸殊行窒礙。」〔註98〕1930 年「安徽人民再一次更嚴重地感受到了饑荒，因爲在此前一年發生了嚴重的歉收，糧價上漲到前所未聞的高度。」〔註99〕產米區出現米荒，致使蕪湖、宣城、無爲、安慶等地搶米風潮迭起。而戰事紛乘致使津浦鐵路交通屢告停頓，又影響了蕪湖上江貿易。上年歉收使米商營業遭受重創，加上局勢動盪，米商自不願下鄉收購，農民也不敢進城售貨。這一年蕪湖稻米輸出量不足 170 萬擔。1931 年大水災，全省 60 縣中有 48 縣被水，「膏腴之區，悉成澤國，出口米量，驟形減少。」特別是十月之後，「以省政府屢申米禁，米糧出口，遂因絕跡矣。」〔註100〕大災對米市的影響一直延續到次年。爲了維持民食，政府禁止稻米外運，「直至本年新稻豐收可操左券，始准解禁，是以本年前八月之內，米糧貿易完全停滯，」1932 年，大米輸出僅 130 餘萬擔，比上年還少 100 餘萬擔。〔註101〕1934 年全省又發生特大旱災，49 縣受災。「皖南膏腴之田，盡行龜裂，禾稼枯萎，收穫遂微。」〔註102〕「江南江北之各產米區域均遭奇旱，來源極少。僅上半年有四五十萬石之交易，下半年則陷於停業狀態，今春各行號稍有進口生意。」〔註103〕1935 年皖中大旱，懷寧災民以觀音土充饑，舒城至合肥間「阡陌相接，樹皮之可食者，亦無所存。」而沿江各縣「初患苦旱，及六月下旬大雨不止，沿江南岸各縣山洪爆發。」被災縣份有 13 個。〔註104〕旱、洪交作，糧食自給堪虞，輸出量銳減。

〔註98〕　《中華民國十八年華洋貿易總冊》上卷《報告書及統計輯要》，中國第二歷史檔案館、中國海關總署辦公廳《中國舊海關史料（1859～1948）》，京華出版社，2001 年，第 47 頁。

〔註99〕　《最近十年各埠海關報告（1922～1931 年）》，中國第二歷史檔案館、中國海關總署辦公廳《中國舊海關史料（1859～1948）》，京華出版社，2001 年，第 108 頁。

〔註100〕　《中華民國二十年海關中外貿易統計年刊》，上卷《貿易報告及統計輯要》，中國第二歷史檔案館、中國海關總署辦公廳《中國舊海關史料（1859～1948）》，京華出版社，2001 年，第 32 頁。

〔註101〕　《中華民國二十一海關中外貿易統計年刊》卷一《貿易報告》，中國第二歷史檔案館、中國海關總署辦公廳《中國舊海關史料（1859～1948）》，京華出版社，2001 年，第 29 頁。

〔註102〕　《民國二十三年海關中外貿易統計年刊》卷一《貿易報告》，中國第二歷史檔案館、中國海關總署辦公廳《中國舊海關史料（1859～1948）》，京華出版社，2001 年，第 42 頁。

〔註103〕　朱孔甫：《安徽米業調查》，《社會經濟月報》1937 年第 3 期。

〔註104〕　《實業統計》1935 年第 3 卷第 6 號，轉引自王鶴鳴、施立業：《近代安徽經濟軌跡》，安徽人民出版社，1991 年，第 595 頁。

　　第二，洋米傾銷，國米受到排擠，蕪米市場被奪。

　　蕪湖輪運稻米輸出的主要銷區是廣東。據統計，輸往廣州和汕頭的米占蕪米輸出總數的比值，光緒二十六年至光緒三十一年間平均爲 85.56%，宣統二年至三年平均爲 64.75%，1936 年爲 63.30%。〔註 105〕每年廣東需求量的多寡直接影響到蕪湖米市的興衰。但廣東地接東南亞，自安南、暹羅、緬甸、印度等地輸入稻米更爲便利，且價格要低於皖米。洋米「始則行銷兩粵，嗣則利用無稅之優點，傾銷沿海各省，掠奪國米本國市場。」國米在廣東的市場，「十九胥爲洋米所攫。」〔註 106〕蕪米在廣東的銷量，視進口洋米量多少而變動，如下表所示。1924 年廣州、汕頭進胃極佳，「聞係安南暹羅十二年歉收之故。」〔註 107〕1925 年因仰光米的競爭，「蕪米在彼銷路閉塞。」〔註 108〕

表 4－2－1：洋米輸入與蕪米輸出比較表　　　　　　（單位：擔）

年　別	洋米輸入數	蕪米輸出數	年　別	洋米輸入數	蕪米輸出數
1923	22434962	1138076	1924	13198054	2985869
1925	12634624	6178205	1926	18700797	1577592
1927	21091586	878039	1928	12656254	2843655
1929	10822805	2401026	1930	19891103	1696461
1931	10740810	2426247	1932	22486639	1304720
1933	21419006	2111527	1934	12553349	1218741

資料來源：林熙春、孫曉村：《蕪湖米市調查》，社會經濟調查所，1935 年，第 63 頁，原文中 1927 年皖米輸出量爲 578039 擔，現據海關資料改爲 878039 擔。

〔註 105〕徐正元：《中國近代四大米市考》，黃山書社，1996 年，第 41 頁。

〔註 106〕繆孝威：《洋米徵稅問題之檢討》，《錢業月報》1934 年第 14 卷第 10 號。

〔註 107〕《中華民國十三年通商海關華洋貿易全年總冊總論》上卷，中國第二歷史檔案館、中國海關總署辦公廳：《中國舊海關史料（1859～1948）》，京華出版社，2001 年，第 47 頁。

〔註 108〕中國海關民國十四年華洋貿易報告總冊》（上卷），中國第二歷史檔案館、中國海關總署辦公廳：《中國舊海關史料（1859～1948）》，京華出版社，2001 年，第 63 頁。

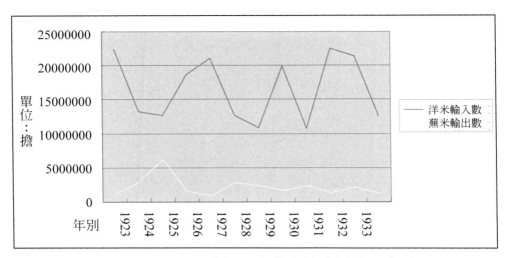

圖4－2－1：洋米輸入與蕪米輸出折線示意圖

第三，裁釐之後，稻米散走，皖米輸出分散。

1931年，釐金制度被廢止，各地釐卡被撤除。蕪湖米捐局裁撤之後，皖米輸出不再受到人為約束，米船不須必經蕪湖即可輸出。米商根據各地米價高下決定行止。「故現在皖省之剩餘米糧，在未出境以前，常集於蕪湖附近之魯港或裕溪口，以聽市價，苟蕪湖市況良好，即駛蕪兜售，否則直駛下游各埠。」〔註109〕

此外，蕪湖米市苛捐雜稅繁重、交易成本高昂也是米市衰落的原因。「金融枯澀，捐稅煩苛，奸商地痞巧立名目，致來蕪求售之米，每石須費四五角之開支」，根據米市初設時的規定，市場使費由賣客承擔，表4－2－2反映的便是米糧從原始市場經蕪湖輸往無錫過程中的各種耗費。高昂的市場費用「使米客視蕪湖為畏途，而任意運往其它市場銷售」，「種種情形均促米市凋零。」〔註110〕

表4－2－2：米糧由安徽產地至無錫各種耗費表　　　　　（單位：元）

序號	名　稱	消耗	備　　　　註
一、米糧自原始市場以至蕪湖為止之各種消耗			
1	鄉村小米販	0.600	由農家收集、搬運而賣給市鎮米販所得之利益
2	運費	0.150	自小市鎮運到城鎮（如三河）之運費
3	雜捐	0.100	米捐、學捐、廟捐、保安捐、營業捐……等

〔註109〕林熙春、孫曉村：《蕪湖米市調查》，社會經濟調查所，1935年，第1～2頁。
〔註110〕朱孔甫：《安徽米業調查》，《社會經濟月報》1937年第4卷第3期。

序號	名　稱	消耗	備　　註
4	市鎮米販	0.200	由鄉村米販或農家收集而賣給三河礱坊所得之利益
5	碾費	0.150	穀子碾成糙米
6	行庸	0.120	
7	斛手小工	0.050	
8	礱坊	0.250	賣出後所得之利益
9	運費	0.340	由三河至蕪湖之運費
10	雜費	0.005	拉溜、開倉、神伏、拖灘、起駁、酒資等
11	船戶盜偷	0.150	每百石損失 3 石，以每石 5 元計之損失
12	額外消耗	0.175	
13	行庸	0.185	米行代販運商賣貨所得之傭金
14	同行人照料費	0.040	米行夥友津貼
15	開倉	0.015	
16	斛力	0.006	量米工人之工資
17	斛酒	0.015	量米工人之津貼
18	斛手雜費	0.002	首包香煙錢每艙米 1300 文，每艙米以 200 石計
19	額外津貼	0.030	
20	散工	0.010	出艙、倒斛等雜役工作
21	洗浴費		散工工人每人 700 文
22	上找貼力	0.030	搬米入棧工人之工資，每石應給 130 文
23	回籌	0.015	給與管籌碼者
24	棧租	0.060	每月 2 分計，起碼以一季計
25	棧房同人籌力	0.010	
26	保險	0.005	
27	曬力	0.003	
28	其它費用	0.036	抵押現金利息為 0.012 元，按每石米可抵押 3 元計
29	河儈	0.0014	船船索米 6.7 升，假定每船 250 石，每石以 5 元計
30	香煙攤	0.0008	每船索米 3～5 斗，假定每船 250 石每石以 5 元計
31	討米幫	0.004	每船索米 1～3 斗，假定每船 250 石每石以 5 元計
32	其它消耗	0.004	每船乞丐、搬運工人等強求，約須 1 斗，假定每船 250 石，每石以 5 元計
33	販運商	0.400	在蕪湖販賣所得之利益

序號	名　稱	消耗	備　　註
二、自蕪湖輸至無錫米商承買他運為止之中間消耗			
1	斛力	0.030	出棧斛米工人工資及酒力
2	出棧貼力	0.040	由棧房搬入帆船中之小工費
3	運費	0.480	由蕪湖至無錫
4	以外消耗	0.240	船戶盜偷
5	經手	0.020	介紹販運商於米行者之費用
6	行庸	0.200	買賣雙方各給與米行手續費 1 角共 2 角
7	暗庸	0.100	買賣雙方米行暗扣之利益
8	行扣	0.128	行家付款與賣者每千元扣除 16 元
9	坐門皮箱	0.010	幫助米行勸盤者之津貼
10	流動皮箱	0.010	市場中對買賣雙方報告行市消息並介紹交易者之津貼
11	開票	0.028	斛力米業公會之積餘捐小工費……等（買方出）
12	斛費及津貼	0.030	斛手工資及酒力
13	試樣	0.0015	每船米（約 160 石）試樣三次損失 3 升每石 8 元計之損失
14	販運商	0.300	賣出後所得利潤
15	買上	0.0095	由船中起入棧房之小工費
16	篩費	0.007	將米穀篩出之費用
17	雙翻	0.0095	翻散存米麵其發熱腐爛之小工費
18	盤上機	0.0049	米糧搬上機器碾制之小工費
19	碾費	0.080	糙米碾白實出 8 分
20	虧耗	0.040	每石米損失 0.5 升每石以 8 元計之損失
21	棧租	0.035	以 3 個月計算
22	折各捐	0.0048	貨由棧房出清後存客津貼棧房蘆席損壞及掃清棧房費用
23	卸下力	0.012	由米廠棧房下船之小工斛手費

資料來源：林熙春：《糧食問題嚴重化中米糧成本加重過程之研究》，《中山文化教育館季刊》1935 年第 2 卷第 4 期。

四、關於蕪湖稻米輸出量

自光緒三年至 1936 年，由蕪湖輪運輸出的稻米數量如下表：

表 4－2－3：蕪湖海關歷年輪運出口稻米量表

年　代	數量（擔）	價值（兩）	占出口土貨值百分比
1877	135229		
1878	104467	137817	23.16
1879	66336		
1880	210396		
1881	388792	397727	28.51
1882	665632		
1883	454926		
1884	348390		
1885	1204502	1133671	56.03
1886	2325841	2732517	76.45
1887	1055822	1132670	56.63
1888	947341	931622	46.59
1889	2117098	2274214	66.32
1890	1518545	1721526	56.42
1891	3385989	3900555	74.05
1892	3159763	3704511	70.70
1893	2091019	2574877	61.39
1894	3402873	3620360	70.26
1895	806176	1027444	43.52
1896	3132734	4747768	86.19
1897	1521912	2221083	68.72
1898	1654714	3019124	74.79
1899	4922746	8779846	82.76
1900	4970810	8022238	82.58
1901	2324424	3689394	66.88
1902	4302049	9065671	82.80
1903	5720256	11372462	86.22
1904	5621143	11203477	84.19
1905	8438093	19313942	91.23
1906	4994135	11285434	88.71
1907	2452180	7290398	79.47
1908	4825753	12947548	88.46
1909	4944923	12743087	85.46

年　　代	數量（擔）	價值（兩）	占出口土貨值百分比
1910	3582478	11563454	85.11
1911	2665151	8652544	81.35
1912	4562195	14548056	85.71
1913	2473835	7118622	72.20
1914	2231581	7036191	72.25
1915	2657113	9954032	78.02
1916	3350766	9884403	80.98
1917	1664575	4411117	58.25
1918	3190827	9040169	69.69
1919	8888166	27241760	86.73
1920	4715099	17522186	81.09
1921	2248117	8658035	62.70
1922	829710	3847285	46.45
1923	1138076	4978420	43.39
1924	2985869	12549607	62.65
1925	6178205	27536726	74.09
1926	1577592	5495338	47.33
1927	878039	4758971	33.40
1928	2483655	8692792	49.46
1929	2401026	13205642	53.94
1930	1696461	11889227	57.75
1931	2426247	19409976	73.70
1932	1304722	5340401	52.21
1933	3491339	12653376	73.60
1934	1218813	5670265	55.24
1935	1418314	4110755	48.07
1936	2672231	9289626	56.62

資料來源：王鶴鳴、施立業：《安徽近代經濟軌跡》，安徽人民出版社，1991 年，第
　　　　290～292 頁。

　　實際上，以輪船裝運輸出的稻米並不是蕪湖稻米輸出的全部。根據《安徽省食糧運銷調查報告》的調查，1920 年至 1930 年由蕪湖出口的稻米中，輪運量占 94.66％，帆運出口的稻米僅占 5.34％。

表 4－2－4：1920～1930 年蕪湖出口稻米總數表　　　（單位：擔）

年　份	輪運量	帆運量	合　計
1920 年	4715099	213267	4928366
1921 年	2248117	552634	2800751
1922 年	829710	192163	1021873
1923 年	1138076	155117	1293193
1924 年	2985869	42261	3028130
1925 年	6178205	155460	6333665
1926 年	1577592	23460	1601052
1929 年	2401026	724	2401750
1930 年	1698461	5964	1704425
合計	23772155	1341050	25113205
平均	2641351	149006	2790357
百分比	94.66%	5.34%	100%

資料來源：夏忠群：《安徽省食糧運銷調查報告》（油印本），1935 年，第二節。原文
中 1927、1928 兩年因缺少帆運數據，爲便於計算，將該年度的輪運數一
併省略，今從之。

　　而吳正的調查則顯示，在 1912 至 1932 年間，蕪湖帆運出口的稻米占總
數的 11.76%，遠高於夏忠群的統計。對比兩組數據，我們發現，表 4－2－3
的數據可能因抄寫而錯訛。如 1929 年的帆運數，表 4－2－3 爲 724 擔，表 4
－2－4 爲 724010 擔。皖米輸入無錫、鎮江、南京等地，以帆運爲主。全年輸
出不可能只有 724 擔，顯然是 724010 的誤抄。因此，表 4－2－4 的數據更爲
可信。

表 4－2－5：1912～1932 年蕪湖出口稻米總數表　　　（單位：擔）

年　份	輪　運	帆　運	共　計
1912 年	4562195	104492	4666678
1913 年	2473835	74975	2548810
1914 年	2271581		
1915 年	2657113	293675	2950788
1916 年	3350766	124027	3474793

年　份	輪　運	帆　運	共　計
1917 年	1664575	292395	1956970
1918 年	3190827	306096	3496923
1919 年	8888166		
1920 年	4715099	215267	4930366
1921 年	2248117	552634	2800751
1922 年	829710	192163	1021873
1923 年	1138076	155117	1293193
1924 年	2985869		
1925 年	6178205	155460	6333665
1926 年	1577592	1419716	2997308
1927 年	878039		
1928 年	2483655	1304131	3787786
1929 年	2401026	724010	3125036
1930 年	1698461	588500	2286961
1931 年	2426247	595000	3021247
1932 年	1304722	885630	2190352
合計	59923876	7983288	67907164
百分比	88.24%	11.76%	100%

資料來源：吳正：《皖中稻米產銷之調查》，交通大學研究所，1936 年，附表。

　　蕪湖作爲近代安徽稻米集散中心地位的確立和存續，形成了以蕪湖爲中心的輻射各級稻米市場的「米市經濟圈」，[註 111] 強化了蕪湖與內地的經濟聯繫。蕪湖米市的繁榮與否，不僅關係到蕪湖的興衰，還與整個經濟圈內各地的興衰相關聯。

第三節　稻米市場層級體系中的中轉市場

　　近代安徽稻米市場層級體系中，稻米由產地輸往蕪湖或直接輸往省外銷售，一般都要經過在各個層級彙聚、中轉的過程：農民和地主將稻米賣給下鄉收購的米販或運到附近的集市出售，集市上的稻米（小販下鄉收購的米也

[註 111] 朱海波：《蕪湖米市新探——基於市場學角度的歷史考察》，蘇州大學 2009 屆碩士畢業論文，第 83 頁。

會運到集市上）再運往上一級稻米市場。這時的稻米流向有三：或者直接運往江浙等地，或者運往蕪湖，或者先彙聚到區域性的稻米市場後再行運往蕪湖或江浙等地。因此，各級米市包括蕪湖米市均具有一定的中轉功能。本文主要介紹除蕪湖之外的各級中轉市場的情況。

從主產區各縣稻米集中、中轉的情況來看，近代安徽主產區稻米中轉市場主要有三種類型：第一類是縣內沒有中心市場，稻米在各個中心鎮集彙聚後即行向外省或蕪湖運銷；第二類是附近有跨縣域的介於蕪湖和本地中心米市之間的集散點，稻米在縣內集中後再向這些跨縣域的集散點運集，然後外銷；第三類是稻米在中心鎮集彙聚後再向本縣的中心米市集中，然後再轉運蕪湖或省外。

一、第一類中轉市場

這一類型的中轉市場主要分佈接近江浙兩省的邊境縣份和蕪湖周邊，如和縣、全椒、天長、蕪湖、當塗、宣城、南陵、繁昌等縣。

和縣、全椒、天長等地的小市場在第二章中已有述及，此略。

蕪湖縣除城區外，方村、石硊、魯港、清水店、官陡門、〔註112〕濮家店、竹絲港、南陡門〔註113〕等市鎮都以米業爲主要行業之一，以魯港的規模相對較大。這些市鎮的稻米除了本地消耗外，都以蕪湖爲目的地。

當塗的稻米「小市場遍佈各縣。」〔註114〕1930年代全縣有市鎮46個，以米業爲主要商業行業的有31個市鎮，另有1個市鎮以稻米加工爲主業。較重要者有縣城、採石、慈湖、丹陽、護駕墩、烏溪、黃池、博望、霍里、查家灣等處。縣城在蕪湖開埠之前的商業相當發達，蕪湖開埠後，該鎮介於蕪湖和南京之間，與兩處「水路交通均便，大宗交易，多爲京蕪兩埠所吸收，」〔註115〕其集散功能較弱，「純爲內地小市場之性質，集中附近各鄉米糧，運往

〔註112〕建設委員會經濟調查所統計課：《中國經濟志・安徽省蕪湖縣》，建設委員會經濟調查所，1935年，第58頁。

〔註113〕鐵道部財務司調查科：《京粵線安徽段經濟調查總報告書》，鐵道部財務司調查科，1930年，第246頁。

〔註114〕建設委員會經濟調查所統計課：《中國經濟志・安徽省當塗縣》，建設委員會經濟調查所，1935年，第19頁。

〔註115〕建設委員會經濟調查所統計課：《中國經濟志・安徽省當塗縣》，建設委員會經濟調查所，1935年，第19頁。

較大市場銷售。」〔註116〕這樣，全縣數十個市鎮均為中轉市鎮，因為接近蕪湖和江蘇，沒有形成中心區域性中心市場。

表4－3－1：1930年代當塗市鎮商業概況表

市鎮別	家數	資本數（元）	營業數（元）	主要分業情形
城區	302	673540	4063900	糧食、綢布、南北貨、京廣貨業
採石	63	71400	361000	南北貨、米、雜貨、茶葉、布業
霍里	54	27000	141000	雜貨、米、布業
慈湖	49	24500	122000	南貨、布、米業
濮塘	4	2600	6000	米、雜貨業
薛鎮	14	7520	34500	布、藥、百貨、南貨、米業
洞陽	4	2040	6300	雜貨、米業
章漢橋	4	1800	4500	雜貨業
花津	5	2700	5000	布、米業
護駕墩	62	28070	178200	南貨、百貨、布、醬、米業
博望	104	52000	293000	油、布、南貨、木、雜貨、米業
新市	27	10500	54000	南貨、雜貨、米、布、木業
祖村	2	500	2000	雜貨業
中徐村	1	120	1000	雜貨業
塘溝鎮	47	27700	95000	竹木、南貨、布、米、雜貨業
塘南閣	25	12900	66500	南貨、布、米業
大隴口	20	3300	21000	米、木、南貨、雜貨業
新埭	1	200	2000	米業
陳公渡	3	1000	3500	雜貨業
東埂	3	400	4000	雜貨業
刑羊村	1	100	1000	雜貨業

〔註116〕夏忠群：《安徽省食糧運銷調查報告》（油印本），1935年，第二節・5當塗城區。

市鎮別	家數	資本數（元）	營業數（元）	主要分業情形
夏家潭	1	1500	4500	油業
李村含	1	300	1000	雜貨業
於王村	1	200	1000	雜貨業
汪村	2	300	2000	雜貨業
新溝	2	600	2000	礱坊業
麻村	2	300	2000	布業
籍家陡門	1	200	1000	米業
烏溪	54	29000	171000	布、米、油、雜貨、南貨業
黃池	79	39500	191000	布、米、南貨、油業
石橋頭	3	600	3000	南貨、雜貨業
馬家橋	6	1450	6500	布、雜貨、米業
亭頭鎮	17	8500	28500	布、雜貨、米、南貨業
青山街	1	100	3000	米業
伏龍橋	1	100	3000	米業
查家灣	59	29500	88500	布、米、南貨、雜貨業
官陡門	23	13800	42500	布、米、南貨、雜貨業
大橋	33	19100	40500	雜貨、布、米、南貨、竹木業
新造橋	4	800	4000	南貨業
永豐庵	1	3500	10500	油坊業
四合山	1	300	9800	油坊業
丹陽	103	36000	193000	米、藥、布、估衣、雜貨、南貨業
刑家壩	4	800	8000	米業
西江口	2	400	4000	米業
黃洲尾	3	600	6000	米業
四壩	1	200	2000	米業
西江	1	200	2000	米業

資料來源：建設委員會經濟調查所：《中國經濟志・安徽省當塗縣》，建設委員會經濟調查所，1935 年，第 22～25 頁。

　　宣城縣稻米產量巨大，交通也很方便，「米業城鄉同茂」，〔註 117〕「小市場林立，均與蕪湖直接發生交易關係。」〔註 118〕1931 年後，由青弋江和宣城河輸出的糧食有部份直接運往江蘇。這些林立的小市都是中轉市場，主要有縣城、灣沚、孫家埠、雙橋、沈村、油榨溝、新河莊、水陽、紅楊樹、西河、雁陡門、西陡門、水東、青弋江鎮等。

　　南陵稻米中轉市場主要有蒲橋、三里店、戴家匯、金閣、縣城、黃墓渡和青弋江鎮。〔註 119〕縣城中富戶和祠堂有租田約 20 萬畝，每年有大量租穀由鄉間運來，因而成為中轉市場。〔註 120〕也有不少稻米不經上述市鎮而經魯港河直接運往蕪湖。

　　繁昌的舊縣、赤砂、澛港、三山、黃滸、橫山、峨橋和荻港等集鎮是其糧食市場，以峨橋合荻港為主，各地稻米均直接銷往蕪湖。〔註 121〕

二、第二類中轉市場

　　在蕪湖米市形成之前，三河、運漕、灣沚、樅陽等地均地處交通運輸的節點，具有較強大的吸聚力，成為跨區域的稻米集散中心，是皖米集散的中心。「上游聚糧之地，首在廬州府之三河、運漕兩處，不特一府之米會集於此，即河南光、固等處產米地皆轉運而來，每處每年出糧不下數百萬石。其次則太平府屬之官圩、寧國府屬之灣沚鎮、又次則安慶府屬之中央鎮，皆多聚糧之地。」〔註 122〕中央鎮即樅陽鎮。蕪湖米市形成後，三河、運漕、樅陽均轉化為跨縣域的地區性集散點。鰵金時代的無為襄安也屬此類米市。

　　三河鎮行政上轄於合肥，地跨合肥、舒城、廬江三縣，「又扼內地各小河出湖之總口，故米糧來源甚廣。」〔註 123〕合肥南鄉、廬江北鄉、舒城四

〔註 117〕安徽省蕪屯路沿線物品流動展覽會籌備會：《安徽省蕪屯公路沿線經濟概況》，安徽省蕪屯路沿線物品流動展覽會籌備會，1935 年，第 12 頁。
〔註 118〕夏忠群：《安徽省食糧運銷調查報告》（油印本），1935 年，第二節・3 灣沚。
〔註 119〕夏忠群：《安徽省食糧運銷調查報告》（油印本），1935 年，第二節・4 南陵。
〔註 120〕夏忠群：《安徽省食糧運銷調查報告》（油印本），1935 年，第二節・4 南陵。
〔註 121〕鐵道部財務司調查科：《京粵線安徽段經濟調查總報告書》，鐵道部財務司調查科，1930 年，第 259～260 頁。
〔註 122〕宋雪帆：《請飭嚴端濱江接濟疏》，《水流雲在館奏議》卷上。
〔註 123〕朱孔甫：《安徽米業調查》，《社會經濟月報》1937 年第 4 卷第 5 期。

鄉及六安由舒城入巢湖之米，均須至三河集中。「與本市發生（稻米）交易關係之小市場不下二十。」〔註124〕其上位市場參見圖4－3－1。「三河米糧來源按通常年成，六安、舒城兩縣之出產約各占全數量百分之三十五，廬江占百分之十，合肥本境出產不過百分之二十耳。」〔註125〕該鎮「爲皖中米市中心」，〔註126〕是「巢湖區之一米糧集散樞紐，爲皖省次於蕪湖之一內地米市。」〔註127〕「內地米市之重心則首推三河鎮，」〔註128〕也是蕪湖米市最主要的米源地。特別是在1931年之前，前述數縣很多小市場的稻米均先集中於三河後外運。其後，大部份稻米只由本鎮經過，直接運銷蕪湖及江浙，「而在本市成交者不過十分之四。」〔註129〕從此，三河米市逐步衰落。

樅陽鎮襟江帶湖，是明清時期漕糧集結地，也是桐城及懷寧稻米出口的必經之路。在明代中後期稻米交易就比較興盛，每逢秋成，樅陽湖內帆檣如織，「江南米價秋來長，喜殺桐艚賣稻船。」〔註130〕清代前期，樅陽和三河、運漕一樣，「向係米穀積聚」。〔註131〕近代，樅陽鎮仍爲皖西地區主要稻米集散地。「由內地向本鎮集中之米，或由金神墩，孔城、及高河埠出口之米，其米船皆取道本鎮。」米源來自桐城、懷寧、潛山和廬江等地。其年輸出量，「在釐金局時代，每年平均出口量達四十萬石。」〔註132〕

〔註124〕 夏忠群：《安徽省食糧運銷調查報告》（油印本），1935年，第二節·10三河。

〔註125〕 朱孔甫：《安徽米業調查》，《社會經濟月報》1937年第4卷第5期。

〔註126〕 建設委員會經濟調查所統計課：《中國經濟志·安徽省壽縣、霍邱、六安、合肥、舒城、霍山六縣合編》，建設委員會經濟調查所，1937年，第172頁。

〔註127〕 夏忠群：《安徽省食糧運銷調查報告》（油印本），1935年，第二節·10三河。

〔註128〕 吳正：《皖中稻米產銷之調查》，交通大學研究所，1936年，第1頁。

〔註129〕 夏忠群：《安徽省食糧運銷調查報告》（油印本），1935年，第二節·10三河。

〔註130〕 （明）張煌言：《樅陽謠》，《張蒼水集》，上海古籍出版社，1985年，第143頁。

〔註131〕 胡克家：《爲安徽省被旱籌備糶濟疏》，（道光）《鄱陽縣志》卷三十一《藝文志》。

〔註132〕 夏忠群：《安徽省食糧運銷調查報告》（油印本），1935年。

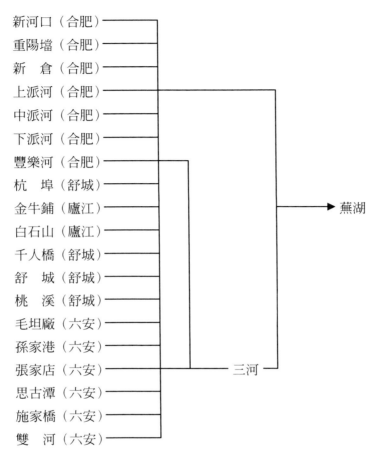

新河口（合肥）

重陽壋（合肥）

新　倉（合肥）

上派河（合肥）

中派河（合肥）

下派河（合肥）

豐樂河（合肥）

杭　埠（舒城）

金牛鋪（廬江）

白石山（廬江）

千人橋（舒城）

舒　城（舒城）

桃　溪（舒城）

毛坦廠（六安）

孫家港（六安）

張家店（六安）

思古潭（六安）

施家橋（六安）

雙　河（六安）

三河

蕪湖

圖4－3－1：三河米市稻米來源系統圖〔註133〕

　　運漕河溝通長江和巢湖，水運十分便捷。運漕位於運漕河之濱，地處含山與無為之間，與巢縣、和縣鄰近，因此該鎮「為內河及沿湖各縣米糧出江必經之處。」〔註134〕清代前期運漕便是安徽著名的米市之一。近代（特別是釐金時代，運漕設有釐卡），舒城、六安、合肥、巢縣等地稻米，均由此地出口，運漕成為「附近各縣米市之中心。」〔註135〕

　　襄安米市是釐金制度的產物，其歷史相對較短。釐金制度實行後，沿西河一線設置了5道釐卡，而在襄安交易則可逃避重重關稅，〔註136〕再加上襄

〔註133〕夏忠群：《安徽省食糧運銷調查報告》（油印本），1935年，第二節・10三河。
〔註134〕朱孔甫：《安徽米業調查》，《社會經濟月報》1937年第4卷第5期。
〔註135〕朱孔甫：《安徽米業調查》，《社會經濟月報》1937年第4卷第5期。
〔註136〕徐光泉、徐報生：《襄安米市歷史調查概述》，《無為古今》第七期，1984年。

安位於長江北岸，距長江水路只有 15 華里，附近的永安河和西河分別溝通南北和東西，水運便捷；同時該鎮距離蕪湖很近，能迅速地瞭解蕪湖米市行情，因而該鎮逐漸成爲無爲最大的稻米集散中心，「係本省次於三河之中級米市。」〔註 137〕在 1931 年之前，無爲的西南部及桐城孔城、盧江黃泥河、巢縣西鄉等地稻米均被吸聚而來，轉售至蕪湖。在高峰時，年輸出量有 50 萬石之巨。〔註 138〕裁釐後，鄰縣來源稀少，本縣稻米也自各小市散走，「僅本鎮附近西北四五十里以內，東南十餘里以內，民船駁運來鎮。」「若由旱道肩挑車運者，不過十之一二耳。」〔註 139〕輸出量減少，市場逐步衰落。

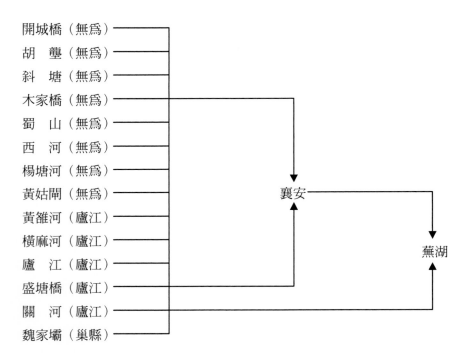

開城橋（無爲）
胡壟（無爲）
斜塘（無爲）
木家橋（無爲）
蜀山（無爲）
西河（無爲）
楊塘河（無爲）
黃姑閘（無爲）
黃雛河（盧江）
橫麻河（盧江）
盧江（盧江）
盛塘橋（盧江）
關河（盧江）
魏家壩（巢縣）

襄安

蕪湖

圖 4－3－2：襄安米市稻米來源系統圖〔註 140〕

　　安慶自乾隆二十五年後，既是懷寧縣治和安慶府治，又是安徽省會。民國時期，安慶仍然是懷寧縣治和安徽省會所在。這裡各級官衙林立，官員、吏役、軍警、商販雲集，「安慶爲省治，各省之人宦於斯，幕於斯，泊鼓於斯

〔註 137〕夏忠群：《安徽省食糧運銷調查報告》（油印本），1935 年，第二節·11 襄安。
〔註 138〕夏忠群：《安徽省食糧運銷調查報告》（油印本），1935 年，第二節·11 襄安。
〔註 139〕朱孔甫：《安徽米業調查》，《社會經濟月報》1937 年第 4 卷第 3 期。
〔註 140〕夏忠群：《安徽省食糧運銷調查報告》（油印本），1935 年，第二節·11 襄安。

者不知凡幾。」〔註141〕民國初年，全市有人口約 7 萬，〔註142〕1933 年達 12
萬餘，〔註143〕是安徽城市人口僅次於蕪湖的都會。大量人口需要巨額糧食供
應，因而安慶形成了在安徽較爲少見的消費型稻米市場。

安慶的稻米來源主要依賴懷寧及鄰近的桐城、潛山、望江、秋浦（至德）、
東流等地的輸入，另有少量來自江西、湖北等地。〔註144〕潛山、望江、秋浦
（至德）、東流等縣產糧不多，輸入的數量非常有限；因此，懷寧是安慶最重
要的米源地。懷寧境內的高河埠是皖西南著名的米市，是「安慶食糧之仰給
區域」。每年運往安慶的糧食約占其輸出總量的 65%。〔註145〕

安慶的糧食業較爲發達，是皖西地區規模最大的稻米市場。城中「私營
糧商雲集」。〔註146〕輸入的稻米大部份被城中居民消耗掉，僅有少量轉銷蕪湖
和鎮江、無錫等地。

但是，由於腹地局限、交通條件不夠優越，特別是在九江和蕪湖開埠後，
「皖南北之物產大都集於兩口岸」，〔註147〕安慶對外直接貿易僅限於周邊地區
和九江至蕪湖之間的長江沿岸各小口岸，市場無法拓展，「無論從安慶對外經
濟聯繫，還是從其經濟腹地看，安慶只是一個小區域的中心市場。」〔註148〕
其在安徽稻米主產區稻米市場層級體系中的地位也一樣，屬於以原安慶府爲
核心的區域性的以消費爲主導的中心市場。

大通米市的情況前文已述，此不贅述。

〔註141〕程小蘇：《安慶舊影》，1950 年，第 148 頁，藏安徽省圖書館。

〔註142〕（日）東亞同文會：《支那省別全志・安徽省》，（日）東亞同文會，大正八年，
　　　　第 49 頁。

〔註143〕《各大城市人口職業別及其密度數》，《申報年鑑》，申報年鑑社，1936 年，
　　　　第 B94 頁。

〔註144〕徐錦文：《我所知道的安慶糧行》，《安慶文史資料》第七輯，1983 年，第 90
　　　　～102 頁。

〔註145〕夏忠群：《安徽省食糧運銷調查報告》（油印本），1935 年，第二節・12 高河
　　　　埠。

〔註146〕安徽省懷寧縣糧油食品局：《懷寧縣糧食志》（內部發行），1987 年，藏安徽
　　　　省地方志編纂委員會資料室。

〔註147〕程小蘇：《安慶舊影》（抄本），1950 年，第 160 頁，藏安徽省圖書館。

〔註148〕朱慶葆：《傳統城市的近代命運——清末民初安慶城市近代化研究》，安徽教
　　　　育出版社，2001 年，第 30 頁。

三、第三類中轉市場

　　這類中轉市場一般都在縣內有一兩個中心市場，多數以縣城爲中心市場，如表 2－2－1 所示；也有的有以非縣城的市鎮爲米業中心，如舒城的桃溪。由於地理、交通、商業習慣等原因，有的縣城形成了雙中心型的格局，如巢縣；特別是那些縣內分佈有跨縣域的集散點的縣份，這種情形更爲突出，如合肥、廬江、舒城、無爲、巢縣、含山、桐城等地。

　　合肥「三汊口，上派河，排頭、梁園諸鎮皆有米市，向外運銷，鄉間米糧出口，即以各該地之米行爲關鍵。」〔註149〕另外，豐樂河、新倉、中派河等地也有米市。這些中間市場彙集的稻米多數各依交通條件分別流向合肥縣城和三河兩個中心市鎮。縣城是僅次於三河的米市，「集中城區附近鄉村之米，向外運售」。〔註150〕

　　廬江的「鄉鎮如金牛、白石山、盛家橋、芥港及羅昌河皆有米市。」廬江縣的稻米主要向縣城、三河和無爲的襄安鎮集中，少量從桐城的孔城彙聚樅陽鎮。全縣以縣城和三河兩米市爲主要集散中心，其中在縣城集散的稻米「約占全縣二分之一。」〔註151〕

　　舒城的中轉市場有中梅河鎮、七里河鎮、南港、千人橋、張母橋、乾汊河鎮和縣城。「濱後河之桃溪鎮，爲本縣首鎮，即爲本縣米市之中心。」〔註152〕舒城北鄉、合肥南鄉和六安東鄉的米多由竹筏運至桃溪，再經後河向三河或蕪湖運輸。舒城東、南、西鄉的米則在各中間市鎮集中後經前河運到三河。〔註153〕

　　無爲的開城橋、黃雒河、鳳凰頸、姚溝、黃姑灘、西河、土橋、牛埠、胡壋等均爲該縣的中轉市場，「東鄉之湯家溝，亦爲米糧集中地。」〔註154〕縣城和襄安鎮是該縣的中心市場。縣城集中了西北區的稻米，經運漕出裕溪口駛至蕪湖；襄安集中了西南區的稻米，經鳳凰頸搬運過壩順流至蕪湖。東南區因接近蕪湖，均由產地直接運往蕪湖。〔註155〕

〔註149〕吳正：《皖中稻米產銷之調查》，交通大學研究所，1936 年，第 42 頁。

〔註150〕夏忠群：《安徽省食糧運銷調查報告》（油印本），1935 年，第二節・7 合肥。

〔註151〕吳正：《皖中稻米產銷之調查》，交通大學研究所，1936 年，第 45 頁。

〔註152〕吳正：《皖中稻米產銷之調查》，交通大學研究所，1936 年，第 38 頁。

〔註153〕夏忠群：《安徽省食糧運銷調查報告》（油印本），1935 年，第二節・9 舒城。

〔註154〕吳正：《皖中稻米產銷之調查》，交通大學研究所，1936 年，第 50 頁。

〔註155〕朱孔甫：《安徽米業調查》，《社會經濟月報》1937 第 4 卷第 5 期。

巢縣縣城和柘皋分別吸附縣東南和西北的米，大部份運往蕪湖，少量徑運江蘇。〔註156〕

含山的仙蹤、林頭、洞關、陶廠、銅（城）閘、清溪、三官殿、丁家澳、丁家灘等市鎮均有為數不等的糧行從事稻米交易，含南運漕和含北縣城是該縣的中心市場。

桐城在「明清時代，小市行、籮頭行已遍佈全縣農村集鎮。」到民國初年，「以糧販、中小糧行、大糧商組成的糧油商品流通渠道，縱橫交錯，形同蛛網，遍及全縣。」〔註157〕城關、孔城、樅陽、湯家溝、練潭、金神墩、青草、老梅樹、呂亭驛、雙港等鎮均為規模較大的稻米貿易市鎮。其中，在城關上市的稻米以內銷為主，孔城、湯家溝、練潭、金神墩等處稻米多集中樅陽後外銷至蕪湖和江浙一帶。

表4－3－2：1931年桐城集鎮稻米貿易規模表

集鎮名	糧食交易地點	集期	上市人數	稻米上市量
孔城	笪家塘米行	日集	200	米50擔，最高700擔
呂亭驛	鎮米行	日集	100	米30擔
金神墩	鎮米行	日集	300	米300，最高1000擔
練潭鎮	土街米行	日集	500	米2000～3000擔
雙港鎮	中街米行	日集	300	米250～400擔
老梅樹街	中街米行	日集	100	米15擔
青草塥	集賢嶺米行	日集	300	米50擔
	東街口米行	日集	100	米20擔
	橫街米行	日集	150	米30擔

資料來源：桐城縣商業局：《桐城縣商業志》（內部資料），1988年，藏安徽省地方志編纂委員會圖書室。

各級稻米市場通過層層運轉，將分散生產的稻米從農民和地主手中彙集起來，成為大批量的商品，運銷各地。從而加強了城鄉之間的聯繫。

〔註156〕夏忠群：《安徽省食糧運銷調查報告》（油印本），1935年，第二節‧8巢縣及柘 。

〔註157〕桐城縣糧油食品局：《桐城縣糧油志》（內部發行），1988年，藏安徽省地方志編纂委員會圖書室。

第五章　稻米流通與地方社會

　　在安徽這樣一個內地農業省份，作為商品量最大的農產品，稻米的生產和流通在近代安徽地方社會生活中扮演著重要的角色。在稻米主產區，稻米流通與民眾社會經濟生活息息相關，對當地商業興衰的影響十分顯著，對主產區市鎮的興衰影響顯著，源於稻米流通而得的捐稅收入對近代安徽的公共建設也起著很重要的支撐作用。可以說，稻米貿易是近代安徽稻米主產區的經濟支柱，是安徽地方公共建設的重要經濟來源。但是，當面臨洋米的競爭時，安徽稻米市場弊端凸顯，如何改良市場，提高包括皖米在內的國米與洋米的競爭力是各界關心的問題。

第一節　稻米流通與近代安徽社會經濟生活

　　稻米是近代安徽稻米主產區農民的主要產品，也是其經濟收入的主要來源，「農民生計大都惟此是賴」。〔註1〕因此，近代安徽稻米流通的狀況與稻米主產區農民、地主的生活息息相關。同時，稻米貿易在近代安徽經濟生活中具有舉足輕重的地位，稻米貿易的盛衰、稻米流通的暢滯與米糧流通行業從業者的經濟收入、生活狀態休戚相關。比如蕪湖，作為「長江流域最大穀米市場，當地居民，大部份靠米業為生。彼等固非直接生產米穀之人，然農村米穀，非賴彼等之活動，則無由達到交換之目的。」〔註2〕作為商業大宗，稻米貿易對近代安徽商業的興衰有著莫大的影響。稻米貿易也是地方稅收、地方公共基礎建設的主要經濟來源之一。

〔註1〕　余敦兆：《安徽之經濟地理》，《皖聲》1934年第1卷第1期。
〔註2〕　建設委員會經濟調查所統計課：《中國經濟志‧蕪湖縣》，建設委員會經濟調查所，1935年，第36頁。

一、稻米流通與民眾生活

稻米是農民經濟生活的支柱，除了必須的生活資料外，是其最有價值之物品和最重要的經濟來源，各種開銷均須依賴賣稻所得來支付。農家償還債務、「完納賦稅捐款，及日常用度，在在均須以米易錢。」〔註3〕

除了用以繳納地租外，稻米還承擔著部份貨幣的功能，被用來給付報酬、償付利息等。一些糧行、礱坊和碾米廠常將稻米作為員工的報酬。三河米行擋手工資月米2石4斗，老開、管帳1石，同事、夥計、伙房月米6～8斗；擋手每月的花費是20石米。在米行賺取較高利潤時，員工還可得到的分紅也是大米。〔註4〕

農民借貸的利息有的也以稻米來償付。常見的是以貨幣償還本金，而以稻米等給付利息。滁州一帶，「農民借銀10元，在3個月內除還本金外，須加還稻或麥1石作為利息，以市價計之約在5元左右。」〔註5〕舒城有「稻償」、「租稻」。前者指借貸雙方約定於秋收後「以田稻履行債務者」，「每本洋一元，加利稻一斗上下。」後者適用於永佃制中只有收租權利的業戶，指「債務人於所有之租稻範圍內，撥出一定數目，抵當與債權人，供履行錢債之用。」全椒民間的金錢借貸，也「多書立包租字據，」原來每元年息多為租稻3斗至2斗5升，1920年代有所下降，約1斗5升或2斗不等。〔註6〕潛山民間普通借債，利息有「稻息」，「利率五升至一斗。」〔註7〕太湖的農民有「錢升稻息」，若借銀幣一元，須升稻息一斗，秋天付息，週年或年終還本。若還本不起，必須年年秋天給付稻息，俗名「放幹租。」〔註8〕南陵農民有「稻債」和「抵借債」。「稻債」是指「如秋後借銀幣一圓加息豆二十斤，以臘月為償期。謂之豆債。至期不能償，將本移作麥錢，又加息麥二十斤，以端午為償期，謂之麥債。至期不能償，移作稻錢，又加

〔註3〕 《安徽民政季刊》調查專號，1931年第1卷第1期。

〔註4〕 王濟生等：《三河米業》，《古鎮三河・肥西文史資料之一》，1985年，第106～110頁。

〔註5〕 張光業：《安徽墾殖問題》，蕭錚：《民國二十年代中國大陸土地問題資料》，成文出版社，第24499頁。

〔註6〕 法政學社：《中國民事習慣大全》，廣益書局，1923年，第17頁。

〔註7〕 王恩榮：《安徽的一部——潛山農民狀況》，《東方雜誌》1927年第24卷第16號。

〔註8〕 何耕復：《解放前太湖縣的糧食消費與借貸》，《太湖文史資料》第二輯，1987年，第107～109頁。

息稻二十斤，以中秋爲償期。謂之稻債。」「抵借債」是指農民以田地抵押借款，以稻米作息。「每田一畝，抵借銀幣五圓。每圓加息稻二十五斤。」〔註9〕這種借貸又被稱爲「活死契」，一旦在規定的期限內（一般是 3 年）既不贖田又不交息稻，則田歸債主。〔註10〕合肥有「拿租」。當地私人之間金錢借貸，春間借錢，「言明至秋即還，並以稻或他物若干爲利，謂之拿租，其息也重。」〔註11〕在宣城，借洋百元，年付利息 12 石稻穀。〔註12〕天長的「陸陳行」在糧食價格低賤時儘量收買，待價而沽。「萬一穀價一時無上騰希望，便於青黃不接時貸給農民，然後照數加四歸還，或候至糧價漲至最高時，折成貨幣數額歸還。」〔註13〕

　　糧食業是傳統商業中最重要的部門。近代安徽的米糧貿易發達，從事米糧交易或依靠米糧業爲生的人爲數眾多。根據《京粵線安徽段經濟調查總報告書》的統計，1930 年代在京粵鐵路沿線各縣中，從事米糧業的人數如下表：

表 5－1－1：京粵鐵路沿線各縣米糧從業人數表

縣　　別	米糧業人數	其它各業人數	總人數	米糧業所佔比例
當塗	800	1235（夏）	2035（夏）	39.3%（夏）
		785（冬）	1585（冬）	50.5%（冬）
和縣	320	675	995	32.2%
蕪湖	1000	3420 餘	4420 餘	22.6%
宣城城區	300	1340	1640	18.3%
灣沚鎮	120	730	850	14.1%
郎溪	250	500	750	33.3%
旌德	70	130	200	35%

資料來源：鐵道部財務司調查科：《京粵線安徽段經濟調查總報告書》，鐵道部財務司調查科，1933 年，第 216、227、237～238、251、263～264、300～301 頁。

〔註 9〕　（民國）《南陵縣志》卷四《輿地志·風俗》。
〔註 10〕　史文：《在國民黨統治下的南陵農村》，《南陵縣文史資料》第五輯，1986 年，第 83～87 頁。
〔註 11〕　田庚吾：《合肥農民調查》，《東方雜誌》1927 年第 24 卷第 16 號。
〔註 12〕　錢孟鄰：《安徽宣城經濟調查》，《中行月刊》1936 年第 1 期。
〔註 13〕　婁家羔、劉忠聰、婁傳琮：《安徽天長縣的南鄉》，《新中華雜誌》1934 年第 2 卷第 17 期。

蕪湖除了直接從事米糧貿易的採運業、米行業、雜糧市米行業、礱坊業、機器碾米業賴米糧為生外，「至若無資本與營業可言，而亦靠米業為生者，尚有帆運業、斛行業、絞包業、扛包業、碼頭業等。」〔註14〕斛工、絞包工、扛包工、碼頭工人，約共三四千人。〔註15〕工人的報酬採用計件或計量制，米市的興旺與否直接關係到這些人的生活狀況，「其工作之所得，須視其工作之多少而定，工作之有無，又須視號家生意旺淡為轉移。」〔註16〕

在大大小小的米市，大批民眾的生活與糧食業息息相關。正是由於稻米在民眾經濟生活中的重要作用，因而，稻作豐歉、稻米價格的高低和稻米貿易的盛衰對於民眾的生活、農村社會經濟有著決定性的影響。

在糧產豐收、米市活躍之年，農民能出售較多稻米，經濟相對寬裕，生活得以改善。「農人有大批之米出售，得以供給其家庭之必須品、舒適品及奢侈品。」農民經濟收入增加，購買棉毛織品、綢緞、糖等高檔消費品的能力增強，這類商品的進口量即相應增加。特別是糖，「其消費量之多寡，實為人民幸福最好之度量。」〔註17〕「因此貨消費之多寡，可卜其居民幸福之程度，亦如用奢侈品然。」〔註18〕光緒二十四、二十五年安徽稻作大豐收，蕪湖稻米輸出量猛增，「赤白兩糖之進口，較已往任何年為多。」〔註19〕光緒二十九年，蕪湖出口貿易極盛，該年「進口糖之量之大，為從來所未有。」〔註20〕近代許多民眾有吸食鴉片的陋習。稻米貿易興盛的年頭，鴉片的銷售量也隨之增加。在蕪湖開埠早期，鴉片的進口屬於合法貿易。米市繁盛的年頭，鴉片的進口量也會增加。光緒十二年，蕪湖的鴉片貿易格外興盛，其「真正理由，必為本埠周圍區域因米貿易而繁榮所致。蓋一般下等社會如小農及工人等，亦富有金錢也。本埠鴉片商人前途之經濟情形實利賴之。」〔註21〕

〔註14〕 建設委員會經濟調查所統計課：《中國經濟志‧安徽省蕪湖縣》，建設委員會經濟調查所，1935年，第36頁。

〔註15〕 建設委員會經濟調查所統計課：《中國經濟志‧安徽省蕪湖縣》，建設委員會經濟調查所，1935年，第36頁。

〔註16〕 林熙春、孫曉村：《蕪湖米市調查》，社會經濟調查所，1935年，第43頁。

〔註17〕 《清光緒二十五年蕪湖關華洋貿易情形論略》（抄本），藏安慶市圖書館。

〔註18〕 《清光緒三十一年蕪湖關華洋貿易情形論略》（抄本），藏安慶市圖書館。

〔註19〕 《清光緒二十五年蕪湖關華洋貿易情形論略》（抄本），藏安慶市圖書館。

〔註20〕 《清光緒二十九年蕪湖關華洋貿易情形論略》（抄本），藏安慶市圖書館。

〔註21〕 《清光緒十二年蕪湖關華洋貿易情形論略》（抄本），藏安慶市圖書館。

光緒二十二年亦然。「當此繁榮之年，因人民收入之增加，購買大量之洋貨自較土貨爲多，其中尤以鴉片消費之量爲最大。」〔註22〕

米市興盛給米商帶來豐厚的利潤自不待言，那些賴稻米貿易爲生的搬運工人和水手也因而獲得工作機會和較多收入。「中間人如運米出口之米販及供給貨物於商埠上之商人，亦得爲茂盛之貿易，獲取豐富之利益，至於苦力及水手，無乏工作之虞，並常有錢恣其花費。」〔註23〕光緒二十九年，蕪湖米之收穫極豐，「不僅農人於本埠市場得以高價出售，即米商經紀人、水手、搬夫及依米糧貿易爲生之人等，無不獲厚利焉。」〔註24〕

1930 年代前期，洋米傾銷，稻米貿易衰落，加上戰亂和水旱災荒的影響，安徽農村金融枯竭。特別是在稻米主產區，米市的蕭條成爲農村衰敗、金融枯滯的主要原因。「要以外米傾銷，穀價低落爲主因。……自國人喜用外米以後，富農漸轉爲貧農，自耕農責則轉爲佃農，所謂大地主者，大都受社會經濟影響，日在奔走鬻產之中。少數富有之戶亦怵於農村破產，不敢投資。」〔註25〕作爲以稻米生產爲主的農業省份，安徽因糧價跌落，「農民在經濟方面碩受重大之威脅，農村經濟之恐慌程度，比他省特爲深重。」〔註26〕在當塗，「其足爲民害者，仍不外穀價低落，農商交困而已。」〔註27〕無爲縣農戶勤勞終年，入不敷出，其主要原因即在於糧價的低落，「救濟之道，非增加農民生產收入不可。而收效最速之增加農民收入辦法，厥惟鰲定較高之合理的米糧中價。」〔註28〕根據《安徽民政季刊》調查專號，繁昌、南陵、銅陵、巢縣等地農村經濟均遭受米價跌落帶來的消極影響。繁昌「在昔穀價，用米八斤左右，即可易洋一元。去歲至今，非米廿二三斤，不克易洋一元」，米價大跌使「一歲所入不敷所出，銀根奇緊，借貸無門」，民眾痛苦日深。南陵民間「現所最苦之事，莫過於稻價低落。」銅陵在遭受大水大旱蹂躪之後，「復值今春穀賤，農村經濟，大受恐慌，農民竭一年之力，而所得血漢

〔註22〕 《清光緒二十二年蕪湖關華洋貿易情形論略》（抄本），藏安慶市圖書館。
〔註23〕 《清光緒二十五年蕪湖關華洋貿易情形論略》（抄本），藏安慶市圖書館。
〔註24〕 《清光緒二十九年蕪湖關華洋貿易情形論略》（抄本），藏安慶市圖書館。
〔註25〕 （民國）《當塗縣志》卷二《民政志·實業》。
〔註26〕 余敦兆：《安徽之經濟地理》，《皖聲》1934 年第 1 卷第 1 期。
〔註27〕 《安徽民政季刊》調查專號，1931 年第 1 卷第 1 期。
〔註28〕 實業部經濟年鑒編纂委員會：《中國經濟年鑒》，商務印書館，1935 年，第 381 頁。

（原文如此——筆者注）之資，不敷一年完納賦稅、支應雜差及養家之需，亦良苦矣。」巢縣操運輸之樞紐，爲商賈之要道，經濟本較活躍，「而客歲以還，穀價低落，入不敷出，借貸無門，現狀益難維持。」〔註29〕貴池因「稻的售價太賤，農民呢，復急於賣出以清償他被災時的債務，便也絲毫得不著實惠。」〔註30〕廣德不僅農民經濟入不敷出，「無數的小地主都流入貧困之群。」〔註31〕宣城、合肥等地的農民，因米市衰落及與之並行的天災人禍，「先後發生逃耕的現象，農戶放棄耕地，舉家而逃，耕地當然是逐漸底在荒廢了。」〔註32〕

　　農業生產收益的高低決定了地價的高低。1930年代安徽稻作主產區糧食價格持續低落，「地價亦隨之低下。」〔註33〕蕪湖地價最高時達150元每畝，1931年大水之後，「復加近二、三年來農產物之低賤，農村經濟之枯竭，土地價格，因之大跌。」稻田最高價僅售60元每畝，山地、旱地售價更低。「較之五年前之價值，約減少百分之五十以上。」〔註34〕天長南鄉的地價，在1929年前5年上等田每擔售價爲三、四百元，「目前雖減至二百元，亦無受戶。」〔註35〕合肥在太平天國戰爭後，土地主要集中在以李鴻章家族爲代表的大地主手中。1930年代後，「各地主不但不收買田地，甚且將原有田地，分析變賣，投資武漢、京滬各大都市。」〔註36〕貴池縣土地的轉移原本因「社會金融，有相當的活躍，脫手也極容易，土地的價格，最低可賣到五六十元一畝的」。1930年代，也因糧價跌落，「土地的轉移，從而也陷於極端的一蹶不振，從前最低可賣到四十～五十元一畝的土地，現在便廉價到二十元，也無人問津了。」〔註37〕1934、1935兩年間，南陵的地價的最大跌幅高達62.5%。

〔註29〕　《安徽民政季刊》調查專號，1931年第1卷第1期。
〔註30〕　啓端：《安徽貴池縣的農村寫眞》，《申報月刊》1935年第4卷第7號。
〔註31〕　蘇筠：《日趨嚴重之中國食糧問題》，《申報月刊》1934年第3卷第4號。
〔註32〕　《蕪湖米業近況》，《國際貿易導報》1936年第8卷第4號。
〔註33〕　《蕪湖米業近況》，《國際貿易導報》1936年第8卷第4號。
〔註34〕　建設委員會經濟調查所統計課：《中國經濟志・安徽省蕪湖縣》，建設委員會經濟調查所，1935年，第4頁。
〔註35〕　婁家慕、劉忠聰、婁傳琮：《安徽天長縣的南鄉》，《新中華雜誌》1934年第2卷第17期。
〔註36〕　陳賡雅：《贛皖湘鄂視察記》，申報月刊社，1935年，第132頁。
〔註37〕　啓端：《安徽貴池縣的農村寫眞》，《申報月刊》1935年第4卷第7號。

表 5－1－2：南陵縣 1934、1935 年地價表

時　間		1934 年			1935 年		
等　級		上熟	普通	荒歉	上熟	普通	荒歉
每畝地價	南陵	80 元	50	30	30	25	20
	東北鄉	40	20	15	25	18	12

資料來源：《蕪湖米業近況》，《國際貿易導報》1936 年第 8 卷第 4 號。

　　1927 年後，皖中各地因社會動盪及「及二十年後之米市阻滯」，農村經濟瀕於崩潰，地價大跌，「有跌至 50％或且 75％者」。〔註38〕

　　與之相應，佃價和租價也有大幅跌落。

表 5－1－3：1927 年後安徽各地佃價、租價和地價表

地　名		佃價（元）			租價（元）			地價（元）			附　注
		上	中	下	上	中	下	上	中	下	
廬江	郊區	80	50	20	80	50	20				
	城區	40	25	20	20	10	10				
三河		60	40	25	60	40	25	80			
雙河		100	60	40	70	50	30				1930 年前價
		30	20	10	10	8	6				1930 年後價
舒城		25	20	15	25	20	15	70	40	25	1928 年前價
		20	14	6	10	14	6	30	25	15	1928 年後價
貴池								40	25	20	
桐城								40	25	20	
巢縣								60	40	30	1927 年前價
								40	30	20	1927 年後價
無爲								60	40	20	1931 年前價
								30	20	15	1931 年後價
蕪湖		20	15	10	20	15	10	30	20	15	1931 年前加 50％

資料來源：吳正：《皖中稻米產銷之調查》，交通大學研究所，1936 年，第 76 頁。

〔註38〕 吳正：《皖中稻米產銷之調查》，交通大學研究所，1936 年，第 75 頁。

　　1927 年之前，六安、舒城、巢縣、無爲等地農民因「其時農村較安定，米市較旺，舉債較易，收穫所得，每年可償還本利若干」而舉債頂田，債額自數百元至數千元不等。但 1927 年後，糧食價格的低落和災害的頻發，使得農民對於土地的投資無法清償，導致「債務糾紛隨處皆是。」〔註39〕

　　糧價的跌落給本已貧困不堪的農民以沉重打擊，導致一些農戶的生活難以爲繼。農民紛紛離村，1933 年安徽有 14 萬多農戶離村。〔註40〕離村農民或進入城市，出賣勞動力爲生；或流落各地成爲流民或淪爲盜匪。對於地主而言，糧價的跌落、租價的降低使其土地利潤大幅減少，致使一些中小地主破產；大地主則縮資趨末，變賣田產，轉到城市去投資工商業。如合肥的大地主，拋售土地，到武漢、南京、上海等大城市投資地皮生意。〔註41〕

二、稻米流通對近代安徽工商業的影響

　　糧食業是近代安徽稻米主產區的主要商業類別。1935 年，蕪湖城區 55 個商業類別年營業總額爲 63310908 元，其中，米糧採運業、江廣米行業和雜糧市米行業 3 個直接與糧食貿易有關的行業的營業數合計爲 31797474 元，占總數的 50.22％。〔註42〕當塗對外輸出的商品「除穀類外數亦甚微」，〔註43〕當地「商業以稻米出口爲大宗。」〔註44〕1935 年，當塗城區 34 個行業共 302 家，年營業額爲 4063900 元。其中，糧食業及與糧食密切相關的礱坊業和碾米業的家數、營業額分別爲 41 家 1878000 元，分別占總數的 13.58％、46.21％。〔註45〕郎溪全縣物產中「惟米爲出口大宗」，全縣商業中，「亦以米爲營業之中心，占各項營業總數百分之四十二。」〔註46〕城區及余梅渚、

〔註39〕　吳正：《皖中稻米產銷之調查》，交通大學研究所，1936 年，第 74 頁。

〔註40〕　《各種農民離村之百分比》，《農情報告》1936 年第 3 卷第 7 號。

〔註41〕　陳賡雅：《贛皖湘鄂視察記》，申報月刊社，1935 年，第 132 頁。

〔註42〕　建設委員會經濟調查所統計科：《中國經濟志·安徽省蕪湖縣》，建設委員會經濟調查所，1935 年，第 52～55 頁。

〔註43〕　（民國）《當塗縣志》卷二《民政志·商業》。

〔註44〕　龔光朗、曹覺生：《安徽各縣工商概況》，《安徽建設月刊》1931 年第 3 卷第 3 號。

〔註45〕　建設委員會經濟調查所統計科：《中國經濟志·安徽省當塗縣》，建設委員會經濟調查所，1935 年，第 19～21 頁。

〔註46〕　《郎溪縣經濟調查》；建設委員會調查浙江經濟所統計課：《蕪乍路沿線經濟調查·安徽段》，建設委員會調查浙江經濟所統計課，1933 年，第 6 頁。

定埠、畢橋、濤城、東夏、飛鯉橋、長樂鋪、鍾橋諸鎮的商業以「米業最盛，米行資本較大」。〔註47〕旌德「稻米是本縣農民主要出產，因此，米店居縣城商業中首位。」〔註48〕該縣「商業以糧食及絲茶爲最盛，尤以糧食爲大宗。」〔註49〕南陵「出業以布業、米業爲最盛」〔註50〕，全縣「出口品以糧食爲大宗」。〔註51〕和縣「商業以糧食爲最盛」，〔註52〕當地商業圈在縣城一帶，「其集散貨物以米爲最大宗」，「每當米之集散時期，州城外運河馬頭民船輻輳」。〔註53〕全椒「物產無多，出口貨以糧食爲大宗。」〔註54〕該縣商業中，糧食業是主要類別之一，「商業以南貨、布業、廣貨、糧食占多數。」〔註55〕無爲稻產「爲全縣生計之所賴」，「商務出口以大米爲大宗」，〔註56〕「商業以米糧業爲最盛。」〔註57〕1933 年無爲全縣除小攤販、父子店、夫妻店、農村豆腐店、肉店外，共 907 家私營店鋪，其中糧行 277 家、碾米廠 20 家。〔註58〕含山「輸出以米麥麻爲大宗」。巢縣「商業以米業爲盛」。桐城「商業以米糧業爲最盛」。石埭「商業以米業雜貨業爲最盛。」安慶米業僅次於茶食雜貨業、成衣業、旅館業，在安慶工商業中「居絕對多數。」〔註59〕根據鐵

〔註47〕　《郎溪農商調查》，《安徽民政月刊》1930 年第 22 期。

〔註48〕　旌德縣工商行政管理局：《旌德縣工商行政管理志》（內部資料），1988 年，藏安徽省地方志編纂委員會圖書室。

〔註49〕　龔光朗、曹覺生：《安徽各縣工商概況》，《安徽建設月刊》1931 年第 3 卷第 3 號。

〔註50〕　龔光朗、曹覺生：《安徽各縣工商概況》，《安徽建設月刊》1931 年第 3 卷第 3 號。

〔註51〕　鐵道部財務司調查科：《京粵線安徽段經濟調查總報告書》，鐵道部財務司調查科，1930 年，第 277 頁。

〔註52〕　龔光朗、曹覺生：《安徽各縣工商概況》，《安徽建設月刊》1931 年第 3 卷第 3 號。

〔註53〕　（日）東亞同文會：《支那省別全志·安徽省》（中文節譯抄本），（日）東亞同文會，大正八年，藏安徽省圖書館。

〔註54〕　（民國）《全椒縣志》卷五《食貨志》。

〔註55〕　龔光朗、曹覺生：《安徽各縣工商概況》，《安徽建設月刊》1931 年第 3 卷第 3 號。

〔註56〕　（民國）《無爲縣小志》第四《物產》。

〔註57〕　龔光朗、曹覺生：《安徽各縣工商概況》，《安徽建設月刊》1931 年第 3 卷第 3 號。

〔註58〕　無爲縣地方志編纂委員會：《無爲縣志》，社會科學文獻出版社，1993 年，第 265 頁。

〔註59〕　龔光朗、曹覺生：《安徽各縣工商概況》，《安徽建設月刊》1931 年第 3 卷第 3 號。

道部在京粵鐵路沿線所作的經濟調查，安徽沿京粵鐵路各地的糧食業情況也顯示出糧食業在當地商業中的重要地位。

表 5－1－4：安徽省京粵鐵路沿線各地糧食業情況表

地　名	店　數			年營業額		
	糧食業	各業	糧食業占％	糧食業	各業	糧食業占％
當塗城區	16	111	14.41	200 萬	307 萬	65.15
和縣	80	163	49.08	1000 萬	1460 萬	68.49
蕪湖	70	432	16.20	2000 萬	3895 萬	51.35
宣城城區	62	246	25.20	240 萬	524 萬	45.80
宣城灣沚	9	71	12.68	820 萬	986 萬	83.16
郎溪	20	108	18.52	50 萬	168 萬	29.76
南陵	48	215	22.33	900 萬	1117 萬	80.57
涇縣	20	52	38.46	不詳	不詳	－
旌德	18	42	42.86	約 15 萬	27 萬	－

資料來源：鐵道部財務司調查科：《京粵線安徽段經濟調查總報告書》，鐵道部財務司調查科，1933 年，第 214、223、233～234、247～248、261、278、294、298～299 頁。

注：旌德各業包括糧食業、布洋廣貨業和油糖雜紙業，其年營業額總數為糧食業與油糖雜紙業之和，布洋廣貨業年營業額不詳。

「米糧為百業之源。」［註60］作為近代安徽稻米主產區的龍頭行業，糧食業發展的興衰（主要表現為稻米流通的暢滯）與工商業興衰有著非常顯著的聯動關係。「皖省出產，以米糧為大宗，米市盛衰，直接關係全省各業。」［註61］蕪湖市面「全視米業盛衰為轉移。米糧出口如多，市場頓呈活潑之氣象，各業亦隨之而發展也。」［註62］當塗商業的興衰因米糧輸出量多寡而異。「商業衰盛，以（稻米）輸出量多少為準。吾邑外銷貨品除穀類外數亦甚微。」［註63］

米業興盛，就會帶動工商業的興盛；米業疲滯，工商業隨之清淡；米業衰落，工商業也會大受打擊，金融業、稻米加工業甚至因而停業、倒閉。

［註60］ 王逢辛：《農產販值問題》，《錢業月報》1932 年第 12 卷 12 號。
［註61］ 境三：《中國民食問題探討》，《中國民食問題》，上海太平洋書店，1933 年。
［註62］ 《蕪湖商業之新調查》，《實業周刊》1922 年第 1 期。
［註63］ （民國）《當塗縣志》卷二《民政志‧商業》。

　　以蕪湖爲例。「蕪湖之米業實爲其商務生命之原動力，凡百貿易，皆以此爲中軸而旋轉。」〔註 64〕「蓋以（米）出口量巨，農民收入自豐，而購買洋貨能力，亦即隨之增長。」〔註 65〕光緒五年，蕪湖進口的棉織品和毛製品比上年同期減少甚巨，其低落之最大原因「爲稻米之出口無多，產米區域向皆購買貨物於蕪湖，今米市不動，銀根吃緊，購買力大減矣。」〔註 66〕光緒十二年，蕪湖進出口貿易及子口貿易均創歷史最高記錄，「此種興盛之由來，仍爲米出口貿易之繼續發達增加甚巨，且給予與本埠貿易之各縣以新生命及能力。」〔註 67〕光緒二十二年，蕪湖貿易再創新高，自香港進口用於盛裝稻米的麻袋數量較上年翻倍，這是因爲「與其有關係之米，亦必有相當之增加」〔註 68〕而帶動了進口量。光緒三十二年蕪湖商人估計當年米市興盛，年初即大批囤積布匹貨物，「以備米商從內地運出穀類之後，或以貨易貨，或以賺得之錢購貨而運回內地」。但這一年他們的希望落空，蕪湖米市低迷，「米市長期不振，因而使外洋布匹貿易亦發生同樣之情形，年終時商號內屯積布匹各貨仍無多移動也。」〔註 69〕民國時期，蕪湖米市左右其它行業營業狀況的情形依然如故。1917～1918 年間，蕪湖因米市不振，包括洋紗、綢緞、布匹及洋廣各貨均「商業薦索，頗多虧耗」。〔註 70〕錢業在辛亥革命之前，「局面極爲宏大，近年略較減色。」〔註 71〕1919年後，該業因「近年米業狀況恢復，已漸有轉機，日趨發展之途矣。」糖業也因米業的恢復而「銷路甚形暢旺」。〔註 72〕

　　1927 年後，蕪湖米市漸趨衰落，「撼動整個市場陷於崩潰，百業同遭其害。」〔註 73〕首當其衝受到打擊的就是米商。採運業掌握著蕪湖米糧輸出的操控

〔註 64〕　《清光緒十二年蕪湖關華洋貿易情形論略》（抄本），藏安慶市圖書館。
〔註 65〕　《最近十年各埠海關報告（1922～1931 年）》，中國第二歷史檔案館、中國海關總署辦公廳：《中國舊海關史料（1859～1948）》，京華出版社，2001 年，第84 頁。
〔註 66〕　《清光緒五年蕪湖關華洋貿易情形論略》（抄本），藏安慶市圖書館。
〔註 67〕　《清光緒十二年蕪湖關華洋貿易情形論略》（抄本），藏安慶市圖書館。
〔註 68〕　《清光緒二十二年蕪湖關華洋貿易情形論略》（抄本），藏安慶市圖書館。
〔註 69〕　《清光緒三十二年蕪湖關華洋貿易情形論略》（抄本），藏安慶市圖書館。
〔註 70〕　《蕪湖商業之新調查》，《實業周刊》1922 年第 3 期。
〔註 71〕　《蕪湖之通用貨幣及其匯兌計算法》，《銀行周報》1917 年第 2 卷第 25 號。
〔註 72〕　《蕪湖商業之新調查》，《實業周刊》1922 年第 3 期。
〔註 73〕　內政部年鑒編纂委員會：《中國經濟年鑒續編》（民國二十四年續編），商務印書館，1936 年，第十四章《商業·蕪湖》。

權。各幫「營業之消長盈虧，隨時以米市盛衰爲定；而各方之觀測蕪湖米市者，亦視採運業米號多少，決其行止。」1935 年春，正幫（廣潮煙寧諸幫）開市者寥寥。「良因去歲營業最大者，愈遭虧折。」一些原本資本雄厚的米號，如公發、利源長、源大等號，皆宣告停業。復和號老闆林靄宸是蕪湖煙津幫巨擘，因虧蝕焦慮患心臟病暴卒。公發爲潮幫中之最大號家，附有南和錢莊，在上海、汕頭、廈門等處設有聯號。1934 年，因營業蕭條，各聯號解體。永豐公素稱殷實，銷數以寧波爲最巨，1934 年後一蹶不振；採運業公會主席李達初經營之隆泰昌米號，兩年沒有開市。〔註74〕

其它各業也深受影響。「米業衰落直接受影響的首先是蕪湖工商業。……以前客商運米到蕪脫售之後，多順便帶點貨回去賣，數百萬金融仍然在蕪湖流通；現在米市既不行，各業皆隨之遜色，街面上店鋪十有九家在鬧窮，空的門面成年無人租。最近新興工業倒閉的有裕中紗廠，大昌火柴廠，正大榨油廠，大來鴨毛廠，機器製磚廠；工人失業者在五六千人。本年初，裕中紗廠一工人郭某，因斷炊舉家自殺，是更慘了。其次是航運業，從前金計、六邑兩大幫的民船裝米的民船裝米到蕪湖，或晨在內港停泊的，每日總有三四千隻（常關裁撤前登記數，十八年是 104100 隻，十九年是 154447 隻，二十年是 58338 隻），最近在蕪湖民船公會登記的，一年還不到兩千隻，更不如前了。」〔註75〕

三、稻米流通與地方公共建設

近代安徽地方財政緊張，左支右絀。於是，米糧業便被軍政商各界視爲利藪。特別是自清末舉辦新政後，舉凡辦學、修路、開礦、市政建設等事務，籌措軍需軍餉、警費，償還賠款等各種公共建設，均以徵收米捐作爲主要來源或來源之一。米捐被用來「湊抵賠款及開辦學堂、新政各經費之用。」〔註76〕蕪湖米糧行號代收的庸金中，每石米徵收的各類捐費就包括「職業學校銀二釐二毫五絲之經費，四分七釐之公債基金，六釐之築路公債基金，四分七釐之軍事善後特別捐。」〔註77〕

〔註74〕內政部年鑑編纂委員會：《中國經濟年鑑續編》（民國二十四年續編），商務印書館，1936 年，第十四章《商業・蕪湖》。

〔註75〕陳必眠：《蕪湖米業之實況與其救濟方法》，《東方雜誌》1931 年第 31 卷第 2 期。

〔註76〕聶緝椝：《蕪湖出口米捐湊抵賠款及學堂等費由》（光緒二十九年三月二十五日），藏安慶市圖書館。

〔註77〕張鴻藻：《蕪湖米市一瞥》，《錢業月報》1932 年 12 卷第 1 號。

1931年，安徽省建設廳長手訂1932年蕪湖城市建設規劃，擬撥建設經費36萬元，包括蕪湖特別事業費18萬元、尋常事業費約3萬元及「在蕪湖輪運米照捐項下，每石撥款五分，以爲繁榮蕪市建設之用」，當時估計可得15萬元。而蕪湖特別事業費實際上也來自米照捐的收入，「係以歲入米照捐全數爲根據」。〔註78〕可以說，蕪湖城市建設的絕大部份經費以米捐收入爲來源。米糧業除營業稅或帖稅外，還繳納捐稅諸如公安、慈善、育嬰、商團、學捐、路燈、消防、保甲等。清末，僅學款經理處每年在蕪湖收提的米捐既達銀幣13342元。〔註79〕

表5－1－5：蕪湖米業學捐繳納數量表

類　　別	全年預算數	備　　　　考
米業學捐	5500000 元	每包出口認繳學捐銀二釐三毫，本年預算按照170萬包，約收銀3910兩，合銀元於上數
功德項下米捐	550000 元	由安徽米捐局按月在一釐功德項下提出四分之一撥交學款經理處
功德項下米捐	100000 元	由安徽米捐局按月在一釐功德項下餘存五絲米捐撥交學款經理處

資料來源：馮煦：《皖政輯要》，黃山書社，2005年，第63頁。

根據《皖政輯要》和民國《蕪湖縣志》等資料的不完全統計，清末民初皖省以稻米捐稅爲主要經費來源開辦的各類學校有60餘所。

表5－1－6：清末民初安徽以稻米捐稅為經費來源開辦的學堂表

地區	學　校　名　稱	經　費　來　源	資料來源
桐城	養正兩等小學堂	米釐、雜捐	1
宣城	高等小學堂	糧櫃代收冊書、稻穀款（共34所）	
青陽	蓉城高等小學堂	米捐、絲捐、房租	
	靈巖初等小學堂	米捐、絲捐、房租	
	養蒙初等小學堂	絲、米兩捐撥提一成	

〔註78〕《建設蕪湖之初步整個計劃》，《安徽建設季刊》1933年第1卷第1期。
〔註79〕馮煦：《皖政輯要》，黃山書社，2005年，第63頁。

地區	學 校 名 稱	經 費 來 源	資料來源
當塗	高等小學堂	田租及米捐	1
	兩等小學堂	鄉書畝捐、米釐撥款	
繁昌	兩等小學堂	姚、鄧二姓捐款及米捐、魚肉捐、田租	
	籲俊初等小學堂	翟姓捐助及田租、木捐、出口糧食捐	
合肥	初等小學堂	本區米捐、棉皮捐及馬神廟田租	
	養正初等小學堂	房租、存款利息及米釐、雜貨捐	
舒城	兩等小學堂	米釐、麻捐及田租、孔、盛二紳捐款	
無爲	初等小學堂	襄安米釐	
全椒	兩等小學堂	都天廟存款及鹽釐、糧食捐、知縣補助款	
含山	初等小學堂	運漕釐局捐助及米捐、土捐	
	初等小學堂	田租、陶家廠鎮豬、牛、柴、米捐等	
	初等小學堂	東關鎮公共田租及木釐、米釐	
盱眙	文榮兩等小學堂	蹄角、米穀捐及官撥賓興公款	
	養正初等小學堂	糧食行抽釐	
天長	初等小學堂	糧食、木釐、斗斛捐	
	廣濟初等小學堂	田地租及土靛、米穀捐	
	汊澗鎮初等小學堂	田地租及土靛、米穀捐	
蕪湖	兩等小學堂	抽提各關客船掛號錢及米釐等	
	皖江中學	田租及存莊銀息、米釐	
蕪湖	安徽公學	江蘇駐蕪米釐暨紳捐	1
	女學堂	江蘇駐蕪米釐	
	蕪關中學校	蕪關船號捐及中江書院田	2
	總商會私立乙種商業學校	蕪湖米捐	
	米業高等小學校	米商於出口米內每石認捐三釐	
	第一貧民學校	安徽米捐	
當塗	太平府中學堂	翠螺書院田租及抽收當塗縣米釐六成等	3

資料來源：1.馮煦：《皖政輯要》，黃山書社，2005 年，第 323 頁。2.（民國）《蕪湖縣志》卷十九《學校志・教育》。3.趙登寅：《民國前後當塗縣教育概況（一九〇六年至一九三一年）》，《當塗文史資料》第一輯，1985 年，第 134～138 頁。

甲午戰後，國內湧起建築鐵路的熱潮。「一時大紳富商，咸以倡辦本省鐵路為惟一大事。」〔註80〕安徽亦然。光緒三十一年，安徽設立「商辦安徽全省鐵路有限公司」，公舉李經芳為督辦，「總辦招股、勘路、購地、興工各事宜。」建路所需款項的籌集，依然以米捐為主要來源之一。「援川、贛兩省穀捐、鹽價成例，以蕪湖出口之米、徽州洋銷之茶及長江運售之木，三者為大宗。」〔註81〕三者又以米捐為最多。宣統元年茶捐停征，米商要求也應停征米捐，但被皖省當局拒絕。因為「茶捐為數無多，與路股關係較輕，非如米捐為路款大宗，若遽准停減，實於皖路前途大有阻力，此未可援彼例此者也。」〔註82〕當年年底，公佈《安徽全省鐵路招股章程十條》，擬招股 400 萬兩修築蕪湖至廣德鐵路。同年，該公司決定再築宣城至屯溪線，增招股金 600 萬兩。米捐仍是股金來源之一。〔註83〕到 1914 年交通部將皖省路權收歸國有時，該公司共籌集經費近 150 萬元，其中，米股 676753 元、米捐規銀 206993 兩，占總額的六成。〔註84〕

1932 年，安徽成立糧食出境委員會，以籌集築路經費為名，徵收出境糧食照捐。在蚌埠、蕪湖、大勝關等處設立管理總局，另在定埠、盱眙、陳家淺、界首、亳縣、烏衣等處設立分局，分別對輪運、車運、帆運出境的糧食徵收照捐。蕪湖自 10 月 18 日開徵，至 11 月底，共徵收 22.9 萬餘元；蚌埠自 11 月開徵，半個月就徵收了 8700 多元。這種照捐成為糧商的沉重負擔，遭到各方反對，最終停辦。〔註85〕

光緒二十六年，安徽招募武衛軍，因「餉需為艱」，安徽巡撫委員前往蕪湖勸辦米糧加捐，每輸出一石（150 市斤）收捐銀三分三釐。〔註86〕其後，又對米商辦運的米糧，每石加收釐銀五分，〔註87〕因為安徽「防營過單，勇糧每名僅二兩餘，難期得力，亦擬酌量加贈，需款甚鉅。餉源無出，再四籌思，

〔註80〕曾鯤化：《中國鐵路史》，燕京印書局，1923 年，第 103 頁。

〔註81〕馮煦：《皖政輯要》，黃山書社，2005 年，第 854 頁。

〔註82〕《鐵路米捐礙難停免》，《申報》1909 年 2 月 3 日。

〔註83〕《皖路公司報部情形》，《東方雜誌》1909 年第 6 卷第 6 期。

〔註84〕謝國興：《中國現代化的區域研究：安徽省 1860～1937》，「中央研究院」近代史研究所，1991 年，第 305 頁。

〔註85〕張光業：《安徽墾殖問題》，蕭錚《民國二十年代中國大陸土地問題資料》，成文出版社，第 24515～24516 頁。

〔註86〕《蕪米開捐》，《江南商務報》第十五期，1900 年。

〔註87〕李鴻章：《寄皖撫王灼帥》（光緒二十六年五月初十日），《李鴻章全集·電稿》卷二十二。

始定加抽之議。」〔註 88〕光緒二十八年蕪湖在全省首設警察機構，募有警察 300 名。其後，警察機構規模越來越大，北洋政府時期全縣警察人數有 620 名。維持警察系統運轉的經費少數來自政府撥款，大多數來自商捐，其中又以米捐爲大宗，每年籌措的米捐有 5 萬餘元。〔註89〕全椒在清末新政時期，「學警各款無出，邑人公議復抽收出境糧食（分粗細兩種，每石收十文、二十文不等）嗣改爲糧油捐。」〔註90〕

第二節　稻米流通與長江流域市鎮的發展

市鎮是具有中心服務功能的人口集中地，是特定區域的中心地。本文所稱市鎮，既包括農村小集市，也包括通衢巨鎮。〔註91〕

一、近代安徽市鎮體系

「地區之間的不同，不僅表現在資源的天賦或潛力方面，而且也表現在發展過程所處的時間和性質方面。正如每個發展地區是與眾不同的一樣，構成地區結構輪廓的城市體系也同樣如此。」〔註 92〕安徽因地理形勢和氣候條件的差異而將全省劃分成三大具有顯著差異的區域，三者在地貌、自然資源、交通條件、農業生產等方面各不相同。與之相應，三大區域也形成了各自的市鎮體系，在公路、鐵路修築之前，市鎮多依水而建，因而形成了淮河流域、長江流域和新安江流域的三大市鎮體系。

明清時期，淮河流域社會經濟相對較爲活躍，形成了沿淮及其支流的交通運輸網，農村集市貿易體系形成並逐步完善，城鄉集市貿易較爲繁榮；如亳州，清初有村集 39 處，乾隆初期有 64 處，道光五年增至 95 處。〔註93〕沿淮的壽州、正陽關及渦河沿岸的亳州商業較爲繁盛。〔註 94〕其中以正陽關的

〔註88〕 王之春：《皖撫王來電》（光緒二十六年五月十二日），《李鴻章全集・電稿》卷二十二。

〔註89〕 蕪湖市文化局：《蕪湖米市簡述》，《蕪湖古今》，安徽人民出版社，1983 年，第 7 頁。

〔註90〕 （民國）《全椒縣志》卷五《食貨志》。

〔註91〕 前文已有專論蕪湖米市的部份，故本文在論述時，有關蕪湖的部份多有省略。

〔註92〕 （美）施堅雅著，葉光庭譯：《中華帝國晚期的城市》，中華書局，2000 年，第 243 頁。

〔註93〕 （光緒）《亳州志》卷二《輿地志・坊保》。

〔註94〕 李修松：《淮河流域歷史文化研究》，黃山書社，2001 年，第 343～344 頁。

商業經濟最為興盛，「東接淮、潁，西通關、陝，商販輻輳，利有魚鹽，淮南第一鎮也。」〔註 95〕進入近代，在津浦鐵路建成之前，正陽關依然是皖北商業首鎮。1912 年津浦鐵路通車後，正陽關的地位為蚌埠所取代，淮河流域形成了以蚌埠為中心的市鎮體系。

但是，自明清以來，尤其是進入近代後，淮河流域的社會經濟已處於歷史上的衰落時期，加以戰亂和災荒，其市鎮的發展速度和發展水平均受到制約。咸同之後，淮河流域市鎮有的廢棄，有的規模萎縮。如霍邱縣在同治時廢棄的集市就有 19 個。〔註 96〕五河縣城原本「以其地瀕水次，便於懋遷，關廂完繕，防護周嚴」，商業興盛，號稱淮北都會。而清代中期之後，「歷年來淮黃屢溢，加以咸同寇變，地勢興廢靡常」，街市損毀，光緒時廢棄的街市有 14 個。五河縣境內，三岔集、洪堂集和上店集均廢。〔註 97〕蕭縣在同治時有 3 個集鎮廢棄。〔註 98〕鳳陽在「兵燹後淮河南岸村落凋零」，棗巷集和老鸛集廢圮，「貿易皆奔赴北岸五河界內」。〔註 99〕霍山縣城在清代前期商業興盛，「魚鹽粟帛苳茶之運殖，挾貲鉅萬者比比皆是。而劇園酒肆歌吹沸天，燈火萬家，達旦不息。以故四方輻輳，稱巨鎮焉。」道光末年，戰亂使得市肆變成廢墟，「北門河街蕩為平沙，餘則墟於兵燹。」咸同之後，得以恢復的街市很少，再加上河道淤塞，舟車罕至，縣城商業一落千丈，「遂不能復太平之舊」。〔註 100〕

新安江流域地處山區，交通特別是對外交通依靠水路，市鎮多坐落於河流之濱。明清時，其市鎮功能以貨物集散為主，市鎮規模較小，彼此之間距離較遠，區域內市鎮分佈密度較小，市鎮分佈呈線狀結構；市鎮因處於閉塞的山區，數量和發展少受外來因素的影響，比較穩定。〔註 101〕新安江流域市鎮中，以屯溪規模最大、市況最為繁盛。

進入近代，該流域市鎮的發展狀況在運輸條件沒有改變之前一直保持著原有的特點，沒有發生根本改變。如歙縣，「在公路未通前，商業市場均在河

〔註 95〕　（嘉靖）《壽州志》卷一《形勝》。
〔註 96〕　（同治）《霍邱縣志》卷之二《營建志四‧市鎮》。
〔註 97〕　（光緒）《重修五河縣志》卷三《疆域志‧市集》。
〔註 98〕　（同治）《蕭縣志》卷四《疆域志‧集鎮》。
〔註 99〕　（光緒）《鳳陽縣志》卷三《輿地志‧市集》。
〔註 100〕　（光緒）《霍山縣志》卷之三《建置志‧市鎮》。
〔註 101〕唐力行、申浩：《差異與互動——明清時期蘇州與徽州的市鎮》，《社會科學》2004 年第 1 期。

道兩岸」，深渡、街口、漁梁、篁墩、岩寺、上豐、富堨等處皆如此。隨著交
通運輸條件的改變，公路和鐵路的修築使得歙縣陸路運輸一改往日肩挑背負
的歷史，也使當地的市鎮格局發生了變化，形成了諸如水果、木業、鹽業、
米、茶葉、木板等商品的集中地。「近年公路四達，形勢改變，商業市場，因
之轉移，商貨之輸出與輸入，亦因交通而生影響。」〔註 102〕

　　相較而言，長江流域以長江為紐帶，南北支流縱橫，河網密佈，交通最
為便利，在交通條件優越的運輸線路節點上，多有市鎮分佈。在社會經濟方
面，長江流域是自明清代以來皖省社會經濟發展最有活力的地區，「長江流域
沿江一帶與各支流附近的範圍很大，在本省可說是最富庶的地方。」〔註 103〕
因而該區域內的市鎮發展也最為興盛。

二、長江流域市鎮在近代的快速發展

　　近代長江流域市鎮體系的發展主要體現在以下幾個方面：

　　第一，市鎮數量較前有顯著的增加。〔註 104〕明清時期，我國市鎮迅速發
展，數量大增。民國時期，市鎮的發展進入高峰期。安徽市鎮亦然，其中又
以長江流域的市鎮的發展更為突出（參見表 5－2－5）。以廬州府所屬之合肥、
巢縣、無為、舒城四縣為例。合肥在嘉慶時有 18 個鎮，民國時除縣城外，較
大市鎮尚有 20 個；其基層集市在光緒時較前猛增了 200 個左右。〔註 105〕道光
時巢縣有 8 鎮 2 市，〔註 106〕光緒時增至 14 鎮 2 市。〔註 107〕無為光緒時比嘉

〔註 102〕 建設委員會經濟調查所統計課：《中國經濟志・安徽省歙縣》，建設委員會經
　　　　　濟調查所，1936 年，第 73 頁。
〔註 103〕 曹覺生：《安徽農村經濟現狀與農村經濟建設》，《安徽建設》1930 年第 18 號。
〔註 104〕 （光緒）《重修安徽通志》之《輿地志・關津》提供了一份難得的全面的安
　　　　　徽各地市鎮資料。有的學者據此對近代安徽的市鎮進行了諸如總量統計、
　　　　　縣均數量計算並據此對明清至近代安徽市鎮發展態勢進行比較等研究工
　　　　　作。如慈鴻飛《近代中國鎮、集發展的數量分析》（《中國社會科學》1996
　　　　　年第 2 期）一文，根據該資料計算出安徽從 19 世紀下半葉到 20 世紀 30 年
　　　　　代的半個世紀中，在河北、山東、江蘇、浙江、江西、廣東、四川和安徽 8
　　　　　省中鎮集數量增長最快，增長率最高，達 661.5%。但是，對比其它地方志
　　　　　資料，筆者發現該書所載市鎮數量偏少，有不少遺漏，另外尚有多處舛誤，
　　　　　故本文僅將其所錄市鎮數據反映在附表 5－2－5 中，在論述時基本不採用
　　　　　該志書的材料。
〔註 105〕 （光緒）《續修廬州府志》卷三《疆里志・鄉鎮・（合肥）各鄉新增集鎮》。
〔註 106〕 （道光）《巢縣志》卷之四《輿地志・鎮市》。
〔註 107〕 （光緒）《續修廬州府志》卷三《疆里志・鄉鎮》。

慶時增加了 2 個鎮。〔註108〕舒城在嘉慶時有 10 個鎮，光緒時增至 26 個。〔註109〕又如南陵，嘉慶時「遠近市鎮一十三」，〔註110〕民國時新增了 20 個鎮。〔註111〕含山的集鎮中，長崗集、三汊河、銅城廟、朱集、葛集、邵集、謝集、三星集、姚廟及魏集等 10 個均形成於近代。〔註112〕

第二，長江流域的市鎮規模總體上比淮河流域和新安江流域的要大。近代安徽五大市鎮蚌埠、安慶、蕪湖、合肥、屯溪中，有三個位於該區域內。其中，安慶是全省的政治和文化中心，自中英《煙臺條約》將安慶列為「寄航港」後，安慶的商業有所發展，為六皖商業中心；蕪湖是省內唯一的通商口岸和重要的工商業中心；合肥是皖中軍事重鎮和重要的貨物集散中心。此外，與其它流域相比，長江流域有相對較多的地區性中心市鎮，如多數縣的縣城及三河、運漕、樅陽等區域性集散中心。

市鎮人口是衡量市鎮規模的標準之一。皖中地區人口在 1 萬以上的市鎮數量多於皖南、皖北。民國時期，安徽人口在 1 萬以上的市鎮共有 41 個。其中，淮河流域 12 個，新安江流域 5 個，長江流域 24 個。有學者將這 41 個市鎮根據人口的多少分成大城市（人口 7 萬人以上）、中等城市（人口 3～7 萬）和小城市（人口 1～3 萬）三等，長江流域市鎮在三個等級中的數量也占絕對的優勢。

表 5－2－1：1930 年代中期安徽城鎮等級與人口數量表

大城市（7 萬以上）	蕪湖（17 萬）、安慶（13 萬）、蚌埠（12 萬）、合肥（7.5 萬）
中等城市（3～7 萬）	宣城（4 萬）、廣德、正陽、六安（以上均 3 萬）
小城市（1～3 萬）	滁縣（2.8 萬）屯溪、臨淮、大通、宿縣（以上均 2.5 萬）鳳陽、桐城、阜陽（以上均 2 萬）郎溪、灣沚、水東、孫家埠、亳縣、全椒、太湖、歙縣、渦陽、霍邱、壽縣、貴池、當塗、休寧、舒城、績溪、懷遠、南陵、婺源、水陽、雙橋、無為、運漕、烏衣、山口（鋪）（以上在 1～2 萬之間）

資料來源：謝國興：《中國現代化的區域研究——安徽省 1860～1937》，「中央研究院」近代史研究所，1991 年，第 517 頁。

〔註108〕（嘉慶）《無為州志》卷三《輿地志・鄉圖》、《光緒續修廬州府志》卷三《疆里志・鄉鎮》。

〔註109〕（光緒）《續修舒城縣志》卷之七《輿地志・城池》。

〔註110〕（嘉慶）《寧國府志》卷十二《輿地志・鄉都》。

〔註111〕（民國）《南陵縣志》卷三《輿地志・市鎮》。

〔註112〕含山縣地方志編纂委員會：《含山縣志》，黃山書社，1995 年，第 39～41 頁。

　　市鎮規模的擴大還表現在市鎮空間的擴展上。太湖徐家橋鎮，位於皖、鄂、贛三省和太湖、宿松、望江、懷寧四縣之間，臨湖近江，交通便利，是該縣重鎮。「咸豐初，村店數間，今年添造鋪戶，……商賈輻輳，水陸懋遷，遂成巨鎮」。〔註113〕從 18 世紀中期到抗戰前，在不到百年的時間內，該鎮經歷了從只有幾間茅屋到號稱「小上海」的巨變。清末至民國時期，該鎮迅速發展，街市多次擴建，規模日漸擴大。光緒二十六年擴建時，街道由原來的 400 餘米延伸到 1500 米。至 20 世紀二三十年代該鎮街道又延長了 500 米。〔註114〕和縣白渡橋鎮在明代中後期形成街市，商業緩慢發展。到了近代，市鎮規模不斷擴展。清末，街道向白渡橋的南北兩端擴展，與鄰近的村莊毗連一片，並形成新的街市，商家有百餘戶。民國時期，街道展至千餘米，商戶三四百家；交通設施也得以改善，原來的木橋已不適應交通和商業的發展，被改建成三孔石拱橋。〔註115〕宣城灣沚鎮在 20 世紀二三十年代有「三沖、九街、十八巷、二十四保」，街市方圓五華里，水陸交通便捷，江南鐵路灣沚設有車站，通車後交通更為快捷。〔註116〕

　　第三，市鎮經濟繁榮。徐家橋鎮在 20 世紀二三十年代有數百家鋪面，百貨店、商行、各業手工作坊和各類服務行業，太湖過半的糧食交易均在此進行。該鎮開設了太湖首家機器碾米廠和電廠，有定期輪船航班往來於該鎮和安慶之間；抗戰前夕還修通了太湖縣城和該鎮的公路。〔註117〕貴池的烏沙鎮在明末原是一個小集市，自清代中葉後，商業日盛。清末，當地有大商號 7 家，日雜、百貨店鋪百數十家，糕坊 16 家，糟坊 3 家，屠宰 18 家，茶樓、酒樓、商行、妓院各業盡有，商業年成交額達百萬銀元。〔註118〕貴池縣城「瀕臨長江，輪船民船往來如織，水運甚便，附近貨物，咸以此為集散地，所以商業頗為繁盛，市況極為活躍。」〔註119〕懷寧青草塥鎮地處懷寧、桐城和潛

〔註113〕　（民國）《太湖縣志》卷五《輿地志五·市鎮》。

〔註114〕　胡伯春：《徐橋鎮的變遷》，《太湖文史資料》第五輯，1989 年，第 137～145 頁。

〔註115〕　葛子愉等：《白渡橋的變遷》，《和縣文史資料》第三輯，1987 年，第 162～165 頁。

〔註116〕　蕪湖市文化局：《蕪湖古今》，安徽人民出版社，1983 年，第 7 頁。

〔註117〕　胡伯春：《徐橋鎮的變遷》，《太湖文史資料》第五輯，1989 年，第 137～145 頁。

〔註118〕　程忠明：《古往今來話烏沙》，《貴池文史資料》第四輯，1994 年，第 38～46 頁。

〔註119〕　龔光朗、曹覺生：《安徽各縣工商概況》，《安徽建設月刊》1931 年第 3 卷第 3 號。

山三縣接壤之區，「交易殷阜」，〔註120〕歷史上曾有「小安慶」、「小上海」之稱。〔註121〕懷寧高河埠鎮「日有千人進市，夜有百船返航」。〔註122〕桐城金神墩在民國初年有商戶40餘家，至抗戰前商戶增加至113戶，商業以米糧和木材運銷爲主。〔註123〕潛山的黃泥港鎮「與懷太接壤，商鋪二百餘家，有警察局警佐，有郵局、有釐卡」。〔註124〕爲近代潛山首鎮，有「小蘇州」之稱。該鎮商業繁盛，外地客商紛紛來此經商，鎮上曾設有江西會館、湖北會館、徽州會館、青陽會館等會館。漢口、九江、無錫、鎮江、蕪湖等城市的大商行與黃泥港十多家較大的商店均有長年的商業往來。〔註125〕白渡橋鎮是和縣南鄉的重鎮，其經濟對和縣南鄉乃至全縣經濟都有重要影響。該鎮商業較旺，擁有巨大財富的富戶有十幾家，這些富戶均在白渡橋鎮經商營業致富。其中，名聞遐邇的「三葛三王一吳一常」是當地最有實力的「八大家」。如「三王」之一王廣興有家財七八十萬，先後建房百餘間，置田七八百畝，開設油坊、礱坊等。〔註126〕宣城縣城在清初商業逐步發展，百工、貨物各有區肆。到抗戰前夕，全城有各類商店以前二百多家，規模頗盛，有「小蕪湖」之稱。〔註127〕三河鎮爲舒城、廬江、合肥三邑犬牙之地，「匯舒、廬、六諸水爲河者三，河流寬闊，枝津回互，萬艘可藏。」〔註128〕優越的交通條件使該鎮「百貨雲集，爲廬南一大都會。」〔註129〕近代三河依然是皖中著名的貨物集散中心，有「裝不完的三河」之譽。〔註130〕灣沚商業興盛，鎮內商店、茶館、當鋪、作坊星羅棋佈，被譽爲「小上海」。〔註131〕銅陵大通鎮自清末一度成爲與蕪湖、

〔註120〕（民國）《懷寧縣志》卷三《鄉區》。

〔註121〕陳東明：《安徽百家小集鎮》，安徽人民出版社，1993年，第128頁。

〔註122〕懷寧縣地方志編纂委員會：《懷寧縣志》，黃山書社，1996年，第502頁。

〔註123〕桐城縣商業局：《桐城商業志》（內部資料），1988年，藏安徽省地方志編纂委員會圖書室。

〔註124〕（民國）《潛山縣志》卷二《輿地志・市鎮》。

〔註125〕汪亞英：《黃泥鎮變遷》，《潛山文史資料》第三輯，1993年，第270～273頁。

〔註126〕灌叟：《白渡橋的「八大家」和「三泰」》，《和縣文史資料》第三輯，1987年，第60～69頁。

〔註127〕宣州市地方志編纂委員會：《宣城縣志》，方志出版社，1996年，第336頁。

〔註128〕（嘉慶）《合肥縣志》卷三《疆域志・關口》。

〔註129〕（嘉慶）《合肥縣志》卷首《序》。

〔註130〕顏德愷口述，北斗整理：《解放前三河行店概況》，《古鎮三河・肥西文史資料》第一輯，1985年，第101～105頁。

〔註131〕蕪湖市文化局：《蕪湖古今》，安徽人民出版社，1983年，第7頁。

安慶、蚌埠並稱的皖省四大商業市鎮。〔註132〕至於蕪湖在開埠後的日益繁榮更是不言而喻了。

第四，物資集散性市鎮增多。如潛山余家井鎮，「商鋪百餘家，百貨外以竹木器爲大宗」；青草塥鎮，「與懷桐接壤，東北鄉土貨皆集，商務最盛」；小吏港鎮，「商貨以竹排爲大宗」；王家河鎮，「商貨以竹簟爲大宗」；黃泥港鎮，「商貨以棉布米穀竹簟爲大宗」。〔註133〕廣德朱灣街，「稻米柴炭聚此」。〔註134〕無爲襄安「爲西部米糧集中地。」〔註135〕懷寧江家嘴，「舊止魚新小市，後以地產煙草最良，煙賈輻輳，闤闠日增，遂與高河、三橋相埒」；王家河「河洲產竹最蕃，民多爲業簟，交易之廣達於江海。」〔註136〕和縣烏江鎮是該縣北鄉的大米集散地和商業網絡中心。〔註137〕大通在清乾嘉間尚爲荒洲，其後逐步發展成爲著名的鹽業和米業巨鎮。〔註138〕桐城周邊各縣糧食入江外銷均需經由樅陽輸出，因而樅陽成爲該縣最大的糧食集散地。該縣湯家溝鎮「爲桐之次鎮，魚米販運與樅陽相等」。〔註139〕

三、稻米流通對市鎮發展的影響

長江流域是近代安徽稻米主產區所在。「無論內地大小商埠，凡爲米糧所聚者，商業必較繁盛。」〔註140〕稻米流通對長江流域稻米主產區眾多市鎮的發展走向起到了支配性作用。其表現主要體現在以下幾個方面：

第一，稻米產銷影響安徽稻米主產區市鎮的佈局。

在稻米主產區有一些因稻米加工、販運而興起的商業市鎮。如懷寧的石牌鎮「粟米雲集，貨賄泉流，爲懷諸鎮之首」。高河埠「粳米所出，泉貨流通，頗稱蓄盛」。〔註141〕無爲黃洛河鎮，「在治北三十五里，當外河濡須水匯流之沖，

〔註132〕銅陵縣糧油食品局：《銅陵縣糧食史料》（內部資料），1987 年，藏安徽省地方志編纂委員會圖書室。
〔註133〕（民國）《潛山縣志》卷二《輿地志·市鎮》。
〔註134〕（光緒）《廣德州志》卷十一《市鎮》。
〔註135〕（民國）《無爲縣小志》第六《城鎮略述》。
〔註136〕（民國）《懷寧縣志》卷三《鄉區》。
〔註137〕吳程：《和縣明珠烏江鎮》，《和縣文史資料》第四輯，1992 年，第 137～142 頁。
〔註138〕夏忠群：《安徽省食糧運銷調查報告》（油印本），1935 年，第二節。
〔註139〕（民國）《桐城續修縣志》卷一《輿地志·鄉鎮》。
〔註140〕王逢辛：《農產販值問題》，《錢業月報》1932 年第 12 卷第 12 號。
〔註141〕（民國）《懷寧縣志》卷三《鄉區》。

東往含山，北入巢境必經之地，米之出口多由是，故成集市。」〔註142〕和縣雍家鎮是由巢湖入長江的必經之地，「故每年秋冬沿巢湖盛產大米的州縣，來往貨船須經這裡停靠，再轉運蕪湖及下江等米市，這也給小鎮帶來繁榮和興盛。」〔註143〕襄安是釐金時代無爲最大的米糧集散地，「米糧集中地首推襄安，次之爲縣城」。〔註144〕「白米如潮，日吞吐量號稱萬擔。」〔註145〕蕪湖清水河鎮原爲一小市，後成爲蕪湖除縣城外的第一大鎮，因爲該鎮在萬頃湖開墾後，糧食產量日益提高，市鎮商業逐步繁榮；方村鎮和魯港鎮以稻米加工業著稱，方村「人煙繁盛，商業罟坊居多」；魯港「多罟坊，爲糧米聚販之所。」〔註146〕

　　流域內很多市鎮的興起得益於其優越的交通運輸條件，更爲重要的是其腹地多爲魚米之鄉，米產豐富，使該市鎮成爲當地農產品的集散地。略舉數例如下：潛山黃泥港鎮，「周圍是一望無垠的田野，土壤肥沃，河流縱橫，塘垾交織，可稱魚米鄉。」「歷史上堪稱物阜民豐的『寶地』，糧食及各種農副、土特產品都很豐富」。〔註147〕烏沙鎮「盛產稻米、棉花、油菜和各種豆類，同時，湖泊密佈，魚、菱、蓮藕、野鴨產量頗豐」，「素有『魚米之鄉』的美譽。」〔註148〕宣城水陽鎮，地處水陽江畔，是糧油棉水產品和白蒜的產銷地，俗稱「魚米之鄉」，爲縣境北鄉的物資集散地。〔註149〕南陵青弋江鎮坐落於青弋江和水陽江的交匯處，盛產稻米，素有「南陵糧倉」之稱，〔註150〕是該縣僅次於縣城的米糧集散中心。〔註151〕和縣白渡橋「水稻、棉花、雜糧出產豐富，加之大河一直達牛屯河口，暢通長江，水運便利，因而街民經營糧食、棉花生意的多，營業也較大。」〔註152〕三河圩田密佈，土地肥沃，「附近四五十里

〔註142〕　（民國）《無爲縣小志》第四《城鎮略述》。

〔註143〕　和瓊：《雍家鎮一品玉帶糕趣聞》，《和縣文史資料》第一輯，1985年，第84～85頁。

〔註144〕　吳正：《皖中稻米產銷之調查》，交通大學研究所，1936年，第48頁。

〔註145〕　徐光泉、徐報生：《襄安米市歷史調查概述》，《無爲古今》第七期，1984年。

〔註146〕　（民國）《蕪湖縣志》卷五《地理志‧市鎮》。

〔註147〕　亞英：《黃泥鎮變遷》，《潛山文史資料》第三輯，1993年，第270～273頁。

〔註148〕　程忠明：《古往今來話烏沙》，《貴池文史資料》第四輯，1994年，第38～46頁。

〔註149〕　宣州市地方志編纂委員會：《宣城縣志》，方志出版社，1996年，第336頁。

〔註150〕　鮑明德：《弋江古鎮話春秋》，《南陵文史資料》第十二輯，1992年，第46～51頁。

〔註151〕　吳正：《皖中稻米產銷之調查》，交通大學研究所，1936年，第64頁。

〔註152〕　灌叟：《白渡橋的「八大家」和「三泰」》，《和縣文史資料》第三輯，1987年，第60～69頁。

以內之範圍，因傍巢湖，其間小河縈繞，灌溉便利，米之出產素稱豐稔，鮮有災歉」。〔註153〕

第二，稻米是眾多市鎮商品結構的主要構成，稻米貿易是市鎮商業的支柱；相應地，與稻米流通緊密相關的行業如稻米加工、稻米運輸等，在當地也相對較為發達。

表 4－3－1 正是稻米作為商品在當地市鎮商業中重要性的表現。不僅當塗如此，其它稻米主產區各市鎮大多帶有這種特色。如舒城，規模較大的市鎮中，絕大多數以米業為主要商業類別。

表5－2－2：舒城較大市鎮商業類別表

市鎮名稱	店鋪家數	年營業額	主要商業類別
城區	139	359070	米業、布業、雜貨、醬園等業
乾汉河	40	49060	米、油、雜貨、醬園、布、陶器等業
南港	20	29700	米、油、雜貨等業
沙埂	12	12600	雜貨業、米業
千人橋	20	21400	以雜貨、米業為較大
白馬墙	15	15000	以米業、雜貨業為較大
廬鎮關	12	15780	油業、鍋業、雜貨業、米業等
下七里河	12	15800	以米、油、木業為較大
曉天	11	19300	山貨、布、雜貨業
中梅河	24	56600	以糧食、雜貨、布業為較大
張母橋	19	19400	米、布、雜貨業等
桃鎮	77	333300	以米、南貨、油棧、醬園等為較大
三河鎮	25	28000	米、雜貨、布、醬園等業

資料來源：建設委員會經濟調查所統計課：《中國經濟志·安徽省壽縣、霍邱、六安、
　　　　合肥、舒城、霍山六縣合編》，建設委員會經濟調查所，1937 年，第 140
　　　　～146 頁。

1930 年代沿京粵線安徽段的調查中，各縣主要市鎮的商業狀況如表 5－2－3。

〔註153〕朱孔甫：《安徽米業調查》，《社會經濟月報》1937 年第 4 卷第 5 期。

表 5－2－3：京粵線安徽段沿線各縣主要市鎮商況表

縣別	市鎮	與縣城相對位置	營業日期	主要商品
當塗	縣城		逐日營業	入：布糖京果等 出：米魚麥等
	採石	西北二十里		
	丹陽	東北五十里		
	薛鎮	東二十五里		
	新市	東七十里		
	博望	東九十里		
	大橋	西三十里		
	烏溪	東南九十里		
	黃池	東南七十里		
和縣	城市		每日	糧食、紡織品、日用品
	濮家集	北鄉十五里	二、五、八、十	米、麥、豆
	烏江鎮	北鄉四十五里	一、四、七、九	棉花、米、麥
	善厚集	西鄉六十里	三、六、十	米、麥、豆
	腰埠	西鄉三十里	一、三、六、八	米
	白渡橋	南鄉四十五里	二、四、七、九	棉花、米、豆
	沈家巷	南鄉六十里	一、六	
	雍家鎮	南鄉九十里	每日	
	裕溪鎮	南鄉六十五里	一、四、七、九	米、麥、豆
	姥下鎮	南鄉三十五里	二、四、六、八	
蕪湖	魯港鎮	西南十五里	每日	米糧及雜貨
	方村鎮	東三十五里		
	濮家店鎮	東十里		
	清水河鎮	東二十里		
	官陡鎮	東北二十里		
	石砲鎮	南十里		
	三里市	東四十里		
	竹絲港市	南二十二里		
	南陡市	東三十五里		

縣別	市鎮	與縣城相對位置	營業日期	主要商品
宣城	灣沚鎮	北七十里	每日	糧食及土布
	水東鎮	東七十里		糧食、竹、木、棗、紙
	孫家埠	東三十里		糧食、煤、竹、木
	新河莊	北五十里		糧食
	水陽鎮	北七十里		糧食及其它雜貨
	清弋江	西六十里		糧食、竹木、茶葉
繁昌	荻港鎮	西五十里	未詳	竹木、柴炭、米、糖、粉、棉、油等
	峨橋鎮	東三十里		竹木、柴炭、米、糖、粉等
	三山鎮	東北四十里		米、竹、柴、炭、棉
	黃滸鎮	西三十里		米、竹、柴、炭
	橫山鎮	北三十里		米、竹、木、炭
	舊縣鎮	西北四十里		竹木、柴、炭、米
	赤砂鎮	西南三十里		
	澛港鎮	東北五十五里		米
	平溝鋪	東南三十里		柴、炭、竹
	新林鋪	東南三十里		
郎溪	梅渚鎮	北三十里	每日	稻、米、南貨、食用品
	定埠鎮	西北四十里		
	東夏鎮	西二十里		
	畢橋鎮	西南四十五里		
	渚城鋪	東二十里		
寧國	河瀝溪	東五里	每日	雜貨、布匹及紙煙
	港口	北三十里		棗、雜貨、布匹及紙煙
	胡樂	西南九十里		米、香菇、雜貨、布匹
	獅橋	東南八十里		雜糧、雜貨、布匹
	寧國墩	南六十里		茶葉、桐子等
	石口	東南五十里		青麻及雜貨等
	虹龍甸	南三十五里		煙葉及紙等
	西街	西一里		土布及雜貨

縣別	市鎮	與縣城相對位置	營業日期	主要商品
南陵	清弋江	東三十里	未詳	糧食、布、京果、蘇廣雜貨
	蒲橋鎮	東二十里		
	三里店	南四十里		
	黃墓鎮	北三十五里		
	戴家匯	西三十五里		稻、米、布、京廣貨
	金閣鎮	東北三十里		
績溪	楊溪	東六十里	未詳	糧食、絲茶、竹木、紙
	臨溪	南六十里		竹、茶、蜜棗
	長安	西四十里		絲、煙、雜糧、棉花
涇縣	榔橋河	西八十里	未詳	茶、竹、木、絲、煙
	茂林村	北三十里		糧食、竹、木、板、炭
	章家渡	北四十里		竹、木、板、炭、茶
	萬村	西八十里		
	馬頭鎮	北三十里		
	蔡家壩	北四十里		
旌德	三溪鎮	北三十里		稻米雜貨布匹
	廟首鎮	西四十五里		稻米雜貨
	白地鎮	西六十里		稻米雜貨布匹
歙縣	深度	南五十里	每日	雜貨布匹糧食等
	街口	東百里		
	岩寺	西三十里		
	富堨	北十五里		
	魚梁	南三里		
	許村	北四十里		桐子及雜貨布匹等
	潘口	西三十五里		
休寧	屯溪	東南三十里	未詳	應有盡有
	上溪口	西南三十里		茶、布匹、雜貨
	高安	東北五里		布匹、雜貨、羅經
	龍灣	南四十里		布匹、雜貨
	隆阜	東南二十五里		雜貨

資料來源：鐵道部財務司調查科：《京粵線安徽段經濟調查總報告書》，鐵道部財務司調查科，1933年，第221～320頁。

從上表可以看出，在稻米主產區，稻米成為當地市鎮的主要商品，糧食業成為支撐市鎮商業乃至整個市鎮興衰的經濟命脈。

再以宣城城區的商業情況為例。宣城縣城並非該縣最大的稻米集散地，在米市規模上不如灣沚、水陽等鎮，但糧行、糧店、礱坊等業依然是當地工商業的重要組成部份。

表5-2-4：宣城城區商業行業表

業　別	家　數	店員數	資本概數（元）		全年營業概數（元）
			最　大	最　小	
洋貨布業	48	347	30000	5000	1250000
礱坊業	50	283	15000	600	1153000
米店業	59	90	3500	1200	220000
糧行業	16	45	5000	1000	465500
茶葉	13	135	20000	5000	550000
雜貨業	69	462	8000	500	95000
典衣業	7	74	80000	5000	98000
煙醬業	21	114	3000	1000	120000
藥業	13	100	8000	102000	65000
旅館業	39	93	1500	300	60000
茶酒館業	29	57	1500	700	58500
磁鐵業	17	48	15800	650	55000
竹木業	44	71	3000	500	48000
印書業	8	42	5000	600	45000
屠業	19	73	500	100	22000
合　計	463	2074			5185000

資料來源：安徽省蕪屯路沿線物品流動展覽會籌備會：《安徽省蕪屯公路沿線經濟概況》，安徽省蕪屯路沿線物品流動展覽會籌備會，1935年，第16頁。

上表中，經營和加工糧食的三個業別共有115家之多，店員418人，年營業額約為1838500元，分別占總數的24.85％、20.15％和31.78％。

稻米貿易不僅在規模較大的市鎮中具有重要的商業地位，在主產區的一

些小集市同樣如此。如含山的林頭鎮，是個以稻米交易爲主要商業內容的小市鎮，有民諺「林頭街不長，煙館加米行」。〔註154〕合肥店埠鎮在清末「商業較爲發達，尤以昇平街（小東頭街）的米市著稱。」〔註155〕六安的木廠埠糧行林立，有二十餘戶。〔註156〕桐城的范崗街「僅一戶不滿五十、人不足四百的范崗街，當時也有『八行七藥』（八家糧行七家藥店）之稱」〔註157〕，以稻米爲主要商品的糧食貿易頗爲發達。

在近代安徽稻米主產區，多數市鎮的糧食交易中的大部份糧食交易是糧食中長途貿易的一個環節，是糧食由農家或地主流向外地消費者的起點或中轉站。在這些市鎮，儘管糧食市場上同樣向當地缺糧者出售稻米，但這一部份糧食成交量在整個糧食市場上所佔份額是十分有限的。在這些市鎮上購買稻米的主體不是缺糧的當地消費者，而是從事糧食中長途販運的形形色色的糧商。因而，與糧食販運緊密相連的米糧中介業、米糧加工業、米糧運輸業、金融業等行業在這些市鎮也相應地相對較發達。這一點，我們從前文的相關章節中可以瞭解。

旺盛的稻米貿易使得一些米糧集散市鎮成爲商業重鎮。如前文所述之懷寧石牌鎮、蕪湖清水河鎮、潛山黃泥港鎮、南陵青弋江鎮、無爲襄安鎮及巢縣的柘皋鎮、桐城的樅陽鎮、舒城的桃溪鎮等類皆如此。三河、運漕等鎮因爲有旺盛的稻米貿易，其商業地位已凌駕於縣城之上。三河號稱安徽「內地米市之重心」，〔註158〕其商業比縣城還繁榮，「合肥城區商業，向來猶不及三河」。〔註159〕運漕鎮是含山首鎮，「爲內河及沿湖各縣米糧出江必經之處」，在1931年之前，一直是「附近各縣米市之中心」。〔註160〕宣城灣沚鎮之所以是全縣商業中心，因爲「糧食交易，倍徙於縣城。」〔註161〕

〔註154〕含山縣地方志編纂委員會：《含山縣志》，黃山書社，1996年，第38頁。

〔註155〕縣方志辦：《店埠鎮古今》，《肥東文史資料》第一輯，1985年，第7～10頁。

〔註156〕陳賡雅：《贛皖湘鄂視察記》，申報月刊社，1935年，第130頁。

〔註157〕桐城縣糧油食品局：《桐城縣糧食志》（內部資料），1988年，藏安徽省地方志編纂委員會圖書室。

〔註158〕吳正：《皖中稻米產銷之調查》，交通大學研究所，1936年，第31頁。

〔註159〕建設委員會經濟調查所統計課：《中國經濟志‧安徽省壽縣、霍邱、六安、合肥、舒城、霍山六縣合編》，建設委員會經濟調查所，1937年，第172頁。

〔註160〕朱孔甫：《安徽米業調查》，《社會經濟月報》1937年第4卷第5期。

〔註161〕鐵道部財務司調查科：《京粵線安徽段經濟調查總報告書》，鐵道部財務司調查科，1930年，第210頁。

第三，稻米流通影響市鎮的商業佈局，形成了稻米貿易相對集中的專業
商區。

規模較大的市鎮有專門的米市街。這在蕪湖尤為突出，米行、堆棧和礱
坊等多聚集於青弋江與長江交匯的江口一帶，形成了稻米交易最為集中的「南
市」：北岸江口一帶，「米、木商及堆棧居多」；南岸江口一帶，「為米商堆棧
及機器礱坊，自南關至浮橋，類皆米行，謂之南市。」〔註162〕每日清晨，米
號根據米商要求，派夥友在南市設樣臺收買，米行則派夥計「爭先恐後，競
持樣貨而來兜售。」〔註163〕在東、南、西、北各關還有數量不等的籮頭行。
三河東街糧行林立，號稱「米市街」。〔註164〕宣城縣城有竹木、綢布、京廣和
糧食四大專業商業區域。其中，糧食業集中於城外北門街。〔註165〕襄安鎮的
東、南、西、北各關均有米市，以南關最多。〔註166〕無為縣城「米市街在東
北隅，米行均集中於此」，〔註167〕倉埠門到小東門一帶是糧商倉庫和碾米廠集
中的地方。〔註168〕南陵縣城「糧食貿易中心大多在北門城隍廟以北，惠民橋
至龍匯橋一帶。本縣幾家著名大地主倉庫建在那裏，加上私營礱坊糧行，故
糧食貿易十分興盛。」〔註169〕全椒縣城的米市分佈在近襄河的河灣街、袁家
灣和東門大街。〔註170〕

第四，稻米貿易的旺疲支配著市鎮的興衰。

如前文所述，近代安徽稻米主產區農業生產具有單一的糧食生產的特
點。農民、地主收入受稻米產量和稻米市場行情的左右，參與稻米流通各個
環節的行業和人員的收入也受到稻米流通暢滯的左右；相應地，其市場購買

〔註162〕 （民國）《蕪湖縣志》卷三《地理志・市鎮》。
〔註163〕 林熙春、孫曉村：《蕪湖米市調查》，社會經濟調查所，1936年，第13頁。
〔註164〕 顏德愷：《解放前三河行店概況》，《古鎮三河・三河文史資料》第一輯，1985
年，第101～105頁。
〔註165〕 王錫鼎：《宣城商會組織和市場概況》，《宣州文史資料》第一輯，1985年，
第100～104頁。
〔註166〕 徐光泉、徐報生：《襄安米市歷史調查概述》，《無為古今》第七期，1984年。
〔註167〕 （民國）《無為縣小志》第六《城鎮略述》。
〔註168〕 《無城鎮的歷史建設》，無為論壇 http://bbs.wuwei.com.cn/viewthread.php?tid=
3368。
〔註169〕 李林：《民國初期南陵城工商業簡況及習俗摭拾》，《南陵縣文史資料》第七輯，
1988年，第84～90頁。
〔註170〕 全椒縣糧食局：《全椒糧食史料（1911年～1981年）》（初稿），1984年，藏
安徽省地方志編纂委員會圖書室。

力也會出現變動。市鎮是所在區域的經濟中心，其工商業的興衰也深受農村經濟狀況的影響。質言之，作爲當地稻米加工和稻米交易中心的市鎮，稻米市場的旺盛與否與市鎮商業乃至市鎮的興衰有著直接的因果關係。一般情況下，當稻米市場行情看好時，參與稻米流通各個環節的行業和人員的收入均會增加，其市場購買力提高；市鎮工商業呈現繁榮景象；反之，稻米市場疲滯，農民、地主及各行業和人員的收入減少，市場購買力降低，市鎮工商業轉向蕭條。如蕪湖，作爲近代安徽稻米市場的集散中心，稻米貿易的旺疲對整個城市的興衰發展起到了決定性的作用。「商業盛衰視米市爲轉移。米市不振則各行各業皆受間接影響。」〔註171〕與蕪湖一樣，三河商業盛衰也受米業生意左右。「全鎮米業百餘家，市面盛衰繫之，非若縣城方面宿富林密，縣政中心，各業尚有其它生材（財）之道，米糧關係較淺也。」〔註172〕1931 年前，三河米市鼎盛。1931 年長江流域大水災，巢湖流域地勢較高，水稻生產受水災影響較小。糧商預測米價必然上漲，大量收購囤積，爲謀厚利，堅不脫手。次年糧價大跌，糧商損失慘重，三河米市遭受重創，元氣大傷。全鎮工商業亦受影響，「錢莊三家因此倒閉，各米商只能代客買賣，不能自爲囤積。」〔註173〕存貨既大量減少，礱坊和碾米廠的生意自然也大幅萎縮。

　　第五，以稻米爲主要商品的市鎮構成了皖省稻米市場層級體系的主要框架。

　　如前所述，在蕪湖米市形成之前，本省境內沒有形成後來的市場體系。蕪湖米市興起後，安徽稻米主產區形成了以蕪湖爲龍頭，以三河、襄安、運漕及多數縣城爲中轉市場和眾多以稻米爲主要商品的市鎮爲基層市場的稻米市場層級，這些市鎮勾勒出皖省稻米市場體系的框架，成爲這個體系的節點。

　　近代安徽稻米流通對稻米主產區市鎮發展的影響反映了商品經濟的發展對市鎮發展的促進作用。同時，這些市鎮的發展又強化了農村在經濟上對市鎮的依賴性。如南陵，「農民之金融周轉，專賴城市之礱坊。」因開設於市鎮的礱坊經營稻米販運，「此種礱坊之事業，乃收買稻穀，以人工或機器制之成米，而轉運至外埠求售。因其收買稻穀也，故常以現金借給農人，及秋收時，以稻相償。」〔註174〕

〔註171〕《蕪湖商業之一斑》，《安徽實業雜誌》1922 年第 13 期。
〔註172〕朱孔甫：《安徽米業調查》，《社會經濟月報》1937 年第 4 卷第 5 期。
〔註173〕夏忠群：《安徽省食糧運銷調查報告》（油印本），1935 年，第二節·10 三河。
〔註174〕劉家銘：《南陵農民狀況調查》，《東方雜誌》1927 年第 24 卷第 16 號。

表 5－2－5：清至民國安徽市鎮數量統計表（不含縣城）

		康熙	乾隆	嘉慶	道光	同治	光緒	宣統	民國	資料來源
潁州府	阜陽	95					8		53	1、2、3
	潁上	49					6			1、2
	霍邱	149				56	8		14	1、4、2、5
	太和	26					5		25	1、2、6
	渦陽						5			2
	蒙城	44					11		54	1、2、7
	亳州	63					8			1、2
鳳陽府	鳳陽						27／29／11			8／9／2
	懷遠			60			61／9			10／9／2
	定遠				40		30／13		60	11、9／2、12
	鳳臺						92／1			9／2
	壽州						118／10		22	9／2、5
	靈璧		20				16／10			13、9／2
	宿州						181／168／8			14／9／2
泗州	蕭縣					35				15
	碭山		36							16
	盱眙						8			2
	泗縣						12			2
	五河						21／9			17／2
	天長						12		23	2、18
廬州府	合肥			18			229／9		20	19、20／2、5
	廬江						32／37／9			21／20／2
	舒城			10			10／26／4		14	22、20／23／2、5
	巢縣				10		16／5			24、20／2
	無爲		35				37／10			25、20／2

		康熙	乾隆	嘉慶	道光	同治	光緒	宣統	民國	資料來源
六安	霍山						18／6		64	26／2、5
	英山						10			2
	六安						5		30	2、5
滁州	全椒						8		26	2、27
	來安				35		7			28、2
安慶府	懷寧	9					6		23／31	29、2、30／31
	桐城	5			26		9			29、32、2
	潛山								27	33
	太湖	4					4		13	29、2、34
	宿松	11					10		13	29、2、35
	望江	8					10			29、2
池州	貴池		8				11／6			36、37／2
	青陽						6／6		29	38／2、39
	銅陵		4				5			36、2、
	東流		5				5			35、2
	石埭						3			2
	建德						4	4		2、40
和州	含山						8／7			41／2
	和州						34／7			41／2
太平府	蕪湖		11				9		18／20	42、2、43／44
	繁昌		10		13		7			42、45、2
	當塗		23				9		26／48	42、2、46／47
寧國府	宣城			21			3		24	48、2、49
	寧國			*14*			*7*		*16*	*48、2、50*
	涇縣			18／21			9		31	51／48、2、52

		康熙	乾隆	嘉慶	道光	同治	光緒	宣統	民國	資料來源
寧國府	太平			7			2			48、2
	旌德			15			4			48、2
	南陵			13			4		33	48、2、53
廣德	建平						10／8			54／2
	廣德						19／2		19	54／2、55
徽州府	歙縣						3		27	2、56
	休寧				9		3		29	2、57
	婺源						3			2
	祁門						3			2
	黟縣						2			2
	績溪						6			2

資料來源：1.（乾隆）《潁州府志》卷之二《建置志·村集》。2.（光緒）《重修安徽通志》卷三十九～四十一《輿地志·關津》。3.（民國）《阜陽縣志續編》卷一《輿地志七·行政區劃》。4.（同治）《霍邱縣志》卷之二《營建志四·市鎮》。5.建設委員會經濟調查所統計課：《中國經濟志·安徽省壽縣、霍邱、六安、合肥、舒城、霍山六縣合編》，建設委員會經濟調查所，1937 年，第 138～170 頁。6.（民國）《太和縣志》卷一《輿地志上·集寨》。7.（民國）《蒙城縣志》卷二《建置志·集鎮》。8.（光緒）《鳳陽府志》卷之三《輿地志·市集》。9.（光緒）《鳳陽府志》卷十一《建置考·集鎮》。10.（嘉慶）《懷遠縣志》卷七志第七《集鎮》。11.（道光）《定遠縣志》卷之三《輿地·鎮集》。12.定遠縣地方志編纂委員會：《定遠縣志》，黃山書社，1995 年，第 247 頁。13.（乾隆）《靈璧志略》卷一《輿地·市集》。14.（光緒）《宿州志》卷三《輿地志·坊鄉》。15.（嘉慶）《蕭縣志》卷七《鄉鎮》。16.（乾隆）《碭山縣志》卷之三《建置志·市集》。17.（光緒）《重修五河縣志》卷三《疆域志·市集》。18.郁官城：《天長縣風土志》，1934 年，天長縣地方志編纂魏委員會辦公室翻印，第 28 頁。19.（嘉慶）《合肥縣志》卷四《疆域志·市鎮》。20.（光緒）《續修廬州府志》卷三《疆里志·鄉鎮》。21.（光緒）《廬江縣志》卷二《輿地·街鎮》。22.（嘉慶）《舒城縣志》卷之六《城池》。23.（光緒）《續修舒城縣志》卷之七《輿地志·城池》；24.（道光）《巢縣志》卷之四《輿地志·鎮市》。25.（嘉慶）《無爲州志》第三卷《輿地志三·鄉圖附鎮集》。26.（光緒）《霍山縣志》卷之三《建置志·市鎮》。27.全椒縣地方志編

纂委員會：《全椒縣志》，黃山書社，1988年，第329頁。28.（道光）《來安縣志》卷二《營建志·市集》。29.（康熙）《安慶府志》卷之三《地理志·鄉鎮》。30.懷寧縣地方志編纂委員會：《懷寧縣志》，黃山書社，1996年，第277頁。31.（民國）《懷寧縣志》卷三《鄉區》。32.（道光）《續修桐城縣志》第一卷《輿地志·鄉鎮》。33.（民國）《潛山縣志》卷二《輿地志·市鎮》。34.（民國）《太湖縣志》卷五《輿地志五·市鎮》。35.（民國）《宿松縣志》卷五《地理志五·市鎮》。36.（乾隆）《池州府志》卷三《疆域志》。37.（光緒）《貴池縣志》卷六《輿地志·村鎮》。38.（光緒）《青陽縣志》卷一《封域志·鄉鎮》。39.李潔非：《青陽風土志》（節錄），《青陽史話》第五輯，1991年，第93～110頁。40.（宣統）《建德縣志》卷三《輿地志三·鄉鎮》。41.（光緒）《直隸和州志》卷四《輿地志·關津》。42.（乾隆）《太平府志》卷四《地理志·市鎮合載》。43.（民國）《蕪湖縣志》卷五《地理志》。44.建設委員會經濟調查所統計課：《中國經濟志·安徽省蕪湖縣》，建設委員會經濟調查所，1935年，第58頁。45.（道光）《繁昌縣志書》卷之一《輿地志·疆域·鎮市》。46.（民國）《當塗縣志》卷一《輿地志·村鎮》。47.建設委員會經濟調查所統計課：《中國經濟志·安徽省當塗縣》，建設委員會經濟調查所，1935年，第22～25頁。48.（嘉慶）《寧國府志》卷十二《輿地志·鄉都》；49.宣州市地方志編纂委員會：《宣城縣志》，方志出版社，1996年，第336頁。50.（民國）《寧國縣志》卷一《輿地志中·鄉鎮》。51.（嘉慶）《涇縣志》卷二《城池·市鎮》。52.建設委員會經濟調查所統計課：《中國經濟志·安徽省涇縣》，建設委員會經濟調查所，1936年，第46～48頁。53.（民國）《南陵縣志》卷三《輿地·市鎮》。54.（光緒）《廣德州志》卷十一《市鎮》。55.（民國）《廣德縣志稿》卷十一之卷十三《市鎮》。56.建設委員會經濟調查所統計課：《中國經濟志·安徽省歙縣》，建設委員會經濟調查所，1936年，第74～75頁。57.建設委員會經濟調查所統計課：《中國經濟志·安徽省休寧縣》，建設委員會經濟調查所，1935年，第53～55頁。

第三節　稻米流通事件中的地方社會
——以宣統二年南陵遏糴事件為例

　　糧食在生產過程中，其產量受到水、旱、蟲災這些自然風險的挑戰；進入流通過程之後，其價格又受到市場風險的挑戰。而特定時期內人們對糧食的需求具有剛性的特點，不以產量和糧食商品量的多少及價格的高低為轉移。這樣便經常出現糧食供求的矛盾。這個矛盾在糧食生產和流通過程中，

突出地表現爲諸多因素引發的各種糧食事件，即因糧食供求、流通等原因而導致的有可能危害社會穩定的有較大影響的群體性事件。

儘管近代安徽是國內最重要的米源地，但是，天災頻仍、人禍不斷和國內外政治、經濟局勢的變動不測，使得各種形式的糧食事件頻頻發生。根據張振鶴、丁原英《清末民變年表》的統計，在光緒二十八年至宣統三年的 10 年間，安徽爆發的 72 次民變中，有 30 餘起因糧食而起。〔註175〕

近代安徽特別是米產區的糧食事件中，主要有由於糧食供應緊張而導致的截奪商販購運米糧、攔搶官米和儲糧、擄掠軍糧、搶掠糧店、搶奪地主存糧、饑民「借糧」「扒糧」運動等各類群體性暴力搶劫糧食事件，因糧食而起的罷市風潮，遏糴，糧食封禁與弛禁之爭，反對對日售米風潮，米價驟跌而導致的社會動盪等等。特別是在大災之年，糧食供求的矛盾極爲緊張，各類糧食危機事件密集而頻發地爆發（參見表 5－3－1）。

在近代安徽糧食事件中，爆發於宣統二年的南陵遏糴事件波及的範圍雖然僅限於南陵一縣，也沒有釀成重大風潮；與當時國內其它地方的糧食危機事件如長沙「搶米風潮」相比，其影響是有限的。但是，這次事件中有饑民搶劫米商外運之米、有各界的弛禁嚴禁之爭、有罷市風潮、有地方政府實施遏糴、有百姓阻截販運米船等各類因糧食而起的事件，較爲集中地反映了清末統治處於危機的態勢下，糧食事件中社會各界的利益訴求，也反映了官、紳、商、學等社會階層在社會轉型時期的勢力變遷，具有較爲典型的意義。

一、事件經過

南陵地瀕長江，沿江地區地勢較低，是水災的頻發區。有時更是連年水災。宣統元年，南陵大水，糧食減產，民食缺乏。次年春，南陵米價騰貴，民心慌懼。爲解決民食問題，二月十六日，知縣程用傑召集紳學界和商界會商；鄉民聞訊進城聚觀者，不下千餘人。會上，紳學界代表主張禁米出境，米商代表則認爲南陵所存米糧足敷民食，市場上也不缺糧，只有等到四五月份無米可買時，方可實施封禁。米商代表的發言引發眾人哄鬧。爲平息眾怒，

〔註175〕 張振鶴、丁原英：《清末民變年表》，《近代史資料》總 49 號，中國社會科學出版社，1982 年，第 108～181 頁；《近代史資料》總 50 號，中國社會科學出版社，1982 年，第 77～121 頁。

知縣決定 3 日後禁河。這一決定遭眾人質疑，認為 3 日後南陵米糧會被米商搬運一空。會場一片混亂，會議被迫中止。米商代表率先走出，被鄉民圍堵，齊聲喊打，只得奔至學署避之。其後鄉民又尾隨知縣至縣署。知縣答應當晚即發令禁河。

當晚，南陵商會因米商代表在自治會門口被辱，大動公憤，連夜召集各商至商會商討對策。他們不接受知縣代表繆紳的勸解，執意通知各商鋪於次日罷市。為避免罷市風潮，知縣再次圓請官紳學界人士前往轉圜。商界代表王實夫向知縣提出三個條件：一、嚴辦反對商界的朱則衣、朱焱、方日新等三位學界代表；二、米商被搶的 300 石米須如數賠償；三、已賣的八千石米如不下河，須當地紳界承買。平糶米價，要和當下的行情一樣。雙方談判沒有達成一致，商界「代表知不可行，興辭而出。」〔註176〕城內大小商店遂在十八日全部罷市。

罷市一事驚動四鄉農民，他們聚集城內，喊令商家開市。雙方發生衝突，激發眾怒。鄉民先砸毀與之衝突的商店，又哄至商會打砸，在知縣帶領警勇放槍警示後作罷，復湧至縣署大堂。迫於此，縣令向鄉民保證次日開市，眾人始散。

四月份，遏糶又遇波折。有關平糶委員來南陵採辦米糧致使米價日昂的謠言四處風起。謠諑令鄉民惶亂紛起，有的要請官加禁，有的要阻塞河路，有的則要為難採購者。街上也出現匿名揭帖，謂米商在紳士的包庇下運米出境。鑒於長沙搶米風潮的教訓，知縣請道委專辦搶米案的官員及紳學各界再次會商。詎數千探聽消息的鄉民湧入縣城。為防止再次爆發風潮，知縣只得暫停會議，並請紳士朱則衣向眾人解釋並無平糶委員來南採辦之事。眾人不信，在知縣出面解釋，並保證「本縣在南一日，總保全爾等民食為主」〔註177〕之後，事態平息。

二、遏糶事件中的民眾、商人、官府與士紳

南陵遏糶事件中有四股力量參與其中：廣大缺食的民眾、以米商為代表的商人、以知縣為代表的地方官府和以朱則衣等為代表的士紳。

〔註176〕 《安徽南陵縣商人罷市鄉民聚眾滋擾旋即解散》，《東方雜誌》1910 年第 7 卷第 3 期。
〔註177〕 《中國時事匯錄》，《東方雜誌》1910 年第 7 卷第 6 期。

在這四股力量中，缺食民眾爲了生存，對於糧食餘缺的關注最爲急切，因而對於禁米出口一事持之甚力，積極支持遏糶，並自發採取行動阻止米糧外運。在二月十六日開會之前，有礱坊已運米 300 石下河，尚未開行。該礱坊見風潮驟起，爲防止米被搶奪，便將河下之米挑回。鄉民誤以爲是下河之米，號召眾人將之搶劫一空。四月份，鄉民聽說平糶委員要來南陵採辦米糧，便「晝夜派人巡守河干，遇有米船出境，即行投石擊沉。」〔註178〕

米商是缺糧民眾的對立面。南陵與蕪湖相鄰，當此災荒缺糧之際，米商依然將稻米大量運往蕪湖，致使米價越發騰貴，加劇了糧食緊張狀態。在對待封禁一事的態度上，他們雖口稱禁河爲要著，但強調要民食與商本兩面兼顧，要求考慮米商利益；提出只有在市面無米銷售、時值青黃不接之時，方可討論封禁之事。實際上他們是反對禁河的，並進而將主張禁河的紳學界代表視爲敵對方，認爲主張禁河即反對米商，乃至反對整個商界。

米商在南陵商界的地位舉足輕重。

如前所述，南陵和皖省其它主產稻米的縣份一樣，農業生產呈現單一的糧食生產（即稻米生產）的特點。清代前期，農民經濟的來源基本靠出售稻米，「賴穀粟流通，易錢使用。」〔註179〕近代依然如此，「農民之金融周轉，專賴城市之礱坊。」〔註180〕稻米貿易是該縣的主導商業，「本縣社會經濟之盛衰，全以米市爲轉移。」〔註181〕不僅農民的生活依賴稻米貿易，糧食加工、倉儲、運輸、金融等行業均依附於稻米貿易而生。宣統元年端午，爲搶奪運米生意，湘、鄂兩幫船業曾發生激烈械鬥。〔註182〕

近代的不在地主越來越多，南陵亦復如此。太平天國運動之後，外地豪富在南陵大肆收買土地，出現了四大地主，其佔地最多者逾兩萬畝。這些大地主身居外地，遙領設在南陵的田產管理機構。〔註183〕幾家大的不在地主在縣城中均設有租稻倉庫，如雲谷堂、聚範堂、保陰堂、維正堂和三立堂；〔註184〕南陵縣城中也聚集著很多地主，他們在鄉間有大片地產。民國時期，全城富戶及祠

〔註178〕 《中國時事匯錄》，《東方雜誌》1910 年第 7 卷第 6 期。
〔註179〕 （清）劉開兆：《消夏雜詩》注，歐陽發、洪鋼《安徽竹枝詞》，黃山書社，1993 年，第 35 頁。
〔註180〕 劉家銘：《南陵農民狀況調查》，《東方雜誌》1927 年第 24 卷第 16 號。
〔註181〕 吳正：《皖中稻米產銷之調查》，交通大學研究所，1935 年，第 64 頁。
〔註182〕 文史辦公室：《南陵的會館》，《南陵文史資料》第五輯，1986 年，第 94～106 頁。
〔註183〕 劉家銘：《南陵農民狀況調查》，《東方雜誌》1927 年第 24 卷第 16 號。
〔註184〕 朱孔甫：《安徽米業調查》《社會經濟月報》1937 年第 4 卷第 5 期。

堂的租田，依然共有約 20 萬畝。「各鄉租穀，須輸送來城」，〔註185〕因而有大批租稻運集縣城。南陵地租的分成習慣，「（佃農）納地主之租，通常以稻一百五十斤，但因地之優劣，而有增減。」〔註186〕若將地主租田總數以 20 萬畝爲計，每畝納租稻 150 斤，則尋常年景，縣城貯有 3 千萬斤約合 20 萬石租稻。這些租穀絕大部份是作爲商品售賣的。這些地主，即使不從事糧食販運，也會因米商糧食販運而得利，因而對於米商反對禁河的主張必然持支持的態度。

南陵縣城稻米貿易相當旺盛，經營稻米貿易的商家數量也很多。民國初年，縣城內的大礱坊和糧行就各有 20 多家。〔註187〕

南陵米商隊伍的成分相當複雜，米商的身份很多不是純粹的商人，他們中有有糧行主、礱坊主、船戶等，每屆收穫時，縣城住戶季節性經營糧食販運者也不在少數；一些地主同時經營礱坊和糧行，加工販運糧食，成爲身兼地主、礱坊主的米商。他們之中，在南陵地方社會中具有較高社會地位者不乏其人。如民國初年擔任工商會長的黃子猶就是經營大礱坊的糧商；〔註188〕又如參與此次風潮的王實夫，此人能作爲與知縣談判的商界代表，在南陵商界的地位可想而知。1919 年，蕪湖各界舉行反對對日售米的集會，並成立「蕪湖民食維持會」，王實夫被推舉爲 14 位評議員之一，與蕪湖商界聞人吳興周等人並列，可見此人在商界和社會上的地位和影響。同時，近代商人的社會地位已由「四民之末」提升到「四民之綱」。〔註189〕經濟地位上的優勢和社會地位的提升，使得商人在地方事務上具有較強的影響力和話語權。在整個事件中，商界表現出了「共榮辱，同進退」的群體凝聚力，具有強力的動員號召能力，他們能命令地保按意行事，其閉市主張更得到全城商鋪的響應。惟其如此，他們才敢於與官府抗衡。商界先是藉口商界代表在自治會門口被百姓圍住喊打是「被辱」而「大動公憤」，連夜遍邀各商會商對策；爲知縣得知後，「託詞阻止」知縣親往會場；不接受知縣代表的勸解；次日，知縣親往商會和各商店拜謁，商界以「縣令禁河告示已出，於商界太無顏面」爲由，「力

〔註185〕夏忠群：《安徽省食糧運銷調查報告》（油印本），1935 年，第二節・4 南陵。

〔註186〕劉家銘：《南陵農民狀況調查》，《東方雜誌》1927 年第 24 卷第 16 號。

〔註187〕李林：《民國初期南陵城工商業簡況及習俗摭拾》，《南陵縣文史資料》第七輯，1988 年，第 84～90 頁。

〔註188〕文史辦公室：《南陵的會館》，《南陵縣文史資料》第五輯，1986 年，第 94～106 頁。

〔註189〕唐力行：《中國傳統社會群體研究之三——中國傳統社會中的商人》，周積明、宋德金《中國社會史論》（上），湖北教育出版社，2000 年，第 539～568 頁。

拒不允」，堅持全城商鋪閉市。知縣得知閉市消息後，圓請官紳前往說項，商界以三事爲條件。後又傳出說「縣令即依此三事，商界亦欲閉市。」〔註190〕最終導致民眾與商家的衝突。

南陵知縣程用傑，湖北雲夢人，舉人出身。宣統元年四月出任南陵知縣。對於是否遏糴，程用傑是矛盾的。一方面，他懂得調劑盈虛是善法，封禁遏糴非政理。因爲就國家全局而論，遏糴不利於盈虛調劑，影響更大範圍內糧食的供求。而一旦封禁，必然有損米商利益而遭米商等利益階層反對，引發不利社會穩定的事端；本次縣城因遏糴而起的罷市風波即此明證。

另一方面，南陵有遏糴的傳統，「穀賤傷農賦役兼，傾囊質庫債頻添；相看亦有怵離者，只爲年來出境嚴。」〔註191〕這首竹枝詞反映的正是乾嘉時南陵禁米對百姓生活的影響。而此次受災的東北兩鄉，係土壤肥沃的圩區，乃南陵稻米主要出產區域，是南陵人口最密集的地方。這一地區受災減產，對於南陵民食的供應有著重大影響。因此必須採取措施維持民食，否則釀成事端，必然不利於地方穩定。特別是在震驚中外的長沙「搶米風潮」爆發後，殷鑒在目，在對待遏糴之事尤需慎而又慎。而是年長江各地多遭水災，各地紛紛封禁，「我南陵何能獨異？」〔註192〕兩相權衡，遏糴更利於問題的解決。

既要維持民食，防止因民食缺乏導致社會動盪；又要顧慮米商對當地商界的影響力，防止米商鼓動商界鬧事。在這種情境下，程用傑可謂用心良苦、如履薄冰。面對強勢的商界和需食孔亟的民眾，爲維持地方穩定，實施有效的社會調控，他只有依靠士紳階層的支持，借助民眾的力量迫使商界接受其主張。二月十六日會商糧食問題時，他意欲採用民食商本兼顧的策略，兼顧民商，折衷各方意見，決定在三天之後封禁。但這一決定未能實施。在引發混亂之後，他不得不改變初衷，答應百姓翌日即行禁河：「爾等來意，無非欲封禁稻米出口，今晚本縣出示，如明日稻米再有下河，准爾等搶掠可也。」在閉市之前與商界的談判中，面對商界提出要嚴懲紳士代表——這些主張嚴禁稻米出境的紳士是官府賴以進行社會調控的力量，程用傑當然不會同意嚴

〔註190〕 《安徽南陵縣商人罷市鄉民聚眾滋擾旋即解散》，《東方雜誌》1910年第7卷第3期。

〔註191〕 （清）劉開兆：《消夏雜詩》，歐陽發、洪鋼：《安徽竹枝詞》，黃山書社，1993年，第35頁。

〔註192〕 （清）程用傑：《南陵縣水災新樂府並序》，（民國）《南陵縣志》卷四十二《藝文志》。

懲他們。因此他提出「須請商會先動公牘，方能照辦。否則恐難辦到。」公牘一出，商會必然成為眾矢之的。商界肯定不會同意，嚴懲之事不了了之。二月十八日閉市風潮發生後，民眾哄砸商會，程用傑帶領員警鳴槍示警嚇散百姓，又溫言勸諭：「爾等因地方缺食，請官阻禁出口，總算是好百姓。今日請退，明天商店如不開市，准爾等打毀不救，本縣任棄官問罪，亦可；著各商明日開市，如有滋擾搶劫情事，本縣須將爾等照土匪法辦。爾等既是好百姓，可聽吾言。」〔註193〕

　　百姓要求控制當地糧食外流以維持當地民食，米商希望繼續販運稻米出境以獲取利益。因此，官府要實施社會調控，解決缺糧問題，維持社會穩定，只能倚靠紳士。

　　在南陵遏糴事件中，紳學界多是士紳。如朱則衣，是廩貢生，四品銜，江蘇候選知府，兩淮候補鹽經理。〔註194〕清末推行地方自治，南陵成立地方自治機構，朱則衣被舉為城區自治會總董。〔註195〕朱焱是附貢。〔註196〕在會上發言的繆、劉、方等紳學界代表，沒有詳細材料明示其確切的身份。從參加會議的代表身份來說，當在南陵具有一定的影響力。再從四月份的記述來看，繆紳名景期，曾入縣署與知縣籌商開辦平糴事宜，匿名揭帖中所傳包庇米商的紳士即此人，由此可知該紳地位較高，在當地有相當大的影響力，在地方事務中有舉足輕重之地位。考諸民國《南陵縣志》卷二十四《選舉志》中有繆景明，該紳曾擔任城區自治會總董。從繆紳的作為來看，兩者可能為同一人，而《東方雜誌》誤將景明作景期。

　　在紳學界內部，對於禁米出境有主張堅決封禁的嚴禁派和主張民食商本兼顧的溫和派。以朱則衣為代表的是嚴禁派，包括朱焱、方日新等人。繆紳屬於溫和派，可能與商界有著較為密切的聯繫——在知縣與商界談判時，他受知縣委託，前往說項，說明他在商界能夠說得上話；這也可能是百姓猜測他包庇米商的原因。因而在商界與知縣談判所提的幾個條件中，第一條就是要求嚴懲上述嚴禁派三人，但對於繆、劉等人並未提及。

　　中國傳統社會存在著上層政權和基層社會組織的雙重統治格局。士紳是

〔註193〕　《安徽南陵縣商人罷市鄉民聚眾滋擾旋即解散》，《東方雜誌》1910年第7卷　　　　　　第3期。
〔註194〕　（民國）《南陵縣志》卷二十一《選舉志》。
〔註195〕　（民國）《南陵縣志》卷二十四《選舉志》。
〔註196〕　（民國）《南陵縣志》卷二十《選舉志》。

後者的代表，「是連接上下雙層統治的紐帶」。〔註197〕然而時至清末，科舉制度廢除，紳士階層流向統治階層的渠道被阻斷。在其社會地位上升的主流渠道被阻塞後，其在民眾心目中的權威也相對弱化。同時，誠如一些學者所指出的那樣，「在近代社會關係體系的劇變中，『紳』、『商』兩個社會階層的相互滲透，一身二任的人物已是普遍的社會現象。」〔註198〕南陵縣的情況正是如此。晚清以來出現的紳商合流，使得部份亦紳亦商者在關係自身利益損益的地方公共事務中更多地傾向於從自身利益考量。總體而言，士紳階層的分流使其在地方公共事務中所發揮的作用也相應地降低了。

在傳統社會，士紳階層與官府、民眾的關係是錯綜糾結的。士紳既是官府實現政治統治和社會管理所依靠的對象，又借助官府勢力欺壓管理百姓；同時，民眾需仰仗士紳的庇護，士紳又借助民眾勢力與官府抗衡；亦即「紳既借官勢以欺民，官也恃紳力以施治；民既靠紳勢以行事，紳也恃民力以拒官。」〔註199〕而在南陵遏糴事件中，紳士階層的角色是尷尬的：他們例行扮演者為官府所倚重的角色，在禁河事件中奔走斡旋，能從大局著眼考慮民食危機，在其後的救荒行動中也積極配合官府，勸導民眾修築圩堤缺口、與知縣會商平糴問題等。但是，從他們的行動效果來看並不理想：他們既不能有效推行自己的主張，又不能成功完成在官商之間斡旋的任務，在民眾面前也沒有體現其歷來具有的權威性，如四月份，知縣請朱則衣向民眾宣示並無委員來購平糴米之事時，「眾謂爾是紳士，須得縣尊出言，我等始信。」

三、南陵遏糴事件與清末糧食政策困境

清代前期，為了解決日益嚴重的糧食問題，統治者鼓勵開墾荒地、推廣高產糧食品種，經康雍乾三朝逐漸形成了一整套諸如糧價奏報、鼓勵積穀等政策措施。在糧食流通方面，保護糧商，鼓勵糧食販運，打擊奸商的囤積居奇，民食緊張時嚴禁地方遏糴。

〔註197〕張研、牛貫傑：《19世紀中期中國雙重統治格局的演變》，中國人民大學出版社，2002年，第10～11頁。
〔註198〕王先明：《近代紳士——一個封建階層的歷史命運》，天津人民出版社，1997年，第241頁。
〔註199〕喬志強：《中國近代社會史》，人民出版社，1992年，第176頁。

　　但是，與清代前期相比，清代後期的統治者行政能力低下，糧政廢弛，對國內糧食盈虧情況不能準確把握，一旦糧食短缺，不能進行有效調節，出現了數次因民食緊張而導致的嚴重的社會動盪，社會矛盾激化。如光緒二十四年東南數省爆發米荒，並導致廣東、安徽、江蘇、浙江、福建、湖北、江西等省騷亂頻發，社會動盪。宣統二年爆發的米荒引發的社會動盪嚴重程度更甚於前。各地饑民搶米風潮迭起，民變不斷，尤以長沙搶米風潮爲最。光緒二十四年時就有人指出，出現米荒「皆中國不總核之故耳。」如能事先瞭解各地糧食盈虧，預作防備，就可以「移東補西，不致茫無頭緒。」〔註200〕

　　清代後期「吏治不修，軍政大壞。」〔註201〕朝廷政令不行，糧食保障措施不能有效貫徹。如糧價奏報制度，在道光之後便形同虛設。同治十一年（1872年），直隸總督李鴻章直到十二月才上報八月份的糧價，這樣的報告根本不能發揮作用。而在清末新政的政局下，中央通過財政整理和新式軍隊的籌建，逐步削弱地方官吏的權力；各地的諮議局、自治會等機構的設立也蠶食著地方官的權力。這使得地方官在民眾面前的權威漸次喪失，對於地方社會的控制力日漸薄弱。

　　更爲重要的是，嘉道之後的清王朝，財政拮据，倉儲不足，在災荒時，雖也有蠲免稅糧和賑濟，但蠲免不能解燃眉之急，賑濟因缺乏雄厚的經濟支持，對於重大的糧食危機往往不能全面解決問題。在宣統年間，因施行新政，國用多端，財政愈發吃緊。

　　而在那些經歷了咸同兵燹的地區，倉儲多毀於戰火，戰後得以恢復的很少。一些地方的倉儲制度基本喪失功能，借助藏穀於民以調節豐歉的政策也無法實施了。

　　由此，面對頻繁發生的各類災荒，官府一方面鼓勵民間力量參與賑濟，寄望於士紳和商人。如宣統二年諭令長江流域各省督撫平糶，要求他們「聯合紳商，協籌款項，採辦米糧，或迅購大宗洋米，設法平糶。」〔註202〕另一方面，在清代前期被最高統治者三令五申嚴禁的遏糶儼然成爲各地解決民食

〔註200〕　《論饑民搶米之可慮宜設法推廣平糶》，《申報》1898 年 8 月 11 日。
〔註201〕　（清）劉光第：《劉光第集》，中華書局，1986 年，第 2 頁。
〔註202〕　《兩江兩湖江蘇浙江安徽各省督撫購米平糶》，《東方雜誌》1910 年第 7 卷第 4 期。

匱乏問題的主要手段之一了。前揭諭旨中有言：「近來沿江各省，年歲歉收。米價騰貴，饑民艱於得食。……而鄰近產米各省，率多禁止出境，自保鄉閭。恐無救濟之餘力。」〔註203〕對於遏糴，朝廷採取了默認的態度，並未像清代前期那樣有譴責地方官員遏糴之辭。

在這樣的背景下，作爲傳統社會解決民食危機主要手段的積穀、賑濟、平糴等，在清末的南陵已難以開展。

南陵是太平天國運動的重災區，「常平倉、預備倉、社倉自經粵匪之亂被毀無存」，〔註204〕積穀備荒以調劑豐歉的傳統已無以爲繼。賑濟、平糴需要資金。爲此，程用傑求官賑、募義賑。但是「求官振，官仰屋；助多工，補不足。求官振，官借米，急振來，半價抵。求官賑，官困難。」這一年國內災祲遍地，安徽北部也遭受大範圍的水患，「餓殍者萬家，漂沒十餘縣」；〔註205〕中央和皖省財政均左支右絀，無力全面救荒。南陵並非重災區，更無法指望獲得全力賑濟。官方所撥款項僅有區區帑銀1000兩。〔註206〕「恩帑」不可恃，程用傑又募義賑，但是收效甚微。針對宣統元年的水災，南陵所獲各方義賑、工賑款總計銀6000兩、銀幣500元、制錢3000串，另有知縣本人「著《新樂府》募水災急賑」用於籌辦平糴，數量不詳。〔註207〕微薄的資金對於救災而言可謂杯水車薪，「饑民數萬款數千」，「工賑平糴難周全。」〔註208〕在這樣的情況下，除了封禁似乎也別無良策善法了。程用傑的新樂府《請禁米》便是禁米之不得不爲的反映：

> 請禁米，酌劑盈虛非得已。南陵禁米自昔始，今之視昔非昔比。昔哄之市從風靡，今之禁也良有以。年荒米貴價倍蓰，涎眼蕪湖市場美，大賈連檣運不止。聽客所爲伊胡底，請禁聊以固吾圉。吾儕庶緩須臾死，苟自救也斯已耳。百姓不足君孰與？持之有故言成理，保民足食民信矣。此義諒爲官所許，遏糴明知非政理，抑豈肥人先

〔註203〕 《兩江兩湖江蘇浙江安徽各省督撫購米平糴》，《東方雜誌》1910年第7卷第4期。
〔註204〕 （民國）《南陵縣志》卷十五《食貨志·積貯》。
〔註205〕 （清）程用傑：《南陵縣水災新樂府並序》，（民國）《南陵縣志》卷四十二《藝文志》。
〔註206〕 （民國）《南陵縣志》卷十四《食貨志·恤政》。
〔註207〕 （民國）《南陵縣志》卷三十三《人物志·助賑》。
〔註208〕 （清）程用傑：《南陵縣水災新樂府並序》，（民國）《南陵縣志》卷四十二《藝文志》。

瘠己？省界流通問有幾？縣界安能無彼此？官曰來前吾與語，官無善政災難弭，連遭奇荒吾累汝，悲從中來頰有泚，遇此一衰而出涕，民也號咷淚如雨，稍稍引去官乃起，約法三章民安堵，無擾無嘩無流徙，南山可移禁莫弛。君不見，米禁雖未弛，小户已無米，家無儋石糶莫舉。又不見圩民日月呼庚癸，三旬九食雜糠秕，命之不絕者如縷。〔註209〕

　　南陵的遏糴事件僅是當年全國各地普遍爆發因米荒而起的各類社會危機事件中的一件，反映了清末統治者社會調控能力的弱化和低下。在這一事件中，社會各界紛紛參與，他們從自身利益考量，提出各自訴求，經過幾番勢力較量，最終實現封禁。但是，從南陵的情況來看，封禁並不能有效解決民食危機，五月份，當地再次出現饑民因「覓食無方」而「相率奔至戴、陳、吳、劉四鄉紳家，將稻米搶奪一空」的搶米事件。〔註210〕

　　在宣統二年爆發的大範圍的糧食危機中，不僅是南陵，其它各地均普遍採用遏糴作為應對之策。雖然在封禁之區遏糴之舉確實有利於短期內保障民食，但是，在國內自明代中葉起便逐步形成的農業生產的區域分工並隨之形成糧食供需格局的情況下，糧食流通是保障全局穩定的重要條件，一方遏糴，必然使另一方缺糧，「夫遏鄰之糴，猶曰不仁，而況於同在一國者耶，生計界凡百之物，皆無國界，而況於民生日用所必需之品也。」「今乃以此道施於各省，其愚真不可及矣。」〔註211〕從長遠計議，封禁及平抑糧價等措施，「畢竟是臨時的一時的救民法，對此臨時救民法孜孜以求，恰恰成為埋下觸發將來暴動的因素」。因為「中國以農立國，每年貿易輸出的大宗為雜穀、茶、生絲等，若屢佈防穀令，且其價格特別低廉，是發展經濟的大阻礙，必招致國家一大不利。」〔註212〕

　　遏糴僅是一種維持民食的且不能完全奏效的治標之策。欲求有效保障民食，應當發展糧食生產，充裕民食；建立完善的積穀制度，以豐濟歉；保障順暢的稻米流通，以餘補缺；建立有效的社會調控體系。然而，在近代的中

〔註209〕（清）程用傑：《南陵縣水災新樂府並序》，（民國）《南陵縣志》卷四十二《藝文志》。

〔註210〕（日）山口昇著，趙金鈺譯：《中國的形勢及秘密結社》，《近代史資料》總第75號，中國社會科學出版社，1989年，第220～272頁。

〔註211〕滄江：《米禁危言》，《國風報》第一年（1910年）第十二號。

〔註212〕《中國時事匯錄》，《東方雜誌》1910年第7卷第6期。

國，清王朝無法實施這樣的治本之策；即進入民國之後，民食供求狀況依然沒有改善，每有較大災荒必然伴隨著飢饉，因之而起的民變也時有所聞。遏糴仍是各地方政府經常採用的調控民食的主要措施。南陵在民國時依然「封禁輸出之習慣甚深，偶有市價變動，輒以維持民食始行封禁。」〔註213〕如1927年、1930年南陵均「因水災禁米出口」。〔註214〕不惟南陵一縣如此，在湖南、湖北、江西和安徽等餘米省份，遏糴之舉也幾乎無年無之，缺糧省份的禁米輸出之舉更是頻繁。

表5－3－1：近代安徽糧食事件表

地　區	時　間	糧食事件內容	資料來源
太平府	1885.8	禁糧食出口	1
廬州、巢縣	1898	遏糴、商販運米出境被搶	2
安慶	1898	饑民劫船	3
蕪湖、灣沚、雍家鎮	1898	無賴聚眾向礱坊及囤米之家強行賒搶	4
蕪湖、新河關	1898	青皮糾眾劫船米	5
合肥、三河	1898	游勇、會黨、貧民搶劫商人船米	6
含山、運漕	1898	青皮聚眾五六百人攔河搶劫軍米，投石擊傷局勇、砸碎船隻	7
巢湖一帶	1898	地痞一見米船，即借稽查米糧為名入船搶劫	8
歙縣	1898.11～1899.3	歙縣米船在浙江淳安被扣，歙縣數十名紳商聯名控訴，由徽州府至安徽巡撫、浙江巡撫和兩江總督等處。	9
和州	1901.6	搶米、硬行揹借	10
盱眙	1905.5.8	商人因釐卡勒索運米船隻罷市	11
蕪湖	1905.10.20	米商反對抽路礦捐罷市	
南陵	1906.6.20	貧民掠奪過境穀米，並擊毀衙署	12

〔註213〕夏忠群：《安徽省食糧運銷調查報告》（油印本），1935年，第二節‧4南陵。
〔註214〕吳正：《皖中稻米產銷之調查》，交通大學研究所，1936年，第64頁。

地　區	時　間	糧食事件內容	資料來源
屯溪	1906.6	屯溪饑民掠食	13
徽州	1906.6.21	饑民搶食	11
蕪湖	1906.7.28	米商反抗抽路礦米捐罷市	
宣城	1906.12.24	饑民搶糧鬧事	
祁門	1907	祁門駐江西饒州米商因饒州米禁，不能運米回祁門。祁門官紳商多方活動，得以運銷饒州米糧	14
當塗	1907.3.10	饑民搶米	15
太平	1907.3.16	群眾千人搶河內米店	11
霍山一帶	1907.3.19	饑民搶米	
蕪湖	1907.3.26	饑民聚眾搶劫富戶米船	
繁昌	1907.4.2	貧民搶米	16
和州	1907.4.6	饑民聚眾搗毀捐局	11
安慶	1907.4.6	饑民搶米	
蕪湖	1907.4	各鄉鎮時有搶米之事	
當塗	1907.4.10	搶米	
蕪湖	1907.8.19	農民聚眾打毀米店及三山公所，各行商店罷市	
滁州	1908.6.29	商民罷市，反抗境內設捐卡	
鳳凰	1910.2.6	饑民搶米	
南陵	1910.3.18	商人反對禁米出境，罷市，農民搗毀商會，大鬧縣署	
和州	1910.5.6	饑民搶米	
銅陵	1910.5.28	饑民搶米	
和州	1910.6.6	饑民搶米、搶富戶、搗毀自治公所、包圍州署	
徽州	1910.6.25	米價昂貴，貧民搶米	

地　區	時　間	糧食事件內容	資料來源
南陵	1910.6	西鄉鄉民圩破覓食無方，將四鄉紳稻米搶劫一空	
南陵	1910.6.30	農民禁止米穀外運	
宣城	1910.6	饑民四起，糾集千餘人，到處擄糧求食，官兵彈壓不住，饑民愈聚愈眾	17
宣城	1910.7.7	饑民千餘人搶磨房、打傷巡防營哨勇	
巢縣	1910.7.9	紳商盜賣倉穀，激成民憤，商店罷市	11
涇縣	1910.12.28	饑民搗毀衙署	
安慶	1912.11.27	各團體集會反對柏文蔚售米給日本	18
嘉山	1913	饑民抗官造反	19
蕪湖	1919.3.4	各界在蕪湖集會，成立蕪湖米市維持會，反對政府准許日商在蕪湖購米	20
蕪湖	1919.8.25～10.4	遏糶	21
郎溪	1920.6	搶米	
宿松	1920.6	搶米	22
歙縣	1920.6	搶米	
太湖	1920	百姓砸毀糧行	23
蕪湖	1921.9～1922.7		
蕪湖	1922.7	遏糶	21
蕪湖	1924.9.27～10.25		
宿縣	1925	農民組織扒糧會	19
蕪湖	1926.10	遏糶	24
潛山	1927.3	菖蒲、柳阪等地農民三百多人扒糧	25
蕪湖	1927.10	遏糶	24
安徽	1929 全年		
廬江	1929.5	農民在河口攔截幾十隻外運糧船，抽成救濟饑民	19

地　區	時　間	糧食事件內容	資料來源
桐城	1929 夏	中共地下黨組織發動桐城中學學生截攔城內大地主馬挈青私運糧食，分給城關饑民度荒	26
桐城樅陽	1929.8	禁止外商購買樅陽米糧	27
無爲	1929.12	千餘群眾阻止米商囤糧外運，數次進行分米	19
皖南各縣	1930	米荒	28
蕪湖	1930 全年	遏糴	24
宣城	1930.4	灣沚搶米	29
安慶	1930.4.26	市民扒光運米車數輛，搗毀街牌、電燈等，毆傷官員、將全市百餘家米店哄搶一空	30
懷寧	1930.4.27～29	發生了以搶米爲中心的高河埠暴動	32
桐城	1930.4	扒糧	25
太湖	1930.4.14	太湖赤衛隊舉行大石嶺武裝暴動，圍抄地主二十餘家，沒收糧食二千石	22
潛山	1930.1～6	在共產黨領導下開展分糧鬥爭	24
繁昌	1931	搶糧、截奪糧船	32
合肥	1931.5.1	西鄉農民在中共合肥縣委領導下扒地主糧	33
潛山	1931	中共黨組織領導在農村爆發抗米鬥爭	25
合肥	1932	春荒，農民奪地主糧	33
全椒	1933.5.6	沙河集鎮饑民搶劫糧商米糧	34
歙縣	1934.7.24	搶米	35
安慶	1934.8.8	千餘人搶米	35
合肥	1934.8.	搶米	35
桐城	1934.8.13	搶米	35
旌德	1934 夏	河瀝溪鎮程金有聚眾搶米	36
潛山	1935 春	饑民搶劫米商運經黃泥港的米筏	25

資料來源：1.《鳩江近事》，《申報》1885年8月8日第2版。2.《皖南米》，《申報》1898年3月28日第2版。3.《饑民劫米》，《申報》1898年4月22日第2版。4.《攫米宜防》，《申報》1898年4月28日第2版。5.《米販駢誅》，《申報》1898年5月1日第2版。6.《米船被劫》，《申報》1898年5月9日第1版。7.《饑民劫米》，《申報》1898年4月22日第2版。8.《劫米宜防》，《申報》1898年5月26日第2版。9.（清）汪麟：《歙地少請通浙米案呈稿》，光緒刻本，藏安徽省圖書館。10.（清）姚錫光：《派安定營勇移駐荒山寺糶局彈壓稟》，《吏皖存牘》卷下，光緒二七年六月。11.張振鶴、丁原英：《清末民變年表》，中國社科院近代史研究所：《近代史資料》，中國社會科學出版社，1982年，總第49～50號。12.《中國大事紀》，《東方雜誌》1906年第3卷第6期。13.李振華：《近代中國國內外大事記》第661卷，文海出版社，1979年，第219頁。15.（清）黃光弟：《祁米案牘》，光緒刻本，藏安徽大學圖書館。15.當塗縣糧油食品局：《當塗糧食志》（內部資料），1988年，藏安徽省地方志編纂委員會圖書室。16.中國社科院近代史研究所：《中華民國史資料叢稿（1905～1911年）》，中華書局，1981年，第25頁。17.《中國紀事·宣城災亂》，《國風報》第十七期，1910年。18.褚匯宗：《從洋米免稅輸粵說到糧食統制》，《錢業月報》1937年第17卷第7號。19.鄒義開：《安徽大事記資料》（上），1986年，第252～275頁。20.《紀蕪湖民食維持會之成立》，《安徽實業雜誌》1919年第20期。21.巫寶三：《中國糧食對外貿易》，1934年，轉引自章有義：《中國近代農業史資料》第二輯，生活·讀書·新知三聯書店，1957年，第278～279頁。22.《各省消息》，《中國時報》1920年7月19～24日。23.太湖縣糧油食品局：《太湖縣糧食志》（內部資料），1986年，藏安徽省地方志編纂委員會圖書室。24.杜修昌：《中國米穀供需概觀》，《中國實業》1935年第1卷第3期。25.潛山縣糧油食品志：《潛山縣糧食志》（內部資料），1988年，藏安徽省地方志編纂委員會圖書室。26.桐城縣糧油食品局：《桐城縣糧食志》（內部資料），1988年，藏安徽省地方志編纂委員會圖書室。27.《樅陽曾發生禁運米穀鬥爭》，《安慶文史資料》第十三輯，1986年，第117頁。28.《蕪湖快信》，《申報》1930年5月18日。29.《灣沚鎮志》編寫組：《灣沚近代史上的一次搶米案》，蕪湖縣地方志編纂委員會辦公室《蕪湖縣志資料

選編》第一輯，1988 年，藏安徽省地方志編纂委員會圖書室。30.汪榮譜：《1930 年春安慶米潮始末》，《安慶文史資料》第十六輯，1986 年，第 137～139 頁。31.懷寧縣委黨史辦公室：《高河埠米潮》，中共安慶市委黨史辦公室：《皖江怒潮》，安徽人民出版社，1992 年，第 154～158 頁。32.楊有良口述、程自橋記錄整理：《怒捷糧船》，《繁昌文史資料選輯》第五輯，1988 年，第 5～7 頁。33.周海平：《雙河集農民暴動》，合肥市政協《合肥史話》採編組：《合肥史話》，黃山書社，1985 年，第 111～116 頁。34.《滁縣通信》，《大公報》1933 年 5 月 14 日。35.《1934 年中國經濟年報》（第一輯），上海生活書店，1935 年。36.趙哲斌等：《解放前河瀝溪的兩次搶米風潮》，《寧國文史資料》第二輯，1985 年，第 129～131 頁。

第四節　洋米傾銷背景下的安徽稻米市場改良

1927 年後，蕪湖米市漸趨衰落。其原因主要在於米產歉收、裁釐之後米源散走和洋米在華傾銷。年成有豐歉在所難免，米源散走並不影響安徽稻米的實際銷售，真正對安徽稻米市場構成威脅的是洋米傾銷，「在安徽米市之立場上觀之，則洋米入口額之增加，實為最嚴重之問題」。〔註 215〕

一、安徽稻米市場的弊端

1929 年世界經濟危機爆發後，資本主義國家為轉嫁危機，向中國傾銷農產品，洋米攜免稅之利湧入中國。洋米傾銷侵佔了安徽稻米的傳統銷區，尤其是對廣東市場的侵佔構成對安徽稻米的主要威脅。蕪湖輪運稻米輸出的主要銷區是廣東，「向以廣州、潮州、汕頭等地，為其最大之銷售市場，恒占全數十之七八。」〔註 216〕廣東需求量的多寡直接影響蕪湖米市的旺疲。自洋米大量輸入後，國米在廣東的市場，「十九胥為洋米所攫。」〔註 217〕從表 5－4－1 可以看出，在 1923～1936 年間，洋米輸入與蕪米輸出呈明顯的此消彼長的關係，洋米輸入越多，蕪米輸出越少。

〔註 215〕 夏庚英：《安徽米市之組織問題及其管理辦法》，《皖光》1934 年第 5 期。
〔註 216〕 劉端生：《蕪湖運銷米穀研究》，《農村合作月刊》1937 年第 3 卷第 1 期。
〔註 217〕 繆孝威：《洋米徵稅問題之檢討》，《錢業月報》1934 年第 14 卷第 10 號。

表 5－4－1：洋米輸入量與蕪米輸出量比較表　　　（單位：擔）

年　　別	洋米輸入數	蕪米輸出數	年　　別	洋米輸入數	蕪米輸出數
1923	22434962	1138076	1924	13198054	2985869
1925	12634624	6178205	1926	18700797	1577592
1927	21091586	878039	1928	12656254	2843655
1929	10822805	2401026	1930	19891103	1696461
1931	10740810	2426247	1932	22486639	1304720
1933	21419006	2111527	1934	12553349	1218741
1935	214831204	859584	1936	5145789	1619741

資料來源：劉端生：《蕪湖運銷米穀研究》，《農村合作月刊》1937 年第 3 卷第 1 期。

面對洋米的強力競爭，安徽稻米不但喪失了最重要的市場，而且在價廉質優的洋米比照下，安徽稻米市場存在的各種積弊凸顯出來，主要有：

第一，販運成本過高。

其一，層層轉手加重成本。近代中國長距離大範圍的米穀流通中，米穀由農民或地主手中轉移到消費者手中，往往要進行多次轉手方能實現。安徽稻米由皖中舒城運往蕪湖，再經無錫運到上海，要經過七八次轉手。〔註 218〕近代安徽稻米市場交易的主體，除了買賣雙方外，還有米行、米號等中介機構。每次轉手，賣方必須有利可圖，中介要收取傭金，都意味著交易成本的提高。

其二，陋規惡例叢生加重成本。據調查，蕪湖米市的「一切惡例苛捐，查明在二十五種項目以上。」〔註 219〕吳正估計，蕪湖米市賣客每年的耗費至少有 180 萬元，僅「回號」和行庸就高達 150 萬元。〔註 220〕平均每包米除運費外，至少須開支七八角的使費。與其它大米市相比，蕪湖市場上的使費尤高，「長江各埠之有米市交易者，其開支使費之大，莫過於蕪湖。」〔註 221〕

〔註 218〕林熙春、孫曉村：《蕪湖米市調查》，社會經濟調查所，1935 年，第 68～69 頁。

〔註 219〕《皖省徹底改革米市》，《農村復興委員會會報》1934 年第 8 期。

〔註 220〕吳正：《農村問題》，中央軍校特別訓練班教務組，1935 年，第 240～241 頁。

〔註 221〕陳必昵：《蕪湖米業之實況與其救濟方法》，《東方雜誌》1934 年第 31 卷第 2 號。

其三，苛捐雜稅繁重加重成本。在釐金時代由蕪湖輸出的米穀，要繳納五道釐捐。〔註222〕1931 年裁釐之後，各種變相釐金依然存在。安徽稻米從產地運往蕪湖，「除沿途繳納保安、營業、米捐、學捐、廟捐、閘押……等等捐稅外，及至抵蕪經過買賣過程之後，每石米尚需繳納自治捐、公安捐、善堂捐、米捐、學捐、碼頭捐、公會捐……等捐，不一而足。」〔註223〕這些捐稅都會以成本的形式攤入米價。

其四，運輸費用過高加重成本。安徽稻米外運，主要依靠帆船和輪船。由於交通不便，安徽稻米外運耗時長，運費高。米商將蕪米販運至天津，每百斤運費高達七角，「蕪米徑運廣州或天津，運費之昂，亦復稱是。」〔註224〕據調查，安徽稻米從舒城經蕪湖和無錫販賣到上海，所經手續有 83 次之多，每石所耗販賣費用高達 7.3424 元，其中，多次轉手的販賣費總額中占 39.96％，運費占 16.12％，傭金占 13.86％，其它費用占 4.5％。〔註225〕運至廣東，其費用更高。

第二，加工倉儲設備落後。

蕪湖米穀加工有老式礱坊和新式機器碾米兩種方式。這兩種加工方式都沒有清潔和風乾設備，故而蕪米雜質較多，水分較大，容易黴變，「不能久擱，只有隨到隨賣，所以來源多的時候，市價跌，少的時候，市價又漲」。〔註226〕

蕪湖的倉儲，多為礱坊、碾米廠附設的堆棧。倉儲容量不大，全市總儲量約 70 萬石；設備也十分簡陋，「無新式設備，以備堆存米糧及曬穀之用。」〔註227〕囤存的米穀常潮濕腐朽。落後的加工和倉儲設備導致蕪湖米市無法確保在規定期限內有充足的米穀供給，不能靈活適應市場需求變化。

第三，米穀品質不良。

消費者對米穀品質的要求，「第一要色白，第二要粒形整而大，第三要乾燥，第四要雜質少，第五要漲性大。」〔註228〕近代安徽稻米普遍存在色澤不

〔註222〕沈本禮：《「安徽六二運動」史料選編》，安徽人民出版社，1989 年，第 16 頁。
〔註223〕林熙春、孫曉村：《蕪湖米市調查》，社會經濟調查所，1935 年，第 84～85 頁。
〔註224〕《贛湘鄂豫皖冀浙蘇滬粵十省市糧食會議》，《農村復興委員會會報》1933 年第 6 號。
〔註225〕林熙春：《糧食問題嚴重化中米糧成本加重過程之研究》，《中山文化教育館季刊》1935 年第 2 卷第 4 期。
〔註226〕夏庚英：《安徽米市之組織問題及其管理辦法》，《皖光》1934 年第 5 期。
〔註227〕林熙春、孫曉村：《蕪湖米市調查》，社會經濟調查所，1935 年，第 35 頁。
〔註228〕夏庚英：《安徽米市之組織問題及其管理辦法》，《皖光》1934 年第 5 期。

夠白，顆粒大小不齊，水分較大、雜質較多等問題。根據調查，蕪米品質連蘇米和湘米都比不上，〔註229〕遑論「乾燥，可以久藏不壞，雜質既少，光澤也好，出口都經檢驗，品級有一定的標準」〔註230〕的洋米了。

此外，農民在出售米穀時，「用率為偽，非但不事曝曬，且私將灰土攙和其中，藉重斤量。」〔註231〕船戶在受雇運貨途中，常偷竊米穀。為了抵補重量，「倘係穀子，在交貨之前，則混入泥沙」，倘係糙米或白米，則「混入碎米或米糠，有時即加以攙水。」〔註232〕這些陋習既使米穀無法長期保存，又惡化了米質。

第四，人為限制出境影響米穀流通。

各地常有遏糴之舉，限制糧食出境。1921 至 1937 年間，安徽遏糴有十多次，有的長達一年之久。〔註233〕遏糴使市場被人為割裂，產區與銷區米穀流通受阻，導致一方價賤如泥，穀賤傷農；一方米貴如珠，米貴傷民。

第五，等客上門，銷售方式被動。

皖米的銷售方式，以被動銷售為主。商人不是自闢銷路，主動向銷區推銷米糧，而是坐等銷區米商來蕪採購或向本地米商訂購後，再行按需收購。「偶遇外來幫販不至，皖米即斷外銷之路」。〔註234〕

二、改良安徽稻米市場的措施

米穀是近代安徽全省的經濟命脈，「米市之盛衰，影響全省金融及農村經濟者極巨」。〔註235〕在洋米傾銷的擠壓下，安徽稻米輸出銳減，「致農村破產，全省商市金融，亦受致命打擊」。〔註236〕欲挽救米市的衰落，抵制洋米傾銷，除了要求政府對洋米徵收進口稅，使其喪失價格優勢外，還必須針對米穀市場弊端加以改良。各界為此採取的措施主要有：

第一，降低販運成本。

〔註229〕《中國之米需給狀況》，《錢業月報》1923 年第 3 卷第 1 號。
〔註230〕夏庚英：《安徽米市之組織問題及其管理辦法》，《皖光》1934 年第 5 期。
〔註231〕《皖米最近輸出總量》，《申報》1937 年 5 月 24 日第 7 版。
〔註232〕林熙春、孫曉村：《蕪湖米市調查》，社會經濟調查所，1935 年，第 40 頁。
〔註233〕杜修昌：《中國米穀供需概況》，《中國實業》1935 年第 1 卷第 3 期。
〔註234〕秦孝儀：《抗戰建國史料·糧政方面（四）》，中國國民黨中央委員會黨史史料編纂委員會：《革命文獻》第 113 輯，1987 年，第 45 頁。
〔註235〕夏庚英：《安徽米市之組織問題及其管理辦法》，《皖光》1934 年第 5 期。
〔註236〕《皖省準備統制米糧運銷》，《申報》1936 年 4 月 16 日第 9 版。

1932 年 10 月，國民黨四屆三中全會通過決議，要求各省徹底取消米麥捐費，永遠不再抽收。〔註 237〕1933 年 10 月，蔣介石發佈通令，要求各省查明本地米穀買賣情形，除了經主管部門規定收取正當使費外，所有陋規，嚴行禁止。〔註 238〕安徽奉令後，一再派員赴蕪湖辦理相關事宜，於 1934 年 6 月 1日正式施行革除陋規、減少使費等規定：一是改善米業組織，重新登記米糧業同業公會，避免重複抽收用費，要求合併蕪湖米行米號，「以省除經紀人之手續費」；二是規定庸費數額，由地方政府根據當地米穀買賣實情，規定可以收取的庸費數額，「此外不得浮收苛索，所有從前額外陋規，一律剷除」；三是革除一切敲索惡例。〔註 239〕

在減少苛捐雜稅方面，1932 年，安徽裁撤了米糧管理局，〔註 240〕1934年又撤除米捐局。〔註 241〕

在運費方面，1932 年，鐵道部規定，津浦路由浦口、滁州、蚌埠三站運往天津的米運特價按照五等八折收費，〔註 242〕1936 年，實業部也曾咨請交通部和鐵道部，在皖湘等省米穀運銷華南時，「對於米糧運輸價格，特別予以優待。」〔註 243〕同年 10 月，政府要求國有鐵路和招商局等部門，在糧食運輸方面「減低運費，便利農商」。〔註 244〕

第二，採用新式設備。

1934 年，糧食運銷局在籌組過程中決定由中央銀行在蕪湖等處投資興建大規模新式倉庫，作為調節糧食供需的總樞紐。〔註 245〕此類倉庫「完全依照日本之最新式倉庫構造，儲藏糧食，能持久至十數年而不朽腐。」〔註 246〕

1937 年，在華南米業公司在籌組過程中，安徽省即與之接洽，商談在蕪

〔註 237〕　《江西省政府訓令》，《江西省政府公報》1933 年第 39 期。

〔註 238〕　《贛湘鄂豫皖冀浙蘇滬粵十省市糧食會議》，《農村復興委員會會報》1933 年第 6 號。

〔註 239〕　《皖省徹底改革米市》，《農村復興委員會會報》1934 年第 8 號。

〔註 240〕　《財政部請撤皖米糧局》，《申報》1932 年 11 月 5 日第 7 版。

〔註 241〕　繆孝威：《洋米入口徵稅問題之檢討》（續），《淺業月報》1934 年第 14 卷第 2期。

〔註 242〕　鐵道部：《鐵道部函》，《立法院公報》1933 年第 52 期。

〔註 243〕　《湘皖米糧豐收　本部飭米商南運》，《實業部月刊》1936 年第 1 卷第 7 期。

〔註 244〕　《中交等銀行聯合辦理國米運銷押匯》，《申報》1936 年 10 月 18 日第 11 版。

〔註 245〕　《中央銀行投資建設全國糧食倉庫》，《申報》1934 年 6 月 14 日第 10 版。

〔註 246〕　《糧食運銷局之進展》，《經濟旬刊》1934 年第 3 卷第 5 期。

湖建立倉庫和碾米廠。公司成立後即開始在蕪湖勘選碾米廠地基，〔註247〕考慮到蕪米品質不佳，水分大，在置備加工機器時，「對於烘曬等項，均須有充分之設備」。〔註248〕

第三，提高安徽稻米品質。

為了提高稻米品質，安徽在水稻生產方面進行了品種改良和優質高產水稻品種的推廣等工作。在流通方面，1933 年安徽建設廳規定由專員公署切實查禁在米穀中和水夾沙，「如有違犯，定予重懲」；〔註249〕1937 年，安徽實業廳長劉貽燕親赴南京與實業部接洽，決定在蕪湖設立米穀檢定所，按標準檢定米穀等次，「以提高輸出米糧品質」。〔註250〕

第四，禁止遏糴。

1932 年，行政院通令各省，一律開放米禁，「省與省，縣與縣，均得自由輸轉，絕對流通。」〔註251〕1934 年 10 月，南昌糧食會議通過了「禁止遏糴阻運議案」；會後，蔣介石發佈通令，嚴行禁止遏糴。〔註252〕

第五，組建或參加米穀運銷組織，促進安徽稻米流通。

1933 年 10 月，安徽省政府參與發起組織八省市糧食合作機關；12 月，皖、蘇、浙、贛、鄂、滬、冀等省市在滬舉行會議，籌組八省市糧食運銷局，作為「產米區域與消費區域酌盈濟虛之總樞紐」，〔註253〕希望通過糧食運銷局設置堆棧，運銷糧食，「以救濟農村，調節糧價，便利運銷。」〔註254〕

1936 年，皖、湘、贛、鄂、蘇、滬六省市商人，為了「謀糧食運銷，調節盈虛，改進米穀及雜糧劃一標準，平衡市價，避免操縱居奇」，成立六省市糧商聯合會，籌議組織「集體制純商化之糧食產銷公司」。〔註255〕

〔註247〕《華南米業公司蕪湖設碾米廠》，《湖南省國貨陳列館月刊》1937 年第 49～50 期。

〔註248〕《華南米業公司在蕪設碾米廠》，《經濟建設半月刊》1937 年第 12 卷第 13 期。

〔註249〕《皖省改良米業會議》，《申報》1933 年 9 月 29 日第 8 版。

〔註250〕《實部在皖設米穀檢定所》，《農民須知》1937 年第 4 卷第 4～5 期。

〔註251〕《江西省政府訓令》，《江西省政府公報》1933 年第 39 期。

〔註252〕《贛湘鄂豫皖冀浙蘇滬粵十省市糧食會議》，《農村復興委員會會報》1933 年第 6 號。

〔註253〕《糧食運銷局之進展》，《經濟旬刊》1934 年第 3 卷第 5 期。

〔註254〕《開徵洋米稅與籌備糧食運銷局》，《申報月刊》1934 年第 31 期。

〔註255〕《皖贛蘇滬湘鄂糧商籌組糧食產銷公司》，《湖南省國貨陳列館月刊》1937 年第 49～50 期。

　　1937 年 4 月，安徽地方銀行作為發起者之一，參加由宋子文等倡議成立的華南米業公司。〔註256〕該公司成立後，首先著手將蕪米運往廣東。〔註257〕

　　1937 年，安徽地方銀行參加由江蘇省農民銀行發起的蘇、皖、浙、贛、閩五省農產聯合運銷處，擬在五省範圍內互通有無，統一運銷農產品。〔註258〕

　　1937 年 6 月，鑒於上年湘皖等省米產豐收而廣東因米荒大批購銷洋米致使國米滯銷，由蕪湖商會首倡，安徽省財政、建設兩廳發起，聯合贛、湘、滬等省市組成國米運銷考察團，前往廣東等地考察國米運銷情況，希望通過實地考察，「不惟目前糾紛可以解決，即將來國內民食統計，亦可減除隔閡之虞」。〔註259〕在籌組國米運銷考察團時，皖、湘、贛、滬、鄂、粵等地糧商醞釀成立糧食運銷公司，以「調節食糧盈虛。」〔註260〕國米運銷考察團在粵期間，與廣東米商聯合成立國米產銷協進會，「統盤籌劃華南民食調劑及鄰省產運接濟」。〔註261〕

三、安徽稻米市場改良的成效

　　安徽稻米市場的改良主要開展於 1933 年至 1937 年，而且多集中在 1936、1937 兩年。不久，抗戰爆發，在這兩年內採取的措施多受到影響：如安徽省米穀檢定所成立後不幾日，戰爭即開始，品質改良工作就此擱淺；加工設備也未及改良，直到 1948 年，蕪湖的礱碾方法仍「甚為簡單，多用人工以補設備之不足」，白米「因礱碾前無精緻清潔機，以供排除夾雜，故成品中仍含多量砂石、稻穀、稗子；碾時利用石粉，以增米色，……至使市場等級漫無根據。」〔註262〕有的舉措半途而廢，如國米運銷考察團，「成行之初，咸具無窮希望，」「不久即逢抗戰，一切均歸停頓」；〔註263〕有的則因戰爭而改變初衷，如華南米業公司成立時以「調劑粵省民食，推銷國

〔註256〕百強：《對於華南米業公司之希望》，《銀行生活》1937 年第 1 卷第 6 期。
〔註257〕《華南米業公司發起人會議》，《銀行周報》1937 年第 10 期。
〔註258〕《五省銀行籌辦農產聯合運銷處》，《農業建設》1937 年第 1 卷第 5 期。
〔註259〕《蕪湖商會發起組織國米運銷考察團》，《湖南財政季刊》1937 年第 1 期。
〔註260〕《顧馨一談國米考察團》，《申報》1937 年 6 月 8 日第 9 版。
〔註261〕《四省市政府與糧食商成立國米產銷協會》，《申報》1937 年 7 月 4 日第 14 版。
〔註262〕周泰初：《蕪湖米市之今昔》，《中國稻作》1948 年第 7 卷第 6 期。
〔註263〕秦孝儀：《抗戰建國史料‧糧政方面（四）》，中國國民黨中央委員會黨史史料編纂委員會：《革命文獻》第 113 輯，1987 年，第 45 頁。

產米穀」〔註264〕爲鵠的，抗戰爆發後「而反致力於洋米之輸入。」〔註265〕

在降低販運成本方面，米穀的轉運方式並未發生變化，整個過程仍需經過多次轉手；同時，改善米業組織的措施也未見實效，抗戰勝利後，蕪湖米穀市場組織依然有米行、米號、小市行、礱坊、碾米廠之分，而且行號林立一如戰前。〔註266〕減少使費方面的措施在戰前頗具成效，蕪湖使費減少了一半，〔註267〕但戰後又故態復萌：1946年，蕪湖賣方承擔的使費〔註268〕和1934年前的情況近似。〔註269〕在稅收方面，由於米穀稅收是安徽財政的重要來源，安徽地方政府總是想方設法從米穀市場抽收捐稅。至於運費的減免規定，皖米以鐵路運輸者爲數不多，減免鐵路運費對降低皖米販運成本影響不大；而1936年10月要求招商局減低運價不久，次年1月，便有各輪船公司增加江輪運費的報導。〔註270〕

在倉儲建設方面，戰後蕪湖全市的倉儲僅原糧食部長江區糧食儲運委員會蕪湖儲運處的倉庫比較合理，其餘均繫礱坊、碾米廠、米行等自備的民倉，「率多簡陋，不合理想」。〔註271〕

在禁止遏糴方面，相關禁令也未眞正執行。安徽在1934年依然有禁米出口的規定，1936年春季仍批准懷寧和鳳臺禁米出境，〔註272〕冬季又出臺禁止皖北糧食出口、限制皖中與皖南米穀出境的規定。〔註273〕即便取消了遏糴，有時還採用寓禁於徵的方式控制米穀出境，「明謂解禁，實則抽百分之五之稅，供外省不便採購，則解禁等於不解」。〔註274〕這些規定也與皖省促進皖米流通的意圖相牴牾。1936年7月，安徽與廣東聯絡，倡議皖粵

〔註264〕 《華南米業公司舉行發起人會議》，《金融週報》1937年第3卷第11期。

〔註265〕 秦孝儀：《抗戰建國史料·糧政方面（四）》，中國國民黨中央委員會黨史史料編纂委員會：《革命文獻》第113輯，1987年，第45頁。

〔註266〕 蕪湖米市調查研究組：《蕪湖米市——舊中國四大米市之一》，《安徽史學通訊》1959年第4、5期合刊，第123～134頁。

〔註267〕 夏庚英：《安徽米市之組織問題及其管理辦法》，《皖光》1934年第5期。

〔註268〕 蔡敦璞：《蕪湖糧食運銷》，《糧情旬報》1947年第620期。

〔註269〕 陳必睨：《蕪湖米業之實況與其救濟方法》，《東方雜誌》1934年第31卷第2號。

〔註270〕 《各輪船公司增加江輪運費》，《國際貿易導報》1937年第2卷第5期。

〔註271〕 蔡敦璞：《蕪湖糧食運銷》，《糧情旬報》1947年第620期。

〔註272〕 《皖省禁米糧出境》，《農學月刊》1935年第2卷第2期。

〔註273〕 《皖省府改訂米糧出境辦法》，《申報》1936年11月24日第8版。

〔註274〕 《皖省解米禁與購洋米》，《民鳴》1934年第22期。

米糖交換計劃，〔註 275〕正當粤省代表赴蕪湖接洽時，安徽卻限制米糧出境。〔註 276〕

　　在安徽參與的米穀運銷組織中，除華南米業公司外，影響最大的是糧食運銷局。糧食運銷局籌備時原擬官督商辦，由政府貸款 100 萬元，由前述七省和廣東認股共 100 萬元。〔註 277〕這些股款，「終於因爲各省省政府不肯解囊繳股，各糧食商人又因利害的不同，幫口的各異，相持不下，結果終於煙消雲散。」〔註 278〕幾經周折，直到 1936 年方告成立。該局成立之初，被寄予厚望，「庶乎平時或戰時之糧食問題，胥得迎刃而解也。」〔註 279〕實際上，該局「成立經年，代辦軍米數批爲止，此外別無成就。」〔註 280〕

　　上述情況表明，皖米市場的改良成效甚微。當時，國內米穀市場因洋米傾銷而萎縮，米穀滯銷；而國內市場處於割裂狀態，加以災荒頻仍、交通運輸不便，盈虛調劑困難重重；南京國民政府不能有效控制各地方政府，在糧食管理上，各地各自爲政，一遇災歉，即以鄰爲壑，中央政策常成具文；又因經濟危機導致中國農產品國內外市場萎縮、農村金融枯竭和蔣介石耗費巨額財力多次「圍剿」蘇區，財政十分困難，改良措施缺少資金支持；而且由於關稅尚未完全自主，「不能無限制將關稅提高。提高穀價，本亦可鼓勵生產，然如無高度之關稅保護，外米益將源源而來。」〔註 281〕總而言之，包括皖米市場在內的國米市場的諸多問題是近代中國半殖民地半封建的社會性質、各種社會經濟問題糾結在一起共同作用的結果，在此背景下進行的改良必然難收成效。

　　同時也可以看出，皖米市場的改良措施多由政府主導，這一方面是由於洋米傾銷對整個國產米穀市場構成了威脅，另一方面跨區域的米穀流通關涉各個方面；要解決米穀市場面臨的問題，那些原來承擔市場管理職能的局限於一地一業、各自爲謀的米穀市場行業組織是無能爲力的。這反映出這一時

〔註 275〕《皖省府進行皖粤米糖換銷》，《申報》1936 年 7 月 24 日第 10 版。
〔註 276〕《皖省府改訂米糧出境辦法》，《申報》1936 年 11 月 24 日第 8 版。
〔註 277〕《中國糧食運銷局招股章程》，《江西省政府公報》1934 年第 75 期。
〔註 278〕徐雪寒：《抗敵戰爭和糧食準備》，《中國農村》1936 年第 2 卷第 12 期。
〔註 279〕洪瑞堅：《全國糧食運銷局之使命》，《是非公論》1936 年第 28 期。
〔註 280〕秦孝儀：《抗戰建國史料・糧政方面（四）》，中國國民黨中央委員會黨史史料　　　　　編纂委員會：《革命文獻》第 113 輯，1987 年，第 45 頁。
〔註 281〕梁慶椿：《吾國米穀統制計劃》，《經濟學季刊》1937 年第 8 卷第 1 期。

期，南京國民政府對經濟活動的直接干預和控制的加強。有些措施如籌設糧食管理機關、政府管理糧食運銷等，也是國民政府糧食統制政策的初步實施，這為抗戰爆發後實施戰時糧食統制政策提供了一定的基礎和借鑒。

參考文獻

一、史志類

1. （宋）羅願：《新安志》，光緒十四年重刊本。
2. （清）于成龍等修：（康熙）《江南通志》，日本東京大學藏近衛本。
3. （清）周溶修，汪韻珊纂：（同治）《祁門縣志》，中國地方志集成本。
4. （清）謝永泰修，程鴻詔等纂：（同治）《黟縣三志》，中國地方志集成本。
5. （清）藍學鑒修，吳國對纂：（康熙）《全椒縣志》，中國地方志集成本。
6. （清）張楷纂修：（康熙）《安慶府志》，中國地方志集成本。
7. （清）胡必選原本，王凝命增修：（康熙）《桐城縣志》，中國地方志集成本。
8. （清）趙燦修，唐庭伯等纂：（康熙）《含山縣志》，中國地方志集成本。
9. （清）衛廷璞纂修：（雍正）《建平縣志》，中國地方志集成本。
10. （清）朱肇基修，陸綸纂（乾隆）《太平府志》，中國地方志集成本。
11. （清）朱成阿等修，史應貴等纂：（乾隆）《銅陵縣志》，中國地方志集成本。
12. （清）張士範纂修：（乾隆）《池州府志》，中國地方志集成本。
13. （清）呂子珏修，詹錫齡纂：（道光）《黟縣續志》，中國地方志集成本。
14. （清）曹德贊原本，張星煥增修：（道光）《繁昌縣志》，中國地方志集成本。
15. （清）阮文榮修，趙懋曜等纂：（道光）《涇縣續志》，中國地方志集成本。
16. （清）舒夢齡等修：（道光）《巢縣志》，中國地方志集成本。
17. （清）馬步蟾纂修：（道光）《徽州府志》，中國地方志集成本。

18.（清）何應松修，方崇鼎纂：（道光）《休寧縣志》，中國地方志集成本。

19.（清）金鼎壽纂：《桐城續修縣志》，中國地方志集成本。

20.（清）吳克俊修，程壽保纂：《黟縣四志》，中國地方志集成本。

21.（清）劉廷槐編，歐陽泉纂：《來安縣志》，中國地方志集成本

22.（清）李英等纂：《太湖縣志》，中國地方志集成本。

23.（清）吳甸華、俞正燮纂：《黟縣志》，中國地方志集成本。

24.（清）李德淦等修，洪亮吉等纂：《涇縣志》，中國地方志集成本。

25.（清）何國祐纂：《霍山縣志》，中國地方志集成本。

26.（清）董汝成編：《石埭縣採訪錄》，中國地方志集成本。

27.（清）姚子莊等纂：《石埭縣志》，中國地方志集成本。

28.（清）鄔正階等纂：《宿松縣志》，中國地方志集成本。

29.（清）李應泰等纂：《宣城縣志》，中國地方志集成本。

30.（清）陳炳德等纂：《旌德縣志》，中國地方志集成本。

31.（清）李蔚等修纂：《六安州志》，中國地方志集成本。

32.（清）何紹基等纂：《重修安徽通志》，光緒四年刻本。

33.（清）錢鑅修、俞燮奎等纂：《廬江縣志》，中國地方志集成本。

34.（清）黃雲等編修：《續修廬州府志》，中國地方志集成本。

35.（清）穆彩阿等纂：《嘉慶重修一統志》，涵芬樓景印清史館藏進呈寫本。

36.（清）曹夢鶴等修，孔傳薪等纂：（嘉慶）《太平縣志》，中國地方志集成本。

37.（清）吳麓修、李兆洛纂：（嘉慶）《東流縣志》，中國地方志集成本。

38.（清）左輔纂修：（嘉慶）《合肥縣志》，中國地方志集成本。

39.（清）張祥雲修、孫星衍等纂：（嘉慶）《廬州府志》，中國地方志集成本。

40.（清）張贊巽等修、周學銘等纂：（嘉慶）《建德縣志》，中國地方志集成本。

41.（清）熊載陞等修，孔繼序纂：（嘉慶）《舒城縣志》，中國地方志集成本。

42.（清）吳浩修等纂：（嘉慶）《無爲州志》，中國地方志集成本。

43.（清）張宗泰纂修：（嘉慶）《備修天長縣志稿》，中國地方志集成本。

44.（清）魯銓等修，洪亮吉等纂：（嘉慶）《寧國府志》，中國地方志集成本。

45.（清）陸延齡修，桂迂橫等纂：（光緒）《貴池縣志》，中國地方志集成本。

46.（清）華椿等修，周贊纂：（光緒）《青陽縣志》，中國地方志集成本。

47.（清）朱大紳修，高照纂：（光緒）《直隸和州志》，中國地方志集成本。

48.（清）倪望重纂：（光緒）《祁門縣志補》，中國地方志集成本。

49. （清）熊祖詒纂修：（光緒）《滁州志》，中國地方志集成本。

50. （清）胡有誠修，丁寶書等纂：（光緒）《廣德州志》，中國地方志集成本。

51. （清）秦達章修，何國祐、程秉祺纂：（光緒）《霍山縣志》，中國地方志集成本。

52. （清）江希曾：《旌川雜誌》，安徽省圖書館藏抄本。

53. （清）李應珏：《皖志便覽》，光緒二十四年刊本。

54. （清）許承堯：《歙事閒譚》，黃山書社，2001年。

55. 趙爾巽等編：《清史稿》，百衲本。

56. 石國柱等修，許承堯纂：（民國）《歙縣志》，中國地方志集成本。

57. 余密誼等修，鮑實等纂：（民國）《蕪湖縣志》，中國地方志集成本。

58. 錢文選輯：《廣德縣志稿》，中國地方志集成本。

59. 高壽恒修，李英纂：（民國）《太湖縣志》，中國地方志集成本。

60. 俞慶瀾、劉昂修，張燦奎等纂：（民國）《宿松縣志》，中國地方志集成本。

61. 王式典修，李丙麐纂：（民國）《寧國縣志》，中國地方志集成本。

62. 朱之英修，舒景蘅等纂：（民國）《懷寧縣志》，中國地方志集成本。

63. 魯式谷等編：（民國）《當塗縣志》，中國地方志集成本。

64. （民國）《無爲縣小志》，中國地方志集成本。

65. （日）東亞同文會：《支那省別全志·安徽省》，東亞同文會，大正六年。

66. 曾鯤化：《中國鐵路史》，燕京印書局，1923年。

67. 吳承洛：《今世中國實業通志》，商務印書館，1929年。

68. 郁官城：《天長縣風土志》，1934年，天長縣地方志編纂委員會辦公室翻印。

69. 杭海：《滁縣鄉土志》，滁州市地方志辦公室翻印。

70. 郎擎霄：《中國民食史》，商務印書館，1934年。

71. 楊大金：《現代中國實業志》，商務印書館，1935年。

72. 鄧雲特：《中國救荒史》，商務印書館，1937年。

73. 朱斯煌：《民國經濟史》（銀行周報三十周紀念刊），1948年。

74. 周始：《皖志述略》，安徽省地方志編纂委員會，1983年。

75. 蕪湖市文化局：《蕪湖古今》，安徽人民出版社，1983年。

76. 黃山書社：《安徽風物志》，黃山書社，1985年。

77. 唐啓宇：《中國農史稿》，農業出版社，1985年。

78. 魏建猷：《中國近代貨幣史》，黃山書社，1986年。

79. 太湖縣糧油食品局：《太湖縣糧食志》（內部資料），1986 年，藏安徽省地方志編纂委員會圖書室。

80. 鄭慶平、岳琛：《中國近代農業經濟史概論》，中國人民大學出版社，1987年。

81. 郁長榮、王璋：《中國古代糧食經濟史》，中國商業出版社，1987年。

82. 績溪縣糧油食品局：《績溪縣糧食志》（內部資料），1987 年，藏安徽省地方志編纂委員會圖書室。

83. 懷寧縣糧油食品局：《懷寧縣糧食志》（內部發行），1987 年；藏安徽省地方志編纂委員會圖書室。

84. 天長縣糧油食品局：《天長縣糧食志》（內部資料），1987 年，藏安徽省地方志編纂委員會圖書室。

85. 徽州地區商業局：《徽州商業志》（內部資料），1987 年，藏安徽省地方志編纂委員會圖書室。

86. 懷寧縣糧油食品局：《懷寧縣糧食志》（內部發行），1987 年，藏安徽省地方志編纂委員會圖書室。

87. 望江縣糧油食品局修志辦：《望江縣糧食志》（內部資料），1987 年，藏安徽省地方志編纂委員會圖書室。

88. 桐城縣糧油食品局：《桐城縣糧食志》（內部發行），1988 年，藏安徽省地方志編纂委員會圖書室。

89.《含山縣糧油志》編寫組：《含山縣糧油志》（內部資料），1988 年，藏安徽省地方志編纂委員會圖書室。

90. 潛山縣糧油食品局：《潛山縣糧食志》（內部資料），1988 年，藏安徽省地方志編纂委員會圖書室。

91. 合肥市糧油食品局史志辦：《合肥市志·貿易卷·糧食篇》（初稿），1988 年，藏安徽省地方志編纂委員會圖書室。

92. 江建英：《舒城縣糧食志》（內部發行），1988 年，藏安徽省地方志編纂委員會圖書室。

93. 當塗縣糧油食品局：《當塗縣糧食志》（內部發行），1989 年，藏安徽省地方志編纂委員會圖書室。

94. 程必定：《安徽近代經濟史》，黃山書社，1989 年。

95. 翁飛等：《安徽近代史》，安徽人民出版社，1990年。

96. 安徽省地方志編纂委員會：《安徽省志·糧食志》，安徽人民出版社，1991年。

97. 朱世良等：《徽商史話》，黃山書社，1992 年。

98. 喬志強：《中國近代社會史》，人民出版社，1992 年。

99. 劉祝君：《南陵縣糧食志》，黃山書社，1993 年。

100. 無爲縣地方志編纂委員會：《無爲縣志》，社會科學文獻出版社，1993 年。

101. 貴池市地方志編纂委員會：《貴池縣志》，黃山書社，1994 年。

102. 郭蘊靜：《清代商業史》，遼寧人民出版社，1994 年。

103. 彭雲鶴：《明清漕運史》，首都師範大學出版社，1995 年。

104. 王育民：《中國人口史》，江蘇人民出版社，1995 年。

105. 含山縣地方志編纂委員會：《含山縣志》，黃山書社，1995 年。

106. 許宗仁：《中國近代糧食經濟史》，中國商業出版社，1996 年。

107. 和縣地方志編纂委員會：《和縣志》，黃山書社，1995 年。

108. 宣州市地方志編纂委員會：《宣州市志》，方志出版社，1996 年。

109. 樅陽縣地方志編纂委員會：《樅陽縣志》，黃山書社，1998 年。

110. 龍登高：《中國傳統市場發展史》，人民出版社，1997 年。

111. 羅玉東：《中國釐金史》，香港大東圖書公司，1997 年。

112. 馮柳堂：《中國歷代民食政策史》，商務印書館，1998 年。

113. 績溪縣志編纂委員會：《績溪縣志》，黃山書社，1998 年。

114. 方行等：《中國經濟通史·清代經濟卷》，經濟日報出版社，1999 年。

115. 汪敬虞：《中國近代經濟史（1895～1927）》，人民出版社，2000 年。

116. 郭萬清、朱玉龍：《皖江開發史》，黃山書社，2001 年。

117. 吳承明、許滌新：《中國資本主義發展史》，人民出版社，2005 年。

118. 《近代史資料》

119. 《安徽文史資料選輯》

120. 《安徽文史集萃叢書》

121. 《安慶文史資料》

122. 《蚌埠文史資料選輯》

123. 《當塗縣文史資料》

124. 《肥東文史資料》

125. 《肥西文史資料》

126. 《貴池文史資料》

127. 《廣德文史資料》

128. 《合肥文史資料》

129. 《和縣文史資料》

130. 《旌德文史資料》

131.《南陵縣文史資料》

132.《潛山文史資料》

133.《青陽文史資料》

134.《太湖文史資料》

135.《蕪湖文史資料》

136.《宣州文史資料》

二、檔案、資料類

1. 中國第一歷史檔案館：《康熙朝漢文朱批奏摺彙編》，檔案出版社，1984～1985 年。

2. 中國第一歷史檔案館：《雍正朝漢文朱批奏摺彙編》，江蘇古籍出版社，1989 年。

3.《安徽省各屬糧價表》（光緒二十五年至光緒三十年），原件藏安慶市圖書館。

4.《清實錄》

5.《歷年蕪湖關華洋貿易情形論略》（抄本），藏安慶市圖書館。

6. 中國第二歷史檔案館、中國海關總署辦公廳：《中國舊海關史料（1859～1948）》，京華出版社，2001 年。

7. （清）王延熙、王樹敏輯：《皇朝道咸同光奏議》。

8. （清）求自強齋主人：《皇朝經濟文編》。

9. （清）賀長齡：《皇朝經世文編》。

10. （清）黃光第：《祁米案牘》，光緒刻本，藏安徽大學圖書館。

11. （清）汪麟：《歙田少請通浙米案呈稿》，光緒末年刻本，藏安徽省圖書館。

12. 中國第一歷史檔案館：《清政府鎮壓太平天國檔案史料》，社會科學文獻出版社，1993 年。

13. 中國第二歷史檔案館：《中華民國檔案資料彙編・財政經濟》（七），江蘇古籍出版社，1994 年。

14. 天津市檔案館：《天津商會檔案彙編（1928～1937）》，天津人民出版社，1996 年。

15. 馮和法：《中國農村經濟資料》，黎明書局，1933 年。

16. 馮和法：《中國農村經濟資料續編》，上海黎明書局，1935 年。

17. 張肖梅：《四川經濟參考資料》，中國國民經濟研究所，1939 年。

18. 韓啓桐：《中國埠際貿易統計 1936～1940》，中國科學院，1951 年。

19. 嚴中平：《中國近代經濟史統計資料選輯》，科學出版社，1955 年。

20. 彭澤益：《中國近代手工業史資料》，生活・讀書・新知三聯書店，1957 年。

21. 李文治：《中國農業史資料》第一輯，生活・讀書・新知三聯書店，1957 年。

22. 章有義：《中國農業史資料》第二、三輯，生活・讀書・新知三聯書店，1957 年。

23. 蕭錚：《民國二十年代中國大陸土地問題資料》，成文出版社，1977 年。

24. 中國人民大學清史研究所、檔案係中國政治制度史教研室：《康雍乾時期城鄉人民反抗鬥爭資料》，中華書局，1979 年。

25. 梁方仲：《中國歷代戶口田地田賦統計》，上海人民出版社，1981 年。

26. 中國第一歷史檔案館等：《清代地租剝削形態》，中華書局，1982 年。

27. 許道夫：《中國近代農業生產及貿易統計資料》，上海人民出版社，1983 年。

28. 郵義開：《安徽大事記資料》，安徽省地方志編纂委員會，1984 年。

29. 全椒縣糧食局：《全椒糧食史料（1911 年～1981 年）》（初稿），1984 年，藏安徽省地方志編纂委員會圖書室。

30. 曾兆祥：《湖北近代經濟貿易史料選輯》第二輯，湖北省志貿易志編輯室，1984 年。

31. 安徽省人民政府辦公廳：《安徽省情（1949～1983）》，安徽人民出版社，1985 年。

32. 張海鵬、王廷元：《明清徽商資料選編》，黃山書社，1985 年。

33. 秦孝儀：《抗戰建國史料・糧政方面》（一至四），中國國民黨中央委員會黨史史料編纂委員會《革命文獻》第 110～113 輯，1987 年。

34. 沈本禮：《「安徽六二運動」史料選編》，安慶市黨史資料徵集辦，1988 年。

35. 蕪湖縣地方志編纂委員會辦公室：《蕪湖縣志資料選編》第二輯（內部資料），1989 年，藏安徽省地方志編纂委員會圖書室。

36. 陳振漢、熊正文等：《清實錄經濟史資料・農業編》（順治——嘉慶朝），北京大學出版社，1989 年。

37. 歐陽發、洪鋼：《安徽竹枝詞》，黃山書社，1993 年。

38. 馮煦：《皖政輯要》，黃山書社，2005 年。

三、報刊、年鑒類

1. 《安徽實業雜誌》

2.《安徽建設季刊》

3.《安徽建設月刊》

4.《安徽民政季刊》

5.《安徽農業》

6.《安徽農民》

7.《安徽俗話報》

8.《安大農學會報》

9.《大公報》

10.《東方雜誌》

11.《晨報》

12.《工商半月刊》

13.《國際貿易導報》

14.《古黟》

15.《漢口商業月刊》

16.《農村通訊》

17.《農村復興委員會會報》

18.《農情報告》

19.《農商公報》

20.《農聲》

21.《農學報》

22.《錢業月報》

23.《社會經濟月報》

24.《申報》

25.《申報月刊》

26.《時事新報》

27.《時事月報》

28.《鐵道半月刊》

29.《統計月報》

30.《萬國公報》

31.《皖聲》

32.《無爲古今》

33.《中國經濟》

34.《銀行周報》

35.《中國建設》

36.《中國農村》

37.《中國經濟》

38.《中國實業》

39.《中行月刊》

40.《中山文化教育館季刊》

41.《總商會月報》

四、調查、統計、年鑑類

1. 安徽省政府建設廳:《安徽省六十縣經濟調查簡表》,安徽省政府建設廳,1922 年。

2. 安徽省政府建設廳:《安徽省六十縣產業調查繁表》,安徽省政府建設廳,1922 年。

3. 法政學社:《中國民事習慣大全》,廣益書局,1923 年。

4. 卜凱著,徐澄譯:《蕪湖一百零二農家之社會的及經濟的調查》,金陵大學農業系,1928 年。

5. 鐵道部財務司調查科:《京粵線安徽段經濟調查總報告書》,鐵道部財務司調查科,1930 年。

6. 金陵大學農業院農業經濟系:《中華民國二十年水災區域之經濟調查》,金陵大學農學院,1932 年。

7. 實業部中央農業實驗所、南京技術合作委員會給養組:《南京市之食糧與燃料》,實業部中央農業實驗所、南京技術合作委員會給養組,1932 年。

8. 安徽省秘書處:《安徽省概況統計》,安徽省秘書處,1933 年。

9. 建設委員會調查浙江經濟所統計課:《蕪乍路沿線經濟調查·安徽段》,建設委員會調查浙江經濟所統計課,1933 年。

10. 全國經濟委員會農業處:《米穀統計》,全國經濟委員會農業處,1934 年。

11. 實業部國際貿易局:《最近三十四年來中國通商口岸對外貿易統計 1900～1933》,商務印書館,1935 年。

12. 林熙春、孫曉村:《蕪湖米市調查》,社會經濟調查所,1935 年。

13. 孫曉村、林熙春:《江西糧食調查》,社會經濟調查所,1935 年。

14. 孫曉村等:《浙江糧食調查》,社會經濟調查所,1935 年。

15. 夏忠群:《安徽省食糧運銷調查報告》(油印本),1935 年。

16. 安徽省蕪屯路沿線物品流動展覽會籌備會：《安徽省蕪屯公路沿線經濟概況》，安徽省蕪屯路沿線物品流動展覽會籌備會，1935 年。

17. 陳如乾：《江西之米》，國民經濟研究所，1935 年。

18. 姚慶三、昂覺民：《上海米市調查》，國民經濟調查所，1935 年。

19. 建設委員會經濟調查所統計課：《中國經濟志·安徽省歙縣》，建設委員會經濟調查所，1935 年。

20. 建設委員會經濟調查所統計課：《中國經濟志·安徽省休寧縣》，建設委員會經濟調查所，1935 年。

21. 建設委員會經濟調查所統計課：《中國經濟志·安徽省蕪湖縣》，建設委員會經濟調查所，1935 年。

22. 建設委員會經濟調查所統計課：《中國經濟志·安徽省涇縣》，建設委員會經濟調查所，1936 年。

23. 建設委員會經濟調查所統計課：《中國經濟志·安徽省寧國縣》，建設委員會經濟調查所，1936 年。

24. 國民政府主計處統計局：《中華民國統計提要》（廿四年輯），正中書局，1936 年。

25.《安徽省地方概況報告》，國民經濟研究所，1936 年。

26. 安徽省建設廳：《安徽農林建設概況》，安徽省建設廳，1936 年。

27. 張人價：《湖南之穀米》，湖南省經濟調查所，1936 年。

28. 吳正：《皖中稻米產銷之調查》，交通大學研究所，1936 年。

29. 安徽省建設廳：《最近安徽之農村救濟與調查》，安徽省建設廳，1936 年。

30. 建設委員會經濟調查所統計課：《中國經濟志·安徽省壽縣、霍邱、六安、合肥、舒城、霍山六縣合編》，建設委員會經濟調查所，1937 年。

31. 交通部郵政總局：《中國通郵地方物產志》，商務印書館，1937 年。

32. 金城銀行總經理處天津調查分部：《天津糧食業概況》，金城銀行總經理處天津調查分部，1937 年。

33. 卜凱：《中國土地利用及統計資料》，金陵大學等，1937 年。

34. 顧翊群：《廣州之米業》，廣東省銀行經濟研究室，1938 年。

35. 江西省政府建設廳：《江西省穀米概況》，江西省政府建設廳，1938 年。

36. 巫寶三、張之毅：《福建省糧食之運銷》，商務印書館，1938 年。

37. 廣西省政府總務處統計室：《廣西糧食調查》，廣西省政府總務處統計室，1938 年。

38. 張培剛：《浙江省糧食之運銷》，商務印書館，1939 年。

39. 朱代傑、季天祐：《福建經濟概況》，福建省政府建設廳，1947 年。

40. 華東軍政委員會土地改革委員會:《安徽省農村調查》(內部資料),1952年。

41. 邢必信等:《第二次中國勞動年鑑》,社會調查所,1932年。

42.《申報年鑑》(民22、23、24、25年)。

43. 安徽省統計年鑑編纂委員會:《安徽省統計年鑑》,安徽省統計年鑑編纂委員會,1935年。

44. 中國經濟情報社:《中國經濟年報》(1934),上海生活書店,1935年。

45. 內政部年鑑編纂委員會:《中國經濟年鑑續編》(民國二十四年續編),商務印書館,1936年。

46.《安徽省二十八年度統計年鑑》,1940年。

五、編著、著作類

1. (明)楊循吉:《廬陽客記》。

2. (明)張煌言:《張蒼水集》,上海古籍出版社,1985年。

3. (清)王慶雲:《石渠餘記》。

4. (清)李彥章:《江南催課稻編》。

5. (清)曾國藩:《曾文正公全集》。

6. (清)宋雪帆:《水流雲在館奏議》。

7. (清)沈葆楨:《沈文肅公政書》。

8. (清)李鴻章:《李鴻章全集》。

9. (清)唐訓芳:《唐中丞遺集》。

10. (清)馮桂芬:《顯志堂稿》。

11. (清)劉汝驥:《陶甓公牘》。

12. (清)姚錫光:《吏皖存稿》。

13. (清)左宗棠:《左宗棠全集》,嶽麓書社,1987年。

14. (清)裴宗錫:《撫皖奏稿》,全國圖書館文獻縮微複製中心,2005年。

15. 于鑛:《食糧問題》,中華書局,1921年。

16.《國際條約大全》(民國十四年增訂本),商務印書館,1925年。

17. 胡存慶:《黟縣鄉土地理》,1925年。

18. 胡步洲:《績溪鄉土地理》(油印本),1926年。

19. 李麥麥:《中國經濟——其發展其現狀及其危機》,滬濱書局,1929年。

20. 林光澂、陳捷:《中國度量衡》,商務印書館,1930年。

21. 胡去非:《安徽省一瞥》,商務印書館,1931年。

22. 陸精治：《中國民食論》，啓智書局，1931 年。

23. 張心一：《中國糧食問題》，中國太平洋國際學會，1932 年。

24. 蕭純錦：《江西之米麥問題》，江西省政府經濟委員會，1933 年。

25. 陳賡雅：《贛皖湘鄂視察記》，申報月刊社，1933 年。

26. 安徽省政府建設廳：《一年來之安徽建設》，安徽省政府建設廳，1933 年。

27. 《中國民食問題》，上海太平洋書店，1933 年。

28. 巫寶三：《中國糧食對外貿易——其地位趨勢及變遷之原因》，參謀本部國防設計委員會，1934 年。

29. （日）田中忠夫著，汪馥泉譯：《中國農業經濟研究》，大東書局，1934 年。

30. 劉志超：《湖南之海關貿易》，湖南經濟調查所，1934 年。

31. 許璿：《糧食問題》，商務印書館，1935 年。

32. 廣東糧食調節委員會：《廣東糧食問題》，廣東糧食調節委員會，1935 年。

33. 安徽省政府民政廳：《安徽民政工作紀要》，安徽省政府民政廳，1936 年。

34. 金陵大學農業經濟系：《豫鄂皖贛四省之租佃制度》，金陵大學農業經濟系，1936 年。

35. 吳正：《農村問題》，中央軍校特別訓練班教務組，1935 年。

36. 汗血月刊社：《糧食問題研究》，汗血書店，1936 年。

37. 徐頌周：《非常時期之糧食》，中華書局，1937 年。

38. 朱西周：《米》，中國銀行經濟研究室，1937 年。

39. 卜凱著、張履祥譯：《中國農家經濟》，商務印書館，1937 年。

40. 喬啓明、蔣傑：《中國人口與食糧問題》，中華書局，1937 年。

41. 張樑任：《四川糧食問題》，重慶振華印書館，1941 年。

42. 卜凱：《中國土地利用》，金陵大學農學院農業經濟系，1941 年。

43. 安徽省地方行政幹部訓練團：《中國農村經濟問題研究》，安徽省地方行政幹部訓練團，1941 年。

44. 吳傳鈞：《中國糧食地理》，商務印書館，1942 年。

45. 陳明璋：《福建糧食問題》，福建省研究院編譯出版室，1943 年。

46. 張一凡：《米業須知》，中華書局，1948 年。

47. 程小蘇：《安慶舊影》（抄本），1950 年，藏安徽省圖書館。

48. 王鐵崖：《中外舊約章彙編》，生活·讀書·新知三聯書店，1957 年。

49. 全漢昇：《中國經濟史論叢》，新亞研究所，1972 年。

50. 安徽師範大學地理系：《安徽農業地理》，安徽科技出版社，1980 年。

51. 中國社科院歷史所清史室：《清史論叢》第二輯，中華書局，1980 年。

52. 葉顯恩：《明清徽州農村社會與佃僕制》，安徽人民出版社，1983 年。

53. （美）德懷特・希爾德・珀金斯著，宋海文等譯：《中國農業的發展（1368～1968 年）》，上海譯文出版社，1984 年。

54. 章有義：《明清徽州土地關係研究》，中國社會科學出版社，1984 年。

55. 許滌新、吳承明：《中國資本主義的萌芽》，人民出版社，1985 年。

56. 吳承明：《中國資本主義與國內市場》，中國社會科學出版社，1985 年。

57. 陳翰笙等：《解放前的中國農村》第一輯，中國展望出版社，1985 年。

58. （美）羅茲・墨菲，上海社會科學院歷史研究所編譯：《上海——現代中國的鑰匙》，上海人民出版社，1986 年。

59. 安徽省檔案館：《安徽概覽》（內部發行），1986 年。

60. 張德生：《安徽省經濟地理》，新華出版社，1986 年。

61. 徐正元等：《蕪湖米市述略》，中國展望出版社，1988 年。

62. 章有義：《近代徽州租佃關係案例研究》，中國社會科學出版社，1988 年。

63. 吳碩、李思恒：《糧食經濟學概論》，中國商業出版社，1990 年。

64. 全國糧食經濟學會：《糧食流通概論》，中國商業出版社，1991 年。

65. 楊展：《糧食經濟地理》，中國商業出版社，1991 年。

66. 焦貴璽等：《糧食流通概論》，中國商業出版社，1991 年。

67. 謝國興：《中國現代化的區域研究——安徽省 1860～1937》，「中央研究院」近代史研究所，1991 年。

68. 李文海、周源：《災荒與飢饉（1840～1919）》，高等教育出版社，1991 年。

69. 王鶴鳴、施立業：《安徽近代經濟軌跡》，安徽人民出版社，1991 年。

70. 蔣建平：《清代前期米穀貿易研究》，北京大學出版社，1992 年。

71. 陳春生：《市場機制與社會變遷——18 世紀廣東米價分析》，中山大學出版社，1992 年。

72. 陳東明：《安徽百家小集鎮》，安徽人民出版社，1993 年。

73. 張南等：《簡明安徽通史》，安徽人民出版社，1994 年。

74. 趙岡等：《清代糧食畝產量研究》，中國農業出版社，1995 年。

75. 張海鵬、王廷元：《徽商研究》，安徽人民出版社，1995 年。

76. 徐正元：《中國近代四大米市考》，黃山書社，1996 年。

77. 肖春陽：《糧食市場論》，經濟管理出版社，1997 年。

78. 周紹泉、趙華富：《95 國際徽學學術討論會論文集》，安徽大學出版社，1997 年。

79. 王先明：《近代紳士——一個封建階層的歷史命運》，天津人民出版社，1997 年。

80. 張秉倫、方兆本：《淮河和長江中下游旱澇災害年表與旱澇規律研究》，安徽教育出版社，1998 年。

81. 戴鞍鋼：《港口·城市·腹地——上海與長江流域經濟關係的歷史考察（1843～1913）》，復旦大學出版社，1998 年。

82. （美）施堅雅著，史建雲、徐秀麗譯：《中國農村的市場和社會結構》，中國社會科學出版社，1998 年。

83. （德）沃爾特·克里斯塔勒著，常正文、王興中等譯：《德國南部中心地原理》，商務印書館，1998 年。

84. 高王淩：《經濟發展與地區開發——中國傳統經濟的發展序列》，海洋出版社，1999 年。

85. 單強：《江南區域市場研究》，人民出版社，1999 年。

86. 何炳棣著，葛劍雄譯：《明初以降人口及其相關問題（1368～1958）》，三聯書店，2000 年。

87. （美）施堅雅，葉光庭譯：《中華帝國晚期的城市》，中華書局，2000 年。

88. 周積明、宋德金：《中國社會史論》，湖北教育出版社，2000 年。

89. 夏明方：《民國時期自然災害與鄉村社會》，中華書局，2000 年。

90. 吳承明：《中國的現代化：市場與社會》，生活·讀書·新知三聯書店，2001 年。

91. 朱慶葆：《傳統城市的近代命運——清末民初安慶城市近代化研究》，安徽教育出版社，2001 年。

92. 李修松：《淮河流域歷史文化研究》，黃山書社，2001 年。

93. 張海英：《商品流通與市場體系》，華東師範大學出版社，2002 年。

94. 張研、牛貫傑：《19 世紀中期中國雙重統治格局的演變》，中國人民大學出版社，2002 年。

95. 周忍偉：《舉步維艱——皖江城市近代化研究》，安徽教育出版社，2002 年。

96. 洪民榮：《市場結構與農業增長——理論與中國實證研究》，上海社會科學出版社，2003 年。

97. 陳秀山、張可雲：《區域經濟理論》，商務印書館，2003 年。

98. 裴安平、熊建華：《長江流域的稻作文化》，湖北教育出版社，2004 年。